특수형태 근로종사자 보호에 관한 경제학적 이해

조준모 외

머 리 말

Preface

현재 우리 나라는 서비스산업의 발달, 생산체제의 변화, 정보기술(IT)의 보급, 기업경쟁력의 강화 등 산업구조의 변화와 노동시장의 유연화 추세 및 고용형태를 전환하는 사업주의 경영전략 변화 등으로 특수형태 근로종사자가 급속히 확산되고 있다. 노동법상의 근로자와 자영업자 사이에 존재하는 회색지대로서 특수형태 근로종사자를 현행 노동법의 체계에서 어떻게 규정할 것인지는 미래의 노동시장 모습을 결정하는 매우 중요한 분수령이 될 것이다.

노동법의 체계가 확립된 후에도 역사적 조건으로서 경제적·사회적 상황은 부단하게 변화하고 있고, 이에 따라 새로운 시대상황에 맞는 새로운 고용관련 제도가 요구되고 있다. 하지만, 이러한 변화 그 자체를 두려워하여 현상을 그대로 유지하려고 하는 노사 쌍방은 국민경제를 담보삼아서 점차 교착상태에 빠져들 수 있다. 기존의 지위를 유지·확대하려는 노동조합과 이를 약화·유지시키려는 사용자 간에 치열한 각축전이 펼쳐진다면, 이를 해결하기 위해서 정부는 과거를 냉정하게 되돌아보고 미래를 향한 비전을 제시함으로써 궁여지책의 임시적·타협적 산물이 아닌 철학이 있는 중·장기 차원의 고용정책과 고용관련 제도를 구축해야만 하는 것이다.

오늘날의 노동법은 근로자의 자유와 평등을 강조하는 법의식의 전환을 절실히 요구하고 있다. 이러한 요청의 분수령이 될 수 있는 제도가 바로 '특수형태 근로종사자의 보호제도'라고 할 수 있다. 그 동안 특수형태 근로종사자의 문제는 주로 골프장경기보조원, 학습지교사, 보험설계사, 레미콘운송차주 등 이른바 4대 직종을 중심으로 쟁점화되어 오다가 2006년 11월 노동부는 노동부장관 자문위원회 형태로 '특수형태 근로종사자 보호법안 기초위원회'를 구성, 노동법적 보호방안을 검토해 왔다. 동 기초위원회가 작업을 완료하면, 이를 토대로 관련 정부 부처의 협의를 거치고, 노동계 및 경영계 등 이해관계자의 의견을 수렴한 뒤 공청회 등을 거쳐서 2007년 상반기에 입법절차를 추진할 계획인 것으로 알려져 있다.

본 연구는 그간의 입법논의에서 비워졌던 지식공간을 채우는 마음으로 기술되었다. 종전의 연구결과와는 달리 이번 '특수형태 근로종사자 보호에 관한 경제학적 이해'의 연구는 다음과 같은 차별성을 갖고자 노력하였다. 기존의 논의는 노동법 학역에만 치우친 경향이 있어 노동관계법·제도의 변화가 고용과 소득 등 노동시장에 미치는 효과에 대한 '실증적인 시뮬레이션 분석'이 드물었다. 다만, 노사의 관점만을 정리하고 공익적 성격을 띤 학계의 입장에 따라 그 기준을 마련해 가는 비실증적인 논의방식을 선택해 전개되었다. 그러나 이러한 비실증적인 논의방식은 비과학적일 수 있으며 정치규범적 입장에 따라 주장하는 바가 매우 달라질 수 있다는 비판을 받을 수 있다.

이번 특수형태 근로종사자의 연구를 통하여 새로운 관점에서 시도한 것은 다음의 두 가지이다.

첫째, 이미 구축된 공공 DB(데이터베이스)와 현장의 서베이(조사)를 통하여 특수형태 근로종사자의 실태와 4대 보험(산업재해보상보험, 고용보험, 국민건강보험, 국민연금), 근로기준법의 관련 개별 법조문, 노동조합 및 노동관계조정법 등이 적용될 경우에 일자리 및 소득의 변화, 사용자의 비용부담 변화를 특수형태 근로종사자의 직종별로 수치화하였다. 그리고 이와 관련된 법·제도의 변화가 초래하는 노동시장에 미치는 효과를 계량적으로 평가해 보았다.

둘째, 특수형태 근로종사자의 논의를 전개하는 데 있어 노동법학자 중심의 논의를 포함하여 경제학 내지는 법경제학·산업조직학의 관점에서의 논리를 제시함으로써 학제 간의 의견조율을 통해 보다 객관적·합리적·과학적인 정책을 세우는 데 일정 부분을 이바지하도록 시도하였다. 특히, 특수형태 근로종사자의 노동시장에 있어 산업조직적 이론구조를 살펴보고서 이를 기초로 실증분석을 시도하였다. 이러한 실증분석은 현재 정부에서 추진하고 있으며, 노동계 및 산업계(경제계)의 논의가 지속되고 있는 4대 보험, 근로기준법 및 노동조합 및 노동관계조정법의 적용에 대한 일자리 및 소득 및 근로자의 총임금소득과 기업의 부담에 대해 분석하였다.

본 연구의 사회적 비용 추계결과는 노동조합 및 노동관계조정법, 근로기준법 또는 4대 보험이 적용되었을 경우에 추정치로서 현재 정부가 추진하는 입법안 적용시 발생하는 실제비용을 과다추정 또는 과소추정할 가능성이 있음을 밝혀 둔다. 현재의 입법안이 근로기준법을 부분적용할 경우 전체적인 근로기준법 적용을 전제로 한 사회적 비용은 과다한 추정이 될 수 있다. 그러나 이 부분은 본고에서 제시한 근로기준법 개별 조항의 사회적 비용 추정결과를 토대로 실제입법내용에 맞는 사회적 비용을 재추정할 수 있을 것이다. 과소추정요인은 노동조합 및 노동관계조정법 허용시 단체협약을 통하여 근로기준법 적용 이상의 사회적 비용을 유발할 가능성도 배제할 수 없다. 노동쟁의 가능성과 노사관계 관리비용만을 감안한 본고의 분석결과는 단체협약을 통한 근로조건의 개선비용을 감안하지 않았다. 이 경우 비록 근로기준법을 배제하고 노동조합 및 노동관계조정법만을 허용한다 하여도 근로기준법과 노동조합 및 노동관계조정법을 적용할 경우의 사회적 비용에 근접할 가능성이 높다.

이번 연구를 통하여 이러한 특수형태 근로종사자의 보호 가이드라인을 설정하는 기준은 노동시장의 '효율성'과 '공정성'이라는 두 가지 잣대를 충분히 고려한 결과이며, 어느 한쪽에 치우친 기준은 노동시장 성과와 질서를 저해할 수 있다. 본고의 분석결과는 분석결과의 완결성보다도 현재와 같이 실증분석 없이 노사정 간 협상을 통해 입법추진화하는 방식에 문제제기를 하고 고용과 같은 공익적 측면에 실증과학 분석이 전제되어야 함을 재차 강조하고자 한다.

마지막으로 이번 책자 완성을 위해 물심양면으로 아낌없는 지원을 해주신 성균관대학교 2단계 BK 21 경제핵심인재 양성사업단 이광석 단장님께 감사드린다. 또한 본서의 완성을 위해 헌신적으로 시간을 내어 준 여러 집필진들(이해춘 연구교수, 안경애 박사, 안준기 HRD센터 연구원)에게 감사한 마음을 전한다. 그리고 어려운 출판경제의 여건에서도 변함 없이 지원해 주신 도서출판 해남에도 감사의 뜻을 전한다.

2007년 4월

명륜동 연구실에서

조준모 씀

차　　례

Contents

제 1 장

서 론

경제의 세계화와 그로 인한 국가 간의 경쟁심화, 과학기술의 진보는 노동시장에도 큰 영향을 끼친다. 이미 1997년 말 IMF 외환위기를 경험한 이후 우리 나라는 경제·사회·정치·문화적 측면에서 많은 변화를 겪고 있다. 그 결과 대내·외의 급격한 경영환경의 변화 속에서 노동시장의 유연화의 요청으로 다양한 고용·취업형태가 나타나기 시작하였다. 특히, 임시직과 일용직 등으로 표현되는 비정규직 근로자(단시간근로, 기간제근로, 파견근로)의 비중이 늘어나면서 이에 관한 대책이 활발하게 논의되었다.[1] 그 후 비정규직 근로자 보호양태의 일환으로 '특수형태 근로종사자'에 대해서도 논의되었지만 일반적인 비정규직 근로자와 비교해 상대적으로 사회적 관심이 낮았다. 비정규직 근로자의 문제가 근로자임을 전제로 해서 그 보호방안이 논의되었지만, 자영업자 및 근로자의 속성이 혼합된 중간성격의 집단인 특수형태 근로종사자는 보호방안에 대한 본질적 논의보다는 근로자인가에 명확한 기준이 설정되지 않아 '근로자성 여부'와 관계된 법적 지위에 대한 분쟁이 끊임없이 발생하였다.

우리 나라에서 서비스산업의 발달, 생산체제의 변화, 정보기술(IT)의 보급, 그리고 기업경쟁력의 강화 등 산업구조의 변화와 노동시장의 유연화 추세로 고용형태를 전환하는 사업주의 경영전략 변화는 특수형태 근로종사자를 급속히 확산시키고 있다. 그 동안 특수형태 근로종사자의 문제는 주로 골프장경기보조원(캐디), 학습지교사, 보험설계사, 레미콘운송차주 등 이른바 4대 직종을 중심으로 쟁점화되어 왔다.[2] 특수형태 근로종사자는 '자영인' 신분으로 경제적 종속 아래에서 노무를 제공하고 있다. 특히, 골프장경기보조원을 제외하고[3] 대부분은 사업자등록을 하고, 사업소득세를 납부하고 있

[1] 비정규직 근로자의 관련 입법(기간제 및 단시간근로자 보호 등에 관한 법률 제정, 파견보호 등에 관한 법률(개정됨))이 지난 2006년 11월에 통과된 후 2007년 7월 시행을 앞두고 비정규 노동시장에서는 우려하였던 계약해지사태 및 단기계약직으로 전환하거나 용역으로 전환하는 것도 확인되어 노사 간의 명암이 뒤엉켜 있는 듯싶다.

[2] 특수형태 근로종사자는 이외에 덤프트럭 운전사, 퀵서비스 배달원, 대리운전기사, 지입화물운송차주, 애니메이터, 방송작가, 학원차량 운전기사, 간병인, 가전제품 및 정수기 A/S, 텔레마케터, 택배기사, 대출모집인, 채권추심인, 판매업종사자 등 넓은 범위에 걸쳐 있다. 이들은 고용형태의 다양화 추세로 계속 확대될 전망이다.

[3] 골프장경기보조원도 최근 사업자등록이 확대되고 있는 상황이다.

다. 그런데 우리 노동법의 전부 또는 전무(all or nothing)의 적용관계는 현실적 괴리가 존재한다.

잘 알다시피 그 동안의 논의에서 특수형태 근로종사자의 보호방안에 대해서는 노사 간 견해의 대립이 있었다. 먼저, 노동계는 근로자의 개념을 확대하여 특수형태 근로종사자를 근로기준법, 노동조합 및 노동관계조정법의 완전한 적용대상으로 하자는 입장이다. 반면에, 경영계는 특수형태 근로종사자는 근로자가 아니기 때문에 노동법적 보호방안은 적용될 여지가 없고 경제법적으로 보호방안을 모색하자는 입장이다. 그리고 절충적인 입장으로 노사정위원회의 비정규직 근로자대책 특별위원회 공익위원안 및 특수형태 근로종사자 특별위원회 공익위원의 검토의견이 있다.

그 후 우리 나라 사회에서 특수형태 근로종사자의 문제에 대한 논의는 계속되었고, 최근 들어 사회적 관심이 더욱 고조화되면서 이들의 일자리 보호제도를 마련하는 것이 임박해지고 있는 듯하다. 그런데 지난 2006년 10월 25일 정부는 그간의 논의 중 노사의 이견이 큰 집단적 권리 등 노동법적 보호방안은 추가로 논의하기로 하고, 1차 보호대책으로 산업재해보상보험(산재보험)의 적용 및 경제법·개별법적 보호방안 등을 중심으로 「특수형태 근로종사자의 보호대책」을 마련·발표하였다. 더 나아가 2006년 11월 노동부는 노동부장관 자문위원회 형태로 '특수형태 근로종사자 보호법안 기초위원회'를 구성, 노동법적 보호방안을 검토하고 있다. 동 기초위원회가 작업을 완료하면, 이를 토대로 관련 정부 부처의 협의를 거쳐 노동계·경영계 등 이해관계자의 의견을 수렴한 뒤 공청회 등을 거쳐서 2007년 상반기에 입법절차를 추진한다고 한다.

물론 현행 노동법은 근로자 여부에 대한 이분법적 사고를 바탕으로 노동법의 적용관계를 구성하였기 때문에 그 중간영역은 인정하지 아니하였다. 이에 특수형태 근로종사자에 근로기준법을 적용하자는 초기의 논의에서는 '유사근로자'의 개념을 도입하자는 방안도 제시되었다. 이 방안은 종전의 근로기준법 적용대상을 이분화하였던 종래의 접근방식(근로자와 자영인)과 달리 삼분화하여, 자영인의 일부에 대하여 근로기준법에 대한 보호를 하자는 방안이다. 또한 남녀고용평등법, 최저임금법 등 개별적 근로관계법의 대상으로 독자적인 근로자성 개념을 개발하자는 방안도 제안되었다. 그리고 노동조합 및 노동관계조정법을 적용하자는 대안도 제시되었다. 하지만, 특수형태 근로종사자에게 노동법을 적용한다면 경제적 효율성의 변화, 노동조합의 대표성 문제 그리고 유효한 협상력을 확보할 가능성을 종합적·입체적으로 고려해야 한다고 판단된다. 이에 새로운 고용·취업형태가 나타날 때마다 법적인 개입보다는 현행과 같이 법원의 판단에 일임하는 것이 적절하다고 판단할 수도 있을 것이다. 특수형태 근로종사자로 불리는 범주가 노동법상 근로자에 해당하는지 여부에 대해 우리 나라 대법원은 여러 차례에 걸쳐서 법적 판단을 내린 바 있다. 대법원은 근로기준법상의 근로자에는 속하지 않는 것으로 보는 것이 분명하다.

또한 '4대 보험(산재보험, 고용보험, 건강보험, 국민연금)'은 직접 고용한 근로자를 대상으로 확대되어 왔으나, 특수형태 근로종사자에게는 여전히 사회보험의 사각지대로 남아 있다. 현재 사회보장법의 적용대상이 근로기준법의 근로자 개념과 연동되는 것은 사회안전망이 보편적인 보장기능을 수행하는 데 애로사항이 될 수 있다. 노동법상의 근로자 개념을 확정해서 사회보장법으로 확장하는 우리 나라의 방식은 유럽 노동법의 차원에서는 통용되지 않는 현상이다. 이에 사회보장에의 확대는 근로기준법과 연동시키지 않고 독자적인 최소한의 기준으로 운용하는 것이 바람직하다. 그리고 경제법분야는 국민경제의 건전한 발전을 위하여 국가가 규제하는 방식으로 시장의 활성화를 도모하는 것이다. 특수형태 근로종사자의 문제에 경제법을 적용하자는 논리는 사용자의 담합에 의해 그들의 근로조건을 열악화하는 행위를 근절시키는 데 초점을 맞추게 된다.[4]

이와 같이 노동법상의 근로자와 자영업자 사이에 존재하는 회색지대로서 특수형태 근로종사자를 현행 노동법체계에서 어떻게 규정할 것인지는 미래의 노동시장 모습을 결정하는 매우 중요한 분수령이 될 것이다. 우리 나라와 같이 급변하는 경영환경 속에서 노동법도 대전환기에 서 있기 때문

---

[4] 이와 관련된 경제법분야로는 약관규제법상 불공정약관 금지 등에 의한 통제, 독점규제 및 공정거래에 관한 법률, 거래상 지위의 남용금지 등에 의한 통제, 하도급거래 공정화에 대한 법률에 의한 통제 등을 통해 가능하다.

에 적절한 변화가 필요하다. 노동법체계가 확립된 후에도 역사적 조건으로서 경제적·사회적 상황은 부단하게 변화하고 있으며, 이러한 새로운 시대 상황에 맞는 새로운 고용관련 제도가 요구되고 있다. 하지만 이러한 변화 그 자체를 두려워하여 현상을 그대로 유지하려고 하는 노사 쌍방은 국민경제를 담보삼아 점차 교착상태에 빠져들게 할 수 있다. 기존의 지위를 유지·확대하려는 노동조합과 이를 약화·유지시키려는 사용자와의 치열한 각축전이 펼쳐진다면 이를 해결하기 위해서 정부는 과거를 냉정하게 되돌아보고 미래를 향한 비전을 제시함으로써 궁여지책의 임시적·타협적 산물이 아닌 철학이 있는 중·장기 차원의 고용정책과 고용관련 제도를 구축하여야 한다. 오늘날의 노동법에서 근로자의 자유와 평등을 강조하는 법의식의 전환이 절실히 요청된다고 할 것이다. 이러한 것의 분수령이 될 수 있는 제도가 바로 '특수형태 근로종사자의 보호제도'라고 할 수 있다.

이번 '특수형태 근로종사자 보호에 관한 경제학적 이해'의 연구목적은 종전의 연구결과와 달리 다음과 같은 차별성을 갖고자 노력하였다. 종전의 연구논의는 거의 노동법의 논의에만 치우쳐 노동관계법·제도의 변화가 고용과 임금 등 노동시장에 미치는 효과에 대한 '실증적인 시뮬레이션 분석'이 드물었다. 다만, 노사의 관점만을 정리하고 공익적 성격을 띤 학계의 입장에 따라 그 기준을 마련해 가는 비실증적인 논의방식을 선택해 전개되었다. 그러나 이러한 비실증적인 논의방식은 매우 비과학적일 뿐만 아니라 정치규범적 입장에 따라 주장하는 바가 매우 달라질 수 있다는 비판을 받을 수 있다.

이번 특수형태 근로종사자의 연구를 통해서 새로운 관점에서 시도한 것은 다음과 같이 두 가지이다.

첫째, 이미 구축된 공공 DB(데이터베이스)와 현장의 서베이(조사)를 통하여 특수형태 근로종사자의 실태와 4대 보험(산업재해보상보험, 고용보험, 국민건강보험, 국민연금), 근로기준법의 관련 개별 법조문, 노동조합 및 노동관계조정법 등이 적용될 경우에 고용 및 임금소득의 변화, 사용자의 비용부담의 변화를 특수형태 근로종사자의 직종별로 수치화하였다. 그리고 이와 관련된 법·제도의 변화가 초래하는 노동시장에 미치는 효과를 계량적으로 평가해 보았다.

둘째, 특수형태 근로종사자의 논의를 전개하는 데 있어 노동법학자 중심의 논의를 포함하여 경제학 내지는 법경제학·산업조직학의 관점에서의 논리를 제시함으로써 학제 간의 의견조율을 통해 보다 객관적·합리적·과학적인 정책을 세우는 데 일정 부분을 이바지하도록 시도하였다. 특히, 특수형태 근로종사자의 노동시장에 있어 산업조직적 이론구조를 살펴보고 이를 기초로 실증분석을 시도하였다. 이러한 실증분석은 현재 정부에서 추진하고 있으며, 노동계 및 산업계(경제계)의 논의가 지속되고 있는 4대 보험, 근로기준법 및 노동조합 및 노동관계조정법의 적용에 대한 고용과 임금 및 근로자의 총임금소득과 기업의 부담에 대해 분석하였다.

그리고 이번 연구의 논의를 전개하는 순서는 다음과 같다. 먼저, 제2장에서는 특수형태 근로종사자의 보호에 관한 법경제학적 논리를 살펴보았다. 제3장에서는 기존의 자료를 통하여 특수형태 근로종사자에 대한 시장의 현황에 대하여 분석하였다. 그리고 제4장에서는 그간의 특수형태 근로종사자에 대한 논의를 종합적이고 입체적으로 정리하기 위해 특수형태 근로종사자에 대한 논의경과를 주체별(노사정위원회, 정부, 국회)로 살펴보았다. 또한 제5장에서는 도대체 노동법과 사회보장법(4대 보험, 특히 피고용자보험)의 적용대상은 누구인가라는 노동법과 사회보장법의 총론부분에 속하는 기본 문제로서 고용·취업형태의 다양화와 인적 적용대상의 양상에 대하여 최근의 학설·판례의 전개와 그 평가, 인적 적용대상의 파악방법과 양상을 살펴보았다. 그리고 제6장에서는 특수형태 근로종사자의 법적 문제로 법적용 실태 및 법제도 개선방안 논의를 정리한 후, 우리 나라의 자영업자와 근로자 개념, 자영업자의 노동법적 규정의 미래에 대해서 살펴보았다. 또 이번 연구에서의 핵심적으로 강조할 부분이라고 할 수 있는 제7장에서는 특수형태 근로종사자의 노동법 및 사회보장법(특히, 4대 보험)을 적용할 경우에 발생할 수 있는 노동시장의 변화를 시뮬레이션 분석을 통하여 살펴보았다. 마지막으로 제8장에서는 이번 특수형태 근로종사자에 대한 연구결과의 전체를 요약해 보고 결론을 맺었다.

제 2 장

특수형태 근로종사자 보호에 관한 법경제학적 소고

2.1. 계약법과 노동법의 경계
2.2. 노동법 필연론
2.3. 계약자유공간에서 근로자성에 관한 사적 협상
2.4. 계약자유공간 A에서 노동법의 기능
2.5. 근로자성 판단의 새로운 시도: 법경제학의 관점에서
2.6. 바람직한 노동법의 방향

2. 1. 계약법과 노동법의 경계(jurisdictional frontier)[1]

노동법은 19세기 산업자본주의 사회의 성립과 그 맥을 같이 하고 있다. 산업화의 결과로서 불균등이 심화되어, 자유방임적·개인주의적 계약법체제가 개인에게 보다 큰 실질적 자유를 보장해 줄 수 없다는 의심 속에 탄생한 것이 바로 '노동법'이라고 말할 수 있다.[2] 노동법은 물론 사용자의 지휘·감독을 받아서 노무를 제공함으로써 발생하는 근로자의 '법적 종속성'을 전제로 하고 있다. 이러한 근로자의 법적 종속성은 기업조직의 효율성을 도모한다는 차원에서 인정되어야 할 것이다.[3]

그러나 경제효율성을 달성하기 위해 마련된 법적 종속성은 통상 경제적 불평등으로 이어지기 쉬우며, 노동법은 이런 경제적 불평등이 심화된 경우에 이를 해소하기 위해 불가피하게 사적 계약에 개입하게 된다. 이 대목에서 발생하는 중요한 문제는 불평등을 해소함으로써 달성하게 되는 '분배적 정의(distributional justice)'와 '경제적 효율성' 사이의 상충관계(trade-off)를 어떻게 조화롭게 조정해 가는가의 문제이다. 이것이 바로 계약법과 노동법의 경계를 정하는 문제의 본질이기도 하다.[4]

[1] 계약법은 해당 재화에 보다 더 큰 가치를 부여하기 위해 재산권의 자발적 교환을 촉진시키는 것과 관련된 문제를 다룬다. 통상 경제학에서 교환과정은 법적인 조정이 없이 확실히 이행될 수 있다고 가정되기도 하지만, 실제로 기회주의(opportunism)와 예기치 않은 우발상황(unforeseencontingency)과 같이 법이 구제해 주어야 하는 경우가 발생하기도 한다. 우리 나라 법체계에서 이러한 정의에 부합되는 계약법적 내용은 민법, 상법 외에도 다양한 경제관련 법에 산재해 있다. 그러나 본고에서 초점을 맞추고자 하는 노동법과 경계를 이루는 계약법의 영역은 고용·도급·위임 등 자유노무계약에 관한 내용을 담고 있는 「민법」의 「채권편」을 의미한다.

[2] 우리 나라 근로기준법은 근로계약에 대하여 근로기준법의 규정이 없는 경우 계약법(민법) 규정을 적용한다는 준용규정을 두고 있지 않다. 민법은 1958년 2월에 제정되어서 1960년 1월 발효하였는 데 반해, 근로기준법은 그보다 이전인 1953년 5월경에 공포되었다. 현재 우리 나라의 계약법과 노동법의 경계는 구미와 마찬가지로 법의 해석에 의해 이루어지고 있다.

[3] 예컨대, 물적 자본이 인적 자본보다 상실될 위험이 더 크기 때문에 자본가에게 경영권을 주는 것이 더 효율적이라는 점은 많은 경제학자들에 의해 지적된 바 있다(사례를 들면, Milgrom and Roberts, 1992).

노동법이 지나치게 개입할 경우 사적 계약을 체결할 가능성이 원천적으로 배제되거나, 노동법 적용을 우회하기 위해 다양한 계약들이 맺어지는 '계약대체(contractual substitution)'현상이 발생한다. 이로 말미암아 경제적 효율성이 악화될 수 있다. 또한 노동시장이 불완전한 상황에서 분배적 정의(distributional justice)를 애초부터 무시하여 '노동법 무용론'의 논리를 제기하는 것도 사회과학자로서 균형 잡힌 시각이라 할 수 없을 것이다.

노동법과 계약법의 관계를 설정하는 학설은 크게 두 가지로 나누어 볼 수 있다. 한 가지 학설은 노동법을 독자적인 사법영역으로서 파악하는 것이다. 이 학설에 의하면 노동법은 불완전하지만 '폐쇄된 체계의 사법영역'으로 규정되며, 계약법 규정은 고유한 노동법 영역에 응용되기 전에 노동법 규범으로서의 적격성이 검토되어야 한다. 또한 개별 사안에서 근로관계의 성질에 적합하게 상당한 정도로 수정되어 노동법 규범으로써 비로소 시현될 것이다. 이 학설을 수용할 때 계약법 규정은 오로지 형식적으로만 노동법과 중첩되어 있을 뿐이고, 실질적으로는 노동법의 본질이 계약법의 형식을 빌어 표현되었을 뿐이다. 즉, 일부 계약법의 내용이 노동법에 편입된 것에 불과한 것이라는 것이다. 이 학설을 수용할 때 계약법은 실질적으로 중첩되어 있지 않고 경합적 경계선(competing frontier)을 가지게 된다.[5]

---

[4] 본고에서 다루는 민법과 노동법 영역의 중첩 외에도 최근 기업 인수·양도·합병의 영역에서 상법, 노동법 및 민법이 중첩양상을 보인다. 상법에서는, 먼저 영업양도에 관한 규정을 총칙부분에 두어 법인기업뿐만 아니라 개인기업에 대한 영업양도를 함께 포괄하고 있다. 이에 회사편에서는 회사합병에 관한 개별 규정을 각 회사편별로 두고 있다. 반면 노동관계법에서는 기업변동시 근로관계의 승계 여부 및 근로관계의 내용 등에 관한 규정을 두고 있지 않지만, 근로기준법상 경영상 해고제도에 합법적 해고범위로서 기업 인수·양도·합병의 경우를 포함하고 있다. 민법에서는 단기고용계약관계에서의 권리·의무의 일신 전속성에 관한 규정을 두고 있을 뿐이다. 나아가 민법에서는 권리의 양도(제449조 이하)와 채무의 인수(제453조 이하)와 같은 권리·의무의 개별적 이전에 대한 규정은 두고 있으나, 계약관계 그 자체를 이전대상으로 하는 별도의 제도를 설정하고 있지는 않다. 최근 노동법학계에서는 기업 인수·양도·합병시 명시적으로 근로관계의 포괄승계를 노동법 조항에 명시화하자는 제안이 제기된다. 이 또한 민법, 노동법 그리고 상법의 중첩영역에서 발생하는 논쟁으로 파악될 수 있을 것이다.

[5] 예컨대, 1974년 독일의 노동·사회부(Bundesministerium für Arbeit und Sozialordnung)가 제안하였던 노동법안이 이러한 입장을 취하고 있었다. 이러한 입장에 의하면, 근로관계에서 도출되는 규범이 계약법 규범보다 규범적 우위를 가지게 된다. 이러한 우위는 이를 위한 노동법적 특별규정 없이 오히려 개별 사안에서 계약법 규정을 일반적으로 배척할 가능

이와 대비되는 또 한 가지 학설은 노동법을 독자적인 법영역이 아니라 계약법의 일반규정에 기초하는 특별한 사법 중의 하나로 파악하는 것이다. 개별 사안에서 적절한 노동법 특유의 규정이 존재하지 않으면 계약법을 적용하되, 근로관계의 성질을 고려하면서 계약법의 일반규정으로 돌아가 법규범을 형성한다. 두 번째 학설에 의하면, 계약법은 폐쇄된 법영역이 아니라 열려 있는 유동적인 법체계로 이해되면서 계약법과 노동법은 본질적으로 동질적인 것으로 파악된다. 즉, 계약법체계는 유동적 체계로 이해되며, 노동법의 내용을 편입해서 노동법의 독자성에 대한 대안원리(alternative principle)를 개발하게 된다.[6]

한편, 계약법은 협상력이 동일한 두 당사자가 협상하는 정형적 쌍무계약 모형을 설정하였기 때문에 사회적인 문제를 거의 염두에 두지 않는다는 비판을 받는다. 그러나 통상 이러한 비판은 계약법이 동태적 효율성(dynamic efficiency)을 달성하는 과정에서 강자의 기회주의나 횡포를 용인하지 않는 측면을 과소평가한 결과일 수 있다. 또한 근로자의 열악한 상황만을 일방적으로 강조하다 보면, 계약법으로 처리될 수 있는 문제인데도 손쉽게 노동법을 확대적용하여 사적 자치의 효율성이 훼손되어 결과적으로 보호대상자에게도 불리한 결과를 초래할 가능성도 배제할 수 없다.

2. 2. 노동법 필연론

2.2.1. 애덤 스미스의 노동조합론

애덤 스미스(Adam Smith)는 『국부론』에서 다음과 같이 기술한다. "통상의 임금이 어떻게 결정되는가는 그 이해관계가 같지 않은 양 당사자 사이에 체결된 계약에 의존한다. 직인들은 가능한 한 많이 얻으려 하고, 사용자는

성이 크다.

6 Reinhard Richardi(1974), pp. 3～27; 김형배(1975).

가능한 한 적게 주려고 한다. 전자는 임금을 인상시키기 위해 단결하고, 후자는 임금을 인하하기 위해 단결하는 경향이 있다."[7]

여기서 그는 노동시장에서 노사 간 교섭상 지위에는 구조적으로 비대등성이 있음을 지적하며, 이는 근로자들이 단결하여도 완전히 해고하기 어려운 점을 강조하고 있다.[8] 여기서 그는 그 교섭상의 지위가 절망적으로 약한 사실을 지적하고 있다.

『국부론』에 나타난 애덤 스미스의 노동조합론은 다음과 같이 요약될 수 있다.

첫째, 임금은 노사 간 교섭에 의해 결정되는 것이다. 그리고 근로자는 임금인상을 위해 단결하고, 사용자는 임금인하를 위해 단결한다. 그런데 사용자의 단결이 근로자의 단결보다 용이하다.

둘째, 경쟁시장 메커니즘이란 교섭상 지위의 대등성을 전제할 때 성립한다. 따라서 사는 자와 파는 자가 다수라고 하여도 교섭상 지위에 비대등성이 크면 경쟁시장기구는 작동하지 않는다. 그런데 산업화 초기에는 구직경쟁이 구인경쟁보다 격렬하여 교섭상 지위에 비대등성이 크므로 노동시장에서 경쟁시장기구가 작동하지 않는다. 따라서 이 때 근로조건의 열악성은 경쟁시장 메커니즘의 결과라기보다는 오히려 경쟁적 시장이 정상적으로 기능하지 않기 때문에 발생하는 것이다.

셋째, 교섭상의 지위에 비대등성이 존재하는 경우 이러한 것을 극복하기 위한 근로자의 단결은 노동시장의 경쟁성을 높이는 역할을 한다. 그러한

---

7 애덤 스미스의 노동조합론에 대한 요약은 박세일의 『법경제학』(2000, pp. 549~550)에서 재인용하였음을 밝혀 둔다. 이 밖에 『국부론(상)』(최임환 역, 1983, p. 67)의 본문을 참조할 수 있다.

8 이에 관하여 애덤 스미스는 원문에 다음과 같이 기술한다(최임환 역, 1983, p. 69). "사용자들은 노동임금을 낮추기 위해 단결을 기도한다. 이러한 단결은 직인들의 대항적·방어적 단결로부터 자주 저항을 받는다. ……직인들은 쟁점을 신속하게 결착시키기 위해 소리 높여 소란을 피우는 수단에 호소하고 때로는 놀랄 만한 폭력이나 불법행위에도 호소한다. 그들은 절망적으로 되고 절망적인 사람들의 어리석음과 무모함으로 행동한다. ……그러나 직인들의 이러한 소통 또는 단결된 폭력으로 무엇인가 이익을 얻어 내는 경우는 드물다. 이러한 단결은 때로는 관헌의 간섭으로, 때로는 사용주의 완강한 저항 때문에, 때로는 대다수 직인들의 목전의 생존을 위한 굴종의 필요 때문에 주모자는 처벌 또는 파면되고 하나도 얻는 것 없이 끝나 버리곤 한다."

의미에서 근로자의 단결은 경쟁을 촉진하다고 할 수 있다. 그러나 구직자가 구인자를 크게 앞서는 무제한적 노동공급의 단계에서는 노동자들의 단결도 교섭력의 비대등성을 극복하기 어렵다. 정부의 노동탄압적 개입도 빈번하고 사용자의 반발도 완강하다. 뿐만 아니라 저축의 부족과 열악한 경제적 조건으로 인하여 노동자들의 단결을 유지하기도 쉽지 않다.

넷째, 이상과 같은 경우 결국 임금수준은 생존비수준을 벗어나기 힘들다. 임금이 생존비수준 이상이 되려면 경제가 끊임없이 성장하여 구직자보다 일자리가 많아 사용자 간에 구인경쟁이 일어나는 노동시장의 초과수요 상태가 계속되어야 한다. 달리 말하면, 무제한적 노동공급의 단계에서 벗어나 제한적 노동공급의 단계로 넘어가야 한다. 이렇게 될 때 비로소 노사 간의 교섭력에도 대등성이 성립되고, 노동시장에서도 경쟁시장이 기능하기 시작한다. 이 때 비로소 임금수준은 노동의 기여분인 노동생산성에 접근하기 시작한다. 결국 애덤 스미스의 관점에서 볼 때, 무제한적 노동공급의 단계, 즉 산업화의 초기단계에서 노동조합의 역할은 경쟁촉진적인 것이 되며, 이러한 노동조합의 순기능을 적확하게 전달하는 자유주의 경제학자는 많지 않다. 왜냐하면, 경쟁은 교섭력의 대등을 전제로 하는데, 노동조합은 이 대등성의 회복을 목표로 하기 때문이다. 물론 애덤 스미스는 노동조합의 역할이 무제한적 노동공급의 단계에서는 극히 제한적일 수밖에 없음을 알고 있었다. 결국 경제성장을 통한 노동수요의 창출의 중요성을 보다 강조하고 있는 것이다. 이러한 애덤 스미스의 견해는 제한적 노동공급단계에서 노동조합을 노동시장의 경쟁을 제한하는 조직으로, 경쟁제한적 독점조직으로 보는 오늘날의 이론들과 비교하면 극히 대조적이라 하겠다.

2.2.2. 사회보장법과 근로기준법의 필연론

사회보장법과 근로기준법의 필요성은 일본노동협회 3대 회장을 맡고 있는 辻村江太郎의 사회보장 필연론에서 찾을 수 있다. 그는 생존을 위한 최저필요한계량에서는 재화에 대한 한계효용이 무한대라고 하는 간단한 개념을 가지고 에지워스 분석을 제시한다.[9] 그러나 그의 분석은 사회보장, 노

그림 2-1 법의 유기적 역할분담에 관한 에지워스 박스

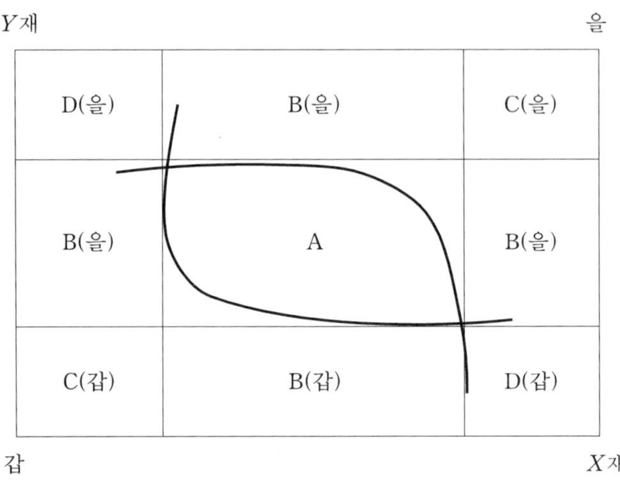

동조합, 근로기준의 차별적인 기능성을 구분하지 않고, 계약자유의 원칙이 집행되어야 하는 영역과 어떠한 형태로든 사회보장이 이루어져야 하는 영역을 구분하는 데 초점을 맞추고 있다.

본고에서는 그의 에지워스 분석방법론을 따르되, 계약자유의 원칙이 존중되어야 하는 계약법 영역, 사회보장법이 적용되어야 하는 영역, 마지막으로 근로기준법이 적용되어야 하는 영역으로 나누어 분석하고자 한다.

〔그림 2-1〕에서 *X*재는 근로가능시간(또는 여가시간)을 나타내고, *Y*재는 소비에 지출될 수 있는 임금수준을 나타낸다.

① **계약법 영역**: A

〔그림 2-1〕에서 A에서만 생활물자의 최저필요한계량을 초과하는 거래결과를 얻을 수 있다.[10] 따라서 A영역에서만 진정한 의미의 경쟁적 교환이

---

[9] 辻村江太郎의 분석은 박세일(2000), pp. 551~553에서 제시된 내용을 본고의 목적에 맞게 재기획·재구성하였다.

[10] 자신들이 가지고 있는 생활물자의 양이 최적필요한계량에 미치지 못할 때 그 물자에 대한 자신의 효용은 무한대이고 교환의 여지는 전혀 존재하지 않기 때문이다. 오직 자신들이 보유하고 있는 생활물자의 양이 최저필요한계량을 넘어설 때 비로소 타인과의 자발적인

가능하고 경쟁적 시장이 성립하며, 계약자유의 원칙이 자기 기능을 할 수 있다. 즉, A영역에서는 계약자유의 원칙이 경제효율성을 도모하는 영역에 해당될 것이다.

② 사회보장법 영역: C

C의 영역을 보면, 갑의 경우에는 자기가 보유하고 있는 X(근로가능시간)재와 Y재를 모두 소비해도 최저필요한계량에 미치지 못하여 자신의 생존 자체도 크게 위협받고 있는 상황이다. 근로가능시간이 최저필요한계량에 미치지 못한다는 것은 근로자로서 자활할 수 있는 능력이 없어 최저필요한계량을 초과하는 근로계약을 체결할 능력이 없는 상태를 의미한다. 이러한 상황에서 을과의 교환가능성은 없게 되어 교환불능 영역에 해당된다. 만일 사회구성원들의 일부가 C영역에 있다면 이들에 대한 국가의 대응은 최저수준의 사회적 삶의 보장을 목표로 하는 공적 부조 등 사회보장정책의 필연성이 등장하게 된다.

③ 근로기준법 영역: B

B(갑)의 영역을 보면, 갑은 근로가능시간은 많지만 소비에 지출할 수 있는 소득이 최저치에 미달하는 경우이다. 갑(근로자)에게는 을과의 교환이 급하지만 을(사용자)은 갑과의 교환이 급하지 않은 상황이다. X재를 잉여시간(1일 24시간)이라고 하고 Y재를 생존을 위한 필수품인 식량이라고 하면, 갑은 현재의 B영역에서 벗어나려고 한다. 달리 말하면, 부족한 식량을 얻으려고 자신의 잉여시간 중 생존을 위해 필요한 최저수준의 휴식시간을 제외한 모든 시간을 기꺼이 제공하려 할 것이다. 반면에 을은 교환을 서두를 필요가 없기 때문에 교환을 하는 경우 가능하면 높은 수준의 효용을 달성하려 할 것이다. 갑은 생존을 위해 교환을 서둘러야 할 입장이고, 을은 그렇지 않기 때문에 갑과 을 사이에는 교섭상 지위의 극심한 비대등성이 존재한다. 그러한 의미에서 B영역은 극심한 불완전한 영역이라 볼 수 있다.[11] 이 영역

물자교환의 여지가 발생하게 된다. D영역에서는 갑과 을 모두의 최저필요한계선에 미달하므로 경쟁적인 교환관계의 성립은 불가능하다. 한마디로 D의 영역은 경쟁불능 영역이라고 볼 수 있다.

11 예컨대, 노동자 갑은 가능한 최장근로시간을 제공하고 그 대신 최저수준의 식량을 공급받

에서 근로자 갑과 사용자 을 사이의 계약은 갑의 최저필요한계량을 도달하는 계약(s점)을 체결할 가능성은 매우 낮게 되어, 계약의 결과 파레토(Pareto) 효율성이[12] 개선되거나 심지어는 이보다는 좀더 관대한 칼도-힉스(Kaldo-Hicks)의 효율성조차[13] 개선하지 못하게 된다. 이 경우 근로기준법을 제정하여 거래의 최소기준을 설정하여 거래한 결과 갑의 효용수준이 적어도 s점에서의 효용수준과 동일하게 유지되도록 할 수 있을 것이다.[14]

2.3. 계약자유공간에서 근로자성에 관한 사적 협상

2.3.1. 근로기준법상 근로자 개념

현행 근로기준법 제2조 제1호는 근로자를 "직업의 종류를 불문하고 사업 또는 사업장에 임금을 목적으로 근로를 제공하는 자"라고 정의하고 있다. 근로기준법상 근로자는 법문의 표현대로 한다면 ① 직업의 종류 불문, ② 사업 또는 사업장에서, ③ 임금을 목적으로, ④ 근로의 제공이라는 4개의 요건을 충족해야 근로기준법상 근로자가 된다. 그런데 '직업의 종류 불문'은 외국법제와 구별하거나 근로기준법의 근로조건 보호에 관한 일반법으로서의 성격을 부각시킨다는 점에서 의미는 있지만, 근로자성을 판단하는

게 된다. 이는 독점 대기업과 영세 중소기업 간의 거래관계에서 발생할 수 있다.

12 파레토 개념의 경제효율성이 개선되기 위한 필요조건은 거래참가자 어느 한 사람의 효용도 감소되어서는 안 되는 것이다.

13 칼도-힉스의 경제효율성 개념은 어느 일방이 손해를 보아도 사회 전체의 순가치가 증가하면 경제효율성이 개선되었다고 보는 다소 관대한 기준의 개념이다.

14 오늘날의 신고전학파 경제학은 계약자유 영역의 존재만을 전제로 분석을 집중하여 왔기 때문에 사회보장 및 근로기준 등의 문제, 복지국가라든가 노동보호 필요 등의 문제를 경쟁시장의 문제와는 관련이 없는 시장 외적인 요청으로 보아 왔다. 그러나 시장에는 A뿐만 아니라 B, C, D 등의 영역도 존재할 수 있음을 인정하게 된다면 노동보호라든가 사회보장의 문제가 오히려 경쟁시장의 기능회복을 위하고 경쟁시장이 작동될 수 있는 영역의 확대를 위해 필요불가결한 정책수단으로 이해하게 되어 평등과 효율의 문제도 상호대립적인 것이 아닌 상호보완적인 것으로 이해될 수 있다(박세일, 2000).

데 적극적 의미는 없다는 의견이 제시된다. 이를 반영할 때 근로기준법상 근로자 개념을 '사업 또는 사업장에서 임금을 목적으로 근로를 제공하는 자'로 정의하는 것이 된다. 판례해석에 의해 구체화되기 이전에 입법의 취지를 보면 근로는 정신노동과 육체노동을 의미하며(근로기준법 제2조 제1항 제3호), 임금은 '사용자가 근로의 대상으로 근로자에게 임금 등의 명목으로 지급되는 일체의 금품'으로 정의(근기법 제2조 제1항 제5호)되어 있으므로, 근로자에 관한 근로기준법상의 입법기준은 '사업 또는 사업장에서 근로의 대상으로 임금 등 일체의 금품을 받은 자' 또는 '사업 또는 사업장에서 임금 등의 금품을 목적으로 정신노동 또는 육체노동을 제공하는 자'로 정의될 수 있을 것이다. 입법자는 근로기준법 제2조를 통해 누가 근로자인가에 대해 처음부터 사용종속관계라는 신분적인 의미를 부여한 것이 아니라, 근로와 임금의 교환시 근로계약을 체결한 자가 근로자라는 계약법상 법률행위로부터 출발한다는 것이 가치중립적인 해석일 것이다.

근로기준법을 적용할 경우 민간은 경제효율성을 최소화하기 위해 계약의 재협상을 하게 된다. 그 결과, 근로기준법이 적용되기 이전에는 근로계약의 형태를 위하지 않던 것이 새롭게 근로계약의 형태를 취할 수 있으며, 근로기준법이 적용된 이후에는 기존의 근로계약 내용이 포기될 수 있다. 근로기준법상 근로자성 여부를 판단하는 법원의 의도는 근로기준법의 적용이 예상되기 이전에 체결된 계약의 근로자성을 판단하는 것인데, 실제로는 사후 재협상된 계약의 근로자성을 기준으로 근로기준법을 적용할지 여부를 판단할 가능성이 발생하게 된다.

근로기준법상 근로자성이 인정되어 근로기준법이 강제적용될 경우 법제도 도입에 따른 민간들의 계약대체행위로 발생하는 문제점을 효과적으로 통제할 수 없게 된다. 즉, 근로기준법 적용시점에서 계약의 근로자성은 더 이상 외생변수가 아닌 내생변수임을 정확히 인지해야만 한다.

법률행위 주체로서 개인이 근로와 임금을 교환하는 법률관계를 맺었는가, 당사자가 그러한 법률관계를 원하였는가, 다른 종류의 법률관계를 원하면서도 실제로는 근로관계를 맺었는가, 근로관계를 원하면서도 착오 등에 의해 다른 종류의 법률관계를 맺었는가, 실제로는 근로관계를 맺었으면서도 근로기준법 적용을 잠탈하기 위해서 계약서에 명목을 다른 법률관계로 기술하였는가 하는, 말하자면 사적 자치에 의한 당사자 법률관계 형성이 근로자성 판단에 종합적으로 고려되어야만 한다. 판례가 근로자의 개념적 징표로 내세우는 '노무의 타인결정성', '지시권 복종성'은 근로기준법의 입법 프로그램 안에서 종합적·입체적인 판단을 하는 데 한 기준이 될 뿐일 것이다.

2.3.2. 근로기준법상 개별 조항에 관한 사적 협상

민간은 근로기준법상 개별 조항에 관하여 사적 협상을 할 수 있다. 이것에는 법경제학의 기본 명제인 코즈정리(Coase Theorem)가 적용될 수 있다.[15] 이에 대한 설명을 위해 우선 고용계약의 유형이 〔그림 2-2〕의 스펙트럼상의 한 점으로 나타난다고 설정하자.

거래비용이 0인 코즈세계에서 사적 협상을 통해 결정되는 고용계약의 개별 기준에 관해 살펴보자. 먼저 법원에서 모든 고용계약은 자유노무계약이라 정의한다면 피고용인은 자영인으로서 계약법상의 보호만을 받게 된다. 이 경우 〔그림 2-2〕에 나타난 스펙트럼의 좌방 극한값에서 피고용인은 자유노무계약을 체결하여 자영업자로서의 권리만을 인정받게 된다. 이 때 피고용인이 인지하는 근로기준법의 가치(예컨내, 해고제한과 법정복리수급권)가 사용자가 인식하는 자유노무계약의 가치를 상회하면 근로기준법상 근로자성을 인정받는 근로계약이 체결되게 된다.

이제 상황을 바꾸어 법원이 피고용인에게 근로기준법상 근로자로서의

그림 2-2 고용계약에 관한 스펙트럼

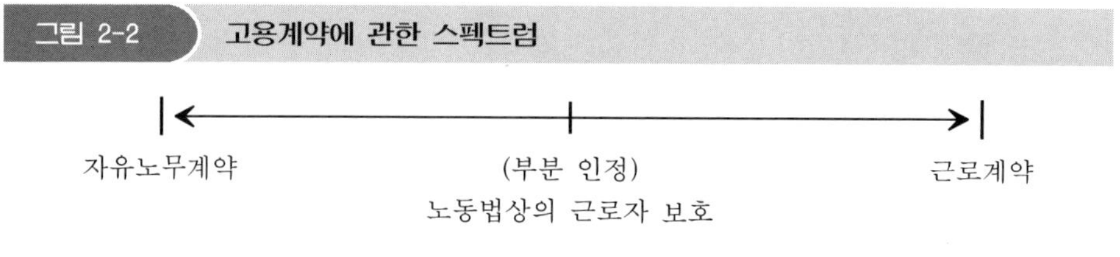

[15] 이와 연관되어 고용안정성에 대한 암묵적 근로계약에 관한 연구로서 김일중·조준모(2000, 2001)를 들 수 있다.

권리를 인정한다고 하자. 피고용인이 근로기준법상 근로자성에 대한 가치가 사용자의 자유노무계약에 대한 가치보다 크기 때문에 양자 사이에 자발적 거래는 일어나지 않게 된다. 이러한 사례는 코즈정리가 고용계약 개별 조항과 그 기준에 관한 사적 협상에도 그대로 적용될 수 있음을 보인다.[16]

이 때 정부가 근로기준법상 근로자성의 인정범위를 확장하여도 코즈정리의 결론에는 변화가 없다. 근로기준법상 근로자성이 분명히 정의되어 있다면(즉, 새롭게 도입되는 근로자성의 인정으로 말미암아 사용자 및 근로자의 권리가 명확히 정의된다면) 양자 사이에 경제적 효율성을 증진시키기 위한 거래가 발생하게 된다. 결국 일부 계약에 근로기준법상 근로자성이 인정되어도, 재산권이 명확히 설정되어 있고 거래비용이 계속 0이라면, 고용계약 형태에 관한 사적 협상은 〔그림 2-2〕 스펙트럼상의 한 점으로 이루어지게 되며, 경제효율성에는 변화가 없게 된다.

다음에서는 〔그림 2-2〕에 나타난 근로자성에 관한 협상이 개별 근로기준의 핵심 조항인 해고권과 법정복리의 수급권에 어떻게 적용되는가를 구체적으로 살펴본다.

(1) 해고권 (dismissal right)

우리 나라의 근로기준법 제23조(해고 등의 제한)은 "사용자는 근로자에게 정당한 이유 없이 해고, 휴직, 정직, 전직, 감봉, 그 밖의 징계를 하지 못한다"고 정하여 정당한 사유가 없는 해고를 엄격히 규제해 왔다.[17] 그러나

---

16 자유노무계약을 지지하기 위해 코즈정리가 사용될 수 있다. 즉, 자영인으로서 재산권 설정이 명확히 되어 있고 거래비용이 없는 상황이라면 자유노무계약은 효율적이기 때문에 법원은 이를 유지해야 한다는 결론을 주장할 수도 있다. 물론 이러한 주장의 이면에는 자유계약이 사적 자치(autonomy)와 시장의 효율성(market efficiency)을 증진시킨다는 계약법(contract law)의 정신이 깔려 있다.

17 반면 5인 미만 사업장에서 「민법」 제660조(기간의 약정이 없는 고용의 해지통고)에서 "고용기간의 약정이 없는 때에는 당사자는 언제든지 계약해지를 통고할 수 있다"로 정하고 있다. 이에 반하여 종업원수가 5인 이상인 사업장에는 특별법인 「근로기준법」이 일반적으로 적용된다. 상대적으로 규모가 큰 사업장에만 고용보호를 강하게 하는 「근로기준법」이 적용되는 것에 관해서는 찬반 양론이 제기될 수 있다. 가령 규모가 큰 사업장에서 사용자와 근로자의 일 대 일 협상을 통한 계약체결은 막대한 거래비용을 유발하기 때문에, 「근로기준법」 적용을 통하여 부당해고에 대한 사용자 책무를 부과하여 경제효율성을 개선할 수 있다는 찬성의견을 제기할 수 있을 것이다. 반면 반대의견도 제기될 수 있다. 가

1990년대에 들어서면서 우리 나라의 법원은 판례상 "긴박한 경영상의 해고"에 대한 인정범위를 확대하면서 고용보호의 정도가 해고권(employment-at-will: 이하 EAW)의 방향으로 다소나마 변화하게 된다.[18] 1998년 IMF 경제위기에 들어서면서, 사용자의 고용조정에 대한 제한을 완화하고, 이를 통하여 노동시장 유연성을 달성하자는 취지 아래에 2년간 유예되었던 근로기준법 제22조의 '경영상 이유에 의한 고용조정'이 '경영상 이유에 의한 해고의 제한'으로 개명되어 입법화된다.[19]

근로계약의 근로자성에 관한 협상은 해고권에 대한 협상을 포함하는 것이다. 예컨대, 고용보호에 대한 재산권(property right to job)이 〔그림 2-2〕의 스팩트럼상의 한 점으로 나타난다고 설정하자. 거래비용이 0인 코즈세계에서 사적 협상을 통해 결정되는 고용보호의 정도에 대해 살펴보자.

먼저 법원에서 EAW를 사용자에게 부여한다고 가정하자. 이 경우 사용자는 엄격한 EAW를 인정받아 해고의 완벽한 자유를 누리게 된다. 이 때 근로자의 완벽한 고용보호가치를 연당 1,000이라고 하고 사용자의 EAW에 대한 가치를 500이라고 하자. 이 경우 효율적인 자원배분은 근로자에 완전고용보호(complete-job-security: 이하 CJS)가 주어지는 것이며, 근로기준법상 근로자성을 인정받는 수준의 근로자성을 내포하는 근로계약을 체결할 가능

령 소규모 사업장에서 상대적으로 약한 정도의 고용보호를 적용하는 것은 협상력의 불균등 정도를 심화시킬 수 있다는 견해도 제기될 수 있다. 한편, 효율성 관점에서 영세사업장의 근로자일수록 미래에 발생할 고용유지의 가치와 해고당할 확률을 과소평가하는 경향이 있어, 이러한 정보 불확실성의 상황에 처한 영세사업장일수록 사용자의 책무를 묻는 「근로기준법」 적용이 더욱 효율적이라는 의견도 가능할 것이다. 이러한 차별적 법체계에 대한 경제효율성과 공정성에 대한 탐구는 후속연구로 남겨 둔다.

18 1991년의 동부화학 판례(대법원 1991.12.10 선고 91다8647 판결)와 1992년의 동진 판례(대법원 1992.5.12 선고 90누9421 판결)에서 법원은 긴박한 경영상 해고의 네 가지 요건(긴박한 경영상의 필요성, 해고회피노력, 근로자와 성실한 협의, 합리적이고 공정한 선정) 중의 하나인 "긴박한 경영상의 필요성"을 보다 광범위하게 인정하여 주었다. 이러한 판례 경향은 1998년 「경영상 이유에 의한 해고의 제한법」이 통과되기 이전까지 유지된다.

19 이른바 날치기법으로 알려진 「경영상 이유에 의한 해고」(「근로기준법」 제27조 2, 3, 4항)가 1996년 12월 26일 여당단독으로 통과된다. 그러나 이 법은 시행되지 못하고, 1997년 3월 13일 여야합의에 의하여 「경영상 이유에 의한 고용조정」(「근로기준법」 제31조)으로 교체되게 된다. 이 개정법은 부칙에 그 시기를 2년간 유예하여 1999년 3월 13일부터 시행하는 것으로 명기한다. 그러나 현장에서는 이미 권고사직이나 자진사퇴라는 형식으로 광범위하게 인원정리가 행해지게 된다.

성이 커진다. 이 사례에서 근로자가 CJS를 사용자로부터 양도받기 위해서는 최대 1,000을 지불할 용의가 있고 사용자 또한 500 이상의 가격이 제의된다면 EAW를 포기할 의사가 있다. 따라서 거래비용이 없다면 사적 협상 결과 CJS가 근로자에게 양도된다. 즉, 근로자성에 관한 자발적 거래는 바로 고용보호에 관한 거래를 포함하여 경제효율성이 달성된다.

이제 상황을 바꾸어 법원이 CJS를 모든 국민에게 부여한다고 가정하자. 근로자의 CJS에 대한 가치는 사용자의 EAW보다 높기 때문에 양자 사이에 자발적 거래는 일어나지 않게 된다. 즉, 근로계약은 근로기준법 적용 여부와 관계없이 완전한 고용보호를 내포하는 근로계약을 체결하게 된다. 이 사례는 코즈정리가 고용보호에 관한 사적 협상에도 그대로 적용될 수 있다는 점을 보인다.[20]

이 때 정부가 부당해고법(wrongful discharge law: 이하 WDL)을 도입한다고 하여도 코즈정리의 결론에는 변화가 없을 것이다. WDL이 분명히 정의되어 있다면(즉, 새로 도입되는 WDL이 사용자 및 근로자의 권리를 명확히 정의하고 있다면) 양자 사이에 경제효율성을 증진시키기 위한 거래가 발생할 것이다. 이상의 논의는, 결국 WDL 도입 후에도 재산권이 명확한 설정되어 있다는 점에는 변화가 없고 거래비용이 계속 0이라면, 고용보호에 관한 사적 협상은 스펙트럼상의 한 점으로 이루어질 것이다.

(2) 법정 복리수급권

근로기준법상 근로자로서 인정되면 퇴직금,[21] 고용보험,[22] 국민연금,[23]

---

[20] EAW를 지지하기 위해 코즈정리가 사용될 수 있다. 즉, 사용자가 자본에 대한 재산권(property right to capital)을 가지고 있고 근로자가 노동에 대한 재산권(property right to labor)을 가지고 있는 상황에서 EAW는 자발적 협상의 결과라고 주장될 수 있을 것이다. 따라서 만일 재산권 설정이 명확히 되어 있고 거래비용이 없는 상황이라면 EAW는 효율적이기 때문에 법원은 이를 유지해야 한다는 결론을 주장할 수도 있다. 물론 이러한 주장의 이면에는 자유계약이 사적 자치(autonomy)와 시장의 효율성(market efficiency)을 증진시킨다는 보통법(common law)의 정신이 깔려 있다(Epstein, 1984, p. 951).

[21] 현행 근로자퇴직급여보장법 제8조(퇴직금제도의 설정) 제1호는 "퇴직금제도를 설정하고자 하는 사용자는 계속근로연수 1년에 대하여 30일분 이상의 평균임금을 퇴직금으로 퇴직하는 근로자에게 지급하는 제도를 설정하여야 한다"로 사용자의 퇴직금 지불의무를 규정하고 있다. 즉, 근로자 5인 이상 사업장에서, 1주간 소정근로시간이 15시간 미만인 단

의료보험[24] 등 법정 복리수급권을 가지게 된다. 국민연금법 제3조 제1호는 "직업의 종류에 불구하고 사업장에서 노무를 제공하고 그 대가로 임금을 받아 생활하는 자"를 근로자로 정의하고 있다. 국민건강보험법 제3조 제1호는 "직업의 종류에 불구하고 근로의 대가로서 보수를 받아 생활하는 자"를 근로자로 정의하고 있다. 양법의 차이는 사업장과의 관련성 여부를 묻는 데 차이가 있으나 보험료의 징수 문제를 고려하여 근로관계를 맺고서 취업중인 근로자만으로 한정하면서도 사회보험의 보호범위를 확장하기 위하여 근로자의 개념에 사용자의 지위에 있는 자를 포함시키고 있다. 그러므로 양법이 노무의 대가나 근로의 대가로 보수나 임금을 받아 생활하는 자를 근로자로 보는 한 사회보험법상의 근로자 개념에 관한 입법자의 결정 프로그램은 근로기준법의 그것과 다르지 않다는 시각이 지배적이다.

근로계약의 근로자성에 관한 협상은 사회보장수급권에 대한 협상도 포함될 수 있다. 예컨대, 사회보장에 대한 수급권(property right to job)이 〔그림 2-2〕의 스팩트럼상의 한 점으로 나타난다고 설정하자. 거래비용이 0인 코즈 세계에서 사적 협상을 통해 결정되는 고용보호의 정도에 대해 살펴보자. 먼저 법원에서 사회보장 지급을 사용자의 재량권으로 인정한다고 가정하자. 이 때 근로자의 완벽한 사회보장 수급의 가치를 연당 1,000이라고 하고, 사용자의 사회보장 미지급에 대한 가치를 500이라고 하자. 이 경우 효율적인 자원배분은 근로자에 완전한 사회보장수급권이 주어지는 것이며, 근로기준법상 근로자성을 인정받는 수준의 근로자성을 내포하는 근로계약을 체결할

시간근로자를 제외한 모든 근로자를 대상으로 사용자의 퇴직금 지불의무는 적용된다.

22 고용보험의 모든 사업장에 적용된다. 고용보험법 제8조에 의하여 일용근로자(1개월 이상 계속 고용시 임시직에 해당되어 적용됨), 1개월 간 소정근로시간이 80시간 미만인 근로자는 보험수급권이 배제된다.

23 국민연금은, 대체로 의료보험과 마찬가지 기준을 따르지만, 제외대상자로서 일용근로자 또는 3개월 이내의 기한부로 사용되는 임시근로자(3개월 초과하여 계속 근무시 적용)를 포함한다. 이는 2개월을 기준으로 하는 의료보험과는 다소의 차이를 보인다.

24 의료보험은 상시근로자가 5인 이상인 사업장에 적용된다. 단시간근로자라고 하더라도 당해 사업장이 의료보험에 가입되어 있으면 보험료 납부의무와 함께 보험급여수급권을 가진다. 의료보험법 제4조는 일용근로자(2개월을 초과하여 근로하는 경우에는 적용)와 2개월 미만의 임시직 근로자를 고용보험 대상자에서 배제하고 있다. 따라서 의료보험법에 의하면 2개월을 초과하여 근로하는 일용근로자와 임시직 근로자를 대상으로 사용자의 의료보험 가입의무가 있다.

가능성이 커진다. 이 사례에서 근로자가 사회보장수급권을 사용자로부터 양도받기 위해서는 최대 1,000을 지불할 용의가 있고 사용자 또한 500 이상의 가격이 제의된다면, 사회보장 수급권리를 근로자에게 인정해 주는 근로계약에 합의할 의사가 있다. 따라서 거래비용이 없다면 사적 협상결과 사회보장수급권이 근로자에게 양도된다. 즉, 근로자성에 관한 자발적 거래는 바로 사회보장수급권에 관한 거래를 포함하여 경제효율성이 달성되게 된다.

이제 상황을 바꾸어 정부가 사회보장수급권을 모든 국민에게 인정한다고 가정하자. 근로자의 사회보장수급권에 대한 가치는 사용자의 사회보장 미지급의 가치보다 높기 때문에 양자 사이에 자발적 거래는 일어나지 않게 된다. 즉, 근로계약은 근로기준법 적용 여부와 관계없이 완전한 사회보장 수급권리를 내포하는 근로계약을 체결하게 된다. 이 사례는 코즈정리가 사회보장 수급에 관한 사적 협상에도 그대로 적용될 수 있다는 점을 보인다.[25]

이 때 정부가 사회보장법을 도입한다고 하여도 코즈정리(Coase Theorem)의 결론에는 변화가 없을 것이다. 사회보장법의 수급범위가 분명히 정의되어 있다면(즉, 새로 도입되는 사회보장법상 사용자 및 근로자의 개념과 권리를 명확히 정의하고 있다면), 양자 사이에 경제효율성을 증진시키기 위한 거래가 발생할 것이다. 결국 사회보장법을 도입한 후에도 재산권이 명확히 설정되어 있다는 점에는 변화가 없고 거래비용이 계속 0이라면, 고용보호에 관한 사적 협상은 스펙트럼상의 한 점으로 이루어질 것이다.

25 EAW를 지지하기 위해 코즈정리가 사용될 수 있다. 즉, 사용자가 자본에 대한 재산권(property right to capital)을 가지고 있고 근로자가 노동에 대한 재산권(property right to labor)을 가지고 있는 상황에서 EAW는 자발적 협상의 결과라고 주장될 수 있을 것이다. 따라서 만일 재산권 설정이 명확히 되어 있고 거래비용이 없는 상황이라면 EAW는 효율적이기 때문에 법원은 이를 유지해야 한다는 결론을 주장할 수도 있다. 물론 이러한 주장의 이면에는 자유계약이 사적 자치(autonomy)와 시장의 효율성(market efficiency)을 증진시킨다는 보통법(common law)의 정신이 깔려 있다(Epstein, 1984, p. 951).

2.3.3. 노조법상 근로자 개념

현행 노동조합 및 노동관계조정법(이하 '노조법'이라 한다) 제2조 제1호는 근로자를 "직업의 종류를 분문하고 임금·급료, 기타 이에 준하는 수입에 의하여 생활하는 자"로 정의하고 있다. 이 규정의 문언에 따르면 근로자성의 판단에 대해 두 가지 요건이 설정된다. 이는, 첫째 '직업의 종류 불문'과, 둘째 '임금·급료, 기타 이에 준하는 수입에 의하여 생활하는 자'일 것이다. 그런데 후자가 충족되는 한 근로자성을 인정하는 데 별 지장이 없으므로 전자의 기준은 근로자에 포함될 수 있는 외연을 개방하는 데 의의가 있지만 그 내포를 정하는 것이 아니어서 근로자성 판단은 후자에 집중될 것이다. 그러나 구체적으로 누가 '임금·급료, 기타 이에 준하는 수입에 의하여 생활하는 자'가 되어 노조법상의 근로자가 되는지를 법률 자체는 구체적인 기준을 제시하지 않고 있어서, 그와 같은 임무는 법원이 수행하지 않으면 안 된다.

헌법 제33조는 노동시장에서 당사자들이 단체교섭과 단체협약에 의해 근로조건에 관한 가격카르텔을 형성할 수 있는 자유를 헌법적으로 명령하고 있는 것이다. 그럼에도 불구하고 단체협약은 그 자체가 카르텔이 아니라 카르텔을 형성할 수 있는 자로서 노동조합과 사용자 사이의 카르텔계약에 해당된다.

노동시장에서도 가격결정의 원리가 적용된다면 노무제공의 공급과 수요에 의하여서도 임금을 포함한 근로조건이라는 가격이 결정되어야 할 것이지만, 단체협약은 단체협약에 구속되는 근로자와 사용자의 근로조건 기준을 일률적으로 확정하기 때문이다. 따라서 단결의 자유와 단체협약의 체결이 헌법상 보장되어 있는 한 노동시장에서는 카르텔을 금지하는 독점금지나 경쟁제한방지법 등의 경제법의 개입은 제한받게 된다.[26]

---

[26] 복수노동조합 아래에 배타적 교섭권을 인정하는 미국 노조법의 경우 판례에 의해 두 가지 도전을 받는다. 한 가지는 법원의 비노동조합원에 대한 공정한 대표성(fair representation) 요구와 Sherman Act·Clayton Act와 같은 반독점법이 그 것이다. 미국의 최근 판례를 살펴보면, 이 두 가지 측면에서 미국의 노조법은 법 또는 판례에 의한 견제로 말미암아 생산적인 긴장관계에 있다고 평가될 수 있다.

그런데 노동시장에서는 집단주의가 헌법적으로 용인되지만, 재화시장에서는 경제법 등에 의해 경쟁적인 개인주의를 기초로 한다. 따라서 노동시장에서 적용되는 근로자 개념의 확장은 필연적으로 중첩지역의 재화시장에서 경제질서에 영향을 미치게 된다.

2.3.4. 노동조합권(union right)에 관한 사적 협상

대부분의 자유주의 경제학자들은 노동조합의 카르텔 구성과 독점효과의 존재를 들어 노동조합에 대하여 적대적인 입장을 취해 왔다.[27] 이러한 견해는 노동조합은 집단적 행위를 통하여 기업의 가치를 감소시키며, 경제 순손실을 감소시키는 부정적인 집단으로 손쉽게 발전된다.

그러나 헌법상의 근로 3권을 존중하는 문제는 차치하더라도 노동조합을 카르텔로 단순하게 묘사하는 것은 균형 잡힌 시각이 아닐 수 있다. 왜냐하면, 기업의 가치를 극대화하는 차원에서 노동조합의 필요성을 인정받을 수 있기 때문이다.

정보가 불확실하고 감독비용이 높을 경우에 발생하는 '무임승차 문제'는 노사관계에서 항시 발생하는 문제이다. 예컨대, 사용자가 근로자에게 퇴직 후 법정 퇴직금 이상의 퇴직금 지급을 약속하고 별도의 기금을 마련하였다고 하자. 이 약속이 집행될 확률은 이 기금이 어떤 방식으로 적립되고 투자되느냐에 달려 있을 것이다. 개별 근로자의 입장에서 이 기금을 관리·감독하는 행위는 일종의 공공재적인 서비스를 공급하는 데 해당되므로 최선을 다해 기금을 감독할 동기는 없다.

근로자의 산업재해 문제도 마찬가지이다. 예컨대, 사용자가 산업재해 발생을 억제하기 위해 적절한 투자를 하기로 약속하였다고 가정하자. 이 약속이 집행될 확률은 투자비용이 어떻게 조달·집행되는가를 관리·감독하는 데 달려 있을 것이다. 앞서의 사례에서와 마찬가지로 개별 근로자의 입장에서 이 기금을 관리·감독할 동기는 작다. 노동조합은 바로 이러한 무임승차

27 물론 이에 반대하는 입장을 가진 소수 경제학자들도 존재한다(Freeman and Medoff, 1984를 참조)할 수 있다.

문제를 최소화하는 기구로서 이해될 수 있는 것이다.

그런데 여타 주인-대리인 문제와 달리 사업장에서 무임승차 문제를 해결하기 위해 노동조합이 결성되다 보면 자생적으로 노동조합은 시장의 임금 이상으로 임금을 상승시킬 수 있는 독점력을 확보하게 된다. 사용자의 입장에서 노동을 자본으로 대체하는 데 일정한 한계는 상존하기 때문에 이 독점력은 불가피하게 발생한다.

그러나 이러한 독점력도 무제한적으로 발생하는 것은 결코 아니다. 재화시장에서 경쟁이 치열한 기업의 노동조합은 독점력을 가질 수 없다. 노동조합의 독점력의 원천은 기업이 재화시장에서의 경쟁이 제한되어 경쟁적 시장(contestable market)이 조성되지 않기 때문에 발생하는 것이다. 즉, 재화시장에서 불완전한 경쟁은 독점지대를 창출하여 노동조합은 이 독점적 지대를 공유하기 위해 투쟁하게 되는 것이다. 재화시장에서 진입장벽이 없어지면 독점적 지대도 없어지고 노동조합의 독점효과도 사라져 노동조합의 생산적 효과만이 남게 될 것이다.[28]

법경제학자들은 노동조합은 재화시장이 완전경쟁인 상황 아래에서도 생존할 수 있다고 제안한다. 기본적으로 기업의 입장에서는 고용비용을 최소화하는 차원에서 노동조합의 결성을 희망할 수 있다. 위의 사례에서 기업이 우수한 근로자를 유치하기 위해 '퇴직기금(pension fund)'을 설정하였다고 하자. 이 기금이 투명하게 운영된다는 보장이 없다면 이 기금은 우수한 근로자를 채용하는 프로그램으로서의 가치를 상실하게 되고, 근로자는 다른 차원에서의 보상을 요구하게 된다. 만일 이 퇴직기금이 근로자로 하여금 기업특수 인적 자본투자를 유도하기 위해 만들어졌다면 이는 기업의 가치를 더욱 감소시키는 결과를 초래할 것이다. 이 때 기업이 노동조합을 자발적으로 허용하여 기금을 관리하게 한다면, 사용자가 제의한 퇴직기금의 운용은 신뢰성을 확보할 것이고 우수한 근로자를 유치하는 데 성공하게 될 것이다. 이 경우 노동조합의 존재는 기업의 가치를 증가시킬 수도 있다.

---

[28] 혹자는 중앙집권화된 노동조합은 경쟁적인 재화시장과 양립할 수 있다고 제안할 수 있다. 그러나 중앙집권화된 노동조합 카르텔은 지속되기 어렵다. 왜냐하면, 시장점유율을 높이기 위한 개별 기업의 사용자가 중앙카르텔과의 교섭에 응하지 않을 수 있고, 새로운 기업 또는 외국기업들의 시장진입은 기존의 중앙카르텔을 지속적으로 위협하게 된다.

노동조합의 파업권 또한 근로 3권 가운데 중요한 자리를 차지하는 근로자의 권리이다. 이는 전체 생산에 지장을 주는 저생산성 근로자를 합리적인 절차에 의하여 해고할 수 있는 사용자의 권리와 두 축을 이루는 권리인 것이다.

근로자의 파업권은 단체협약에 근로자의 이행을 촉구하는 수단으로서만 이해되어 왔다. 그러나 그간 사용자 또한 자신의 제의가 시장에서 신뢰할 수 있도록 만들어 고용비용을 최소화하는 수단으로 활용될 수 있다는 가능성은 간과되어 왔다. 근로자에게 파업권을 인정해 주는 것은 파레토효율성을 개선할 가능성이 존재하는 것이다.

고생산성 근로자의 입장에서도 만일 자신이 저생산성 근로자라면 해고할 수 있는 권리를 사용자에게 이양하는 사적 협상을 선호할 수 있다. 경기변동이 심한 부문에서 미래의 고용이 불확실한 상태일 때(탈법·편법적 노무관리 차원이 아니라) 기업이 정규계약으로는 채용할 수 없는 직무를 비정규계약으로 채용하여 고용유연성을 도모하는 것도 이런 맥락에서 이해될 수 있다. 근로자가 기업특수 인적 자본투자를 행하지 않는 사업장에서, 즉 근로자의 해고로 인한 피해가 크지 않은 경우에, EAW에 준하는 근로계약을 맺을 수 있다. 반면 근로자가 기업특수 인적 자본투자를 행할 경우, 그 투자의 수확분에 대한 재산권이 근로자에게 있으므로 완벽한 해고권을 근로자에게 주는 것이 계약 자체의 생존력을 잠탈할 수 있다.

그렇다면 기업의 가치를 증진시키기 위한 파업권의 범위는 무엇일까? 사용자는 저생산성 근로자를 해고할 권리를 전혀 갖지 못하고 근로자는 무제한의 파업권을 갖는 것이 과연 효율적일까? 파업이란 불가피하게 산출물의 감소를 가져오기 때문에 통상적인 계약법의 보상과 손해배상 조항에 비하여 비효율적인 수단일 수 있다. 사용자의 해고가 기회주의적으로 활용될 수 있듯이, 근로자의 파업도 기회주의적으로 활용될 수 있는 것이다.

파업이 근로계약 초기에 계약되지 않은 이익을 얻기 위해 이루어질 가능성이 있다. 이러한 리스크를 짊어지는 사용자는 사전적으로 임금을 낮추어 리스크 프리미엄을 요구할 수 있고, 이는 비노동조합 근로자에게 피해를 입힐 수도 있는 것이다. 마찬가지로 근로자는 이러한 근로자의 파업권 범위를 확대하기 위해 광범위한 협정근로계약을 체결할 가능성도 열리게 되는 것이다.

마찬가지 논리는 사용자의 해고권에도 그대로 적용될 수 있다. 예컨대, 근로자의 기업특수 인적 자본투자가 기업의 가치를 증진시키는 경우를 살펴보자. 만일 사용자가 기회주의적인 해고를 할 경우 근로자는 기업특수 인적 자본을 투자할 동기가 없거나 기회주의 가능성에 대한 리스크 프리미엄을 초기에 높은 임금의 형태로 요구할 것이다. 이 경우 기업의 입장에서 자발적으로 일정 범위의 해고권을 제한하여 근로자의 기업특수 인적 자본을 유인케 할 수 있다. 요약하면 사용자나 근로자 모두 무제한적인 해고권과 노동조합권을 요구하는 것은 효율적이 아님을 분명히 해야 한다.

2.3.5. 근로기준법상 근로자성과 노조법상 근로자성

근로기준법상 근로자성과 노조법상의 근로자성에 대한 판단의 차이는 아직 정립된 바 없다. 필자는 다수의 노동법학자들과 접하면서 얻은 다양한 견해를 다음과 같이 분류 설명하고자 한다.

(1) 1설: 이질적 개념의 근로자성

전술된 바와 같이 노조법은 헌법 제33조의 근로 3권 보장을 구체화하고 실효화하기 위한 법률이다. 이에 반하여 근로기준법상의 근로자성은 근로자의 생계를 위한 최저필요량을 책정하는 것이다. 따라서 두 가지 법상 근로자 개념은 입법론적인 프로그램이 상이한 배경에서 작성되어 동일한 스펙트럴 선상에서 표현될 수 없다는 입장이다.

이질적 개념의 근로자성을 인정하자는 제안에 대한 비판의 논거는 근로기준법과 노동조합 및 노동관계조정법(이하 '노조법'이라 한다)을 포괄하는 전체 노동법체계 내에서 두 개의 개별적인 보호범위를 인정해 줌으로써 노동법의 전체 입법 프로그램의 일관성을 상실케 할 수 있다는 것이다. 예컨대, 애덤 스미스가 본 최소열위자 집단에 근로기준법 적용이 아닌 노조법만 허용될 경우 협상력이 약한 노동조합이 근로기준법상 최소기준을 상회하는 단체협약을 체결해 내기는 어려워 노동법의 입법 프로그램이 의도하지 않은 결과를 낳을 수 있다는 것이다.

(2) 2설: 근로기준법상 근로자성은 노조법상 근로자성의 부분집합

노조법상 근로자성은 실업자, 여성과 같이 초기업단위 노동조합을 포함하여 기업단위 노동조합을 대상으로 하는 근로기준법상 근로자성보다는 광범위할 수밖에 없다. 2설은 초기업단위 노동조합 부분을 배제하고도 노조법상 근로자성이 근로기준법상 근로자성을 포함한다는 견해이다. 이는 근로기준법상 근로자는 '사업장에 임금을 목적으로 근로를 제공하는 자'로 정의되지만 노조법상 근로자는 사업장에 대한 언급 없이 '임금·급료, 기타 이에 준하는 수입에 의하여 생활하는 자'로서 정의되는 법문상의 차이를 부분집합과 전체집합으로서 해석한 결과이다. 이러한 견해에는 근로자를 자영인과 근로자로 나누는 이분법적 사고에 의존하지 않고 유사근로자, 준근로자, 가내근로자 등 자영인의 일부를 노조법상 보호영역에 두어야 한다는 것을 포함한다.

그러나 1설에 대한 비판과 마찬가지로 근로기준법상 최소기준에 미달하면서 노동조합이 인정될 경우 여러 가지 비판론이 대두된다.

첫째, 노동조합의 교섭기능은 여전히 취약할 가능성이 크며, 최소기준을 상회하는 단체협약을 끌어 내기 어려울 수 있다는 것을 들 수 있다. 이는 1설에서와 같이 노동법의 입법 프로그램을 달성하지 못할 수 있다.

둘째, 노동조합이 허용될 경우 경제법상 반독점제소권이 제한받게 되고

그림 2-3 2설의 근로자성

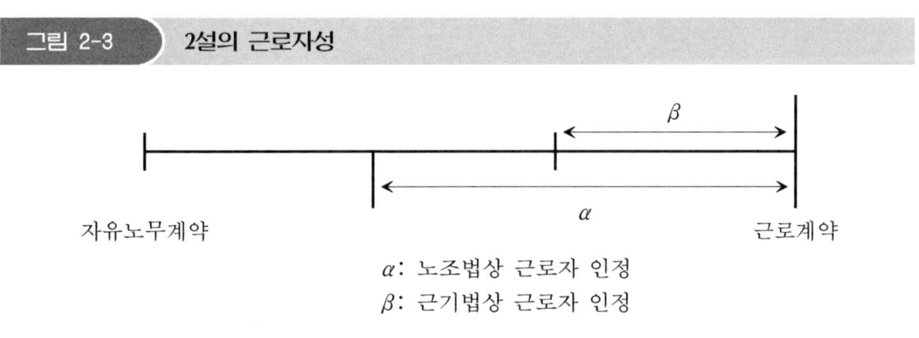

쌍방독점이 조장되어 경제순손실이 초래될 수 있다.

셋째, 근로자 간 이질성이 클수록 노동조합이 공정한 대표성에 문제가 발생할 소지가 커지고, 비조합원의 소극적 단결권 문제 및 노동조합의 리더십 문제가 대두될 수 있다.

(3) 3설: 노조법상 근로자성은 근로기준법상 근로자성과 동일하거나 후자의 부분집합

3설에 의하면 노조법상 근로자성과 근기법상 근로자성은 초기업단위 노동조합의 경우를 제외하면 기본적으로 동일하거나 노조법상 근로자성이 오히려 근기법상 근로자성의 부분집합이어야 한다는 견해이다. 이러한 견해는 근로기준법의 최소기준 달성은 노조결성만으로는 부족하기 때문에 근로기준법을 통하여 최소기준을 달성하고 최소기준을 상회하는 단체협약 체결은 노조결성을 통하여 이루어질 수 있다는 개념에서 출발한다.

3설에 대한 비판은 주로 노조법상 근로자성이 헌법 제33조를 구현하는 데 있어, 이를 좁게 해석할 경우 헌법 정신에서 벗어나게 된다는 것이다.

그림 2-4 3설의 근로자성

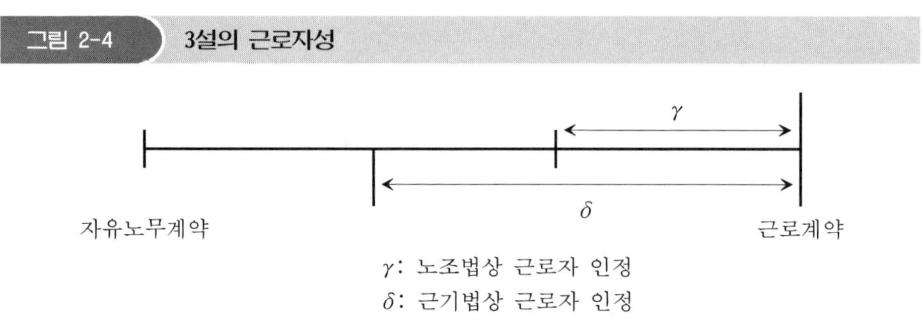

2.4. 계약자유공간 A에서 노동법의 기능

2.4.1. 노동법의 '획일적 확장'에 관한 비판

(1) 시각 자체의 제한문제

고용관계에 있어 계약법 내용을 노동법에 편입하여 해석하든지, 아니면 노동법을 계약법의 연장선상에서 이해하든지 간에, 현장문제에 있어서 법관의 해석차이는 일반인들로 하여금 계약법과 노동법의 중첩성을 절감하게 한다.

한 축에서는 노동법체계의 독자성을 인정한다고 하더라도 계약법 규정으로의 환원을 배제하지 않으며, 다른 한 축에서는 계약법 규정과의 연계성을 찾을 때마다 노동법적 사실관계의 특성을 긍정해야 하기 때문에 구체적인 사안에 있어서 동일한 결과마저 낳을 수 있다. 그러나 법적 사고를 전개하고 논거를 정당화하는 과정에서는 분명한 차이를 보인다.

법학설 간의 논쟁에도 불구하고 실무근로계약은 노동법적 측면과 계약법적 측면이 혼재하는 양면적 속성을 띠고 있으며, 법관도 노동법과 계약법이라는 두 축의 스펙트럴(spectral) 선상에서 자의적으로 해석할 가능성을 배제할 수는 없을 것이다. 예컨대, 최근 등장하는 보험설계사, 골프장경기보조원(캐디), 학습지교사 및 레미콘운송차주와 같이 자영인과 근로자의 중간에 위치한 근로자의 근로자성을 인정할 것인지 여부에 대한 논란도 노동법과 계약법의 중첩된 영역에서의 양 법체계의 '힘겨루기'라고 해도 과언이 아닌 것이다.

보험모집인(보험설계사로 수정)의 근로자성이 문제된다는 것은 이들이 노동법이 적용되는 노동시장으로 편입되는가, 아니면 계약법이 적용되는 재화시장으로 편입되는가 하는 문제이다. 노동법적 시각에서 이들은 특수형태 근로종사자로 분류되지만 민법적인 시각에서는 계약자유에 의한 노무급부의 정형계약으로 파악될 수 있다. 그러므로 보험설계사의 고용형태에 있어서는 한편으로는 이를 민법의 고용계약·도급·위임으로 위치시킬 것인가 하는 법률관계의 자리매김과 그에 따른 계약법리의 적용 및 계약의 내용에 대한 통제가 문제된다.

현재 계약법과 노동법의 중첩된 공간에서 발생하는 가장 큰 문제는 계약법의 사적 자치에 대한 집단적 통제이다. 단체협약과 근로계약 사이의 갈등에서(즉, 개별적 근로계약에 정한 근로조건과 단체협약이 규정하고 있는 근로조건이 다른 경우), 통상 유리한 근로조건 우선 원칙에 의해서 해결된다. 그러나 그 유리한 근로조건을 근로자 개인의사를 존중하는 사적 자치의 측면에서 판단할 것인가, 아니면 근로자집단의 차원에서 판단할 것이냐의 문제점은 여전히 남는다.

사회적 자치를 사적 자치의 상위질서원칙으로 이해하면서 노동법의 독자성을 강조하는 관점에서 보면, 근로자집단 또는 전체의 차원에서 소수의 이익을 희생하면서 다수의 이익을 증진시키는 명분을 얻을 수 있다.[29] 물론 이러한 사회적 자치는 파레토 개념의 경제효율성을 증진시키지는 못한다. 이보다는 좀더 관대한 칼도-힉스의 경제효율성 개념에서도 전체의 순이익이 증가하지 않는다면 단순히 소수에 대한 다수의 횡포 가능성을 배제할 수 없게 된다.

계약법의 최고원칙인 사적 자치의 원칙에 대하여 아주 '특별한' 노동법에 의한 제동이 그 당위성을 얻기 위해서는 계약법적 제동이 불완전하거나 노동법이 지향하는 최소기준에 미달하였다는 것을 명확히 하여야 할 것이다. 만일 노동법적 제동이 계약법적 제동에 비하여 비교우위가 없거나 최소기준을 상회하는 계약자유의 공간 A에 해당된다면 노동법의 확대적용은 그 명분을 잃게 된다.[30] 노동법의 확대적용에 앞서 계약법적 제동이 정상적으

---

29 골프장경기보조원, 학습지교사 등은 근로자성은 인정받지 못하면서도 단결권은 인정받아 그야말로 '비(非)근로자에 의한 노조'가 탄생하여 계약법의 영역에 사회적 자치를 인정한 모호한 결과를 낳게 된다.

30 예컨대, 보험설계사의 경우 법원의 계약에 대한 내용통제 또는 공정거래위원회를 통한 약관심사 및 계약조건에 대한 보호 등 계약법상 다양한 보호조치를 강구할 수 있다. 노동법적 보호를 이들 직종에 적용하는 한 가지 전제는 노동법적 제동이 계약법상의 제동에 비하여 비교우위에 있어야만 한다. 또한 노동법의 최소기준에도 미달하여야 한다. 그러나 보험설계사가 경제적으로 종속되었다는 이유만으로 해고보호규정의 적용을 받는다는 것

로 작동하지 않는 원인을 규명하고, 이를 시정하기 위한 노력이 전제되어야 할 것이다.[31]

자본주의의 안정성을 위해서도 분배정의를 도외시해서는 안 되기 때문에 전체 법체계에서 노동법은 자본주의의 안정성을 도모한다는 데 그 기능성을 인정받을 수도 있을 것이다. 그럼에도 불구하고 법제도의 기본 목표는 경제주체의 경쟁력을 높여 시장에서 경쟁하고 부가가치를 창출시킬 수 있도록 유도하는 데 있다고 본다. 예컨대, 근로계약실무가 상이하고 다채로움에도 불구하고, 근로자는 항상 열악한 상황에 처해 있다고 일방적으로 가정하는 경직적 사고는, 과거 산업사회의 초기와는 달리 근로자의 현실여건이 다양한 현대 산업사회에는 부합되지 않을 수 있다. 상황에 따라 현저한 차이가 있음에도 불구하고 근로자의 개인적 협상능력과 기회의 특수성을 고려하지 않고 법관이 획일적으로 근로계약을 통제하는 것은 사회적으로도 바람직하지 않을 수 있다. 또한 경우에 따라서는 의도하는 근로자보호가 무용지물이 되고 오히려 근로자를 해치는 부정적인 결과가 나올 수도 있다. 오로지 약자이기 때문에 보호해 주려 하다가는 그들의 처지를 영속화시킬 위험도 있으며, 무조건 보호받는 자가 필연적으로 갖게 되는 내부자에 의한 도덕적 해이(moral hazard)와, 한편으로 보호대상에서 제외된 외부자가 취하게 되는 대체행위(substitution activity)가[32] 심각해져 애초에 의도하였던 효과를 상쇄시킬 수 있다.

현행 노동법에서 가장 눈에 띄는 점은 역시 '사적 자치의 제한'이다. 계약법에서 최고의 원칙인 사적 자치의 원칙이 노동법에서는 어느 범주까지 그 정당성을 인정받을 수 있는지가 의문이 들었다.[33] 예컨대, 사적 자치에

은 최소기준 적용의 형평에 맞지 않는다는 문제점이 지적될 수도 있다(현재 4인 미만 근로자를 사용하는 근로자를 사용하는 영세사업장에서는 근로자 해고보호규정이 적용되지 않는다). 이러한 두 가지 기준에 미달할 경우 분배적 정의를 개선하지 못함과 동시에 경제효율성을 상실할 가능성을 배제할 수 없다.

31 최근 필자는 한 상법학자와의 대화에서도 상법의 기능에 대한 인식이 명확히 설정된다면 노동법 확대는 좀더 신중히 검토될 수 있으리라는 조언을 얻었다.

32 외부 피고용인은 보호를 받을 수 있는 영역으로 진입하려는 노력을 꾀하게 되고, 내부 고용인은 법적 의무를 회피할 수 있는 영역으로의 탈출을 시도할 것이다.

33 본절에서 다루는 사적 자치 제한논리 외에도 단체협약에 의한 집단자치를 고려할 때 근

의한 계약내용이 공정하지 못하여 분배정의를 훼손할 수 있다고 하여 손쉽게 계약 전체를 근로계약으로 인식하여 보호를 요청하는 것은 지나친 논리의 비약일 수 있다. 일차적으로는 그 계약내용의 어떤 부분이 계약법의 규정으로부터 일탈하는지를 식별하고, 통제를 하는 데 있어 계약법 방식의 한계가 명확하게 설명되어야만 할 것이다. 또 한 가지는 이것이 과연 노동법 및 사회가 지향하는 분배정의 달성을 위한 최소기준에 미달하느냐가 면밀히 검토되어야 할 것이다. 단순히 협상력 불균등기준에 의하여 강자라고 인지되는 측에 부(富)의 이전이 더 많이 이루어졌다는 내용만을 가지고 노동법적 수단을 동원하는 것은 그로 인해 상실되는 경제의 비효율성이 너무나도 클 수 있기 때문이다.[34]

현재 우리 나라에서 진행되고 있는 보험설계사, 골프장경기보조원, 학습지교사, 레미콘운송차주 등의 계약에서 사적 자치를 제한하는 것을 지지하는 논리는 다음과 같다. 1차적으로 사적 자치로 인하여 협상력의 불균등이 발생하였다는 것을 인지하고 부(富)가 사용자측에 편중되었음을 강조하게 된다. 그 다음으로 이를 교정하기 위해 집단자치를 허용해 줌으로써 사적 자치가 안고 있는 '부의 편중(偏重)'문제를 개선해 간다는 것이다. 예컨대, 학습지교사 노동조합과 같이 근로기준법상의 근로자성은 부인하지만, 노조법상의 근로자성은 인정해 주어 재화시장에서 협상력의 불균등을 시정해 주는 방식이다. 이 방식의 문제점은 일차적으로 '법리의 일관성 결여(logical inconsistency)'라는 측면에서 비판받을 수 있다. 대법원은 학습지교사의 근로기준법상 근로자성 인정 여부와 관련하여 사용·종속관계를 부인한다.[35] 학습지교사의 경우 노조를 결성하여 사용자에게 단체교섭을 요구하고

로관계에 있어서 사적 자치의 의미가 논란의 대상이 된다. 집단자치가 내부자의 이익보호에만 치중하고 실업자와 같은 외부자의 문제를 도외시할 경우에도 집단자치를 사적 자치의 상위개념으로 간주해야 할 것인가 등이 문제가 될 것이다.

34 물론 계약당사자가 권리남용에 의해 노동법 규정의 적용을 편법적으로 회피하는 경우 입법자는 당연히 계약의 자유를 제한하여 법률관계를 강제적으로 근로관계로 전환할 수는 있다. 그러나 이는 계약의 본질이 근로관계의 형태를 갖고 있어 본질적으로 노동법 영역에 해당되는 경우에 국한될 것이다.

35 학습지교사의 경우, 그 위탁업무의 수행과정에서 업무의 내용이나 수행방법 및 업무수행시간 등에 관하여 그 회사로부터 구체적이고 직접적인 지휘·감독을 받고 있지 아니한 점, 그 회사로부터 지급받는 수수료는 상담교사가 제공하는 근로의 내용이나 시간과 관계없

사용자가 이를 거부할 경우, 부당노동행위가 성립하는지 여부나 노조의 결성을 위한 근로자성 인정이 대법원에서 다루어지는 경우 노조법상의 근로자성이 부인될 가능성도 배제할 수 없다.[36]

또한 집단자치를 허용할 경우, 노조의 결성을 통하여 생산요소의 공급독점이 허용됨으로써 노동시장에서 비효율성이 야기될 수 있고 비효율성은 재화시장으로 전가되어 결국 소비자도 비용을 부담하게 된다. 이러한 문제는 후술되는 카르텔(cartelization)의 문제와도 직접적인 연관성을 가진다.

마지막으로 노동조합 결성을 허용하는 것이 집단자치인지 사회적 자치인지 명확하지 않다. 만일 논쟁이 제기되는 직종의 임금수준이 분배정의를 위한 최소기준을 상회한다면, 이는 집단자치에 의해 부의 재분배를 꾀하는 시도일 뿐 가난한 사람들을 위한 사회적 자치와는 엄밀히 부합되지 않을 수 있다.[37]

단순히 부의 많고 적음에 의하여 법률적 개입이 용인되어 집단자치가 허용된다면, 법적인 대리거래(surrogate transactions)가 거래비용(transaction cost)을 증진시켜, 시장 내의 당사자 간 거래가 효율적이라는 사적 자치의 기본원칙을 심하게 손상시킬 수도 있다(Posner, 1992).[38]

마지막으로 위의 두 가지 집단적 통제방식이 효율성과 공평성 차원에

이 오로지 신규회원의 증가나 월회비의 등록에 따른 회비의 수금실적이라는 객관적으로 나타난 위탁업무의 이행실적에 따라서만 그 지급 여부 및 지급액이 결정되는 것이어서 종속적 인과관계에서의 근로제공의 대가로서 임금이라 보기 어려운 점 및 그 밖에 업무수행시간의 정함이 없는 점 등 여러 사정을 종합하여 볼 때, 학습지교사는 그 회사와의 사용·종속관계 아래에서 임금을 목적으로 근로를 제공한 근로자로 볼 수 없다고 대법원은 판시하였다(대법원 1990. 5. 22 선고 88다카28112 판결).

36 이 경우 현재 체결된 단체협약은 실질적 의미의 노조법상의 단체협약이 아니라, 일반 사단이나 결사의 주체와 계약 상대방인 사용자 사이에 체결된 통일계약이나 표본계약의 성질을 갖게 된다.

37 노사관계가 불안정하고 산업별 노조가 정착되지 못한 국가에서, 산업별 노조가 보편화된 국가에 비하여 집단자치가 사회적 자치와 괴리될 가능성이 클 것이다.

38 필자의 생각으로 정부가 힘의 논리에 밀려 대리거래를 인정해 주다 보면, 결국 노동의 수요탄력성이 큰 분야에서 대리거래가 활성화될 것으로 추측된다. 이에 힉스-마셜(Hicks-Marshall)의 원칙을 적용시켜 보면, ① 산출물의 수요탄력성이 작은 시장일수록, ② 다른 생산요소와의 대체가능성이 작을수록, ③ 다른 생산요소공급의 가격탄력성이 작을수록, 마지막으로 ④ 총생산비에 대한 인건비 비중이 작은 분야일수록 노조든지, 협회든지 그 협상력은 증가하여 대리거래가 촉진될 것은 자명하다.

서 문제가 전혀 없고, 가난한 사람(예컨대, 학습지교사, 레미콘운송차주 등으로 설정해 본다면)을[39] 돕자는 목적이 사회 전반적으로 인정되었다고 하더라도, 그 비용의 일부를 해당 직종의 소수 사용자에게 편중시켜 부담지우는 것은 재산권을 침해할 소지를 야기할 수도 있다. 가난한 자를 우대하는 조건을 특정 계약에서 강요할 경우,[40] 이로 인하여 발생하게 되는 재산권의 침해는 동태적 효율성(dynamic efficiency)을 감소시킬 수 있다.[41]

(2) 부의 이전법의 정치경제학

부(富)의 이전(移轉)을 가져오는 관련법의 변화는 이익집단들의 좋은 로비대상이 될 수 있다. 정치인들은 정치자금이든 득표이든 정치지대(political rent)를 창출할 수 있으므로 이익집단과 정치인의 정치적 교환에 의해 부의 이전을 초래하는 법적 변화가 더욱 빈번하게 일어날 소지가 있는 것이다.[42] 전술된 바와 같이 통상 이러한 법적 변화는 이익집단이 얻게 되는 편익보다도 피해자의 손해가 더 커서 효율성 판단의 보수적 기준인 칼도-힉스의 효율성 기준에서 보아도 비효율적일 경우가 많다.

일반적으로 부의 이전이 클수록, 피해자의 반발이 작을수록, 이익집단의 응집력이 강할수록, 정치인이 얻게 되는 정치지대가 클수록 부의 이전을 초래하는 법적 변화가 이루어질 가능성은 크게 된다.

특히, 법의 변화로 말미암아 비용을 지불하는 집단이 법적 변화에 무지

39 한국경영자총협회(2001)의 조사에 의하면, 월평균수당이 레미콘운송차주의 경우 271만 4,539원, 생명보험 모집인의 경우 138만 8,000원, 손해보험 모집인의 경우 105만 7,000원, 학습지교사의 경우 139만 8,000원으로 나타난다.

40 특수업무 종사자를 노동법의 적용을 받는 정규직으로 전환할 경우 발생하는 1인당 추가비용(법정퇴직금+국민연금+의료보험+고용보험+산재보험+임금채권+장애인 고용+연차휴가수당+월차휴가수당+생리휴가수당)이 생명보험 모집인의 경우 399만 1,000원, 손해보험 모집인의 경우 295만 7,000원, 학습지교사의 경우 379만 5,000원으로 나타난다.

41 시카고대학의 Epstein(1995)과 Posner(1992)는 경제효율성이란 현 상황에서 특정 자산에 대한 갑보다 을이 높은 가치를 부여한다고 해서 '다른 조건이 일정하다면(ceteris paribus)' 을에게 권리를 주는 식의 칼도-힉스의 정태적(static) 경제효율성만은 아니다. 특정 형태로 권리를 배분한 결과 미래에 경제주체들의 행위가 어떻게 바뀌고, 과연 그 때의 경제효율성은 어떻게 변할 것인가도 중요시된다(김일중, 1998).

42 이에 대한 정치한 논리는 Charles M. Tiebout(1956)의 "Pure Theory of Local Expenditure"를 참조할 수 있다.

하거나 또는 무관심할수록 법적 변화로 발생하는 비용-외부화(cost-externalization)가 용이하여 정치인에 의해 선호되게 된다. 또한 피해자가 손실을 최소화하기 위해 관련법에 적용되는 계약으로부터 탈출할 수 있는 탈출비용(exit-cost)이 클수록 법의 영향력은 더 커지며, 그만큼 정치지대도 커지는 것이다. 만약 탈출비용이 작다면 비효율적인 법의 중첩화(jurisdictional overlapping)를 쉽게 피하게 되어 결국 부의 이전도 용이하지 않고 이익집단의 로비유인도 작아지게 된다.[43]

부의 이전을 초래하는 법의 확대는 입법과정에서 독점화가 이루어지는 데도 기인한다. 만약 입법체제 간 경쟁메커니즘이 도입되면 비용-외부화가 용이하지 않게 되어 법의 확대가 용이하지 않게 될 것이다(Kobayashi and Ribstein, 1999).

이상을 요약해 보면, 비용-외부화가 용이하거나 피해자의 탈출비용이 클수록, 입법체제가 독점화될수록 부의 이전 관련법은 여타 관련법(특히, 경제효율성을 도모하기 위한 법)의 범위를 넘어서기 쉬우며, 결과적으로 법의 영역은 매우 복잡하게 중첩된다. 보다 우려되는 점은 이러한 부의 이전을 야기하는 특별법의 확장으로 인하여 발생하는 비효율성은 전체 사회의 몫(social pie)을 감소시키고 결과적으로 의도하였던 분배의 정의가 오히려 훼손될 가능성마저 존재한다.

(3) 계약법적 처방의 고민

계약법과 노동법이 중첩되는 영역에서 자연스럽게 등장하는 문제는 과연 계약법상 계약당사자 간에 발생하는 제반 문제들을 교정하기 위한 통제장치가 무엇인가 하는 것이다. 만일 특정 계약문제를 해결하는 데 계약법적 통제가 시장에서 부작용을 최소화하고 문제를 교정할 수 있다면, 굳이 노동법적 통제에 의존할 필요가 없기 때문이다.

법경제학적으로 계약법은 크게 두 가지 기능을 한다(Posner, 1992). 첫째, 사람들의 기회주의적 행위를 억제하여 경제행위의 최적시점을 확보하

43 이와 연관되어 우리 나라 노동제도 결정과정에 관한 공공선택적 분석은 조준모(2002)를 참조할 수 있다.

고, 자기방어를 위한 비용낭비를 줄이는 기능을 수행한다. 둘째, 누락된 조항을 적절히 추론하여 당사자들의 합의를 도출해 내는 것이다.

이와 같은 맥락에서 프리드만(Friedman)은 쌍방이 자발적으로 거래에 참여하고 정보가 제대로 교환되는 거래에서 '자발성'과 '정보교환의 적절성'이 결여되면 계약이 어느 한 쪽 또는 모두에게 해로운 것이 될 수 있다는 논리를 제시한다. 그 동안 계약법 영역에서 이 두 가지 충분조건을 만족시키지 못하는 상황들에 대한 법리개발이 다양하게 이루어져 왔다.

협상력의 불균등은 계약의 자발성을 깨뜨리는 요소 중의 하나이며,[44] 만약 협상력의 불균등이 법적 정의로서 식별된다면 계약의 자발성이 침해된 것이므로, 해당 계약은 정당성을 잃고 공적 수단이 사적 자치에 개입할 여지를 제공하게 된다.

계약법과 노동법이 중첩되는 영역에서 계약법에 의한 통제방식으로서[45] '독점화로 인한 협상력의 불균등'과 '비양심'의 법리를 들 수 있다.[46] 독점화의 대표적인 사례로서는 사용자가 수요독점력(monopsony power)을 확보하기 위해 담합(collusion)을 하는 경우를 들 수 있다. 각종 사용자 협회를 구성하여 신규업자의 진입을 제한하여 노동수요가 경쟁시장만큼 충분히 확대되는 것을 억제하고, 임금을 경쟁임금수준에 비하여 낮게 책정하여 수요독점적 지위를 이용하여 착취하는 경우를 들 수 있다. 경제학에서 담합의 비용을

---

44 계약법상 자발성의 결여에 관한 법리는 강제(coercion)이며, 강제의 유형은 크게 강박(duress), 비양심(unconscionability)과 협상력의 불균등(inequality of bargaining power)으로 나누어 볼 수 있다. 이 세 가지 유형 중 노동법과 계약법의 중첩된 영역에서 빈번하게 발생하는 유형은 비양심으로 판단된다(이는 민법상의 신의칙 등으로 구체화된다). 따라서 본고에서는 협상력의 불균등과 비양심에 초점을 맞추어 논의를 전개하도록 한다.

45 레미콘 운반도급계약에 공정거래위원회는 경쟁제한의 법리로서 개입해 왔다. 예컨대, 레미콘 도급계약이 제3자와의 계약체결을 부당하게 제한하거나, 레미콘운송차주들의 단체구성에 사용자의 허가를 받아야 한다든지, 제3자와 본 계약과 유사한 계약을 체결할 수 없다든지, 과다한 손해배상 의무를 지운다든지, 사용자에게 일방적으로 유리한 계약해지조항이라든지의 경우에 개입하여 업주에게 계약무효나 시정명령을 내린 바 있다(1999. 12. 14, 9912약심1724호).

46 전술된 바와 같이 계약법상 강제의 법리가 적용되는 경우는 강박, 독점화, 비양심적 행위 등을 들 수 있을 것이다. 통상 강박의 경우 위기상황에 처한 약자의 권리를 강자가 침해하였을 경우에 발생하며, 레미콘운송차주나 보험설계사와 같은 노동법과 계약법의 중첩지역에서 발생하는 문제는 아니라고 판단된다.

논할 때는 통상 사중비용(deadweight loss)을 의미하여, 분배적 고려(distributive consideration)보다는 배분적 비효율성(allocative inefficiency)에 중점을 둔다. 그러나 담합의 문제를 계약법 또는 노동법 문제로 접근하는 것은 문제의 본질에 대한 치유책이 아니라는 비판이 제기될 수 있다. Trebilcock(1976)은 담합의 폐해가 독점화로 인해 거래에서 배제된 사람들이 겪는 불이익, 즉 통상적인 사중비용(deadweight loss)에 있다고 강조한다. 예컨대, 거래에 참여한 학습지교사 또는 레미콘운송차주 등은 자신이 원하던 일감을 얻었으니 계약의 강제성은 별로 없다는 논리이다.

계약법이란 주로 당사자 2인의 문제를 다루는 영역이니 만큼, 배제된 사람들의 이익을 보호하는 데에는 계약법이 부적절할 수 있다. 환언하면 담합은 계약의 실패(contracting failure)라기보다는 시장의 실패(market failure)의 문제로 파악되어야 하며, 시장의 실패를 치유하는 도구로서는 부적절하다는 논리가 적어도 더 설득력이 있다고 판단된다. 그러므로 담합의 소지가 분명하더라도 계약법 차원보다는 공정거래법과 같은 경제법 차원에서 이를 억제해야 한다는 결론으로 이어진다. 담합의 폐해로서 발생하는 사중손실비용이 아니라 약자의 저소득수령에만 초점을 맞추어 노동법상 노조의 설립을 피고용인들에게 허용해 준다면, 이는 전술된 대리거래(surrogate transactions)를 촉진시켜 사중손실을 더욱 크게 할 위험이 존재한다.[47] 만약 문제의 본질이 담합에 있다면, 이는 계약법이나 노동법의 문제가 아니라 공정거래(fair trade)의 문제임을 쉽게 파악할 수 있다.[48] 따라서 계약법과 노동법의 중첩 영역에서 계약법적 접근방법은 나머지 법리인 '비양심'에 초점을 맞추게 됨을 알 수 있다. 앞서의 독점화 문제와 달리 비양심의 영역 아래에서는

47 담합은 정의상 둘 이상의 계약자가 연루되어 있는데, 계약법의 차원에서는 자신이 거래한 한 사람의 계약자만을 대상으로 하게 된다. 그러나 담합을 좀더 효과적으로 억제하려면 답합에 가입한 계약자 모두 또는 사업자 단체를 대상으로 소송을 제기하는 것이 바람직할 것이다. 경제법은 이를 가능하게 한다.

48 공정거래위원회가 보험설계사 시장에 개입한 사례(2000. 6. 15)는 보험 스카웃금지 협정폐지 요청 및 보험상품의 공동개발행위에 금지조치를 취한 것을 들 수 있다. 그간 보험협회에서는 「생명보험 공정경쟁질서 유지에 관한 협정」, 「손해보험 공정경쟁질서 유지에 관한 협정」, 「생명·손해보험업계 간 보험모집질서 개선을 위한 협정」을 두어 모집인의 거래상대방 선택의 자유를 제한하여 보험모집시장의 경쟁을 실질적으로 제한하자 공정거래위원회에서 이를 금지할 것을 명령한 바 있다.

계약당사자가 눈에 띌 만한 독점력을 갖고 있지 않음에도 불구하고 저임금 및 열악한 고용계약을 맺을 때 발생하는 문제이다.

비양심의 논리는 가난한 고용인들에게 어찌 그럴 수 있는가 하는 논리로서 비양심의 법리에 호소하여 원래의 계약을 무효화시키는 소를 제기할 가능성이 크다. 이러한 상황 역시 '자금력이 풍부한 사용자' 대 '가난한 고용인' 간의 갈등문제로 현 정부가 들어서서 빈번히 발생한 문제들이다. 이 두 가지는 도저히 서로 경쟁대상이 되지 못하므로 노동법적 보호를 해 주든지, 일련의 카르텔을 허용해 주어야 한다든지의 논리로 발전하게 된다. 노동법 영역을 확장하자는 주장의 내용을 살펴보면, 대부분이 이러한 정서를 배경으로 한다.

그러나 이렇게 노동법 적용을 지지하는 논리에는 크게 두 가지 부작용이 발생할 수 있다. 첫째, 만약 가난한 사람들과의 고용계약에 노동법이 적용되면 미래에 사용자는 가난한 자와의 거래를 꺼리게 될 것이다. 이렇게 되면 가난한 고용인의 입장에서는 현재의 저임금에다가 거래의 가능성까지 박탈당함으로써 이중으로 고통을 받는다는 주장이 제기된다(Radin, 1989).

둘째, 오로지 임금수준이 낮은 산업에서 기업을 경영한다는 이유만으로 노동법이 적용이 되고, 그렇지 않은 산업에서는 계약법이 적용되는 식이라면 이는 재산권을 침해하는 것과 마찬가지라는 논리도 제기될 수 있다. 엡슈타인(Epstein, 1985)이 '영향의 불비례성 시험(disproportionate impact test)'이라고 명명한 바 있는 이 논리에 의하면, 이를테면 분배의 정의를 달성하자는 인식이 사회 전반적으로 인정되었다고 하더라도 그 비용을 집중적으로 소수에게 편향되게 부담시키는 것은 재산권의 침해를 의미한다는 것이다.

물론 레미콘운송차주나 학습지교사의 대안적 노동시장이 미흡함을 악용하여 터무니 없게 체결된 계약조건에 대해서는 계약법상 비양심의 법리에 따라 공적 개입을 정당화시킬 수 있을 것이다. 그러나 개입하더라도 계약내용에 직접 개입하는 계약규제의 방식은 최소화하여야 한다고 판단된다. 왜냐하면, 계약규제는 그 속성상 재분배에 따르는 부담을 사회의 특정 그룹이 과중하게 떠맡는 효과를 갖기 때문이다(Kaplow and Shavell, 1996). 둘째, 과중부담을 갖는 집단이 미래에 취하게 될 각종 대체행위 때문에 혜택을 주고자 하였던 고용인들이 오히려 이중으로 고통을 받게 될 가능성이 크기 때문이다(Radin, 1989). 따라서 사적 계약에 일일이 개입하는 것보다 일반세제 및 보조정책이 부의 재분배라는 목적달성을 위해서 더욱 큰 비교우위를 갖는다고 판단된다.

(4) 쌍방독점으로 인한 경제비효율성 문제

노조의 결성을 허용해 주는 대신 또다른 방식은 보험설계사의 경우처럼 협회나 단체 등 카르텔을 인정하여 협상력의 불균등을 시정하여 사용자로의 편중된 부를 재분배하는 정책시도이다. 즉, 보험설계사의 카르텔을 허용함에 따라 협상력의 균등성을 개선하여 사용자의 부가 보험설계사에게 이전하는 효과를 거두자는 시도이다. 그러나 이러한 주장을 경제학적으로 면밀히 살펴보면, 의도하는 경제효율성과 공평성 모두를 개선하지 못할 우려가 있다. 첫째는 요소공급의 독점체가 구성될 경우 통상 독점이윤을 창출하기 위해 노동력의 과소공급이 이루어지고 이는 노동시장에 진입하고자 하는 선의의 다수에게 오히려 피해를 끼치는 경제비효율성이 야기될 수 있다. 문제는 여기에 멈추지 않는다. 요소공급가격의 인상은 재화시장(건축물의 가격과 보험상품의 가격 등)에서 균형가격을 인상시켜[49] 결국 재화시장의 거래량을 위축시키는데, 이는 경제적 순손실(deadweight loss: 자중손실)을 유발할 것이다.[50]

〔그림 2-5〕는 쌍방독점의 비효율성을 나타난다. 여기서의 쌍방독점(bilateral monopoly)이란 요소공급의 독점자(monopolist)인 노조가 수요독점자(monopsonist)인 사용자에게 노동을 공급하는 산업조직구조를 의미한다. 쌍방독점의 비효율성은 통상 재화시장에서 사용자가 일방독점을 가진 경우와 비효율성의 크기를 비교하여 평가된다. 〔그림 2-5〕는 전형적인 쌍방독점의 경우를 나타낸다. s_L는 노동의 공급곡선을 나타내며 사용자의 노동의 수요

[49] 사용자가 소비자에게 전가할 수 있는 능력은 산출물의 수요탄력성에 의해 정해질 것이다. 즉, 보다 수요비탄력적일수록 소비자에게 전가될 가능성이 높다.

[50] 여기에 공공선택(public choice)이론에 의해 제시된 지대추구(rent seeking)에 의해 낭비되는 털럭 사각형(Tullock, 1967)까지 고려하면 비효율성은 더욱 명확해진다.

그림 2-5 쌍방독점의 비효율성

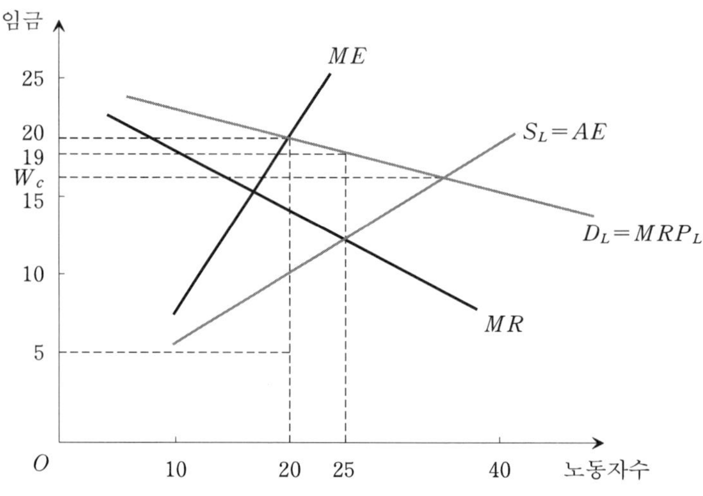

곡선인 한계수입생산물곡선은 d_L로서 나타난다. 만일 노조가 존재하지 않는다면 수요독점자는 채용규모를 한계지출곡선 ME에 기초하여 정하게 된다. [그림 2-5]에서 20명의 고용과 10원의 시간당 임금은 이를 나타낸다. 20명이 고용될 때 한계수입생산물곡선과 한계지출곡선은 일치하게 된다.

노조가 결성되면 노조는 공급량을 조합원의 경제적 잉여를 극대화되는 점에서 결정하게 된다. 이는 노조의 한계수입곡선 MR과 S_L이 만나는 점으로 임금은 시간당 19원이며 고용규모는 25명이 된다.

이상을 요약해 보면, 기업은 10원을 지불하고 20명을 고용하기를 희망하지만, 노조는 19원을 요구하고 25명을 고용하기를 원한다. 최종임금과 고용규모는 노사 간의 협상력에 의해 결정될 것이다. 노조는 19원의 임금과 25명의 고용을 요구하며 파업을 하겠다고 위협할 수 있고, 사용자는 10원의 임금과 20명의 고용을 위해서 비노조원을 채용하겠다고 위협할 수 있을 것이다.

쌍방독점은 경우 임금수준은 사용자의 수요독점적인 경우에 비하여 분명 높다. 그러나 완전경쟁의 경우에 비해서는 높을 수도 있고 낮을 수도 있다. 그러나 임금은 경제비효율성을 야기시키는 원천은 아니다. 문제는 고용이다. 고용수준은 수요독점적 시장에서 쌍방독점으로 변화해 가면서 점차 감소해 가는 것이다. 물론 경제비효율성의 크기(하버거 삼각형의 크기)도 고용의 크기에 따라 점차 증가되어 간다.[51]

2.5. 근로자성 판단의 새로운 시도: 법경제학의 관점에서

2.5.1. 기존의 근로자성 논의에 대한 평가

특수형태 근로종사자에 근로기준법을 적용하자는 초기 논의에는 '유사근로자'의 개념을 도입하자는 제안도 포함된다. 종전의 근로기준법 적용대상을 이분화하던 종래의 접근방식(근로자와 자영인)과 달리 3분화하여, 자영인 일부에 대하여 근기법적 보호를 하자는 방안이 그것이다. 또 다른 제안으로서 남녀고용평등법, 최저임금법 등 개별법 대상으로 독자적인 근로자성 개념을 개발하자는 방안도 제안된다.

그러나 이러한 방식으로 근기법을 확장하는 데는 몇 가지의 문제점이 있다고 본다. 유사근로자 개념을 도입할 경우 유사의 범위를 판단하는 데 모호성이 존재하고, 이는 특수형태 근로종사자들이 노동법 적용을 받기 위한 시위를 유발할 것이 자명하다. 또한 각각의 법적용을 판단하는 데 각개약진하자는 안은 이를 판단하는 행정부서의 자의성과 전체 노동법의 일관성을 훼손할 수 있을 것이다. 개별 법의 선별적 적용은 일관된 기준에 의해서 결정되기보다는 이해집단 간의 정치적 타협에 의해 이루어질 가능성이 있다.

또한 근로기준법이 확장될 경우 계약체결 가능성이 원천적으로 배제될

51 여기에 캐리어(Karrier, 1985)의 연구는 시사하는 바가 크다. Karrier는 미국 산업연구에서 독점산업에서 노조가 결성될수록 노조의 monopoy effect는 점차 커져서 노조의 존재는 독점자본의 수익률을 과소평가하게 하는 결과를 초래한다는 실증분석 결과를 제시한다.

수 있고, 법을 우회하기 위한 다양한 계약들이 맺어져 경제효율성이 상실될 수 있다는 측면은 전장에서 설명한 바 있다. 국가가 보장해야 하는 최소기준에 대한 보편적인 합의가 이루어졌다고 할지라도 그 비용을 비례적으로 부담하는 것이 아니라 해당 직종의 소수 사용자에게 편중시켜 부담하는 것은 비례적이 아닌 영향력을 미칠 수도 있다(Epstein, 『재산권 침해론』). 일반세제방식 및 보조정책보다 사적 계약에 일일이 개입하는 규제나 입법방식이 불가피한지 여부가 판단되어야 한다.

대안으로 노조법의 적용이 제안될 수 있다. 그러나 근로기준법상 최소기준에 미달하면서 노동조합만 인정될 경우 노조의 교섭기능은 여전히 취약할 가능성이 크며, 최소기준을 상회하는 단체협약을 끌어 내기가 어려울 수도 있다.[52] 한편, 노조가 허용될 경우 경제법상 반독점제소권을 제한받게 되어(anti-trust exemption to labor) 노동시장 문제에 공정거래위원회 등 경제법 적용이 제한될 수 있다. 또한 근로자 간의 이질성이 큰 서비스업종에 제조업 제어를 위한 전근대적 노동법이 그대로 적용될 경우 노조의 공정한 대표성 문제, 비노조원의 소극적 단결권 문제 및 노조의 리더십 문제가 대두될 수 있다. 한편, 세법상 사업소득자로 분류되는 특수형태 근로종사자의 경우, 사업소득세를 납부하는 대신 근로소득세를 납부할 경우 순소득이 감소하여 근로자의 저항이 유발될 수도 있다. 마지막으로 독점산업에 노조가 허용될 경우 노조의 독점효과(monopoly effect)는 커지고 생산적인 목소리효과(voice effect)는 작아질 수도 있다. 예컨대, 생명보험산업의 경우 상위 3개 기업의 시장집중도가 77%를 차지하여(대략적인 수치로서 삼성생명 39.1%, 교보생명 18%, 대한생명 19.9%), 사용자와 노조가 쌍방독점화(bilateral monopoly)화 할 수도 있다. 노사 쌍방독점의 경우 사용자 일방독점에 비해 고용은 급격히 감소되어 일방독점의 경우보다 경제순손실(dead weight loss)이 발생할 가능성이 커진다(Karrier, 1985). 사용자의 독점이윤은 담합행위 근절을 통하

[52] 필자가 만난 구성작가의 경우 월평균소득이 30만 원 정도되는 경우도 있었다. 이들의 업무는 작가라기보다는 PD보조원이라고 정의하는 것이 더 적합할 것이다. 이들에게 노조법을 적용할 경우 PD는 이들의 계약을 비정규직화하거나 계약체결 자체를 거부할 가능성이 크다. 이럴 경우 이들을 보호해 주려는 입법취지가 달성되지 못하고 오히려 피해를 야기할 가능성도 존재한다.

여 소비자에게 돌아가야 하는 몫이지만 노조가 허용될 경우 이 몫은 소비자가 아닌 조합원에게 돌아갈 수도 있다. 보험산업의 경우 e-commerce가 정착되는 미래에 인력조정은 불가피하며 노조가 허용되면 보험산업의 구조조정이 지연되어 국내보험사의 경쟁력이 감소할 가능성도 있다.

따라서 특수형태 근로종사자에 대하여 노동조합을 인정할 것인지 여부는 노조법상 근로자성만을 판단할 경우 위와 같이 예상하지 못한 시장의 비효율성을 야기할 수 있다. 노동법을 적용할 경우에 경제효율성의 변화, 노조대표성 문제 그리고 유효한 협상력을 확보할 가능성이 종합적이고 입체적으로 고려되어야 한다고 본다.

또한 새로운 고용형태가 출현할 때마다 일일이 법적 개입을 하기보다는 현행과 같이 법원의 판단에 맡기는 것이 적절할 것이며, 사용종속관계에 대한 행정부(노조설립 신고증의 발급) 해석은 법원의 판단과 일치해야 시장의 혼돈을 막을 수 있을 것이다.

2.5.2. 사회보장의 확대와 경제법 적용

현재 산재보험과 고용보험은 직접 고용한 근로자의 대상으로 확대되어 왔으나, 특수형태 근로종사자에게는 여전히 사회보장 사각지대로 남아 있다. 현재 사회보장법상 근로자성이 근로기준법상 근로자성에 연동되는 것은 사회안전망이 보편적인 보장기능을 수행하는 데 애로로 작용할 수 있다. 노동법상의 근로자 개념을 확정하고 이를 다른 법률, 특히 사회보장법으로 확장하는 우리 나라의 방식은 유럽법 차원에서는 통용되지 않는 현상이다.

사회보장의 확대는 근기법과 연동되지 않고 독자적인 최소기준을 마련하여 이루어지는 것이 타당하다고 판단된다. 4대 보험에 일반회계 지원을 통해서라도 최소한의 보편적인 사회보장이 이루어지도록 사회보장 패러다임이 설정되어야 할 것이다. 국민연금의 경우 현재의 구조로는 공평성과 효율성 모두를 억제할 수 있기 때문에 국민생활기초법, 세금의 지원을 받는 최소수준의 국민연금, 기업연금, 개인연금의 중층화(重層化)된 연금시스템을 구축할 필요가 있다.

경제법은 국민경제의 건전한 발전을 위하여 경제에 대하여 국가가 규제하는 방식에 의한 시장의 활성화를 도모하는 것이다. 특수형태 근로종사자의 문제에 경제법을 적용하자는 논리는 사용자의 담합에 의해 특수형태 근로종사자의 근로조건을 열악하게 하는 행위를 근절시키자는 면에 초점을 맞추게 된다. 전술된 바와 같이, 노조법 적용시(노동조합권(union right)의 인정시) 경제법적 권리(anti-trust right)는 상당 부분 제한됨을 명확히 인식하여야 한다. 특수형태 근로종사자에 경제법 적용은 약관규제법상 불공정약관 금지 등에 의한 통제, 독점규제 및 공정거래에 관한 법률에 있어 거래상 지위의 남용 금지 등에 의한 통제, 하도급거래 공정화에 대한 법률에 의한 통제 등을 통해 행해질 수 있다. 예컨대, 공정거래위원회는 보험설계사 스카웃 금지협정(다른 회사 소속이거나 등록을 말소한 후 6개월이 경과하지 않은 모집인의 채용금지)에 대해 보험회사 간 상호협정은 폐지되어야 한다고 입장을 밝혔다. 이에 따라 보험업계는 그 폐지를 위해 절차를 밟고 있다. 이 밖에도 보험등록제가 전속계약제로 변질되어 운영되고 있다는 점, 개인사업자인 보험설계사의 겸업이 약관상 금지되고 있다는 점, 사업비의 비합리적이며 불투명한 집행 등 문제도 경제법 적용으로 사용자담합 문제를 시정하고 모집인 시장이 경쟁적으로 활성화된다면 해소될 수 있는 문제점이라 판단된다.

또한 레미콘 운반도급계약서상 제3자와의 계약체결 부당제한조항, 단체활동 금지조항, 유사계약체결 금지조항, 손해배상액 결정조항, 과다한 손해배상의무 부과조항, 이의제기 금지조항, 계약해지조항 등은 경제법의 범위에서 해결될 수 있는 과제들이다. 문제는 공정거래위원회나 금융감독원과 같이 경제법의 준수를 감독하는 기관에서 노동이슈에 대한 전담부서의 부재, 전문성의 부족, 노동이슈를 금기시하는 태도인데, 경제법의 신속하고 효율적인 적용을 위한 제도 등을 개선하는 것이 시급하다.

2.6. 바람직한 노동법의 방향

오늘날 산업구조의 전환 및 제조업분야의 기술혁신 등에 의해 전통적인 공장근로자와는 다른 전문직과 화이트칼라(사무직) 근로자가 증대하고 있으며, 근로자들은 교육·기능·기술수준에 있어서뿐만 아니라, 의식수준에 있어서도 산업화 초기의 근로자들과 동일시될 수 없다는 사실을 논거로 하여 이제 현대의 근로자 상(像)은 산업사회의 발전을 반영한 새로운 모습으로 바뀌어야 할 것이다.

노동법의 이념에는 분명하게 근로계약 당사자의 비대등성이라는 관념과 이러한 비대등성이 근로계약의 기능장해의 원인이라는 인식이 자리잡고 있다. 그러나 그것은 그처럼 일반적인 형태로는 유지할 수 없는 관념이다. 근로계약의 당사자 사이에 계약조건에 관해 중요한 지적(知的) 차이가 있는 경우에는 양자가 대등하지 않다고 할 수 있지만, 그것은 근로계약에 대해서는 일반적·전형적인 상태로 볼 수 없을 것이다(Zöllner, 1988).[53]

또한 현행 노동법은 실업자의 보호를 등한시하고 있는 것뿐만 아니라 직장을 보유한 근로자를 과잉보호하는 점에서도 문제점이 지적된다(Ruther, 1988).[54]

---

53 쵤너(Zöllner)가 주장하는 바는 노동법의 무용론을 제기하는 것이 아니라 노동법의 반시장적 성격을 명확히 하고 노동법의 기능범위에 합리적인 제한을 가하기 위한 것이다(김소영, 2001).

54 상시근로자가 5인 미만 사업장에서 대체로 「민법」 조항이 적용되고 반면 5인 이상인 사업장에는 특별법인 「근로기준법」이 일반적으로 적용된다. 상대적으로 규모가 큰 사업장에만 근로자보호를 강하게 하는 「근로기준법」이 적용되는 것에 관해서는 찬반 양론이 제기될 수 있다. 가령 규모가 큰 사업장에서 사용자와 근로자의 일대일 협상을 통한 계약체결은 막대한 거래비용을 유발하기 때문에, 「근로기준법」 적용을 통하여 협상의 대등성을 이루어 경제효율성을 개선할 수 있다는 찬성 의견을 제기할 수도 있다. 그러나 이에는 전술된 대리협상을 키워 추가적인 거래비용을 야기할 수 있고 독점화로 인한 비용이 불특정 다수의 국민에게 전가될 수 있다. 분배정의를 개선하기 위한 사회적 자치가 아니라 기득권 근로자의 추가적인 잉여추출을 위해 법이 개입하였다는 비판도 제기될 수 있다. 또한 이러한 선별적인 법적용은 노동시장의 이중구조를 심화시켜 자원배분의 비효율성을 야기시킬 수 있다는 문제점도 남는다. 한편, 영세사업장의 고용인일수록 계약에서 발생할 편

본고는 최근에 일어나고 있는 보험설계사, 학습지교사, 골프장경기보조원 및 레미콘운송차주의 직종에 대한 노조의 설립의 허용과 같이 계약법의 영역에 노동법이 확대되는 추세에 대하여 비판적인 관점에서 살펴보았다. 노동법의 확대가 그 타당성을 가지기 위해서는 다음과 같은 점에 정당성을 인정받아야 한다고 제안하고자 한다.

첫째, 계약법상 구제장치가 노동법상 구제장치에 비하여 상대적으로 비효율적인가?

둘째, 노동법 적용은 진정한 의미에서 분배의 정의달성을 위한 목적인가, 아니면 단순히 계약당사자의 부의 전이를 위한 것인가?

셋째, 노동법의 확대로 인한 비용은 특정한 계층에 집중되지 않는가?[55]

넷째, 사적 계약에 일일이 개입하는 규제나 입법방식보다 일반세제 및 보조정책이 검토되었는가?

노동시장에서 수요 또는 공급곡선이 보다 탄력적인 방향으로 변화하거나 실업이 만연하여 사용자가 일시적으로 협상력의 우위를 가진다고 할지라도 노동법의 확대를 통해 손쉬운 방법으로 협상력의 불균등을 교정하자는 제안은 의도하지 않은 시장의 비효율성을 야기할 수 있다. 또한 입법과정에서 정치적 영향력이 없는 민간인(예: 실직자 또는 노동법상 최소기준 미달자)들에게 보이지 않는 비용을 짊어지게 할 수도 있는 것이다. 그 동안 우리 나라 노동법의 체제는 '강자(强者)'인 자본가(사용자)로부터 '약자(弱者)'인 근로자를 보호하는 데 치중해 왔으며, 21세기 '노동법체계의 유연화'는 매우 시급한 과제일 것이다. 보다 구체적으로 현행 노동법체계의 문제점으로 다음 두 가지를 제기할 수 있다. 첫째는 정규직 보호가 중심이 되어 내부자-

익과 비용에 대해 합리적인 계산능력이 상대적으로 적다면 영세사업장에 사용자의 책무를 묻는 「근로기준법」 적용이 더욱 노동법 정신에 부합된다는 주장도 가능할 것이다. 마지막으로 노동행정의 인프라가 구축되지 않아서 선별적인 법적용이 불가피하다는 현실론에 대하여 법과 현실의 타협이라는 켈젠(Kelsen)류의 법실증주의자로부터의 비판으로부터도 자유롭지는 않게 된다.

55 5인 미만 사업장에서 대부분의 법정복리의무가 요구되지 않는 현실을 감안할 때, 5인 이상 사업장에서 모성보호 및 비정규직 보호를 위한 다양한 규제들이 존재할 경우 그 비용은 5인 미만 영세사업장에 종사하는 근로자에게 집중화될 수도 있을 것이다(조준모, 2001b, 2002).

그림 2-6 최소기준과 계약자유공간 A

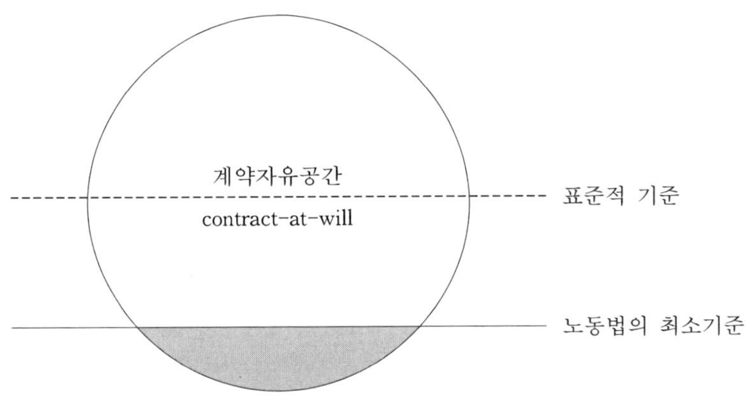

그림 2-7 최소기준 확대와 계약자유공간 A의 위축

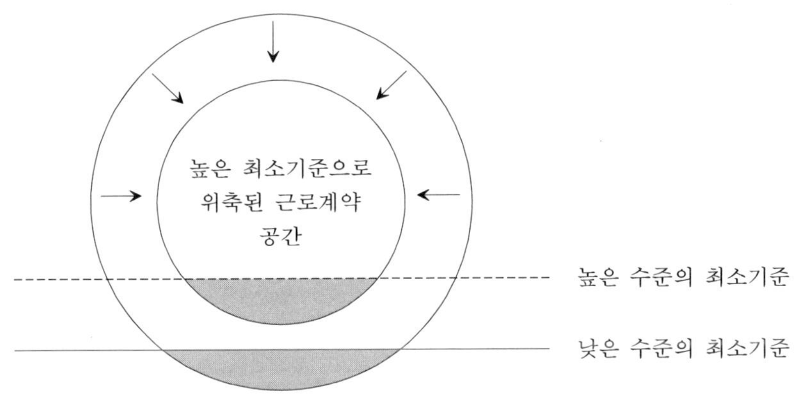

외부자 간에 경쟁제한문제를 들 수 있으며, 둘째는 공정성 개선을 위한 최소기준이 과도하여 사적 계약에 필요 이상의 법률적 개입이 이루어지는 문제점을 들 수 있다.

〔그림 2-6〕에서 최소기준은 반드시 분배의 정의(distributional justice)를 달성하기 위한 것이며, 이 자체를 원천적으로 무시하여 최소기준 무용론-노동법 무용론(最小基準 無用論-勞動法 無用論)으로 논의가 전개되어서도 균형

잡힌 시각이라 할 수 없을 것이다.[56] 〔그림 2-7〕에서와 같이 노동법의 최소기준이 지나치게 높게 설정되면 계약의 체결가능성이 원천적으로 배제되거나 법적용이 가능한 계약으로 대체되는 계약대체(contractual substitution)현상이 더욱 빈번하게 일어날 것이다.

따라서 추후의 연구방향은 노동법의 과다보호 문제점을 제기하고, 이를 해결하기 위한 노동법의 탈규제화 논리를 제기하는 수준에 머물러서는 안 되며, 노동법의 위상을 재정립하고, 이에 적절한 방향제시가 동시에 이루어져야 할 것이다. 21세기에도 노동법은 그 본연의 분배적 고려(distributive consideration)에 큰 비중을 두게 될 것이다. 그러나 분배적 고려도 전반적인 복지정책 및 조세정책과 시스템적으로 연계되어 판단되어야 할 것이다. 개별 계약에 개입할 경우에는 배분적 효율성(allocative inefficiency)에 영향을 주는 기능성 또한 강조되어야 한다. 노동시장의 계약자유(freedom of contract)의 공간을 확대하기 위해서는 효율적인 시장인프라로서의 법제도 기능이 강조되어야만 한다. 동 시장에서 계약자유의 원칙이 시장효율성으로 이어지기 위해서는 노동법의 배분적 효율성(allocative inefficiency)의 중요성이, 다른 국가에 비해 더욱 강조되어야 할 것이다. 예컨대, 근로계약의 근로조건기능 결정이 제대로 이루어질 수 있도록 계약의 명료화를 위한 노력과 계약상 기회주의를 억제하고 성실한 이행을 촉구하기 위한 노동법제도와 감독체계의 정비 등은 항시적으로 존재하는 법제도의 기능임은 부인되지 못할 것이다. 보다 궁극적으로 계약자유의 원칙이 경제효율성으로 이어지기 위해서는 분단노동의 시장구조를 개선하기 위한 지속적인 산업정책(industrial policy)과 공정한 거래관행을 정착하기 위한 정책적 노력이 필요할 것이다.

[56] 노동법의 탈규제 또는 규제론의 논쟁에 관하여 국내의 한 노동법 학자의 지적은 시사하는 바가 크다. "노동법학이 법해석학이나 규범논리가 아닌 근로자 이익보호라는 이데올로기적 선(善) 판단에 의해 지배받거나, 입법내용이나 해석결과가 노사 당사자 어느 편에 유리한가를 중심으로 이해되어서는 결코 안 될 것이다. 노동법학이 이른바 편짜기(Lagertheorie)에 의해 위태롭게 될 수 있다는 점은 이미 다른 나라에서도 지적되고 있다. 학문적 저술이나 진술이 결론내용이 어떠하냐에 따라 이익단체에 의해 어느 편으로 분류되는 현상은 노동법과 노동법학의 발전에 매우 큰 저해요인이 될 수 있다. 왜냐하면, 이러한 카테고리화는 많은 경우 잘못된 것이며 비학문적이기 때문이다"(하경효, 2000).

제 3 장

특수형태 근로종사자 시장의 현황

3. I. 특수형태 근로종사자 전체 현황

1997년 외환위기 이후 우리 나라는 사회·경제 그리고 문화적 측면에서 많은 변화를 겪고 있다. 노동시장 또한 대내·외적 여건변화와 함께 다양한 일자리형태가 나타나기 시작하였다. 특히, 임시직과 일용직으로 표현되는 비정규근로의 비중이 증가하면서 이에 관한 논의가 활발하게 진행되고 있다.

이 가운데 특수형태 근로종사자는 비정규근로의 한 형태로 다루어지고 있는데, 이는 사용자와 고용주가 일치하나 근로계약관계가 모호한 고용형태로서 향후 보다 다양한 직종에서 다양한 유형의 특수형태 근로종사자 관계가 형성될 것으로 보고 있다. 〔표 3-1〕은 통계청에서 매년 실시하고 있는

표 3-1 일자리형태별 규모 및 구성비

(단위: 천 명, %)

	임금근로자 전체	파견근로	용역근로	특수형태 근로종사자	가정 내	일일(단기) 근로
2001년	13,540	134 (1.0)	307 (2.3)	810 (6.0)	256 (1.9)	298 (2.2)
2002년	14,030	94 (0.7)	332 (2.4)	772 (5.5)	235 (1.7)	412 (2.9)
2003년	14,149	98 (0.7)	346 (2.4)	600 (4.2)	166 (1.2)	589 (4.2)
2004년	14,584	117 (0.8)	413 (2.8)	711 (4.9)	171 (1.2)	666 (4.6)
2005년	14,968	111 (0.8)	431 (2.9)	633 (4.2)	141 (0.9)	718 (4.8)
2006년	15,351	131 (0.9)	499 (3.2)	617 (4.0)	175 (1.1)	667 (4.3)

주: ( ) 안은 임금근로자 대비 구성비임.
비정규직 내 유형별 중복으로 규모 및 비중의 합계는 불일치함.
자료: 통계청, 경제활동인구 부가조사.

표 3-2 **특수형태 근로종사자의 인구통계학적 특성별 규모**

(단위: 천 명, %)

			2001년	2002년	2003년	2004년	2005년	2006년
전 체			810 (100.0)	772 (100.0)	600 (100.0)	711 (100.0)	633 (100.0)	617 (100.0)
성 별	남		329 (40.7)	329 (42.6)	229 (38.1)	308 (43.3)	239 (37.8)	186 (30.1)
	여		480 (59.3)	443 (57.4)	371 (61.9)	403 (56.7)	394 (62.2)	431 (69.9)
학력수준별	고졸 미만		160 (19.7)	150 (19.5)	101 (16.9)	105 (14.8)	95 (15.0)	107 (17.3)
	고졸		465 (57.4)	428 (55.5)	300 (50.0)	368 (51.7)	319 (50.4)	303 (49.2)
	대졸 이상		185 (22.8)	194 (25.1)	199 (33.2)	238 (33.5)	219 (34.6)	207 (33.6)
	계		810 (100.0)	772 (100.0)	600 (100.0)	711 (100.0)	633 (100.0)	617 (100.0)
성별· 학력수준별	남	고졸 미만	52 (15.6)	51 (15.3)	37 (15.9)	37 (12.0)	29 (11.9)	34 (17.9)
		고졸	185 (55.0)	172 (51.2)	101 (42.8)	153 (48.8)	108 (44.3)	82 (43.0)
		대졸 이상	92 (27.5)	106 (31.5)	91 (38.7)	118 (37.5)	102 (41.9)	69 (36.2)
		소계	336 (100.0)	336 (100.0)	235 (100.0)	313 (100.0)	244 (100.0)	191 (100.0)
	여	고졸 미만	107 (22.3)	99 (22.3)	64 (17.2)	68 (16.8)	66 (16.7)	72 (16.8)
		고졸	280 (58.4)	256 (57.8)	199 (53.7)	215 (53.3)	211 (53.5)	221 (51.2)
		대졸 이상	93 (19.3)	88 (19.9)	108 (29.1)	121 (29.9)	117 (29.7)	138 (32.0)
		소계	480 (100.0)	443 (100.0)	371 (100.0)	403 (100.0)	394 (100.0)	431 (100.0)

주: ( ) 안은 비중임.
자료: 통계청, 경제활동인구 부가조사.

'경제활동인구 부가조사' 결과에 기초하여 특수형태 근로종사자의 현황 및 실태를 파악한 것으로 2001년에서 2006년까지의 자료를 이용하였다.

〔표 3-1〕은 최근 몇 년 동안의 비정규직 비전형형태 근로자의 규모 및 구성비를 보여 주고 있다. 2006년 8월 임금근로자는 1,535만 1,000명으로 2005년 8월에 비해 38만 3,000명이 증가하였다. 이 가운데 특수형태 근로종사자가 속하는 비정규직의 비전형형태는 전체 임금근로자 가운데 약 12%이고, 특수고용형태는 4.0%로 다른 형태의 비전형형태 근로(파견, 용역근로, 가정 내, 일일(단기)근로)와 비교하였을 때 다소 높은 비율을 차지하고 있는 것을 볼 수 있다.

이들의 인구학적 특성을 살펴보면, 〔표 3-2〕에서와 같이 여성의 비율은 2006년에 남성보다 높은 69.9%로 여성 집중현상을 보이고 있다. 그리고 이 비율은 지속적으로 증가하는 추세이다. 이들의 학력별 분포를 보면 2006년 고졸이 49.2%, 고졸 미만이 17.3%이며, 대졸 이상도 33.6%에 이르고 있는 것으로 나타났다.

특수형태 근로종사자를 연령계층별로 살펴보면, 2006년 전체 임금근로자 가운데 49세 이하까지가 약 20% 수준이고, 49세 이상의 계층이 대략 14~16% 수준인 데 반해 특수형태 근로종사자는 30세 이상~49세까지 약 33~45% 수준으로 비교적 높은 비율을 보이고, 29세 이하는 11.2%에 그쳐 특수형태 근로종사자의 연령대 분포는 전체 임금근로자의 평균연령계층보다 더 높은 것으로 나타났다.

전체 임금근로자의 월평균임금은 2006년 165만 6,000원으로 전년에 비해 3.9% 증가하였다. 이 가운데 특수형태 근로종사자의 월평균임금수준은 132만 2,000원으로 전년 대비 7.1% 감소하였다. 그러나 다른 비전형형태 근로자에 비해서는 다소 높은 것을 볼 수 있다.

이들의 소득형태는 2004년 60.6%, 2005년 77.3%, 2006년 86.1%가 실적급에 크게 의존하고 있으며, 2006년의 자료를 통해 보면 시급이 4.5%, 일급이 9%로 과거에 비해 특수형태 근로종사자의 소득은 거의 대부분이 실적급에 의존하는 형태임을 볼 수 있다.

표 3-3 연령계층별 특수형태 근로종사자 분포

(단위: 구성비, %)

구분		2001년		2002년		2003년	
		전 체	특수형태 근로종사자	전 체	특수형태 근로종사자	전 체	특수형태 근로종사자
연령	29세 이하	10,920 (29.8)	191 (23.6)	10,614 (28.7)	181 (23.4)	10,334 (27.6)	125 (20.8)
	30~39세	8,491 (23.2)	307 (37.9)	8,515 (23.0)	266 (34.5)	8,517 (22.8)	226 (37.7)
	40~49세	7,308 (19.9)	211 (26.0)	7,604 (20.5)	210 (27.2)	7,879 (21.1)	166 (27.7)
	50~59세	4,440 (12.1)	73 (9.0)	4,558 (12.3)	84 (10.8)	4,712 (12.6)	59 (9.8)
	60세 이상	5,475 (14.9)	27 (3.4)	5,722 (15.5)	31 (4.0)	5,947 (15.9)	24 (4.0)
	계	36,635 (100.0)	810 (100.0)	37,013 (100.0)	772 (100.0)	37,390 (100.0)	600 (100.0)

구분		2004년		2005년		2006년	
		전 체	특수형태 근로종사자	전 체	특수형태 근로종사자	전 체	특수형태 근로종사자
연령	29세 이하	10,120 (26.8)	156 (21.9)	9,889 (25.7)	99 (15.7)	9,847 (25.4)	69 (11.2)
	30~39세	8,514 (22.5)	242 (34.0)	8,449 (22.0)	232 (36.6)	8,369 (21.5)	211 (34.2)
	40~49세	8,048 (21.3)	204 (28.7)	8,197 (21.3)	199 (31.4)	8,253 (21.3)	206 (33.5)
	50~59세	4,946 (13.1)	75 (10.6)	5,348 (13.9)	72 (11.4)	5,642 (14.5)	87 (14.1)
	60세 이상	6,143 (16.3)	34 (4.8)	6,535 (17.0)	31 (4.9)	6,724 (17.3)	43 (7.0)
	계	37,771 (100.0)	711 (100.0)	38,417 (100.0)	633 (100.0)	38,835 (100.0)	617 (100.0)

표 3-4 근로형태별 월평균소득

(단위: 만 원, %)

	전 체	기 간 제	시 간 제	파견근로	용역근로	특수형태 근로종사자	가정 내	일일근로
2001년	124.2	93.9	45.5	101.9	78.7	107.9	51.0	66.3
2002년	132.5	105.6	49.9	114.8	86.2	119.8	53.0	78.9
2003년	146.6	108.2	49.9	110.4	87.1	127.2	41.2	80.5
2004년	154.2	118.7	53.9	127.2	92.2	139.0	56.4	83.7
2005년	159.3	125.8	52.2	131.6	94.8	142.2	56.7	86.0
2006년 (증감률)	165.6 (3.9)	129.3 (2.7)	55.1 (5.4)	126.1 (−4.2)	93.3 (−1.6)	132.2 (−7.1)	59.6 (5.2)	87.3 (1.6)

주: 월평균임금은 각 연도의 6~8월 평균임.
자료: 통계청, 경제활동인구 부가조사.

표 3-5 특수형태 근로종사자의 소득형태

(단위: %)

	2001년	2002년	2003년	2004년	2005년	2006년
시 급	−	−	−	4.5	1.8	4.5
일 급	−	−	−	8.3	9.3	9.0
주 급	−	−	−	0.4	0.5	0.4
월 급	−	−	−	22.6	10.0	0.0
연 봉	−	−	−	3.1	0.8	0.0
실 적 급	−	−	−	60.6	77.3	86.1
기 타	−	−	−	0.4	0.3	0.0
계	−	−	−	100.0	100.0	100.0

자료: 통계청, 경제활동인구 부가조사.

[표 3-6]은 특수형태 근로종사자의 업종별 분포를 보여 주고 있는데, 도소매업, 금융 및 보험업, 기타 서비스업, 운수업에 편중되어 있음을 알 수 있다. 도소매업의 경우 2003년부터 지속적으로 감소추세를 보이고 있으며, 2006년에는 13만 9,000명(22.5%)이다. 상대적으로 금융 및 보험업의 비중은

표 3-6 특수형태 근로종사자의 업종별 분포

(단위: 천 명, %)

업 종	2001년	2002년	2003년	2004년	2005년	2006년
전 체	810 (100.0)	772 (100.0)	600 (100.0)	711 (100.0)	633 (100.0)	617 (100.0)
농림어업	2 (0.3)	6 (0.8)	0 (0.1)	3 (0.4)	3 (0.4)	1 (0.1)
광업 및 제조업	55 (6.8)	49 (6.4)	53 (8.9)	54 (7.5)	35 (5.5)	27 (4.4)
전기가스 및 수도사업	3 (0.3)	1 (0.1)	0 (0.0)	0 (0.0)	1 (0.1)	0 (0.0)
건 설 업	36 (4.4)	38 (5.0)	27 (4.5)	29 (4.1)	14 (2.2)	14 (2.3)
도소매업	248 (30.6)	240 (31.0)	166 (27.6)	165 (23.2)	152 (24.0)	139 (22.5)
음식숙박업	42 (5.2)	30 (3.8)	10 (1.7)	27 (3.8)	20 (3.1)	14 (2.3)
운 수 업	71 (8.8)	66 (8.6)	35 (5.9)	52 (7.3)	35 (5.5)	19 (3.0)
통 신 업	10 (1.2)	9 (1.2)	14 (2.4)	19 (2.7)	16 (2.5)	21 (3.3)
금융 및 보험업	212 (26.2)	181 (23.4)	160 (26.6)	177 (24.9)	197 (31.1)	221 (35.8)
부동산 및 임대업	11 (1.4)	17 (2.2)	21 (3.5)	18 (2.5)	17 (2.8)	19 (3.1)
사업서비스업	36 (4.4)	29 (3.7)	24 (3.9)	32 (4.6)	27 (4.3)	17 (2.7)
기타 서비스업	84 (10.4)	105 (13.6)	88 (14.6)	131 (18.5)	115 (18.2)	125 (20.3)
미 상	1 (0.1)	1 (0.1)	2 (0.3)	4 (0.5)	2 (0.3)	0 (0.0)

꾸준히 증가하고 있는 것을 볼 수 있는데, 2006년 22만 1,000명(35%)이 종사하고 있어 가장 높은 비율을 보이고 있다. 기타 서비스업 또한 같은 해 12만 5,000명(20.3%)으로, 종사자가 지속적으로 증가하고 있다. 특수형태 근로종사자 중 보험설계사는 금융 및 보험업에 속하며, 골프장경기보조원, 학습지교사는 기타 서비스업에 포함되어 있다.

표 3-7 특수형태 근로종사자의 직종별 분포

(단위: 천 명, %)

업 종	2001년	2002년	2003년	2004년	2005년	2006년
전 체	810 (100.0)	772 (100.0)	600 (100.0)	711 (100.0)	633 (100.0)	617 (100.0)
의회의원, 고위임원직 및 관리자	4 (0.5)	5 (0.7)	3 (0.5)	4 (0.5)	2 (0.3)	1 (0.2)
전 문 가	11 (1.4)	17 (2.2)	5 (0.9)	16 (2.3)	12 (1.9)	9 (1.5)
기술공 및 준전문가	134 (16.6)	126 (16.3)	145 (24.1)	150 (21.1)	129 (20.4)	112 (18.2)
사무종사자	40 (4.9)	50 (6.4)	29 (4.9)	50 (7.1)	37 (5.8)	15 (2.4)
서비스종사자	64 (7.9)	40 (5.1)	34 (5.6)	51 (7.2)	37 (5.8)	24 (3.9)
판매종사자	327 (40.3)	299 (38.7)	223 (37.1)	250 (35.1)	254 (40.1)	285 (46.3)
농림어업 숙련종사자	1 (0.1)	1 (0.1)	0 (0.1)	1 (0.2)	2 (0.3)	0 (0.0)
기능원 및 관련 기능종사자	45 (5.6)	49 (6.3)	39 (6.6)	35 (4.9)	22 (3.5)	22 (3.6)
장치, 기계조작 및 조립종사자	78 (9.7)	78 (10.1)	45 (7.4)	70 (9.9)	48 (7.6)	29 (4.8)
단순노무 종사자	100 (12.4)	104 (13.5)	75 (12.5)	79 (11.1)	87 (13.7)	118 (19.1)
미 상	5 (0.6)	5 (0.6)	2 (0.3)	4 (0.6)	4 (0.6)	0 (0.0)

또한 2006년의 자료를 이전 연도와 비교해 보면, 특수형태 근로종사자의 업종 가운데 광업 및 제조업, 운수업은 감소추세에 있으며 금융 및 보험업과 기타 서비스업 종사자수는 더 증가하고 있음을 알 수 있다.

〔표 3-7〕은 특수형태 근로종사자의 직종별 분포를 보여 주고 있다. 특수형태 근로종사자가 가장 많은 직종은 판매종사자, 기술공 및 준전문가, 단순노무종사자 순으로 나타났다. 2006년 자료를 보면, 판매종사자가 28만 5,000명(46.3%)으로 2005년 25만 4,000명(40.1%)에 비해 11% 증가하였고, 기술공 및 준전문가는 전년 대비 15.2% 감소하였으며, 반면 단순노무종사자는 36% 증가하였다. 사무종사자 그리고 장치, 기계조작 및 조립종사자의 비중은 꾸준히 감소추세에 있는 것을 볼 수 있다.

〔표 3-8〕은 특수형태 근로종사자의 소득 외 수입상황을 알 수 있는 표이다. 특수형태 근로종사자에게도 임금근로자에게 지급되는 퇴직금 등의 수혜가 일부 있었지만 점차 사라지고 있는 것을 볼 수 있다. 사실 〔표 3-8〕의 퇴직금 등의 수혜는 개인사업자인 특수형태 근로종사자에게는 지급할 이유가 없는 부분이기도 하다. 이와 같이 특수형태 근로종사자가 체결하는 계약과 임금근로자의 근로계약과는 그 형태가 다름을 확인할 수 있다.

표 3-8 특수형태 근로종사자의 근로복지 수혜비율

(단위: 천 명, %)

	2001년		2002년		2003년		2004년		2005년		2006년	
	전체	특고[1]	전체	특고[1]	전체	특고[1]	전체	특고[1]	전체	특고[1]	전체	특고[1]
퇴직금	6,734 (35.9)	154 (2.3)	6,836 (35.7)	149 (2.2)	7,481 (36.6)	102 (1.4)	7,883 (27.7)	136 (1.7)	8,085 (27.8)	68 (0.8)	8,377 (28.1)	10 (0.1)
상여금	6,700 (35.7)	162 (39.4)	6,802 (35.5)	154 (2.3)	7,257 (35.5)	96 (1.3)	7,528 (26.5)	128 (1.7)	7,789 (26.7)	633 (8.1)	8,189 (27.5)	14 (0.2)
시간외 수당	5,311 (28.3)	96 (23.2)	5,512 (28.8)	112 (2.6)	5,685 (27.8)	54 (0.9)	6,326 (22.3)	99 (1.6)	6,519 (22.4)	567 (8.7)	6,503 (21.8)	5 (0.1)
유급 휴가	–	–	–	–	–	–	6,676 (23.5)	107 (1.6)	6,739 (23.1)	45 (0.7)	6,704 (22.5)	13 (0.2)

주: 1) 특수형태 근로종사자를 줄여서 표기함.

표 3-9 특수형태 근로종사자의 근속시간

(단위: 구성비, %)

	2001년	2002년	2003년	2004년	2005년	2006년
평균근속	2.3	2.4	2.1	2.6	2.7	2.2
1년 미만	480.1 (59.3)	449.6 (58.2)	354.2 (59.0)	387.9 (54.6)	318.8 (50.4)	363.2 (58.9)
1~3년 미만	142.3 (17.6)	144.5 (18.7)	121.1 (20.2)	129.2 (18.2)	138.1 (21.8)	115.6 (18.7)
3년 이상	187.2 (23.1)	178.0 (23.1)	125.1 (20.8)	193.9 (27.3)	176.2 (27.8)	138.2 (22.4)
계	809.6 (100.0)	772.1 (100.0)	600.4 (100.0)	711.0 (100.0)	633.1 (100.0)	617.0 (100.0)

표 3-10 특수형태 근로종사자의 근로계약 체결 여부

(단위: 천 명, %)

구분		2001년	2002년	2003년	2004년	2005년	2006년
임금근로자 전체	체결	– –	– –	2,213 (16)	5,421 (37)	5,749 (38)	6,350 (41)
	하지 않음	– –	– –	11,936 (84)	9,163 (63)	9,208 (62)	9,001 (59)
	합계	– –	– –	14,149 (100)	14,584 (100)	14,958 (100)	15,351 (100)
특수형태 근로종사자	체결	– –	– –	76 (13)	268 (38)	196 (31)	201 (33)
	하지 않음	– –	– –	524 (87)	443 (62)	437 (69)	416 (67)
	합계	– –	– –	600 (100)	711 (100)	633 (100)	617 (100)

[표 3-9]와 같이 특수형태 근로종사자의 근속시간을 살펴보면, 평균근속연수는 2.3년으로 나타났으며, 1년 미만이 50% 이상을 보이고 있다. 2006년 자료를 보면, 1년 미만의 근속연수가 58.9%, 1~3년 미만이 18.7%,

표 3-11 특수형태 근로종사자의 계속근무에 대한 기대 및 불가능 사유

(단위: 천 명, %)

		2001년	2002년	2003년	2004년	2005년	2006년
계속근무 가능		718	703	535	637	559	547
계속근무 불가능	계	92 (100.0)	69 (100.0)	66 (100.0)	74 (100.0)	74 (100.0)	69 (100.0)
	고용계약기간 만료	10 (10.8)	19 (27.3)	12 (17.8)	4 (6.0)	8 (11.0)	9 (13.0)
	관행적 계약 종료 예상	3 (2.9)	2 (2.7)	2 (3.6)	2 (2.4)	1 (1.9)	1 (1.3)
	조건부 채용계약	29 (31.3)	22 (31.2)	25 (37.5)	27 (35.6)	29 (38.7)	22 (31.7)
	프로젝트의 종료	5 (5.8)	4 (6.3)	4 (6.7)	5 (6.7)	2 (2.8)	6 (8.9)
	전임의 복귀	0 (0.0)	0 (0.0)	0 (0.0)	0 (0.0)	1 (0.8)	0 (0.0)
	계절적 특성	6 (6.1)	4 (5.0)	3 (5.0)	3 (4.5)	1 (1.4)	1 (1.0)
	다른 일자리 찾을 예정	21 (23.0)	9 (13.6)	7 (10.9)	17 (23.1)	17 (23.0)	18 (26.3)
	퇴직연령	0 (0.0)	0 (0.6)	2 (2.3)	1 (1.4)	3 (3.5)	0 (0.0)
	개인 및 건강상의 문제	9 (10.0)	6 (9.0)	5 (7.0)	8 (10.9)	7 (10.1)	11 (16.3)
	직장의 경영상 이유	4 (4.9)	2 (3.0)	4 (6.0)	6 (8.6)	5 (6.5)	0 (0.6)
	기 타	5 (5.1)	1 (1.4)	2 (3.1)	1 (0.7)	0 (0.4)	1 (0.8)

3년 이상이 22.4%를 보이고 있다. 이 비율은 2006년 임금근로자의 평균근속시간이 4년 6개월, 1년 미만이 39.9%, 1~3년 미만이 21.7%, 3년 이상이 38.4%인 것과 차이를 보이고 있다.

〔표 3-10〕은 근로계약 체결 여부를 통해 근로형태를 나타내고 있다. 이 표에 의하면 임금근로자의 경우 근로계약을 체결하지 않은 비율이 2006년에 59%, 체결한 경우가 41%이며, 과거에 비해 근로계약을 체결하는 비율은 증가하고 체결하지 않는 경우는 감소추세에 있는 반면, 특수형태 근로종사자의 경우 근로계약을 체결하지 않은 비율이 훨씬 더 높으며 그 추세 또한 점차 높아지고 있는 실정으로 볼 때 특수형태 근로종사자는 주로 근로계약을 체결하지 않은 형태를 띠고 있다고 볼 수 있다.

특수형태 근로종사자는 근로계약을 체결하지는 않으나 거의 85% 이상

표 3-12 특수형태 근로종사자의 노조가입 여부

(단위: 천 명, %)

구분		2001년	2002년	2003년	2004년	2005년	2006년
임금근로자 전체	소계	–	–	14,150 (100.0)	14,584 (100.0)	14,958 (100.0)	15,351 (100.0)
	조합 없음	–	–	11,022 (77.9)	11,143 (76.4)	11,482 (76.8)	11,824 (77.0)
	있으나 가입대상 아님	–	–	786 (5.6)	918 (6.3)	980 (6.6)	1,011 (6.6)
	가입하지 않음	–	–	727 (5.1)	708 (4.9)	737 (4.9)	782 (5.1)
	가입	–	–	1,615 (11.4)	1,815 (12.4)	1,759 (11.8)	1,734 (11.3)
특수형태 근로종사자	소계	–	–	601.0 (100.0)	711.0 (100.0)	633.0 (100.0)	617.0 (100.0)
	조합 없음	–	–	512 (85.2)	587 (82.6)	536 (84.7)	556 (90.1)
	있으나 가입대상 아님	–	–	40 (6.7)	54 (7.6)	68 (10.7)	53 (8.6)
	가입하지 않음	–	–	18 (3.0)	16 (2.3)	7 (1.1)	3 (0.5)
	가입	–	–	31 (5.2)	54 (7.6)	22 (3.5)	5 (0.8)

은 계속적인 근무가 가능할 것으로 기대하고 있는 것으로 나타났다. 계속 근무가 불가능한 경우는 10% 내외이지만 주요 사유는 조건부 채용계약, 다른 일자리를 찾을 예정, 개인 및 건강상의 문제가 주된 요인인 것으로 파악되고 있다.

마지막으로 특수형태 근로종사자의 노조가입 여부를 살펴보면 다음과 같다. 임금근로자와 비교할 때 노조가입비율은 특수형태 근로종사자가 절반 이상 낮으며, 2006년의 자료를 보면 특수형태 근로종사자의 노조가입비율은 매우 저조함을 알 수 있다. 조합 자체의 존재 유무도 특수형태 근로종사자의 경우 조합이 존재하지 않는다고 답한 사람의 수가 훨씬 더 많다. 2006년 자료에서는 특수형태 근로종사자의 90%가 현재 근무하는 사업장에 조합이 없다고 답하였다. 또한 노조가 존재하여도 특수형태 근로종사자의 경우 가입대상이 아닌 비율이 더 높다.

개별 직종별 노사협의회 또는 노동조합의 유무 및 가입 여부에 대하여는 다음의 각 직종별 현황에서 다시 살펴볼 것이다

3.2. 4대 직종 특수형태 근로종사자 노동시장 현황

통계청에서 발표하는 '경제활동인구조사 부가조사'에서는 직업별 분류조사는 실시되고 있지 않다. 따라서 다음은 한국고용정보원에서 제공하는 '산업-직업별 고용구조조사(OES)'의 2001~2005년 자료를 이용하여 4개 직종의 개별 특수형태 근로종사자의 현황을 살펴보았다. 4개 직종의 현황을 동시에 비교해 본 후에 각 직종에 대해 보다 구체적으로 분석해 보고자 한다.[1] 이 4개의 직종으로 범위를 한정한 것은 이들 4개 직종의 업무성격과

[1] 통계청에서 제공하는 '경제활동인구조사 부가조사' 자료에서는 전체 특수형태 근로종사자의 현황파악은 가능하지만 개별 직종에 대한 현황파악은 불가능하다. 따라서 두 자료를 동시에 사용하는 데 있어 자료의 일치성에 문제가 있을 수 있기 때문에 이 점을 고려하여 해석에 주의를 하여야 할 것이다.

시장상황이 전체 특수형태 근로종사자 업무 전반의 표본이 될 수 있으며, 이들 직종을 통해 여타 관련 직종에 대한 유추해석이 가능할 것이기 때문이다.

이들 4가지 특수형태 근로종사자 업무는 각기 고유한 특수성과 유사성을 가지고 있는데, 우선 업무의 통제 필요성, 계약체결 주체 등의 측면에서 레미콘운송차주와 골프장경기보조원, 그리고 학습지교사와 보험설계사로 각각 별개의 부류로 유형화해 볼 수 있다. 예컨대, 레미콘운송차주와 골프장경기보조원의 경우, 업무가 대개 동일하게 반복되어 사업자에 의해 업무내용에 대한 통제가 용이하다는 공통점이 있다. 따라서 이들의 보수는 고객에 대한 노무제공횟수와 직접적으로 관련된다는 유사성이 있다. 또한 계약내용의 이행이 노무제공의 핵심이 되며, 상조회 조직이 결성되어 있어 노무관리 및 전체 종사자에 대해 일정한 대표성을 가진다는 점도 특징이다.

반면, 학습지교사와 보험설계사의 경우 보수결정은 계약체결이 중요한

표 3-13 특수형태 근로종사자의 규모변화 추이

(단위: 천 명, %)

구 분	2001년	2002년	2003년	2004년	2005년
임금근로자 전체	13,546.0	13,401.6	13,525.3	13,842.6	13,661.5
보험설계사	188.2	207.2	195.3	188.7	224.8
학습지교사	70.3	70.8	88.0	95.8	78.6
골프장경기보조원[2]	–	–	–	–	14.7
레미콘운송차주[3] (콘크리트믹서트럭차주)	19.3	20.3	22.2	23.6	23.5

주: 골프장경기보조원 자료는 관련 협회에서 자체조사한 자료를 이용하였음.
레미콘운송차주(콘크리트믹서트럭 차주) 자료는 건설교통부 건설기계 등록대수 자료를 이용한 것임(대당 1인 종사자).

[2] 골프장경기보조원 및 레미콘운송차주는 OES자료의 직업군에 구분되어 있지 않아 다른 유사항목으로 대체하여 사용하였으므로 해석에 유의하여야 한다. 골프장경기보조원 규모는 2005년 관련 협회의 자체조사 결과이다.

[3] 우리 나라 레미콘운송차주의 수에 대한 공식적인 통계는 정확히 나와 있지 않다. 그러나 한국레미콘공업협동조합 연합회에 회원으로 소속된 업체 566개를 기준으로 할 때 레미콘운송차주의 수는 약 1만 1,030여 명으로, 90%가 협회에 소속되어 있는 상태이며 따라서 실제 레미콘운송차주의 수는 이보다 많을 것으로 추정하고 있다.

비중을 차지하며, 상대적으로 업무내용에 대한 통제의 필요성이 크지 않다는 공통점이 있다. 또한 제3자와의 계약체결에 노무제공자의 역할이 크고 계약체결 자체가 노무제공의 주된 내용을 구성하고 있다는 점도 앞의 유형과 구분된다. 앞의 유형과는 달리 상조회가 결성되어 있지 않으며, 노무관리 및 조직화에 관심이 덜하다는 특징이 있다.

〔표 3-13〕은 특수형태 근로종사자 형태 가운데 4개 직종의 규모 추이를 보여 주고 있다. 이 가운데 보험설계사 규모가 상대적으로 큰 것을 알 수 있으며, 그 다음으로 학습지교사가 다른 특수형태 근로종사자에 비해 상대적으로 규모가 큰 것을 볼 수 있다. 최근 5년간의 자료를 통해 보면 4대 직종의 특수형태 근로종사자의 규모는 점차 증가추세에 있으며, 앞으로도 다양한 형태의 특수형태 근로종사자가 지속적으로 출현할 것으로 예상할 수 있겠다.

4대 직종의 특수형태 근로종사자의 월평균소득 추이를 보면, 전체 임금근로자에 비해 직종에 따라 차이가 있지만 평균적으로 임금근로자보다 이들 4개 직종의 소득이 높은 것을 볼 수 있다.[4] 특히, 2005년에 보험설계사의 월평균소득은 전체 임금근로자의 월평균소득에 비해 약 15%, 레미콘운

표 3-14 특수형태 근로종사자의 월평균소득

(단위: 만 원)

구 분	2001년	2002년	2003년	2004년	2005년
임금근로자 전체	136.6	158.0	166.7	169.0	177.8
보험설계사	152.4	176.2	181.6	191.7	207.6
학습지교사	110.9	129.1	130.6	135.3	144.4
골프장경기보조원	162.6	172.8	178.7	158.6	171.8
레미콘운송차주*	323.5	454.5	428.9	414.2	397.4

주: 레미콘운송차주의 월평균 운반비는 건설경기의 수요와 계절적 영향으로 편차가 큼.
수도권 ○○업체 레미콘운송차주의 월평균운반비 현황임.

[4] 월평균소득에서 OES의 자료와 경제활동인구조사 부가조사는 차이를 보이고 있다. 경제활동인구조사는 전체 특수형태 근로종사자 전체를 포괄하는 자료이고 OES는 이 가운데 4개 직종을 따로 분류하여 분석한 결과이다.

표 3-15 최근 특수형태 근로종사자의 계약기간

(단위: %)

구 분	보험설계사				학습지교사			
	정하지 않음	1년	1년 초과	기타*	정하지 않음	1년	1년 초과	기타
2001년	121.3 (64.5)	3.2 (1.7)	1.4 (0.8)	62.3 (33.1)	43.6 (62.1)	8.1 (11.6)	4.6 (6.6)	13.9 (19.7)
2002년	170.5 (95.9)	2.2 (1.2)	1.3 (0.7)	3.8 (2.1)	49.4 (77.0)	10.4 (16.2)	1.4 (2.2)	2.9 (4.6)
2003년	143.1 (93.0)	2.9 (1.9)	3.6 (2.3)	4.3 (2.8)	67.5 (83.7)	9.7 (12.0)	2.4 (3.0)	1.0 (1.3)
2004년	122.0 (97.0)	2.8 (2.2)	1.0 (0.8)	0.0 (0.0)	63.0 (73.9)	15.9 (18.6)	5.8 (6.9)	0.5 (0.6)
2005년	63.2 (94.1)	1.5 (2.2)	2.0 (3.0)	0.5 (0.7)	51.1 (82.4)	8.8 (14.1)	1.7 (2.7)	0.5 (0.8)
구 분	골프장경기보조원				레미콘운송차주			
	정하지 않음	1년	1년 초과	기타	정하지 않음	1년	1년 초과	기타
2001년	21.3 (19.2)	1.5 (1.3)	0.0 (0.0)	88.6 (79.5)	114.2 (44.1)	2.4 (0.9)	2.3 (0.9)	139.9 (54.1)
2002년	32.0 (83.9)	1.2 (3.3)	0.2 (0.6)	4.7 (12.3)	101.5 (88.0)	2.9 (2.5)	0.6 (0.6)	10.3 (8.9)
2003년	28.7 (90.3)	0.0 (0.0)	0.0 (0.0)	3.1 (9.7)	88.2 (90.4)	2.5 (2.6)	2.1 (2.1)	4.8 (4.9)
2004년	27.0 (87.9)	0.8 (2.7)	0.4 (1.3)	2.5 (8.1)	80.9 (89.6)	2.8 (3.1)	2.4 (2.7)	4.2 (4.7)
2005년	36.1 (90.9)	2.6 (6.6)	0.5 (1.4)	0.4 (1.1)	94.8 (91.5)	2.6 (2.5)	1.9 (1.8)	4.3 (4.2)

주: 기타는 고정된 사업장 없이 며칠 또는 몇 주간씩 일하는 경우임.

표 3-16 최근 특수형태 근로종사자의 노사협의회 유무 및 가입 여부(2004년)

구 분	보험설계사			학습지교사			골프장경기보조원			레미콘운송차주		
	①	②	③	①	②	③	①	②	③	①	②	③
노동조합 또는 노사협의회 유무	13.7 (7.3)	2.2 (1.2)	172.8 (91.6)	8.8 (9.2)	0.3 (0.3)	86.6 (90.4)	0.2 (2.0)	0.0 (0.0)	10.86 (98.0)	1.92 (8.2)	0.16 (0.7)	21.45 (91.1)
노동조합 또는 노사협의회 가입 유무	2.3 (1.2)	1.1 (0.6)	185.3 (98.2)	1.5 (1.6)	0.0 (0.0)	94.2 (98.4)	0.12 (1.1)	0.0 (0.0)	10.94 (98.9)	1.19 (5.1)	0.12 (0.5)	22.23 (94.4)

주: ① 노동조합 있음(가입), ② 노사협의회 있음(가입), ③ 아니오/무응답.

송차주는 약 55% 높은 것으로 나타났다.

다음은 4개 직종에서 계약기간을 4개의 범주로 나누어 비율을 살펴보았다. 이들 4개 직종에서 약 80~90%가 따로 계약기간을 정하지 않는 형태를 취하고 있으며, 직종별로 약간의 차이는 있으나 1년, 1년 초과, 기타의 범주가 조금씩 차지하고 있다. 다만, 2001년도 자료를 보면 기타에 해당하는 '고정된 사업장 없이 며칠 또는 몇 주간씩 일하는 형태'의 비율이 상대적으로 높았다. 그러나 그 비율이 점차 감소하고 대부분이 계약기간을 정하지 않는 형태로 근로계약형태가 변화하고 있는 것을 알 수 있다. 다만 학습지교사의 경우는 '1년 계약'의 계약기간 비율이 다른 직종에 비해 약간 높은 것을 볼 수 있다.

이들 4대 직종의 노동조합 또는 노사협의회 유무 및 가입 여부에 대하여는 90% 이상이 노동조합 또는 노사협의회가 없으며, 또한 90% 이상이 노동조합 또는 노사협의회에 가입되어 있지 않은 상태임을 보이고 있다. 즉, 이들 4대 직종의 노동조합 및 노사협의회에 대한 근로자의 수요는 거의 없는 것으로 보인다.

3.2.1. 보험설계사

보험상품은 보험료 납입조건과 보험금 지급조건이 매우 다양하고 복잡하기 때문에 소비자에게 보험내용을 충분히 설명 및 설득하지 않고는 판매가 어렵다. 이에 따라 보험회사로부터 교육을 받은 독립적인 보험설계사들이 방문이나 권유를 통해 보험상품을 판매하고 있다. 보험설계사의 역할은 보험상품을 홍보하고 보험소비자의 보험가입 의사를 개별 또는 집단적으로 타진하여 보험회사의 심사 후 계약체결의 과정을 갖는다.

보험설계사의 규모는 전체 특수형태 근로종사자의 25~30%에 해당한다. [표 3-17]은 보험설계사의 인적 특성을 보여 주고 있는데, 전체 보험설계사 가운데 여성설계사의 비율이 월등히 높은 것을 볼 수 있다. 연령층으로 구분해 보면 40~49세가 45% 정도로 가장 높고, 다음으로 30~39세가 28% 정도를 차지하고 있다. 보험설계사의 학력은 평균 60%가 고졸이며 최근 대졸 이상 학력의 비중도 점차 증가하고 있다. 이는 특수형태 근로종사자의 평균학력수준과 비교하였을 때 보험설계사의 경우 고학력 인력이 증가하고 있는 추세임을 알 수 있다. 그리고 보험설계사의 85% 이상이 기혼자들인 것으로 나타났다.

보험설계사의 지역분포적 특성을 보면, 서울·경기가 전체의 약 50%를 차지하고, 나머지 지역은 5~10%대에서 고루 분포하고 있다.

기타 보험설계사 소속사업체의 설계사 인원은 10~49명 수준이 약 50%를 차지하고, 1~9명과 50~99명 수준이 약 15% 내외, 10%를 각각 차지하고 있다. 다만, 2005년의 경우 1~9명 수준의 설계사 규모가 70%로 가장 높고, 다음으로 10~49명 규모가 15%로 이전 연도와 차이를 보이고 있다.

보험설계사의 현 직장에서의 평균근속연수 및 평균경력을 보면, 보험설계사의 평균경력연수는 약 6년이며(학습지교사 3년, 골프장경기보조원 3.6년, 레미콘운송차주 10년), 근속기간은 3년 이상이 60% 이상(학습지교사 40%, 골프장경기보조원 40%, 레미콘운송차주 66%), 1~3년 미만이 대략 25% 정도(학습지교사 55%, 골프장경기보조원 32%, 레미콘운송차주 22%)인 것으로 나타났다.

표 3-17 보험설계사 인적 특성

(단위: 천 명, %)

구 분		임금근로자 전체(2005)	특수형태 근로종사자 전체(2005)	2001년	2002년	2003년	2004년	2005년
성별	소계	13,661.5 (100.0)	724.7 (100.0)	188.2 (100.0)	207.3 (100.0)	195.2 (100.0)	188.7 (100.0)	224.7 (100.0)
	남	8,371.6 (61.3)	422.7 (58.3)	30.6 (16.2)	38.6 (18.6)	44.1 (22.6)	50.5 (26.8)	55.9 (24.9)
	여	5,289.9 (38.7)	302.0 (41.7)	157.6 (83.8)	168.7 (81.4)	151.1 (77.4)	138.2 (73.2)	168.8 (75.1)
연령	소계	13,634.0 (100.0)	723.5 (100.0)	171.4 (100.0)	207.2 (100.0)	193.7 (100.0)	188.2 (100.0)	224.3 (100.0)
	29세 이하	2,353.6 (17.3)	62.0 (8.6)	9.2 (5.4)	5.1 (2.5)	4.3 (2.2)	5.0 (2.6)	4.0 (1.8)
	30～39세	4,557.2 (33.4)	223.7 (30.9)	65.8 (38.4)	64.4 (31.1)	67.7 (34.9)	66.3 (35.2)	63.2 (28.2)
	40～49세	3,878.7 (28.4)	277.0 (38.3)	73.7 (43.0)	96.3 (46.4)	81.2 (41.9)	77.2 (41.0)	101.3 (45.2)
	50～59세	1,970.7 (14.5)	133.6 (18.5)	19.1 (11.1)	29.4 (14.2)	30.1 (15.6)	30.7 (16.3)	43.5 (19.4)
	60세 이상	873.7 (6.4)	27.2 (3.8)	3.6 (2.1)	12.0 (5.8)	10.4 (5.4)	9.0 (4.8)	12.3 (5.5)
학력	소계	13,616.6 (100.0)	722.5 (100.0)	188.2 (100.0)	207.2 (100.0)	194.6 (100.0)	188.7 (100.0)	224.7 (100.0)
	중졸 이하	9,461.1 (69.5)	589.2 (81.5)	30.2 (16.0)	29.2 (14.1)	20.7 (10.6)	16.7 (8.8)	24.2 (10.8)
	고졸	3,586.8 (26.3)	130.8 (18.1)	123.8 (65.8)	126.9 (61.2)	118.4 (60.8)	120.6 (63.9)	140.7 (62.9)
	대졸 이상	568.6 (4.2)	2.5 (0.3)	34.2 (18.2)	51.2 (24.7)	55.5 (28.5)	51.4 (27.2)	59.8 (26.8)
혼인여부	소계	12,975.9 (100.0)	718.2 (100.0)	188.2 (100.0)	206.2 (100.0)	192.6 (100.0)	187.3 (100.0)	221.8 (100.0)
	기혼	9,776.3 (75.3)	588.2 (81.9)	163.8 (87.0)	179.8 (87.2)	168.8 (87.6)	163.4 (87.2)	195.2 (88.0)
	미혼	3,198.9 (24.7)	97.6 (13.6)	10.8 (5.7)	11.1 (5.4)	8.3 (4.3)	7.8 (4.2)	8.9 (4.0)
	기타	616.0 (4.7)	32.5 (4.5)	13.7 (7.3)	15.3 (7.4)	15.5 (8.0)	16.1 (8.6)	17.8 (8.0)
전직	소계	13,661.5 (100.0)	724.7 (100.0)	–	207.3 (100.0)	195.3 (100.0)	188.7 (100.0)	224.8 (100.0)
	유	1,003.3 (7.3)	44.0 (6.1)	–	17.7 (8.5)	12.7 (6.5)	99.7 (52.8)	11.1 (4.9)
	무	12,658.2 (92.7)	680.7 (93.9)	–	189.6 (91.5)	182.6 (93.5)	89.0 (47.2)	213.7 (95.1)

표 3-18 보험설계사 지역분포

(단위: 천 명, %)

구 분	2001년	2002년	2003년	2004년	2005년
서 울	34.2 (18.2)	49.2 (23.7)	45.9 (23.5)	49.4 (26.2)	41.2 (18.3)
부 산	11.2 (6.0)	19.9 (9.6)	15.6 (8.0)	7.8 (4.1)	20.9 (9.3)
대 구	8.5 (4.5)	8.7 (4.2)	8.5 (4.4)	9.3 (4.9)	9.4 (4.2)
대 전	11.6 (6.2)	9.0 (4.3)	7.3 (3.7)	7.1 (3.7)	3.8 (1.7)
인 천	12.6 (6.7)	17.8 (8.6)	14.1 (7.2)	16.0 (8.5)	11.8 (5.3)
광 주	3.5 (1.9)	11.2 (5.4)	5.0 (2.6)	7.5 (4.0)	12.8 (5.7)
울 산	4.8 (2.6)	4.7 (2.3)	4.8 (2.5)	3.9 (2.0)	6.1 (2.7)
경 기	53.0 (28.2)	44.6 (21.5)	45.5 (23.3)	45.4 (24.1)	54.0 (24.0)
강 원	17.2 (9.1)	6.0 (2.9)	7.6 (3.9)	4.9 (2.6)	10.6 (4.7)
충 북	4.9 (2.6)	3.1 (1.5)	3.6 (1.9)	3.9 (2.0)	6.0 (2.7)
충 남	4.8 (2.6)	4.9 (2.4)	4.9 (2.5)	3.6 (1.9)	6.3 (2.8)
전 북	3.1 (1.6)	6.2 (3.0)	8.7 (4.4)	5.8 (3.1)	9.7 (4.3)
전 남	3.3 (1.8)	4.1 (2.0)	3.6 (1.9)	3.8 (2.0)	5.7 (2.5)
경 북	7.9 (4.2)	7.5 (3.6)	10.9 (5.6)	10.2 (5.4)	12.2 (5.4)
경 남	6.2 (3.3)	7.7 (3.7)	6.6 (3.4)	7.9 (4.2)	12.0 (5.3)
제 주	1.2 (0.6)	2.4 (1.2)	2.5 (1.3)	2.3 (1.2)	2.2 (1.0)

보험설계사의 주당 평균업무시간은 43~45시간이며, 월평균업무일수는 21일인 것으로 나타났다. 이 가운데 주당 업무시간이 35시간 이상인 경우가 약 40.5%, 45시간 이상이 약 29%, 35시간 이하가 약 15.3%, 57시간 이상이 약 14.4% 수준인 것으로 나타났다.

표 3-19 소속사업체 설계사 인원

(단위: %)

구　분	2001년	2002년	2003년	2004년	2005년
1~9명	68.4 (36.6)	35.6 (17.6)	24.1 (12.7)	28.9 (15.4)	159.1 (70.8)
10~49명	69.7 (37.3)	102.6 (50.8)	105.2 (55.5)	92.2 (49.2)	33.6 (14.9)
50~99명	15.7 (8.4)	28.2 (14.0)	26.8 (14.2)	25.7 (13.7)	14.7 (6.6)
100~299명	14.1 (7.5)	18.8 (9.3)	20.9 (11.0)	20.1 (10.7)	9.1 (4.0)
300~499명	5.3 (2.9)	9.2 (4.6)	5.9 (3.1)	7.3 (3.9)	1.6 (0.7)
500~999명	5.4 (2.9)	3.9 (1.9)	2.4 (1.3)	2.0 (1.1)	3.8 (1.7)
1,000명 이상	8.1 (4.4)	3.5 (1.7)	4.3 (2.3)	11.3 (6.0)	2.9 (1.3)

표 3-20 보험설계사의 현 직장에서의 근속기간 및 평균경력

(단위: 구성비, %)

구　분		2001년	2002년	2003년	2004년	2005년
임금근로자 평균근속시간(년)		5.3	5.6	5.9	6.3	6.0
근속기간	평균근속기간(년)	4.3	5.0	5.0	5.5	6.2
	1년 미만	37.2 (19.8)	25.9 (12.6)	27.6 (14.2)	28.0 (14.9)	27.8 (12.4)
	1~3년 미만	52.3 (27.8)	55.8 (27.0)	49.4 (25.3)	41.6 (22.1)	46.6 (20.8)
	3년 이상	98.7 (52.5)	124.8 (60.4)	117.8 (60.5)	118.2 (63.0)	150.0 (66.8)
	소　계	188.2 (100.0)	206.6 (100.0)	194.7 (100.0)	187.8 (100.0)	224.4 (100.0)
평균경력(년)			5.9	5.7	6.5	7.0

표 3-21 보험설계사의 주당·월별 업무시간 분포

(단위: %)

구 분		2001년	2002년	2003년	2004년	2005년
주당 업무 시간	35시간 이하	30.0 (16.3)	36.7 (17.7)	27.0 (13.8)	29.2 (15.5)	29.6 (13.2)
	35시간 이상	73.8 (40.1)	60.0 (29.0)	81.6 (41.8)	81.1 (43.0)	108.8 (48.4)
	45시간 이상	49.8 (27.1)	76.0 (36.7)	52.7 (27.0)	48.8 (25.9)	61.5 (27.4)
	56시간 이상	2.2 (1.2)	3.2 (1.5)	3.4 (1.7)	0.8 (0.4)	0.8 (0.4)
	57시간 이상	28.1 (15.3)	31.3 (15.1)	30.6 (15.7)	28.8 (15.3)	24.0 (10.7)
	소 계	183.7 (100.0)	207.2 (100.0)	195.3 (100.0)	188.7 (100.0)	224.8 (100.0)
	평균업무시간	43.8	45.2	44.4	43.6	43.8
월평균 업무 일수	1~15일	–	–	–	3.2 (1.7)	3.8 (1.7)
	16~20일	–	–	–	88.5 (46.9)	114.1 (50.7)
	20~25일	–	–	–	81.2 (43.0)	92.3 (41.1)
	26~30일	–	–	–	15.9 (8.4)	14.6 (6.5)
	소 계	–	–	–	188.7 (100.0)	224.8 (100.0)
	월평균업무일수	–	–	–	21.6	21.2

3.2.2. 학습지교사

우리 나라 학습지산업은 1990년대 들어 급격하게 성장하였다. 학습지산업의 발전은 수요 측면에서 국민들의 높은 교육열과 그에 비해 상대적으로 부족한 공교육의 신뢰도, 그리고 다른 교육서비스 산업에 비해 비용 측면에서도 훨씬 저렴하고 서비스의 제공이 용이한 점 등이 성장의 주요 요인이 되었다. 학습지를 통한 교육서비스의 제공은 특별한 자격요건이 필요하지 않고 진입장벽이 낮아 노동시장에 진입이 어려운 고학력 여성인력, 특히 기혼여성의 풍부한 노동력을 활용할 수 있었던 점이 공급 측면에서의 학습지산업의 발전동력이 되었다고 할 수 있다.

특수형태 근로종사자 가운데 학습지교사는 약 11%를 차지하고 있는데, 2001년 7만 명에서 2003년에 8만 8,000명, 2004년과 2005년에 9만 5,800명, 7만 8,600명 수준에 이르고 있다.

인적 특성을 살펴보면, 여성 학습지교사 비율이 90% 내외로 압도적으로 높으며, 연령층에서도 29세 이하 30～39세가 대부분을 차지하고 있다. 2004년 들어 40～49세의 연령층 비율도 증가하고 있는 추세이다. 학력 또한 90% 이상이 대졸 이상으로서 다른 직종에 비해 고학력임을 알 수 있다. 기혼여성은 평균 60% 내외 수준이며, 미혼여성의 비율은 40% 수준으로 나타났다.

학습지교사의 지역분포적 특성을 보면, 서울·경기가 전체의 50% 이상을 차지하고, 나머지 지역은 5～10%대에서 고루 분포하고 있다.

기타 학습지교사 소속사업체의 교사인원은 10～49명 수준이 약 50%이고, 1～9명 수준이 20% 내외이며, 50～99명 수준이 약 15% 내외를 차지하고 있다. 다만 2001년과 2005년을 비교해 보면, 2001년에 1～9명 수준의 학습지교사가 약 25% 수준에서 2004년 및 2005년에 12.5%와 18.8%로 감소하였는데, 이는 상대적으로 50～99명 규모의 비율이 2004년 이후 증가한 것으로 나타나 학습지업체의 대형화 현상으로 볼 수 있겠다.

학습지교사의 현 직장에서의 평균근속연수 및 평균경력을 보면, 평균경력연수는 약 3년이며, 근속기간은 3년 이상이 40% 이상, 1～3년 미만이 대

표 3-22 학습지교사의 인적 특성

(단위: 천 명, %)

구 분		임금근로자 전체(2005)	특수형태 근로종사자 전체(2005)	2001년	2002년	2003년	2004년	2005년
성별	소계	13,661.5 (100.0)	724.7 (100.0)	70.3 (100.0)	70.8 (100.0)	88.0 (100.0)	95.8 (100.0)	78.6 (100.0)
	남	8,371.6 (61.3)	422.7 (58.3)	7.9 (11.2)	8.7 (12.3)	8.7 (9.8)	9.4 (9.9)	7.0 (8.9)
	여	5,289.9 (38.7)	302.0 (41.7)	62.4 (88.8)	62.1 (87.7)	79.4 (90.2)	86.3 (90.1)	71.7 (91.1)
연령	소계	13,634.0 (100.0)	723.5 (100.0)	61.7 (100.0)	70.8 (100.0)	88.0 (100.0)	95.8 (100.0)	78.6 (100.0)
	29세 이하	2,353.6 (17.3)	62.0 (8.6)	25.2 (40.8)	25.9 (36.5)	25.3 (28.7)	29.5 (30.8)	19.2 (24.4)
	30～39세	4,557.2 (33.4)	223.7 (30.9)	29.5 (47.8)	33.4 (47.1)	48.1 (54.6)	46.1 (48.1)	39.9 (50.7)
	40～49세	3,878.7 (28.4)	277.0 (38.3)	5.6 (9.1)	10.3 (14.5)	14.7 (16.7)	20.2 (21.1)	18.6 (23.7)
	50～59세	1,970.7 (14.5)	133.6 (18.5)	0.9 (1.5)	0.8 (1.1)	0.0 (0.0)	0.0 (0.0)	1.0 (1.3)
	60세 이상	873.7 (6.4)	27.2 (3.8)	0.5 (0.8)	0.5 (0.8)	0.0 (0.0)	0.0 (0.0)	0.0 (0.0)
학력	소계	13,616.6 (100.0)	722.5 (100.0)	70.3 (100.0)	70.8 (100.0)	88.0 (100.0)	95.8 (100.0)	78.1 (100.0)
	중졸 이하	9,461.1 (69.5)	589.2 (81.5)	2.0 (2.9)	0.5 (0.7)	0.0 (0.0)	0.0 (0.0)	0.0 (0.0)
	고졸	3,586.8 (26.3)	130.8 (18.1)	8.8 (12.5)	5.8 (8.2)	4.8 (5.5)	4.0 (4.1)	5.7 (7.3)
	대졸 이상	568.6 (4.2)	2.5 (0.3)	59.5 (84.6)	64.5 (91.1)	83.2 (94.5)	91.8 (95.9)	73.0 (93.4)
혼인 여부	소계	12,975.9 (100.0)	718.2 (100.0)	70.3 (100.0)	70.8 (100.0)	88.0 (100.0)	95.8 (100.0)	78.6 (100.0)
	기혼	9,776.3 (75.3)	588.2 (81.9)	38.4 (54.7)	42.5 (60.0)	52.7 (59.8)	53.8 (56.2)	47.0 (59.8)
	미혼	3,198.9 (24.7)	97.6 (13.6)	26.4 (37.5)	28.0 (39.5)	32.7 (37.2)	39.6 (41.3)	29.4 (37.3)
	기타	616.0 (4.7)	32.5 (4.5)	5.4 (7.7)	0.3 (0.5)	2.6 (3.0)	2.4 (2.5)	2.3 (2.9)
전직	소계	13,661.5 (100.0)	724.7 (100.0)	0.0 (#DIV/0)	70.8 (100.0)	88.0 (100.0)	95.8 (100.0)	78.6 (100.0)
	유	1,003.3 (7.3)	44.0 (6.1)	0.0 (#DIV/0)	7.1 (10.1)	8.9 (10.2)	45.9 (47.9)	3.7 (4.7)
	무	12,658.2 (92.7)	680.7 (93.9)	0.0 (#DIV/0)	63.7 (89.9)	79.1 (89.8)	49.9 (52.1)	74.9 (95.3)

표 3-23 학습지교사의 지역분포

(단위: 천 명, %)

구 분	2001년	2002년	2003년	2004년	2005년
서 울	20.0 (28.4)	16.1 (22.7)	20.4 (23.2)	15.2 (15.9)	15.3 (19.5)
부 산	4.5 (6.3)	4.4 (6.2)	4.4 (5.0)	5.4 (5.6)	4.5 (5.7)
대 구	4.9 (7.0)	3.0 (4.2)	6.0 (6.8)	10.1 (10.6)	6.7 (8.5)
대 전	2.4 (3.4)	1.5 (2.1)	2.7 (3.1)	3.7 (3.9)	2.7 (3.5)
인 천	3.5 (5.0)	3.7 (5.2)	4.2 (4.8)	6.6 (6.9)	1.8 (2.3)
광 주	1.7 (2.4)	1.8 (2.6)	2.4 (2.8)	7.0 (7.3)	1.2 (1.6)
울 산	2.2 (3.1)	1.7 (2.4)	1.6 (1.8)	2.6 (2.7)	4.0 (5.1)
경 기	19.3 (27.4)	19.2 (27.0)	28.5 (32.4)	28.2 (29.4)	27.2 (34.6)
강 원	0.3 (0.4)	1.9 (2.7)	2.0 (2.3)	2.2 (2.3)	3.0 (3.9)
충 북	0.7 (1.0)	1.6 (2.2)	0.6 (0.6)	1.3 (1.3)	1.3 (1.6)
충 남	1.7 (2.4)	2.4 (3.4)	2.5 (2.9)	2.0 (2.1)	1.2 (1.6)
전 북	1.5 (2.1)	1.5 (2.1)	1.6 (1.8)	2.6 (2.7)	1.6 (2.1)
전 남	1.5 (2.2)	2.2 (3.2)	1.1 (1.2)	0.9 (1.0)	0.4 (0.5)
경 북	1.1 (1.5)	2.7 (3.8)	2.8 (3.1)	4.7 (5.0)	3.2 (4.1)
경 남	4.8 (6.9)	5.3 (7.5)	5.3 (6.0)	2.9 (3.0)	3.1 (3.9)
제 주	0.3 (0.4)	1.9 (2.7)	1.9 (2.1)	0.4 (0.4)	1.2 (1.6)

략 55%인 것으로 나타났다. 2005년에는 3년 이상의 근속연수비율이 2004년에 44.2%에서 52.1%로 증가한 것을 볼 수 있다.

학습지교사의 주당 평균업무시간은 약 40시간이며, 월평균업무일수는 20일인 것으로 나타났다. 이 가운데 주당 업무시간이 35시간 이하인 경우가

표 3-24 소속사업체 학습지교사의 인원

(단위: %)

구　　분	2001년	2002년	2003년	2004년	2005년
1~9명	19.4 (27.8)	16.6 (23.7)	18.5 (21.2)	12.5 (13.2)	14.8 (18.8)
10~49명	29.9 (43.0)	39.4 (56.3)	49.5 (56.8)	56.9 (60.0)	42.9 (54.6)
50~99명	9.3 (13.3)	10.2 (14.6)	12.9 (14.8)	17.4 (18.4)	15.4 (19.6)
100~299명	6.1 (8.8)	0.9 (1.3)	3.5 (4.0)	4.8 (5.0)	2.6 (3.3)
300~499명	1.7 (2.4)	0.9 (1.3)	1.8 (2.0)	0.5 (0.5)	0.5 (0.6)
500~999명	0.0 (0.0)	0.8 (1.2)	0.5 (0.6)	0.0 (0.0)	1.4 (1.8)
1,000명 이상	3.3 (4.8)	1.1 (1.6)	0.6 (0.7)	2.8 (2.9)	1.0 (1.3)

표 3-25 학습지교사의 현 직장에서의 근속기간 및 평균경력

(단위: 구성비, %)

구　　분		2001년	2002년	2003년	2004년	2005년
임금근로자 평균근속시간(년)		5.3	5.6	5.9	6.3	6.0
근속기간	평균근속기간(년)	2.1	2.5	2.8	3.0	3.3
	1년 미만	22,675.4 (32.3)	16.7 (23.7)	18.2 (20.8)	17.2 (18.0)	13.9 (17.7)
	1~3년 미만	26,259.3 (37.4)	27.9 (39.6)	33.7 (38.5)	36.1 (37.8)	23.8 (30.2)
	3년 이상	21,321.9 (30.3)	25.9 (36.7)	35.7 (40.7)	42.1 (44.2)	41.0 (52.1)
	소　　계	70,256.7 (100.0)	70.5 (100.0)	87.6 (100.0)	95.4 (100.0)	78.6 (100.0)
평균경력(년)			3.4	3.6	3.7	3.9

표 3-26 학습지교사의 주당·월별 업무시간 분포

(단위: %)

구 분		2001년	2002년	2003년	2004년	2005년
주당 업무 시간	35시간 이하	18.1 (26.5)	30.5 (43.0)	28.5 (32.3)	30.7 (32.1)	17.9 (22.7)
	35시간 이상	23.2 (34.0)	14.0 (19.7)	26.1 (29.7)	27.0 (28.2)	30.5 (38.8)
	45시간 이상	15.0 (22.0)	14.8 (20.9)	22.2 (25.2)	28.1 (29.4)	18.6 (23.7)
	56시간 이상	0.8 (1.2)	0.5 (0.7)	0.6 (0.6)	0.0 (0.0)	0.0 (0.0)
	57시간 이상	11.1 (16.3)	11.1 (15.7)	10.7 (12.2)	9.9 (10.4)	11.7 (14.8)
	소 계	68.3 (100.0)	70.8 (100.0)	88.0 (100.0)	95.8 (100.0)	78.6 (100.0)
	평균업무시간	42.6	39.5	40.4	40.5	43.3
월평균 업무 일수	1～15일	–	–	–	4.3 (4.5)	3.4 (4.3)
	16～20일	–	–	–	53.0 (55.3)	39.1 (49.7)
	20～25일	–	–	–	30.0 (31.3)	26.9 (34.2)
	26～30일	–	–	–	8.5 (8.9)	9.3 (11.8)
	소 계	–	–	–	95.8 (100.0)	78.6 (100.0)
	월평균업무일수	–	–	–	20.7	21.0

31.3%, 35시간 이상인 경우가 약 30.8%, 45시간 이상이 24.2%, 57시간 이상이 13.9% 순으로 나타났다.

제 4 장

특수형태 근로종사자에 대한 논의경과

4.1. 서 언
4.2. 노사정위원회
4.3. 정 부
4.4. 국 회
4.5. 요약 및 최근의 동향

4. I. 서　언

① 우리 노동법은 근로자와 사용자의 존재를 전제로 하고 있으며, 노동법상의 권리의무의 주체로서 기본적인 것이 '근로자'와 '사용자'이다. 노동법의 적용대상인 '근로자'에 해당하는지 여부의 판단구조에 대해서는 현행 근로기준법 제2조 제1호에 '근로자'의 판단구조가 제시되어, 대법원의 판례도 이 판단기준에 따라 근로자성을 판단하고 있다. 또한 노동조합 및 노동관계조정법 제2조(이하 '노조법'이라 한다) 제1호의 '근로자'의 판단구조에 대해서는 근로기준법 제2조 제1호의 '근로자'에 '실업자'를 포함한 개념으로 '사용종속성'의 판단기준을 통일적으로 설명하는 입장이다. 이에 대하여, 노동조합 및 노동관계조정법 제2조 제1호 "'근로자'란 직업의 종류를 불문하고, 임금·급료 그 외 이에 준하는 수입으로 생활하는 자를 말한다"라고 하여, 근로기준법 제2조 제1호의 '근로자'의 정의에 있는 '사용된다'는 문언을 이용하지 않았기 때문에 노조법 제2조 제1호의 '근로자'에 해당하는지 여부의 판단을 '사용종속성'의 유무라는 구조에서 판단하는 데 의문을 던지는 입장도 있다. 그리고 사용종속성이 옅다고 생각되는 가정 내 근로[1]와 프로선수(야구, 축구, 배구 등)는 근로기준법 제2조 제1호의 근로자에는 포함되지 않지만, 노조법 제2조 제1호의 근로자에는 해당된다는 입장도 있다.

이와 같이 오늘날에는 근로기준법을 중심으로 하는 개별 노동관계법의 '근로자' 판단구조와 노조법의 판단구조를 달리 보는 입장이 다수설이라고 볼 수 있다. 또한 앞으로 근로계약법의 적용대상에 대하여 '고용과 자영의 중간적인 근무방식'의 증가를 바탕으로 '당사자 간 교섭력의 격차 등'을 이유로 특정한 자에게 경제적으로 종속되어 있는 자에게도 확장해야 한다는 입장도 있다. 그러나 우리 나라의 대법원 판례는 양자를 동일하게 판단하고 있는 듯하다.

[1] 가정 내 근로란 재택근무, 가내하청 등과 같이 사업체의 공동작업장이 아닌 가정 내에서 근무나 작업이 이루어지는 근무형태를 의미한다.

그런데 비정규직 고용은 단시간근로, 기간제근로 및 파견근로자 외에도 용역근로, 특수형태근로, 가정 내 근로(재택 또는 가내근로자), 일일(호출)근로 등으로 구분할 수 있으며, 특히 '특수형태 근로종사자'라 함은 독자적인 사무실, 점포 또는 작업장을 보유하지 않고 비독립적 형태로 업무를 수행하면서도 근로제공의 방법·시간 등은 독자적으로 결정하면서, 개인적으로 모집·판매·배달·운송 등의 업무를 통해 고객을 찾거나 맞이하여 상품이나 서비스를 제공하고 일한 만큼의 소득을 얻는 근무형태를 의미한다. 여기서 최근 논란이 계속되고 있는 골프장경기보조원, 보험설계사, 학습지교사, 레미콘운송차주 등은 특수고용형태 근로종사자의 전형적인 사례로 들 수 있다. 이들에 대하여 우리 나라 대법원은 '근로기준법상 근로자성'을 일관되게 부정하고 있다. 또한 '노조법상 근로자성'에 관하여는 1993년 골프장경기보조원(캐디)에 대해 인정한 판결이 있었으나 그 후 4개 직종 종사자에 대해서 하급심에서 대체로 부정하고 있으며, 최근의 대법원은 학습지교사에 대해서도 노동조합 및 노동관계조정법상의 근로자성을 부인하고 있다(2005. 11). 대법원의 명시적 판단은 없었으나 그 동안의 하급심은 근기법 및 노조법상 근로자를 동일한 '사용종속성'을 기준으로 판단하는 경향에 있다고 볼 수 있다.

그런데 우리 나라의 법체계가 헌법을 정점으로, 노동법이 최상위법인 헌법의 취지에 따라 제정된 관계에 있다면 헌법상의 근로자의 개념을 무시하고 논의할 수는 없을 것이다. 즉, 사용자와 근로자의 관계도 본래는 사인간의 관계로서 '사적 자치' 및 '계약자유의 원칙'이 적용되는 민법의 영역에 있다. 그러나 양자의 경제적 격차와 교섭능력의 차이를 무시하고, 민법세계에 양자의 관계를 맡기면, 근로자가 사용자에게 착취되고 열악한 근로조건 아래에 취업하게 되어 '인간의 존엄'이 보전되지 않는다는 것은 역사적 인식에서도 분명하다. 그래서 헌법은 제34조 제1항에서 생존권('모든 국민은 인간다운 생활을 할 권리를 보장한다')을 보장하고, 또 제32조 제3항에서 법정 최저근로조건을 규정('근로조건의 기준은 인간의 존엄성을 보장하도록 법률로 정한다')하고 있다. 이 법률이 근로기준법, 산업안전보건법, 형벌의 위하력(威嚇力)을 배경으로 사용자에 대하여 그 준수를 요구하는 노동형법[2]으로 되어 있다. 또 근로자에게는 근로기준법에서 정해진 근로조건보다 더욱 좋은 근로조건을 요구하는 수단으로서, 헌법 제33조 제1항은 노동기본권(근로 3권)을 규정('근로자는 근로조건의 향상을 위하여 자주적인 단결권, 단체교섭 및 단체행동권을 가진다')하여 집단적 행동권을 보장하고 있다. 이것을 구체화한 법률이 '노동조합 및 노동관계조정법'이다.

이와 같이 근로기준법, 노조법 모두 헌법의 규정에 따른 법률인 점에 비추어 보면, 근로기준법 및 노조법의 대상자인 근로자를 검토할 때, 먼저 헌법 제32조 제3항의 대상자, 동법 제33조 제1항의 '근로자'의 개념[3]을 살펴볼 필요가 있다.

② 새로운 21세기를 출발하면서 '노동법의 장래'에 대하여 활발하게 논의하였다. 이에 대하여 최초로 문제를 제기한 지미티스(Simitis, 프랑크푸르트대학)는 ① 다운사이징, 아웃소싱, 리엔지니어링 등에서 나타나는 근본적인 근로조건의 변화에서 보면, 전통적 노동관계는 끝나고, 노동법은 유효성을 잃어 간다. ② 현실은 근로자의 '개별화'로 노동은 자신의 기업화를 통해 이루어지게 된다. '자기 회사'가 사용자가 되고, 노동법은 대등한 교섭을 전제로 한 민법·상법으로 변화한다. ③ 노동이 자기 회사를 통하여 되므로 근로자의 종속성을 전제로 한 전통적인 고용계약은 '일의 계약'으로 바뀐다. ④ 입법적 개입은 활동의 최저기간 규제와 가입·갹출 등 사회보험의 정비 부분에서 강화해야 한다고 전망하였다.[4]

그리고서 나타난 스피오(낭트대학)를 중심으로 한 그룹연구는, ① 20세기 노동법의 기초가 되어 온 고용관계의 표준화, 노사의 제도화 등의 상황은 무너지고 있다. 다품종 생산에 의한 기획과 실행의 분리와 노동조직의 재편성, 여성노동의 진출에 따른 포디즘의 후퇴, 고용의 유연화에 의한 불안정한 취업의 확대로 노동조합의 과제도 변하고 있다. ② 노동법은 사회·

[2] 근로기준법 제110~116조, 산업안전보건법 제67~72조 이하.

[3] 우리 나라에서는 근로자 개념과 관련한 주요 저서 및 논문들로서는, 김형배·박지순(2004); 김형배(2005); 임종률(2005); 강성태(2000); 강성태(2002); 박수근(2002); 최영호(2002); 윤애림(2003); 박종희(2003); 조임영(2003) 등이 있다.

[4] Spiros Simitis(1997), pp. 609e seg.

경제의 영역에서 민주주의의 요청을 받아들였다. 이것은 지금도 유지할 만하지만, 노동법은 다양한 상황에 경제자유와 개인의 권리라는 요청의 실효성을 확보하기 위한 조건을 분명히 해야 한다. ③ 구체적으로는 ⓐ 노동법의 유연화라는 전제 아래에서 범위를 확대하고, 종속노동 외에도 일의 완성 등 다른 계약에도 적용될 수 있다. ⓑ 고용상 지위는 특정한 조건의 안정성보다 경력의 계속성을 보장하도록 한다. ⓒ 표준근로시간과 같은 획일적인 제도는 폐지하고, 다양한 근로시간제도를 인정해 이를 조정해야 한다. ⓓ 노조법의 유연화라는 전제 아래에서 단체교섭의 당사자와 범위를 확대할 수 있다는 점 등을 시사하였다.[5]

이러한 동향에 영향을 받아서 이탈리아 정부는 노동시장의 법정책을 포괄적으로 검토해 『백서』를 제출하였다. 이것은 노동·사회정책성의 '활력 있는 사회와 좋은 일자리(decent work)를 위한 제안'으로 발표되었고, 법정책의 목표를 고용가능성(employability)의 확대, 고용의 질 향상, 고용의 유동화와 고용보장, 고용평등의 4가지에 두었다.[6]

논의의 정리에 중추이었던 비아지(Supoit, 모데나대학)는 노동시장법제(직업소개와 파견근로 등)와 기타 노동관계에 대해서도 ① 노동조직과 노동관계의 근대화(유럽연합의 '녹서(Green Paper)'의 지적에 의함),[7] ② 협동조합 형대의 근로(종속근로, 독립근로, 준종속근로 등 전통적 유형 외에 새로운 유형의 근로를 인정한다), ③ 프로젝트 근로(종전의 계속적 연계근로라는 유형이 노동법규의 잠탈에 이용될 우려가 있기 때문에, 이를 새로운 유형의 근로로서 법적 규제에 두고 있다), ④ 유기근로계약(종전대로 일정한 경우 필요하다고 적극 평가하고, 실제의 이용은 노사협정에 따른다), ⑤ 근로시간법제(유럽공동체 사법재판소의 판결도 있고, EC지침 93/104의 완전한 실시를 목표로 한다), ⑥ 산업안전보건(예방을 중시하면서 새로운 형태의 근로에 적용한다) 등을 지적하고 있다. 이러한 것 중에는 ① 협동조합 형태의 근로 허용(2001), ② 산업재해보상보

[5] Alan Supoit(2001).

[6] Ministero del lavoro e delle politiche sociali, Libro bianco sul mercato del lavoro in Italia, Roma, 2001. 이것은 한 국가의 정부가 노동시장정책의 관점에서 현행 노동법을 포괄적·체계적으로 재검토한 논문으로 유례가 없다.

[7] 정희정(2007), pp. 56~61 참조.

험의 준종속근로자에 대한 적용 확대(2002), ③ 프로젝트 근로의 용인(2003), ④ 근로시간제도의 재검토(2003) 등이 입법화되어 현행 법제화된 것도 있다.

경제가 세계화되면서 회사조직의 재편성은 일반적인 현상이다. 최근 이러한 관계에서 노동법의 양상(법정책)에 대하여 검토·연구하기 시작하였다.[8] 여기서는 ① 생산자(생산의 단위), 경제적·사회적 조직(의사결정·관리의 단위), 재무그룹(지배구조, 지배의 단위)이라는 기업의 3가지 기능의 변화로 노동법에 새롭게 문제되고 있다. ② 이것은 통합과 분할에 따른 것으로, 기업은 이 경우 경제적 위험을 부담하고 행동하고 있기 때문에, 노동법(특히, '사회법')에 의한 책임을 사회적 위험으로 부담해야 한다(기업의 네트워크 발달은 위험을 분산할 수 있지만, 분사화(分社化)와 아웃소싱으로 책임을 회피할 수 있게 한다), ③ 이를 위해서는 근로자의 정보권과 협의권, 적절한 단체교섭 수준(기업그룹 또는 현장 단위)의 보장이 되어야 한다고 지적되고 있다.

또 기업의 사회적 책임은 기업의 구조조정(정리해고, 공장폐쇄 등)에서도 문제되지만, 신설 회사조직 아래에서는 직접 사용자인 기업은 결정권을 가지고 있지 않는 문제가 발생한다. 이러한 경우에는 ① 복수의 기업을 사용자로 할 것, ② 이러한 기업에게 사용자로서 공동책임을 부과하고, ③ 현실의 노무제공을 받은 기업에게 책임이 있다는 점을 명확히 할 것 등의 필요성을 주장하고 있다.

지미디스는 그 문제제기 논문에서 결론을 지을 때, 노동법의 시조 진츠하이머로 되돌아가 노동법의 목표는 '인간의 존중', 즉 자기 결정을 옹호하고 이를 인간의 현재 실태에 기초를 둔다고 하였다. 이 목표는 확실하지만, 지금은 거기에 이르는 길에 대해 무지하다고 탄식하였다. 이러한 탄식은 현재의 상황인식으로 정확할 수도 있지만, 목표의 설정만으로 법정책이 가능하다면 이것은 타당하지 않다. 지미디스의 논문에 따르면 당초의 충격크기에 관계없이 사회·경제의 현 상태분석(진단)을 시도하고, 거기서 가이드라인과 정책의 방향을 확인하는 방법을 취하고 있는 시피오의 그룹연구와 이탈리아 정부의 『백서』 또 기업조직의 변화에 따른 사용자의 사회책임과 노

---

[8] Marie-Laure Morin, pp. 5 et seg.

동법의 관련을 분석한 모란의 논문 등은 법정책에 있어 풍부한 함의를 제공한다.

이러한 점은 법정책에는 '철학(principle)'과 '현상분석(realism)'이 필요하다는 점을 시사하고 있다. 현재 우리 나라는 큰 사회변동의 과정에 있고, 이러한 환경변화에 따라 지금까지의 법제도는 지속적으로 재검토되어야 한다. 노동법에 대해서도 이러한 요청에 따라 노사관계 법제도의 선진화 방안 및 비정규직 관련 제도가 입법화되었고, 이후에도 근로계약법제와 근로시간 제도에 대하여 정부는 연구회 등을 통하여 진척시켜야 할 것이다. 그러나 아무래도 독자적인 '철학'과 '현상분석'은 아직도 충분하지 않다. 실무적인 차원의 비망록(memorandum)으로 정책담당자가 입법을 추진하는 시대는 이미 끝났는데, 그러한 인식의 범주 내에서 있는 것 같다.

이상 본고와 관련해, 노동법의 과제 및 전망에 있어 노동법 범위를 확대하여 종속근로 외에 일의 완성 등 다른 계약에도 적용될 수 있다. 그러나 이는 기존 노동법의 '유연화'라는 전제에 반드시 기초해야 한다. 협동조합 형태의 근로(종속근로, 독립근로, 준종속근로 등 전통적 유형 외에 새로운 유형의 근로를 인정한다), 프로젝트 근로(종래의 계속적 연계근로라는 유형이 노동법규의 잠탈에 이용될 우려가 있기 때문에, 이를 새로운 유형의 근로로서 새로운 법적 규제의 아래에 둔다)에 대하여 각각 산재보험의 준종속근로자에 대한 적용 확대, 프로젝트 근로를 용인하는 등 새로운 환경에 정합적인 법제도를 마련해 가는 추세에 있다고 볼 수 있다.

③ 전통적인 근로자와 대비하여 특수형태 근로종사자로 논의되는 범주에는 '노사정위원회 특수형태 근로종사자 특별위원회'에서 다루었던 골프장 경기보조원(캐디), 레미콘운송차주, 보험설계사, 학습지교사 등 이른바 대표적인 '4대 직종'이 있다.[9] 이러한 유형의 근로가 확대되는 원인으로는 급속

[9] 물론 그 외에도 지입화물자동차 운전자(화물(연대)운송차주), 덤프트럭 운전자, 퀵서비스 운전기사, 대리운전사, 방송국 구성작가 및 애니메이션작가, 프로운동선수, 신문판매 및 광고외근원, 화장품·자동차 방문판매원, 음·식료품 판매원, 단순컴퓨터프로그래머, 시청료징수원(수금원), 검침원, 오케스트라 단원, 간병인, 가전제품 및 정수기 A/S기사, 텔레마케터, 택배기사, 대출모집인, 채권추심인, 개인적 프랜차이즈 가맹자 등 광범위한 유형

한 서비스경제의 확대, 생산체제의 변화, 정보기술의 보급 등 산업구조가 변화되면서, 이러한 배경에서 관련당사자가 새로운 유형의 노무제공체제를 공급하고, 이를 선호하는 경향에서도 찾을 수 있다. 그런데 이러한 새로운 유형의 노무공급체계가 기존의 노동법체제와는 조화되지 않는다는 문제가 있다. 현행 노동법은 그 적용대상으로 근로자를 범주화하고, 이에 해당하는 자만 관련 법의 보호대상으로 하고 있다. 노동법의 혜택은 노동법상의 근로자만이 향유할 수 있다. 이러한 적용대상의 자격판단은 법원만이 판단하고 있다.

개념적으로 살펴보면, 특수형태 근로종사자는 자영인과 근로자 사이의 중간영역에 위치하고 있다. 그런데 '자영인'에 대한 법적 정의는 실정법상 존재하지 않는다. 이에 근로자로서의 지위가 부정되면 당연히 자영인의 지위가 인정된다는 의미에서 잔여 개념으로 이용되고 있을 뿐이다. 여기서는 근로자성의 판단과는 달리 근로자와 다른 특수형태 근로종사자의 지위를 선택한 당사자의 의사도 일정 부분 반영될 부분이 있게 된다. 이에 특수형태 근로종사자의 지위로 근로를 제공하고자 하는 자의 동기와 경위도 이 범주를 결정하는 데 고려해야 한다.[10]

잘 알다시피 그 동안의 논의에서 특수형태 근로종사자의 보호방안에 대해서는 노사정 견해의 대립이 있었다. 먼저 '노동계'는 근로자 개념을 확대하여 특수형태 근로종사자를 근로기준법 및 노조법의 완전한 적용대상으로 하는 입장이다. 반면에 경영계는 특수형태 근로종사자는 근로자가 아니기 때문에 노동법적 보호방안은 적용될 여지가 없고 경제법적으로 보호방안[11]을 모색하자는 것이다. 그리고 절충적인 입장으로 노사정위원회 비정규직 근로자대책 특별위원회 공익위원안 및 특수형태 근로종사자 특별위원회 공익위원 검토의견이 있다.[12]

의 직종이 포함될 수 있을 것이다.

[10] 이승욱(2006), pp. 192～194.

[11] 이에 대해서는 노동법적 접근을 전제로 한 잔여적이고 병존적인 규제일 뿐이고 그것이 유일한 보호방안이 될 수 없다는 견해도 있다(이승욱, 2006, pp. 198～199 각주 35) 참조).

[12] 뒤에서 살펴보지만, 특수형태 근로종사자 특별위원회의 공익위원 검토의견은 하나의 안이 아니라 복수의 안을 제시하고 있어서, 그 중 어떠한 안을 채택하는가에 따라 노동법적 보

이하에서는 특수형태 근로종사자에 대한 논의배경에 이해를 돕고자 사실의 기술과 함께 그 사실과 연계된 인과관계에 대하여 언급하고자 한다. 이를 통하여 인과관계를 이해하기 위한 사실의 이면에 흐르는 논리를 이해하는 데 도움을 주기 위하여 특수형태 근로종사자에 대한 논의의 경과를 주체별로 해서 노사정위원회, 정부-국무조정실, 공정거래위원회, 노동부, 그리고 국회로 나누어 각각 살펴보고자 한다.[13]

4.2. 노사정위원회

특수형태 근로종사자에 대한 사회문제로의 확대 등은 비정규직에 대한 논의를 다양하고 심도 있게 만들어 왔다. 따라서 이번 절에서는 특수형태 근로종사자에 대한 다양한 논의를 노사정위원회, 정부, 국회, 국무조정실, 공정거래위원회, 국가인권위원회, 노동부 등을 중심으로 그 경과를 조망해 본다.

4.2.1. 특수형태 근로종사자 특별위원회의 구성 및 활동

(1) 특수형태 근로종사자 특별위원회의 구성

비정규직 특별위원회에서의 논의한 결과로서 기간제, 단시간, 파견근로에 관해서는 논의결과를 정부로 이송하되, 특수형태 근로종사자에 대해서는 별도로 심도 있는 논의와 연구가 필요하다는 데 노사정이 공감하고 본 위원회 의결(2003. 7. 29)을 거쳐 2003년 9월 3일 노·사·정·공익위원 20명으로 '특수형태 근로종사자 특별위원회'(이하 '특위'라 한다)가 출범하였다. 특위의

호의 내용이 매우 달라진다.

[13] 그리고 이 장을 연이어서는 노동법과 사회보장법(특히, 피고용자 보험)의 적용대상은 노동법과 사회보장법의 총론부분에 속하는 기본문제로서 고용·취업형태의 다양화와 인적 적용대상의 양상에 대하여 최근 학설·판례의 전개와 그 평가, 인적 적용대상의 파악방법과 양상을 살펴본다(제5장). 그리고 특수형태 근로종사자의 법적 문제로 법적용 실태 및 법제도 개선방안 논의를 정리한 후, 우리 나라의 자영인과 근로자 개념, 자영인의 노동법적 규정의 미래에 대해서 살펴본다(제6장).

논의경과는 9월에 국내외 보호대책 비교·분석(독일, 프랑스, 미국, 일본, 우리나라), 10~11월에 걸쳐 직종별 당사자 의견청취 및 경제법적 대책논의, 12월에는 해외실태조사(ILO, 프랑스·독일, 12.6~14)를 실시하였으며, 이와 아울러 10월부터 특위 산하에 4개 직종(보험설계사, 학습지교사, 골프장경기보조원, 레미콘운송차주)에 대한 전문소위(노·사·공익)를 구성하여 현장실태조사 실시와 이를 토대로 직종별 보호방안을 마련하고 있다.

'특수형태 근로종사자 특별위원회'란 자영인과 근로자의 성격을 동시에 가지고 있는 특수형태 근로종사자(예: 보험설계사, 학습지교사, 골프장경기보조원, 레미콘운송차주 등)에 대한 보호법안을 종합적으로 논의하기 위해 2003년 9월에 설치된 '노사정위원회' 내의 특별위원회이다. 이 때에 보험설계사, 학습지교사, 골프장경기보조원, 레미콘운송차주로 한정하여 논의하였다. 주요한 논의사항으로는 ① 국내외 보호대책 비교·분석, ② 직종별 제도개선 및 보호방안 강구, ③ 노동관계법, 특별법, 경제법 등 입법적 대책 논의 등이 있다. 그 구성은 특수형태 근로종사자 특별위원회는 위원장 1명, 근로자위원 4명, 사용자위원 4명, 정부위원 4명 및 공익위원 7명 등 총 20명으로 이루어졌다.

(2) 특수형태 근로종사자 특별위원회의 활동

특수형태 근로종사자 특별위원회가 설치된 후 수행한 활동내역을 보면 크게 위원회 회의, 전문소위원회의 활동 및 자료발간 실적 등으로 구분할 수 있다. 이하에서는 위원회 활동을 주로 살펴보고자 한다.

1) 발족(2003년 9월 3일~2003년 12월 말)

2003년 7월 비정규직근로자대책 특별위원회 논의 종결시 근로자와 자영인의 중간 영역에 있는 특수형태 근로종사자에 대해서는 좀더 심도 깊은 논의가 필요하다는 논의결과에 따라 2003년 9월 3일부터 노사정위원회 특위를 구성하여 2003년 12월 말을 논의 시한으로 발족하였다. 이에 '특수형태 근로종사자 특별위원회'는 먼저 워크숍(Workshop)을 개최하고, 특수형태 근로종사자와 관련한 국내외 보호대책 비교분석, 중요한 국내 판례분석, 노동법·경제법·사회보장법적 대책 논의 및 직종별 당사자 의견청취, 해외사례조사를 실시하였다. 그리고 그 동안 논의되어 온 대책방안 등을 검토하고 사회적 쟁점화 정도가 높은 '4개 직군(보험설계사, 골프장경기보조원, 학습지교사, 레미콘지입차주)'에 대하여 중점적으로 논의하기 시작하였다.

2003년 10월부터 11월 초까지 단계적으로 4개 직종별로 '전문소위원회(이하 전문소위)'를 구성하여 공익위원들이 실태조사 등을 거쳐 검토가능한 복수의 보호방안들을 마련하였다. '특수형태 근로종사자 특별위원회'는 이어서 이들 4개 직군 노사대표를 초청하여 '중요한 쟁점과 현안'에 대해 당사자 의견을 청취하고, 특위 노사대표위원 및 공익전문가 4～5인으로 구성된 직군별 전문소위를 발족하고 직군별 심층·조사 후 그 결과를 보고하도록 하였다.[14] 또한 '특수형태 근로종사자 특별위원회'는 2003년 12월 6～14일까지 스위스 국제노동기구(ILO), 독일·프랑스 (경제)노동부, 노사단체 및 전문가를 현지방문·면담하는 등 최근 주요 외국의 관련 논의현황을 비교·검토하는 노력도 하였다.

특수형태 근로종사자는 근로자 내지 자영인이라는 법률적 신분을 둘러싼 지속적인 논란뿐만 아니라, 직종별로 고유한 쟁점(보험설계사: 잔여수당 지급, 학습지교사: 회비대납, 관리지역 강제분리, 골프장경기보조원: 근무과정 지휘·통제, 레미콘운송차주: 운송단가 협상 등)이 존재하고 근무형태도 각기 상이한 실정이었다. 외국 또한 통일적인 입법례를 찾아보기 어렵고, ILO 등 국제기구에서도 논란이 지속되었다. 독일에서는 '유사근로자' 개념을 도입하여 노동관계법 규정을 일부 준용(단체협약, 관련분쟁 노동법원 관할 등)하고 있고, 프랑스는 유형별(외판원, 연예인 등)로 별도 입법을 통해 보호(일반적으로 보수·연차휴가, 일방적 계약해지 등)하며, 일본, 미국 및 우리 나라 판례는 개별 사안별로 사용종속적인 근로자 여부를 판단하고 있다. 또한 노동계는 특수형태 근로종사자는 근로자이므로 노동관계법을 통해 보호해야 한다는 입장이고, 이에 대하여 경영계는 자영인이므로 경제법적 보호를 주장하고

[14] 특수형태근로의 노동현실에 대해서는 노사정위 비정규특위(2001. 9. 24)에 제출한 전국여성노조의 자료(10개 업체 일반조사·P사업장조사), 골프협회 자료, 재능노조·학습지산업협의회 자료, 보험노조·보험협회 자료 및 김소영·김태홍(1999)를 참조.

있다.[15]

한편, '특수형태 근로종사자 특별위원회'는 논의시한이 2003년 12월 말이었으나 전문소위의 실태조사 등이 진행 중이고 애초 설정한 '4개월의 논의시한'이 너무 짧아 충분한 논의가 이루어질 수 없었음을 노사정위 '본위원회'에 보고, 본위원회는 '2004년 6월 말'까지 특별위원회에서의 논의시한을 연장하였다.[16]

2) 논의시한 연장(~2004년 6월 말)

2004년에는 4개 직종별(보험설계사, 학습지교사, 골프장경기보조원, 레미콘운송차주) 전문소위 검토 및 이를 토대로 한 노사정 간 의견조율, 공익위원조정안 마련을 위한 논의 등을 진행하였다.

이 당시에는 노사 자율 또는 정책적으로 개선가능한 사항을 중심으로 2004년 4월 중순까지 1차적인 합의를 모색하는 한편, 입법적 보호방안(노동관계법, 특별법, 경제법) 및 보호방식(포괄적 또는 직종별 접근) 등에 대해 노사정 간 본격적인 논의를 전개하여 6월까지 종합적인 보호방안을 마련할 계획이었다.

'특수형태 근로종사자 특별위원회' 내 4개 직군 전문소위는 2003년 10월 중순부터 2004년 1월 중순까지 총 18차례에 걸친 현장조사 및 당사자 면담을 실시, 그 결과를 「4개 직종 검토보고서」로 정리하여 2004년 2월 말 특위에 제출하였다.

---

15 경영계는 특고특위에서의 논의에 대하여, 심층 검토의견의 제시 및 경영계 입장 발표를 통해 우리 산업구조의 현실상 특수형태 근로종사자들을 근로기준법상의 근로자로 인정하기에는 부적절한 면들을 집중적으로 부각시켰다고 한다. 한편, 노동계는 2004년 한 해 동안 보험설계사, 학습지교사 등 특수계약형태의 자영인들까지도 근로자의 범위에 포함되도록 하는 법률안을 수차에 걸쳐 국회에 제출한 바가 있으나, 경영계는 적극적인 활동으로 특수계약형태의 자영인들에 관한 노동계의 그릇된 주장을 저지하면서 정부와 국민들로 하여금 보다 객관적이고 신중한 문제접근이 되도록 유도하였다고 한다. 이와 같은 활동은 각계의 호응을 얻어 법원이나 노동위원회에서도 보험설계사와 같은 특수계약형태 종사자는 법상의 근로자에 해당하지 않는다는 입장을 지속적으로 밝히고 있다고 평가하고 있다(한국경영자총협회, 2005, pp. 39~40 참조).

16 산업자원부는 2003년 『산업자원백서』에서 "특히, 특수형태근로와 관련해서는 구체적인 실태파악과 추가적인 논의가 요구된다"고 평가하고 있다.

특위는 2004년 3월 5일 이 전문소위 보고서를 중심으로 노동법, 노동경제, 노사관계분야 외부전문가 6명을 초청하여 특수형태 근로종사자 대책방안을 위한 워크숍 형태의 내부 토론회를 개최하여 다각적인 논의를 진행하였다.

3월부터는 '확대간사회의'(위원장, 노사정 각 1, 공익 2)를 통해 전문소위별 공익위원 검토의견을 토대로 논의를 진행하였으나, 노동계에서는 특수형태 근로종사자를 노동조합 및 노동관계조정법상 근로자로 인정하여 노동 3권을 보장하고, 근로기준법을 원칙적으로 적용하되 특수성을 고려하여 탄력적인 적용을 검토할 수 있다는 입장이었고, 경영계는 이들이 보호되어야 한다는 데에는 공감하나, 시장원리에 따라 합리적·실리적 보호방안을 마련할 필요가 있으며, 집단적 권리는 헌법상 결사의 자유보장 차원에서 결사체 구성권 등의 인정에 대해서는 검토가 가능하다는 입장을 고수하는 등 노사 간 입장차이가 큰 상황이었다.

그 이후 특위는 2004년 3월 중순부터 4월 초까지 3차례에 걸쳐 노사정 간사대표를 중심으로 한 '연쇄간담회'를 개최하여 노사 간 의견접점을 모색하였다.

그러나 노사 간사대표를 중심으로 이루어진 노사 간의 입장을 조율하는 과정에서 노사정은 각각 다음과 같은 '원칙적인 입장만'을 확인하고, 의견접근을 이루지 못하였다. 이 때에 노사정 당사자의 의견들을 정리해 보면, 먼저 '노동계'는 특수형태 근로종사자에 대한 근로 3권 보장을 기본적인 사항으로 주장하고, 이 기반 위에서 특수형태 근로종사자의 노무제공 특성을 고려해 근로기준법상 권리보장에 대해서는 탄력적으로 검토할 수 있다는 입장을 피력하였다.

반면에 '경영계'는 이들 직군 종사자는 계약형식상 통상 위임·위탁업무를 수행하는 독립자영인에 해당하는 자로 그 보호의 필요성은 인정한다. 하지만 이것은 거래상 불이익 등을 전제로 한 경제법적인 보호방안이어야 하고, 다른 한편 이들은 기본적으로 근로자로 볼 수 없기 때문에 노동법을 적용하는 데에는 반대한다는 입장을 피력하였다.

한편, '정부'는 현행 근로기준법이나 노동법 적용은 전부 아니면 전무

(all or nothing) 형식이어서 중장기적으로 근로자와 자영인의 중간 영역에 놓인 특수형태 근로종사자에 대한 법적용 범위를 재검토할 필요성은 있다고 보지만, 단기적으로는 엄밀한 실태파악 등에 근거 대책방안이 강구되어야 할 필요성을 강조하였다.

이와 같이 노사정이 각기 원칙적인 입장만을 고수하고 큰 논의의 진전을 보지 못하자 '특수형태 근로종사자 특별위원회'는 2004년 4월 16일 제10차 회의에서 노사의 요청으로 노사 간 입장을 조율하기 위한 공익위원 '조정안'을 마련하는 작업준비에 들어갔다. 그러나 매주 1회씩의 회의에도 불구하고 2003년 6월 중순까지 공익위원 조정안 작업이 60% 정도에 이르지 못하였다. 이에 특위는 이를 다시 2004년 6월 말 노사정위 본위원회에 보고한 후, 이 과정에서 심도 있는 대책마련을 위해 2004년 6월 말에서 논의시한을 '2004년 12월 말'까지 재연장하였다.

3) 논의시한 재연장(2004년 7월~2004년 12월 말)

논의시한이 재연장된 이후에 노사정위에서의 논의는 2004년 7~8월 사이에 공익위원 중심으로 집중적인 조정안 마련작업을 진행하고 공익위원 조정안의 기본 틀을 마련하였다. 공익위원들은 이후 2004년 9월 초 정부(노동부)측 위원과 간담회를 갖고 공익위원 조정안에 대한 개략적 검토방향과 논의내용을 설명하고 정부측 입장을 청취하였다. 2004년 9월 10일 '간사회의'를 소집하였다. 여기서는 다양한 스펙트럼의 보호방안을 포괄하는 공익위원 조정안을 마련하였다

이 간사회의에서는 노사대표에 공익위원 조정안의 개략적인 내용을 설명하고 다음과 같은 사항에 대하여 합의하였다. 합의된 내용은 ① 2004년 9월 17일 '특수형태 근로종사자 특별위원회' 전체회의를 소집하여 공익위원 조정안을 설명하도록 한다. ② 2004년 10월 8~15일 사이 공익위원 '검토의견'에 대한 사회적 공론화를 위해 외부전문가 및 4개 직군 주요 노사대표들을 초청하여 토론회를 개최한다. ③ 토론회 개최 이후에 2004년 10월 15~29일 사이에 노사정 간사대표를 중심으로 집중적인 재조율을 시도한다. ④ 2004년 10월 29일 전체회의를 소집하여 2004년 12월 말 본위원회에 논의결

과 보고방식에 대하여 결정토록 한다 등이다.

그러나 2004년 9월 11일 발표된 정부의 '비정규근로관련 입법예고안'과 함께 노동계는 이에 반발하여 같은 해 9월 11~13일 '연쇄성명서'(한국노총)를 내고 특수형태 근로종사자 특위 논의에 참여를 철회한다고 선언하기에 이르렀다. 따라서 같은 해 9월 17일 회의는 개최되지 못하고 공식회의는 어려움에 빠지게 되었다. 이에 '특수형태 근로종사자 특별위원회'는 공식적인 전체회의 대신 2004년 10월 8일(노동계), 11월 5일(경영계), 11월 12일(정부측) 세 차례에 걸쳐 '특수형태 근로종사자 특별위원회' 노사정위원들과 공식 또는 비공식 간담회를 개최하고, 공익위원 조정안의 내용을 설명하고, 같은 해 11월 12일 간사회의를 소집하여 특위 운영방안과 2004년 12월 말 본위원회 특위활동 종합보고방식을 협의하였다.

이러한 간사회의 결과에 따라 2004년 12월 3일 외부전문가 7인을 초청하여 한국노동연구원에서 제1단계 예비토론회를 개최하고, 2004년 12월 14일 직군별 노사대표를 포함한 공개토론회를 준비하였다. 그러나 애초 간사회의 협의와 달리 노사는 공개토론회보다 비공개 간담회를 재요청하였고, 간사대표 재협의를 거쳐 토론회는 4개 직군 노사대표와 각각 분리간담회를 개최하도록 하고 그 논의결과를 수렴, 12월 말 예정된 본위원회에 보고준비를 하도록 하였다.

따라서 2004년 12월 14일에는 먼저 경영계의 직군별 대표와 간담회를 갖고 의견을 청취하였다. 그 후 같은 해 12월 16일에 예정된 비공식 간담회에 노동계가 불참을 통보해 옴으로써 노동계 직군별 대표와의 간담회는 성사되지 못하였고, 정부측(노동부) 대표와의 간담회만을 개최하여 당사자 간담회를 마무리하였다.

한편, 이러한 의견청취 결과를 토대로 공익위원 조정안에 대한 최종검토를 거쳐 특위 공익위원들은 2004년 12월 17~18일 이틀 간 '공익위원 워크숍'을 개최하고 '공익위원 조정안'을 논의하였다. 거기서는 주로 간담회 등에서 제기된 노사당사자 입장 등을 고려하며 공익위원 논의를 수렴하였다. 2004년 12월 22일 특위 간사회의를 소집하고 12월 29일 본위원회 '특위활동 보고방식' 등을 협의하였다.

공익위원들은 그 동안 특수형태 근로종사자 문제를 논의하는 데 있어 노동법과 경제법적 적용방법을 각기 배타적으로 주장하는 노사 의견을 조율할 수 있도록 근로자성, 사업자성 여부에 대한 정의를 선결짓는 방식보다는 실질적인 보호의 필요성이 있는 항목을 위주로 분류하여 대책방안을 강구하고, 이에 해당하는 법률체계로 만들어 가는 귀납법적 방식을 취하였다. '공익위원 주요 논의항목'으로 노사 간의 조율을 위해 검토된 개별적·집단적 권리방안은 다음과 같다.

① '개별적 권리 공통사항'으로 계약조건의 서면명시, 부당해지 또는 계약존속 보호, 모성보호, 성희롱의 예방, 구제 및 고충처리 등에 대해 각론별로 대책방안을 검토하고, 그 밖의 사회보험 적용방안을 검토하였다.

② '각 직군별 보호사항'으로 보험설계사(잔여수당 및 증원강요 등), 골프장경기보조원(본인 과실사고의 책임, 고객의 성희롱 예방 등), 학습지교사(대납문제 및 회원확대 강제 등), 레미콘지입차주(믹스트럭 소유권 이전-지입·불하공정성 및 출근·배차 공정성)

③ '집단적 권리사항'으로 단체의 조직·가입, 단체의 설립·운영, 단체교섭·협의, 단체교섭·협의의 대상사항, 협정의 효력, 집단적 노무거부, 집단적 분쟁의 해결, 단체결성 등 관련항목 대책방안을 검토하였다(〔표 4-1〕 참조). 또한 이들의 활동과 이의 입법형식 및 체계 등을 검토하였다(〔표 4-2〕 참조).

간사들은 2004년 12월 27일 근로자위원이 불참한 가운데 특위 전체회의를 개최하여 노사단체와의 간담회 및 간사회의 등을 통해 협의한 공익위원 논의경과 및 본위원회 보고방식 등을 보고하였다. 그 동안의 '활동경과'를 보고하고 특위운영과 관련 상무위원회와 본위원회 논의결과에 따르기로 하였다.

한편, 2004년 12월 29일 개최된 노사정위원회 제35차 본회의는 그 동안의 특위 논의결과를 보고하였다. 본위원회는 특위활동 보고를 청취한 후 특위 논의시한을 2005년 6월 말까지 재재연장하기로 의결하였다. 특위 논의시한의 재연장은 한국노총 등 노동계의 불참으로 그간 특위에서 노사 간의 견조율을 위한 충분한 시간을 갖지 못하였고, 보호방안에 대한 사회적 공론

표 4-1 개별적 권리 대책방안

보호 검토대상			
공통사항	서면계약 작성 및 교부설명 의무		
	계약존속(부당해지 금지)		
	보 수	지급방법	
		산정기준과 체제	
	주휴·연가		
	모성보호		
	성희롱 예방·구제		
	사회보험	산재(기합의)	
		고용보험	
		건강보험 직장가입 여부	
		국민연금 직장가입 여부	
	고충처리		
	권리구제 및 감독기구 절차		
주요 직군별 쟁점사항	보험설계사	잔여수당	
		증원강요(수수료 문제와 관련)	
		자기계약 및 대납	
	골프장 경기보조원	캐니의 과실사고 책임	
		퇴직보상금	
		부당지시 통제(벌당)	
	학습지교사	대납문제	
		출산·육아(휴가 및 복귀)	
		회원확대 강제	
		구역(강제교실)배정	
	레미콘 지입차주	믹스트럭 소유권이전(지입·불하 공정성)	
		출근·배차의 공정성	
		야간작업	
적용대상·범위	적용대상 상한선 설정 여부		
법체계·입법형식	근로기준법, 특별법, 감독법 또는 독금법 등		

표 4-2 집단적 권리 대책방안

보호사항		
주요 대상	단체의 조직·가입	조직·가입의 자유
		(조직·가입)자유 방해 금지와 위반 구제절차 마련
	교섭·협의	교섭·협의의 수준(정도)
		합의권 또는 협약체결권 명시
		교섭·협의대상 사항
		합의 내지 협정의 효력
		표준약관 또는 단협
	집단적 노무거부	인정 여부
		부정시
	단체활동	전임자 규정설정 여부
		집회 등 단체활동 규정설정 여부
	분쟁조절 및 해결	분쟁조절 및 해결규정 여부
적용범위		4직군 공통·일부 적용, 기타 인접부문 연동적용
		적용대상 상한선 설정 여부(특수형태 근로종사자의 범위: 고소득자 제외 등)
		적용대상 제외(위험부담: '사업자' 판별의 기준이 되는 '경영상의 위험'을 지는지 여부에 따른 기준)
법 체 계		노조 또는 특수노조 관련법, 개별 관련법령(독점금지 및 공정거래에 관한 법, 약관규제법, 감독업 등) 분산규정, 특수형태 근로종사자 특별법 제정
기 타	기존 노동조합과의 관계	별도의 규정 명문화 여부
	법충돌에 관한 규정 등	독금법상 공동행위 금지 예외규정 여부

화가 충분하지 못하였으므로, 한국노총의 특위 참여 및 노사정 간 성실한 논의와 사회적 공론화를 통한 폭넓은 의견수렴을 조건으로 이를 위한 시간이 필요하다는 판단에 기인하였다.

4) 논의기한 재재연장(2005년 1월~2005년 6월 말)

'특수형태 근로종사자 특별위원회'는 '외부전문가 초청 워크숍'을 개최하였으며, 4차에 걸친 '간사회의', 4차의 '공익위원회의' 및 '노사정 대표 간담회' 등을 개최하였다.

2005년에는 공익위원 권고안 등을 토대로 노사 간 집중적인 의견조율 및 사회적 공론화를 통해 특수형태 근로종사자에 대한 합리적인 보호방안을 강구할 계획이었다. 이에 특위는 2005년 1월 간사회의를 개최하여 특위 운영방안 등에 대하여 논의하고, 노사정위원회의 복귀문제를 다루기로 한 민주노총의 대의원대회 결과를 두고 보며, 본격적인 논의 여부를 판단하기로 하였다. 그러나 민주노총이 노사정위원회 복귀가 어려워짐에 따라 간사회의를 개최(2005. 3. 22)하여 그간의 논의결과에 대한 정리 및 보고방안 등을 협의하였다.

간사들은 특수형태 근로종사자문제에 대한 국내외 논의와 주요한 외국의 입법례에 대하여 가장 최근의 시각에서 중요 쟁점을 재검토하고 논의결과 정리에 참고하고자 전문가 초청토론회(2005. 4. 12)를 개최하였다.[17]

이후 특위는 간사회에서 논의된 결과를 기초로 본위원회 보고를 위한 공익위원 조정안에 대한 논의를 가속화하였다. 2005년 5월 9일 개최된 공익위원 전체회의에서는 간사회의에서 논의한 결과를 보고하고 특위의 운영방안 및 공익위원 논의결과의 정리방안에 대하여 협의하였다.

이후 공익위원들은 특수형태 근로종사자 문제 해결방안에 대한 정부의 입장을 청취하는 것이 중요하다고 판단하고, 정부측(노동부)과의 간담회를 개최하였다. 이후 공익위원들은 2004년 12월 27일 전체 특위와 12월 29일 제35차 노사정위원회 본위원회에 보고한 바 있는 공익위원 조정안의 내용을 심도 있게 재검하는 등 보완논의를 지속하였다. 이를 통하여 그간의 논의결과를 심화하여 공익위원 검토의견을 도출하였다.

공익위원 개개인의 의견을 수렴하고 전체회의를 거쳐 정리하는 방식으로 보완논의를 진행하여 최종적으로 공익위원 검토의견을 도출하였다. 공익위

17 박지순(2005); 이승욱(2005); 김영문(2005).

원 검토의견이라는 명칭은 이 안이 단일한 하나의 안을 제시한 것이라기보다는 가능한 3개의 안을 병렬적으로 제시하여, 향후 노사정 간 조율의 토대가 될 수 있도록 마련된 공익위원들의 검토의견이라는 점을 강조한 것이다.

한편, 공익위원들은 '공익위원 검토의견'에 대한 의견수렴을 위하여 노사정 대표와의 간담회를 개최하였다. 공익위원들은 먼저 2005년 5월 23일 정부측 위원들과 간담회를 개최하여 의견을 청취한 뒤 이어서 2005년 5월 26일에는 노동계 대표와의 간담회를 개최하였다. 그리고 2005년 6월 10일에 경영계의 의견을 청취하였다. 이후에 2005년 6월 12일 최종적으로 공익위원 검토안을 정리하기 위한 간담회를 개최하였다.

이후 이상과 같은 활동들을 정리하여 특위는 2005년 6월 22일 간사회의를 개최하여 최종적으로 정리된 '공익위원 검토의견'을 전체특위에 보고하였다. 2005년 6월 27일 '특수형태 근로종사자 특별위원회' 전체회의를 개최하고, 특위 전체위원들의 의견을 청취하였다. 그리고 특위에서의 그 결과를 2005년 6월 30일 제36차 노사정위 본위원회에서 '공익위원 검토의견'을 보고하여 노사정 간 집중적으로 논의하는 방안에 대하여 협의하였다.

이상과 같이 2003년 9월부터 노사정위원회에서 특수형태 근로종사자 보호방안 마련을 위해 50여 차례 회의를 개최하였으나, 2005년 6월 노사 간 견해차이로 논의를 중단하였다. 이는 2005년 7월 노동계의 불참으로 공익위원 검토의견을 토대로 한 노사 간의 조율은 이루어지지 못하였고, 논의시한이 종료되었다. 사실 노사 간에 조율을 시도하기 전에 노동관련 법안처리에 따른 노사정 간 이견과 노사관계의 상황악화로 인하여 노사정 간의 후속논의가 어려워지게 되었다.[18]

이러한 상황에서 2005년 9월 5일에 개최된 제37차 노사정위 본위원회에서 그간의 논의결과를 보고한 후 특위활동을 종료하는 보고('특위 논의결과 처리방안')를 하였다. 본위원회에서는 논의당사자들이 공익위원 검토의견

[18] 2005년 8월 현재 특수형태 근로종사자가 63만 원이며, 보험설계사(25만 명), 학습지교사(15만 명), 골프장경기보조원(2만 5,000명), 레미콘운송차주(1만 3,000명) 등이 54%를 차지하였는데, 이들은 개인사업자 신분이지만 근로자와 유사하게 회사에 일신 전속적 역무를 제공하고, 직종이 다양하고 동일 직종 내에서도 근무형태가 다르다고 보고하고 있다(노동부, 2006a, p. 33 참조).

의 정부이송 보류를 요청하고 주요 노동현안의 해결 및 노사정 관계의 정상화 추이 등을 고려하여 정부이송을 잠정적으로 보류하기로 결정하였다.

그러나 노사정위원회는 본위원회 직후 개최된 기자간담회에서 특위 차원의 논의는 논의시한 종료로 불가능하지만, 노사정대표자회의 등 특수형태 근로종사자문제를 해결하기 위한 노사정의 별도 논의 틀이 구성될 경우 지원할 의사가 있음을 밝혔다. 하지만, 비정규직 법안과 노사관계 선진화 방안 등에 대한 노사정 간의 이견이 해소되지 않아 더 이상 진전을 보지 못하였다.[19]

❖ 특수형태 근로종사자 논의경과(요약)

- 노사정위원회는 2003년 9월 특수형태 근로종사자 특위를 설치, 보호방안을 논의하였으나 노사 간 이견이 좁혀지지 않았음.
- 2004년 9월 이후 한국노총 불참으로 실질적 논의를 못하고, 공익위원 위주로 논의하다가 2005년 6월 말 논의시한 종료됨.
- 2005년 9월 5일 노사정위원회는 처리방향을 논의한 결과, 논의당사자들의 의견을 반영하여 정부이송을 당분간 보류하기로 함.

(3) 특수형태 근로종사자에 대한 노사정의 입장

현행 「근로기준법」 제2조 제1호에서는 근로자를 "직업의 종류를 불문하고 사업 또는 사업장에 임금을 목적으로 하고 근로를 제공하는 자"라고 정의하고, 「근로기준법」 제2조 제2호에서는 사용자를 "사업주 또는 사업경영 담당자 기타 근로자에 관한 사항에 대하여 사업주를 위하여 행위하는 자"라고 정의한다. 한편, 현행 「노동조합 및 노동관계조정법」 제2조 제1호에서는 근로자를 "직업의 종류를 불문하고 임금·급료 기타 이에 준하는 수입에 의하여 생활하는 자"라고 정의하고 있다.

[19] 산업자원부는 2005년도 『산업자원백서』를 통해 2006년 노사관계를 전망하면서 울산 건설플랜트 노조, 현대하이스코 사내 하청 노조, 화물·덤프트럭 연대 등 사내 하청, 특수고용형태의 종사자 등으로 구성된 비정형 노조의 경우도 개별 사업장 차원의 해결이 어려워 지역 등 초기업조직으로 대응하여 갈등이 고조될 것으로 보이며, 이 경우 원청회사의 부담으로 작용할 가능성이 높다.

이와 같은 상황에서 '특수형태 근로종사자'를 노동법상의 근로자로 인정할 것인가에 대하여 경영계와 노동계가 상호 상반된 주장만을 펴고 있다. 먼저 경영계는 "특수형태 근로종사자는 노동법상의 근로자가 아니며 현행대로 개별 사안별로 판례의 해석론에 따르는 것이 바람직하다"고 주장한다. 따라서 「근로기준법」이나 「노동조합 및 노동관계조정법」 등의 개정을 반대하고 있는 입장이다. 반면에, 노동계는 특수형태 근로종사자를 노동법상 근로자로 인정하고, 이를 위해 「근로기준법」 등 관련법규의 개정을 요구하고 있다. 따라서 「근로기준법」이나 「노동조합 및 노동관계조정법」 등의 개정을 찬성하고 있는 입장이다.

또한 정부는 특수형태 근로종사자가 근로자와 자영인에 대한 법적 정의와 적용범위와 관련 이들이 현실을 반영하는 데 일정한 한계가 있다는 점은 인식하면서 현재 문제가 되는 특수형태 근로종사자에 대해 그 구체적인 실태에 근거하여 우선적으로 필요한 대책방안부터 검토되어야 할 필요가 있다는 입장을 견지하고 있다.[20]

한편, 공익위원들은 특수형태 근로종사자들의 계약조건 유지 내지 개선방안에 대하여 특별한 대책이 필요하고, 이 사안의 중요성에 비추어 좀더 심도 있는 논의와 연구가 필요하다는 점에 인식을 같이한다. 이에 대해서는 개별적 근로관계법상 보호방안 및 집단적 노사관계법상 보호방안, 특별법 제정방안 등을 강구할 수 있다. 이에 대해서는 별도로 설명하고자 한다.

이처럼 경영계, 노동계, 정부 및 공익위원 간에는 동일한 현상에 대한 문제해결방안에 상당한 견해차이가 존재하고 있다. 이를 〔표 4-3〕과 같이 정리할 수 있다.

---

20 노동부의 기본 입장은 근로자가 아닌 자를 근로기준법상 근로자로 의제하여 동법을 적용하는 것은 법체계상의 문제와 함께 운용상 상당한 문제가 있다고 보고, 그 이유로 ① 경제적 종속성을 이유로 근로자가 아닌 자를 근로기준법에 의해 규율할 경우 하청·하도급업체나 정부투자기관의 근로자가 원청·원도급업체나 정부의 근로자가 되는지 여부 등에 관하여 상당한 파장이 예상되고, ② 직종이나 형태별로 보호의 필요성이 있는 사항이 다양하므로 이를 일률적으로 근로기준법에 따라 보호해야 할 필요까지 있는지 여부도 검토되어야 한다는 등의 의견을 제시하고 있으며, 필요한 경우 사회보험 적용방안이나 경제법적 보호방안을 강구할 필요성을 제기하고 있다(국회환경노동위원회 수석전문위원실, 2003, p. 112 참조).

표 4-3 특수형태 근로종사자 관련 노·사·정 기본 입장 및 공익위원 검토현황

노동계 입장	경영계 입장	정부측 입장	공익위원 검토
· 근로자성 인정 · 노동조합 및 노동관계조정법 근로자 및 사용자 정의 추가 보완 · 근로기준법상 사용자와 근로자의 개념확대 필요 * 기타 노동계는 그간의 간담회 및 기타 특위 안팎의 논의과정에서 노조법상 노동 3권의 인정을 기본으로 하고, 단 특수형태 근로종사자의 노무공의 특성을 감안하여 근로기준법 적용에 대해서는 탄력적으로 검토할 수 있다는 입상을 피력. 또한 사회보험 중 산재보험의 조속한 적용이 필요하다는 입장	· 근로자성 인정에 반대하고 현행대로 개별 사안별로 판례의 해석론을 따르도록 함. · 노동조합 및 노동관계조정법 개정 반대 · 특수형태 업무종사자 보호의 필요성은 노동법 적용이 아닌 민법, 상법 또는 경제법에 의해 해결가능. * 기타 경영계는 논의과정에서 각 직군별 보호사항에 대한 다양한 대책방안(보수·수당체계 개선, 부당계약해지방지대책, 산재사고관련 대책방안과 일부 휴가·휴일 규정 등)을 강구할 수 있음을 피력	· 현행 근로자와 자영업자에 대한 법적 정의와 적용범위와 관련 이들이 현실을 반영하는 데 일정한 한계가 있다는 인식 공감 · 중장기적으로 이들에 대한 검토의 필요성이 있다는 입장 · 그러나 정부는 현재 문제가 되고 있는 특수형태 근로종사자에 대해 그 구체적인 실태에 근거하여 우선적으로 필요한 대책방안부터 검토되어야 할 필요가 있다는 입장	· 보호항목: 개별적 권리(계약서 작성, 부당계약해지, 모성보호규정 등 및 각 직군별 현안), 집단적 권리(단체의 조직·가입·활동 교섭, 집단적 노무거부 관련규정) 등 다양한 항목 검토 · 관련법체계: 통합특별법 또는 노동(관련)법 및 경제법(독공법 등), 기타 감독업법 등 분산보호규정방안 등 다양한 방안 검토. * 공익검토의견은 국내실태와 국제노동기구(ILO)에서의 논의현황을 감안 특수형태 근로종사자에 관해 상기한 개별적 권리와 집단적 권리를 중심으로 다양한 스펙트럼을 제시함.

주: 특수형태 근로종사자 대책방안 관련 노·사·정 및 공익위원 입장은 그간의 다양한 노사정위원회 논의과정에서 제기된 입장들을 분류·정리한 참고자료임.
자료: 이호근(2006).

표 4-4 독일, 프랑스 그리고 일본에서의 특수형태 근로관련 주요 법규정 비교

독 일	프 랑 스	일 본
· 정의: '근로자와 유사한 자(arbeitnehmeraehnliche Person)'란 노무급부를 하는 자로 인적 종속성이 없어서 근로자라고 할 수는 없지만, 다른 한편 그들이 가지는 경제적 종속성으로 인하여 사업자도 아닌 자로 정의 · 노동법원법 제5조: "타인을 위하여 경제적으로 종속적인 지위에서 노무를 급부하는 모든 자는 '근로자'와 유사하다"고 규정. · 1974년 단체협약법 제12조(a): '근로자와 유사한 자'에 대한 실정법적 정의를 규정하여 '경제적으로 종속되어 있고, 근로자에 대한 그것과 유사한 사회적 보호의 필요성이 있는 자'로 정의 함. 그 특성은 - 노무공급에 있어 제3의 노동력을 이용하지 않는다. - 작업이 특정한 자나 조직과의 관련성이 있어야 하고, - 그들 수입의 상당 부분이 특정한 자나 조직에 의하여 지급되어야 함. · 보호의 범위: - 계약상대방과 분쟁발생시 그 분쟁은 노동법원에 의해 해결(노동법원법 제5조) - 연차휴가와 휴일에 대한 최저기준에 있어 근로자와 동등 대우(연방휴가법 제2조) - 작업조건은 단체협약에 의해 규율됨(단체협약법 제12조(a)).	· 근로자 또는 근로계약 개념의 입법적 규정 없음. · 근로계약 판별기준: 종속관계 인정기준을 '법적 종속(subordination juridique)'이라 함. 경제적 종속과 구별되는 개념임. · 특수형태근로 유형별로 입법에 의해 필요한 보호와 규제를 하는 실용적 접근 · 도급·위임·임대차계약 등도 노무제공이 이루어지는 사실상의 조건에 의해 근로계약 여부를 판단. · 근로계약에 대한 판례: "일방 당사자가 타방 당사자를 위하여 그 종속하에서 임금(remuneration)을 대가로 근로(travail)를 제공하는 것을 목적으로 하는 계약" · 법적 종속관계 판단지표: - 근로제공방식에 관해 사용자가 지휘·감독을 행하는가 - 노무제공에 필수적 수단을 사용자가 제공하고 있는가 · 노동법전 제7권(Livre Ⅶ)은 특수형태근로 직업범주로 다음을 설정: ① 경제적 종속성이 사실상 인정되는 그룹(외무원·대리인·외판원, 재택근무자, 연예인·예술가, 모델 등) ② 근로자와 유사해 노동법상의 일부 규정을 인정해 주는 그룹(공동주택의 수위·고용원, 가사사용인 등)	· 노동법의 보호대상 '근로자'에 국한. 근로자의 판별기준인 사용종속성(인적·경제적 종속성) 지표로는 - 작업의 의뢰, 업무종사에 대한 승낙·거절의 자유 유무 - 시간적·장소적 구속성의 유무: 근무시간(시업 및 종업시의 정함), 근무장소 지정 - 업무내용이 사용자에 의해 정해지고 업무수행과정에 있어서 사용자의 일반적인 지휘·감독, 복무규율 적용 - 노무공급 대체성 유무, 업무용 기구의 부담관계 - 보수가 노동 자체의 대상적 성격을 갖는가의 여부: 생활보장급적 요소, 노동의 질에 대한 격차, 결근공제, 초과근로수당의 유무, 부수적으로 급여소득세의 원천징수 유무, 퇴직금 존부 · 노동기준법 제9조: 이 법률에서 근로자라 함은 "직업의 종류를 불문하고 전조의 사업 또는 사무소에서 사용되는 자로서 임금을 지급받는 자"로 정의 · 노조법 제3조: "직업의 종류를 불문하고 임금, 급료 기타 이에 준하는 수입에 의해서 생활하는 자"로 규정 · 도급·위임 기타 제반 노무공급계약하의 자에 대한 노조법상의 단결권과 단체교섭권 부여 여부가 근거규정이어야 한다는 학설이 있음.

(4) 특수형태 근로종사자 특별위원회의 '공익위원 검토의견'

노사정위원회 공익위원들이 특수형태 근로종사자의 보호방안에 대하여 그간 논의되어 온 안을 재검토하였다. 그리고 다음과 같이 세 가지 안을 기준으로 합리적이고 효과적인 방안을 마련하는 것이 바람직하다고 제안하였다. 특히, 공익위원은 특별위원회 논의기간 중 노사 간의 실질적 논의와 공론화를 통한 의견수렴이 미진한 점을 고려하여 '복수안'을 제시하고, 이를 이른바 '공익위원 검토의견'으로 부르기로 하였다.[21]

1년에 걸친 공익위원 논의결과의 핵심은 특수형태 근로종사자 중 ① 근로기준법과 노동조합 및 노동관계조정법을 준용할 직군과 그렇지 않은 직군에 대한 별도의 보호방안을 적용하는 방안, ② 일괄적으로 별도의 보호방안을 적용하는 방안, ③ 근로기준법과 노동조합 및 노동관계조정법을 준용하되, 그 성질상 적용할 필요가 없는 부분에 대한 적용제외와 단체행동권에 대한 특례조치를 마련하는 방안 등으로 압축할 수 있다.

1) 제1안

제1안은 「근로기준법」을 준용할 직군(A직군)과 그렇지 않은 직군(B직군), 「노동조합 및 노동관계조정법」을 준용할 직군(C직군)과 그렇지 않은 직군(D직군)으로 구분하였다. 이 가운데 「근로기준법」을 준용하지 않는 B직군은 별도의 개별적 권리보호방안을, 「노동조합 및 노동관계조정법」을 준용하지 않는 D직군은 별도의 집단적 권리보호방안을 마련하는 방안을 말한다. 이러할 경우 B직군과 D직군은 법적으로 '근로자' 지위를 인정받지 못하게 된다.

「근로기준법」을 준용하는 A직군의 범위 사례로 '골프장경기보조원'만 꼽았다. "A직군에는 근로자와 가장 유사하다고 인정되는 골프장경기보조원만 포함시키는 방안과 다른 직군의 일부 또는 상당 부분을 추가하는 방안을 심도 깊게 검토해야 한다"고 덧붙였다. 또 B직군의 사례에는 보험설계사와

[21] 위 '공익위원 검토의견'은 노사정위원회 공익위원들의 공식적으로 발표된 내용이 아니며, 검토된 의견이다.

학습지교사, 레미콘지입차주 등을 꼽았다.

공익위원들은 B직군에 대해서 「근로기준법」을 준용하지 않는 대신 공통적으로 ① 계약조건의 서면 명시의 의무화, ② 부당해지 금지(계약존속 보호), ③ 「근로기준법」에 준하는 보수지급의 원칙, ④ 모성보호, ⑤ 연가(연차휴가)의 보장, ⑥ 성희롱 예방, ⑦ 고충처리기구 설치 의무화 등을 특별법 제정이나 감독업법 등으로 분산해서 규정하는 의견을 냈다. 또 주휴규정은 두지 않기로 하였으며 '업무상 재해로부터 보호의 필요성이 있는 자'에 한해 산업재해보상보험을 가입하도록 하였다. 고용보험은 적용하지 않는 것을 원칙으로 하되, 사회적 필요성이 대두될 경우 방안을 찾기로 하였으며, 국민건강보험과 국민연금은 직장가입으로 바꾸지 않되 합리적으로 결정하는 것으로 남겨 두었다. 구체적으로 보험설계사 부분에서는 ① 상법의 보상청구권을 본뜬 '잔여수당'을 신설하고, ② 부당한 증원강요 금지(미증원을 이유로 불이익 처분을 금지), ③ 자기계약과 대납금지규정을 포함시켰다. 학습지교사와 관련해서는 ① 교사의 수금업무를 완화하도록 노력할 의무를 사업주에게 부과하고, 학습비 등의 대납을 금지하며, ② 불합리한 회원확대 지침을 이행하지 않는다는 이유로 불이익 대우를 금지하며, ③ 부당한 구역배정을 금지하는 내용을 제시하였다. 레미콘지입차주에 대해서는 출근과 배차의 공정성과 기준공개를 의무화하는 내용 등이다.

공익위원 의견은 노동조합 및 노동관계조정법 준용 여부에 따라 또 C직군과 D직군으로 구분된다. 이에 따라 골프장경기보조원 등 C직군은 노동조합 및 노동관계조정법 준용대상으로서 노동조합의 결성과 가입이 가능하지만 보험설계사, 학습지교사, 레미콘지입차주 등 D직군은 노동조합 및 노동관계조정법이 준용(準用)되지 않아 노동조합을 결성하지 못하게 된다. 대신에 공익의견은 D직군에게 "노동조합이 아닌 단체를 조직하고 가입할 자유를 명시하면 실질적으로 노동조합과 다름없거나 결사체와 노동조합의 중간물이 될 수 있다"는 의견을 밝혔다.

따라서 D직군 '보호방안'으로 노동조합이 아닌 단체의 조직가입 자유 ① 노동조합 및 노동관계조정법의 부당노동행위와 유사한 '조직가입의 자유와 방해 금지' 규정과 구제방식 도입(구제기관 명령 불이행시 과태료), ② 단체의 설립방식과 교섭창구 등 운영방안, ③ 단체교섭권 또는 의견개진·협의권 보장, ④ 사업주의 교섭의무 부과 또는 미부과, ⑤ 노무제공 조건과 계약해지의 기준에 관한 사항으로 교섭협의대상 사항 규정, ⑥ 협정에 대한 규범적 효력을 부여하되 노동조합 및 노동관계조정법 제35조와 제36조 같은 단체구성원 외 확장 적용은 불인정, ⑦ 집단적 노무거부(단체행동권) 불인정, ⑧ 집단분쟁시 사적 중재를 통해 해결, ⑨ 이미 노동부로부터 설립신고증을 받아 활동중인 기존 노동조합은 이 법의 영향을 받지 않거나 명시규정을 두지 않는다는 내용을 제시하였다.

2) 제2안

제2안은 모든 특수형태 근로종사자들에게 「근로기준법」 및 「노동조합 및 노동관계조정법」 준용을 배제하되, 별도의 개별적 권리보호방안과 집단적 권리보호방안을 마련하자는 방안이다. 이렇게 하면 모든 특수형태 근로종사자는 법적 '근로자' 지위를 인정받지 못하게 된다.

이와 같은 제2안은 특수형태 근로종사자가 자영인의 속성도 지니고 있으므로 근로기준법과 노동조합 및 노동관계조정법을 완전히 준용하는 것이 무리라는 기초인식에서 제시되었다. 하지만, 일반적인 자영인과 다른 특성으로 인해 보호의 필요성도 있으므로, 근로기준법과 노동조합 및 노동관계조정법을 적용하지 않는 대신 제1안의 공통적 보호사항과 직군별 보호, 집단적 권리보호방안을 그대로 적용하자는 내용이다.

3) 제3안

제3안은 원칙적으로 「노동조합 및 노동관계조정법」을 준용하되, 개별적 권리보호방안은 별도로 마련하지 않거나 기본적 범위만 마련하고, 유니온숍, 쟁의행위 등에 관하여는 「노동조합 및 노동관계조정법」 준용에 대한 특례를 검토하는 방안이다. 이렇게 하면 특수형태 근로종사자의 노동기본권을 보장받지만 「근로기준법」 준용대상에서 제외되므로 근로자로서의 지위를 갖지 못하게 된다.

원칙적으로 노동조합 및 노동관계조정법을 준용하되 근로기준법과 유사한 개별적 권리보호방안은 별도로 만들지 않거나 기본적인 사항만 마련하자는 의견이다. 또 유니온숍과 쟁위행위 등에 대해서는 노동조합 및 노동관계조정법 준용에 따른 특례를 만들자는 내용도 들어있다. 즉, 근로기준법상 '근로자'로 인정하지는 않되, 노동조합 및 노동관계조정법 제2조의 '근로자' 조항을 특수형태 근로종사자에도 준용해서 노동조합 결성과 가입의 자유를 보장하자는 안이다. 공익위원 검토보고서는 노동조합 결성을 보장하되 아예 개별적 권리보호방안을 마련하지 말자는 의견(제1안)과 ① 계약조건의 서면 명시 의무화, ② 모성보호 등만 규정하자는 의견(제2안)을 모두 담고 있다.

제1안은 특수형태 근로종사자는 근로기준법상 근로자가 아니므로 근로기준법을 준용할 필요가 없고, 노동조합 및 노동관계조정법만 준용해도 단체교섭을 통해 개별적 권리를 개선할 수 있으므로 별도로 개별적 권리보호를 마련할 필요가 없다는 의견이다.

제2안은 노동조합 및 노동관계조정법을 준용한다고 하더라도 자동적으로 개별적 권리가 개선되는 것이 아니므로 최소한의 범위에서 보호방안을 마련할 필요가 있다는 의견이다.

표 4-5 특수형태 근로종사자 특별위원회 공익위원 검토의견 개요

제1안	A직군	근로기준법 준용
	B직군	근로기준법 미준용 -별도의 개별적 권리보호방안 마련
	C직군	노조법 운용
	D직군	노조법 미준용 -별도의 집단적 권리보호방안 마련
제2안	근로기준법 및 노조법 준용 배제 -별도의 집단적 권리보호방안 마련	
제3안	노조법 준용 -개별적 권리보호방안을 마련하지 않거나 기본적 범위만 마련 -유니온숍, 쟁의행위 등은 노조법 준용에 대한 특례 검토	

자료: 노사정위원회(2006c), p. 20 참조.

유니온숍과 단체교섭권 외부 위임, 단체협약 확장 적용, 쟁의행위, 노동쟁의 조정기관, 부당노동행위 처벌에 대해서도 특례를 마련해서 제안하자는 입장과 특례를 마련하지 말자는 상반된 의견을 모두 제시하였다. 사실상 이 부분에 대해서 공익위원 의견은 어떤 한 가지 의견으로 정리되지 않았다는 뜻이다. 공익위원안을 종합 정리하면 〔표 4-5〕와 같다.

4) 입법형식

공익위원은 입법형식으로 4가지를 제시하였다. 먼저 노동법을 준용할 직군(제1안의 A, C직군과 제3안의 전체 직군)에 관한 사항과 준용하지 않을 직군(제1안의 B, D직군과 제2안의 전체 직군)에 대한 사항을 모두 「통합특별법」(가칭 「특수형태 근로종사자특별법」)'에 모아서 규정하는 사례를 제시하였다.

다른 방안은 노동법을 준용할 제1안의 A, C직군에 대해서는 근로기준법과 노동조합 및 노동관계조정법을 개정해서 준용하고 제1안의 B, D직군은 통합특별법에 모아서 규정하자는 의견이다.

세 번째 예로는 노동법을 준용하는 제1안의 A, C직군은 근로기준법과 노동조합 및 노동관계조정법을 개정해서 적용하고, 제1안의 B, D직군은 개별보호특별법, 감독업법, 단체관련 특별법 등으로 분산해서 규정하자는 의견이다.

네 번째 예는 개별권 권리보호방안 중 공통사항은 개별보호특별법이나 근로기준법 등 관련법에 명시하고, 직군별 보호사항은 감독업법에 분산해서 규정하자는 의견이다. 또 집단적 권리보호방안은 단체관련 특별법에 묶어서 규정하는 의견도 포함되었다.

이와 같이 공익위원의 검토의견에 대해서 경영계와 노동계의 의견을 정리하면 〔표 4-5〕와 같다. 이 표에서 보는 바와 같이 일단 노동계는 특수형태 근로종사자를 근로자로 인정하지 않는다는 데 큰 반발을 하고 있으며, 경영계도 노동법에 대한 보호방안에 반대하고 현행대로 유지하는 것을 원하고 있다. 즉, 어느 한쪽도 만족시키지 못하고 있는 실정인 것이다.

4.2.2. 소 결

노사정위원회의 특수형태 근로종사자 보호방안에 대하여 위에서 살펴보았듯이 2003년부터 2006년까지 논의하였으나 성과 없이 2006년에 논의가 종결되었다. 이는 특수형태 근로종사자의 특별위원회가 역할을 제대로 못하였다고 판단되는데, 이에 대한 개선방안을 마련할 것이 요구된다.[22] 다만, 노사정위원회에서의 공익위원들의 특수형태 근로종사자의 보호방안에 대한 논의의 기본적인 구도는 근로자와 자영인의 속성을 공유하고 있는 특수형태 근로종사자의 중간적 지위를 전제로 하여 쟁점별로 개별적 보호방안을 모색하고 있다. 이러한 접근방법은 특수형태 근로종사자의 성격·특성에 비추어 보면 원칙적으로 타당한 것이다. 그러나 보호의 대상, 내용의 정도, 방법, 형식, 실시방법 등 구체적인 사항에 대해서는 추가적인 고려와 검토가 필요하다.[23]

4.3. 정 부

4.3.1. 국무조정실

노동부가 우선 비정규직 입법을 마무리한 후 노사정 간 실질적 논의를 추진하고, 이를 토대로 노사정위원회에서 논의한 결과를 이송받은 후 보호방안을 마련하고자 하였다. 그런데 비정규직은 물론 '특수형태 근로종사자'에 대한 관심이 증대되는 가운데 '국무조정실'에서는 지난 2006년 2월부터 한시적으로 주로 특수형태 근로종사자에 대한 실태조사를 한국노동연구원과 산업연구원 공동으로 수행하였다.

골프장경기보조원(캐디), 보험설계사, 학습지교사, 레미콘운송차주 등

[22] 노동부(2006b) 참조.
[23] 이승욱(2006), p. 2002 참조.

표 4-6 특수형태 근로종사자의 공통사항

애로사항	내 용
대금 및 잔여수당 미지급	고용사업자가 계약서 등에 의거, 지급해야 할 대금이나 수당을 미지급하는 행위
일방적 계약해지	고용사업자가 정상적인 상거래관행 등에 비추어 부당하게 일방적으로 계약을 해지하는 행위
계약서면 미교부	고용사업자가 계약서면을 미교부하여 특고들에게 불이익을 부과
일방적 불이익 부과	고용사업자가 자신에게 거래상 우월적 지위가 있음을 이용하여 특수형태 근로종사자들에게 일방적으로 불이익을 부과하는 행위(사례: 골프장경기보조원에 대한 부당한 출전제약 등)
계약내용의 불공정성	계약내용이 일방적으로 불이익을 강요하거나 부당하게 권리행사를 금지하고 있는 사항을 포함하는 경우
4대 사회보험(산재보험)	골프장경기보조원 등 업무상 재해로부터 보호의 필요성이 있는 자에 대한 산재보험 적용
모성보호	· 회사에 산전·후 출산휴가와 육아휴직 부여의무 부과 · 출산휴가 및 육아휴직급여 지원은 고용보험 적용방안에 대한 검토를 거쳐 병행 강구

특수형태 근로종사자 등 4개 직종 및 덤프 및 화물연대 사차기사, 퀵서비스 종사자, 대리운전기사 등 특수고용 유사형태 근로종사자 4개를 포함하고 있다. 이들 종사자의 핵심 요구, '애로사항'을 2006년 1/4분기까지 실태조사한 후 이를 해결하는 방향을 추진하기로 하였다.[24]

[24] 정인수·이승길 등(2006a); 노동부(2006a), p. 33 참조.

표 4-7 특수형태 근로종사자의 직군별 개별 사항

애로사항	내 용
직장 내 성희롱	사업주, 상급자, 동료 근무자, 부하직원 등의 직장 내 성희롱을 금지·예방
단체의 조직·가입	·노조가 아닌 일반결사체를 조직·가입할 권리를 보장(공정거래법상 부당공동행위 금지규정에 대한 면책규정 고시 등 보완 필요) ·사업주의 단체의 조직·가입 방해행위 금지
교섭·협의	·단체의 교섭권한 및 사업주의 성실한 교섭의무 부여 ·교섭거부·결렬시 행정위원회 등 중립적 기구가 관여하여 조정·중재 * 교섭결렬시 집단적 노무거부권은 불인정
협정의 효력	당사자 간 체결된 협정에 대하여는 표준약관의 효력 부여

a. 골프장경기보조원

애로사항	내 용
고용안정	임신·출산 등으로 인한 일할 기회 축소를 금지하도록 함.
고유업무 이외의 업무부과	잔디관리 등 무보수업무 부과시 별도 대가를 지급하도록 협약작성 유도
성희롱 등 비인격적 대우	골프장 이용자의 비인격적 대우에 대해 사업자 및 이용자 간 협약서 작성 유도
본인 과실 사고책임	카트 등 사고발생시 손해배상 등 책임

b. 학습지교사

애로사항	내 용
실적강요와 대납요구	학습지회사가 소속교사들에게 일정 수의 회원을 확보할 것을 강요하고 미확보시 차액을 대납하도록 강요하는 행위
부당한 구역배정 (영업구역 강제조정)	학습지회사가 소속교사들의 영업구역을 강제적으로 조정하거나 의사에 반하여 영업구역을 정하고 이를 지키도록 강제하는 행위

c. 레미콘운송차주

애로사항	내 용
수급불균형 심화	신고제로 운영되고 있어 대여사업 참여에 대한 제한이 없음(자율경쟁체제)
경비지출 증가	경유세율 인상에 따른 경유가 상승으로 지출증가→건설업체의 설계변경 대상이 아니라도 세율인상에 따라 경유가 인상분에 반영되도록 함.
출근·배차의 공정성 문제	상조회 등을 구성하여 출근·배차의 공정성 확보하도록 행정지도

표 4-7 계 속

d. 보험설계사

애로사항	내 용
대금 및 잔여수당 미지급	1997년 이후에는 모집수당과 잔여수당을 분리지급함에 따라 잔여수당이 발생하지 않음.
증원 강요	신인설계사를 증원한 보험설계사에 대해 증원수당을 지급하고 있으나 증원하지 못한 설계사에 대한 불이익은 없음.
자기계약 및 대납	·수당을 받기 위해 일부 설계사가 자기계약을 하고 있으나 보험회사의 강요는 없음. ·일부 회사는 오히려 자기계약 체결을 제한 ·대납은 보험업법상 이미 금지
휴일·휴가 방해 및 출근금지	·설계사의 영업활동시간에 대한 제약 없이 활동하고 있어 휴일·휴가 개념을 적용하기 어려움. ·출근강제의 경우 주요 회의·교육에 참석을 독려하고 있으나 미참석시 불이익은 없음.

4.3.2. 공정거래위원회

공정거래위원회는 독점 및 불공정거래에 관한 사안을 심의·의결하기 위해 설립된 국무총리 소속의 중앙행정기관이자 합의제 준사법기관으로서 1981년 4월 3일 설립되었다.

공정거래위원회는 2005년 4월 28일 제253회 국회(임시회) 정무위원회에서 주요 업무보고를 하였다. 주요 추진업무[25] 중 ‘대·중소기업 간 거래관계의 획기적 개선’을 위한 방안의 일환으로써 ‘특수형태 사업자’의 적극적 보호를 목표로 삼았다(공정거래위원회, 2005).

첫째, 특수형태 사업자들의 거래형태에 따라 공정거래 관련법을 적절히 적용하여 보호방안을 강구하겠다는 것이다. 구체적으로 「하도급법」 적용대

[25] 2005년 중점 추진업무로 ① 카르텔 및 불공정거래 방지, ② 독과점 시장구조의 개선, ③ 경쟁문화 확산, ④ 기업집단 투명성 제고와 부당내부거래 방지, ⑤ 대·중소기업 간 거래관계의 획기적 개선, ⑥ 소비자 선택권의 실질적 보장, ⑦ 소비자피해의 신속한 구제, ⑧ 사인(私人)의 공정거래법 위반행위 금지 청구소송제도 등을 보고하였다(공정거래위원회, 2005).

상이 될 경우 계약서 미교부, 잔여수당 미지급, 부당한 경영간섭 등 불공정행위로부터 보호하고, 「공정거래법」상 지위남용행위에 해당하는 경우 부당한 계약해지, 목표강제 및 대납요구, 불이익 제공 등으로부터 보호한다. 또한 일방적으로 불리한 내용을 담은 계약서(약관)에 대해 적극적으로 시정조치를 취하도록 한다. 예를 들어, ① '갑'만이 계약을 해지할 수 있다, ② 수당 등의 지급은 '갑'이 정하는 바에 의한다, ③ 계약내용의 해석에 있어 합의되지 않은 사항은 '갑'의 해석에 따른다 등의 불리한 계약서를 시정하도록 하겠다는 것이다.

둘째, '특수형태 사업자 애로신고센터'를 설치하여 원스톱 보호서비스를 제공한다.

셋째, 특수형태 사업자들의 애로사항이 되고 있는 불공정행위에 대해 종합실태조사를 실시하도록 한다.

그러나 그 동안 특수형태 근로종사자는 상대방 사업자와의 관계에 있어 경제적으로 종속되어 불이익을 받는 경우는 있었으나 종사자보호를 위한 법적 장치가 미흡하고, 공정거래법의 적용대상인지가 불명확하여 제도활용이 안 되고 있었다. 하지만, 2006년 『주요 업무보고』에는 특수형태 사업자에 대한 구체적인 업무계획이 포함되지는 않았다(공정거래위원회, 2006).

그 후 「특수형태 근로종사자를 위한 보호대책」을 2006년 10월 25일 국무총리 주재 '국정현안정책조정회의'를 통해 심의·확정하였다(자세한 내용은 후술한다).[26] 다만, 공정거래위원회와 관련해, 특수형태 근로종사자에 대한 거래상 지위남용행위 심사지침을 제정하여 시행한다(공정거래법 제23조 및 같은 법 시행령 제36조). 이 지침을 통해 특수형태 근로종사자의 노무를 제공받는 사업자가 공정거래법의 적용대상임을 명확히 하고, 거래상 지위남용에 의한 불공정행위를 유형화하여 제시함으로써 심사지침으로 활용하고 자율통제의 가이드라인을 제공한다. 불공정거래행위의 유형은 부당한 계약해지, 부당한 노무수령 거절, 출근강제, 구입강제, 이익제공 강요, 불이익 거래조건 설정 또는 변경 등으로 유형화된 불공정행위에 대해서는 시정명령 또는

[26] 관계부처 합동회의(2006) 참조.

표 4-8

a. 공정거래법 적용

직 군	애로사항	추진시기
보험설계사	·부당해촉 및 불법상품 판매강요	연내 추진
골프장 경기보조원	·출전제약, 벌당 등 불이익 제공 ·고객물품 분실에 대한 부당한 책임	
학습지교사	·출근강제, 홍보강요, 강제 교실분리, 대납강요	
레미콘 운송차주	·보수지급 약정일 미준수, 부당노무수령 거절, 부당계약해지	

b. 약관법 규제

직 군	애로사항	추진시기
보험설계사	·부당해촉 및 불법상품 판매강요	연내 추진
골프장 경기보조원	·계약서 미교부	
학습지교사	·출근강제, 홍보강요, 강제 교실분리, 대납강요	
레미콘 운송차주	·보수지급 약정일 미준수, 부당노무수령 거절, 부당계약해지	

과징금을 부과하고, 사업자가 시정명령을 위반하는 경우에는 규정에 따라 처벌을 받게 된다. 시정명령을 위반한 때에는 2년 이하의 징역 또는 1억 5,000만 원 이하 벌금(법 제67조)에 처해진다. 또한 사업자와 특수형태 근로종사자가 체결하는 계약서를 약관법상 약관으로 보아 불공정한 계약사항이 있는 경우에는 적극적 시정조치(위반시 2년 이하의 징역 또는 1억 원 이하 벌금, 약관법 제32조)를 하도록 하였다. 이와 더불어 특수형태 근로종사자 직종별로 사업자단체로 하여금 표준계약서를 제작하여 공정거래위원회의 심사를 거쳐 표준약관으로 보급하도록 하고, 사업자들이 표준약관을 채택하여 사용하도록 주관부처에서 정기적으로 점검·지도하기로 하였다.

4.3.3. 노 동 부

(1) 특수형태 근로종사자 대책추진위원회

1) 특수형태 근로종사자 보호대책(2006년 10월 25일)

① 지난 2006년 6월[27] 노동부, 재정경제부, 산업자원부, 공정거래위원회 등 관련부처로 구성되었던 '특수형태 근로종사자 대책추진위원회'(위원장 노동부장관, 이하 위원회)가 4개월여의 준비기간을 거쳐 '특수형태 근로종사자를 위한 보호대책'을 2006년 10월 25일 국무총리 주재 '국정현안정책조정회의'를 통해 심의·확정하였다.[28]

여기에서는 정부가 그간의 논의 중 노사 간 이견이 큰 집단적 권리 등 노동법적 보호방안은 추가적으로 논의하기로 하고, 이견이 적은 산재보험 적용 및 경제법·개별법적 보호방안 등을 중심으로 「특수형태 근로종사자 보호대책」(2006. 10. 25)을 마련한 것이었다.

❖ 특수형태 근로종사자 보호대책 주요 내용

- 산재보험 적용→2007년 상반기 법 개정
- 영세자영인 훈련대상에 포함 훈련실시→2007년 3월 관련지침 개정
- 불공정행위 금지 및 시정→2007년 상반기 관련지침 제정
- 표준계약서 작성·보급 및 소관부처별 지도·강화→2007년 상반기 완료
- 보험설계사관련 불공정거래행위 규제→2007년 상반기 보험업법 개정
- 기타
  - 거리별 출하시스템제 도입을 통한 공정한 배차질서 확립(레미콘)
  - 명예과적단속요원제도 도입(화물·덤프)

---

27 특수형태 근로종사자의 대책에서 장기어음 교부, 보수지급약정일 미준수, 계약서면 미교부 등의 애로사항을 해소하기 위한 하도급법 적용방안을 제외한 이유는 하도급법을 적용하는 방안이 당초 특고대책에 포함되어 있었다(하도급법은 사업자와 사업자와의 관계를 전제로 규율하는 법이다). 그러나 2006년 7월부터 시작된 노사정 대표자회의 특고실무회의에서 정부안에 대해 하도급법이 특수형태 근로종사자가 사업자임을 전제하는 것이므로 정부안이 확정되면 특수형태 근로종사자의 근로자성을 완전히 부인하는 결과가 야기될 수 있다는 우려를 노동계가 제기함에 따라 하도급법 적용방안을 대책에서 제외한 것이다.

28 관계부처 합동회의(2006) 참조.

정부가 발표한 보호대책의 주요 내용으로는 특수형태 근로종사자에 대한 산재보험 적용, 고용보험기금 지원을 통한 직업능력개발 기회확대, 공정거래법·약관법·보험업법 개정을 통한 불공정거래행위 방지 등이 있다.[29] 정부의 이와 같은 보호대책은 경제법(공정거래법·약관법·보험업법 등)을 통해 특수형태 근로종사자와 위탁계약을 체결해 온 기업을 강력히 제재하여 특수형태 근로종사자를 보호함과 동시에 특수형태 근로종사자를 산업재해보상법의 보호대상에 편입하여 노동법상의 보호방안도 가미한 것이다.

특히, 산업재해보상법의 적용대상과 관련해 노동부는 일신전속성, 경제적 종속성, 비대체성 등이 있는 경우로 한정하여 보험설계사, 골프장경기보조원, 학습지교사, 레미콘운송종사자와 '대통령이 정하는 직종에 종사하는 자'로 규정하여 향후 다양한 고용형태를 포함할 수 있도록 할 것이라고 제안하고 있다. 이러한 방안 역시 비정규특위 공약안[30]과 유사한 접근방식을

[29] 경영계는 정부가 발표한 보호대책은 기업에게 상당한 부담으로 작용할 수밖에 없으며, 특히 경영계 입장에서는 산재법의 보호대상에 특수형태 근로종사자를 포함시키는 방안이 혹시 향후 특수형태 근로종사자의 근로자성 인정의 단초가 되지 않을까 우려되는 바가 컸다고 하면서, 이러한 노동법적 보호방안 논의는 현재 진행할 것이 아니라 정부가 발표한 보호방안을 우선 시행해 보고 그래도 심각한 문제가 발생한다면 그 때에 논의하는 것이 합리적인 대책추진일 것이라고 한다(한국경영자총협회, 특수형태 근로종사자 대상 보호법안 마련을 위한 공개토론회 토론문 참조).

[30] 이미 특수형태 근로종사자 산재보험 적용관련 노사정위 합의사항에 대하여, 2002년 5월 6일 노사정위 비정규특위에서 특수형태 근로종사자의 산재보험 적용과 관련하여 다음과 같이 합의하였다.

> 특수형태 근로종사자 중 "업무상 재해로 인하여 그 보호의 필요성이 있는 자"에 대하여 산업재해보상보험 적용방안을 강구한다.

노사정위 비정규특위에서의 합의는 보호의 필요성이 있는 경우 특수형태 근로종사자에 대한 산재보험의 적용방안을 강구한다는 것이었다. 특수형태 근로종사자에 대한 산재보험 적용과 관련하여서 구체적인 보호대상, 인정기준, 보험가입 형태, 보험료의 부담주체 등 세부적인 사항에 대해서는 전혀 합의한 바 없다. 산재보험 적용방안 강구에 합의하였다고 하여 특수형태 근로종사자의 근로자성을 인정한 것은 아니었다. 이에 대하여, 노동계의 입장은 근로기준법상의 사용자 및 근로자 개념의 확대를 통한 특수형태 근로종사자의 근로자성을 인정하고, 근로기준법상 근로자성이 인정되면 보험료 부담주체는 당연히 특수형태 근로종사자와 특수형태 근로종사자를 독립자영인으로 인정하면서 보호 차원에서 산재보험 가입을 인정하였다. 보조가입형태는 임의가입이고, 보험료부담 주체는 특수형태 근로종사자이다. 참고로 특수형태 근로종사자의 산재보험 적용관련 방안을 강구하기 위해서는 먼저 구체적인 보호대상 및 인정기준에 대한 합의가 전제되어야 한다. 이에 대한 논의는 별도의 차원에서 진행되어야 하는 것이 바람직하다고 한다. 구체적인 보호대

표 4-9 직군별 애로사항 및 보호대책

직군	애로사항	보호대책	추진시기
보험설계사	부당해촉 및 불법상품 판매강요	보험업법 개정 공정거래법·약관법 적용 표준위촉계약서 제정·보급	연내 추진
	자기계약 및 보험료 대납	보험업법 개정 및 점검강화	
	재해보상 미흡	산재보험 적용	
	성희롱	성희롱 예방교육실시 등	
	성희롱, 모성보호제도 부재	남녀고용평등법 적용	향후 검토
	퇴직시 유지수당 미지급	수당시급체계 개선 검토	
골프장경기보조원	고객물품 분실에 대한 부당한 책임	업무협약서 작성·권장 공정거래법·약관법 적용	연내 추진
	열악한 후생복지		
	출전제약, 벌당 등 불이익 제공		
	계약서면 미교부		
	고객에 의한 성희롱 등 인격모독	골프장 이용질서 개선	
	재해보상 미흡	산재보험 적용	
	정년단축 및 채용·해고시 차별, 근로자성 불인정	남녀고용평등법 적용 등	향후 검토
학습지교사	재해보상 미흡	산재보험 적용	연내 추진
	직업능력개발 기회 부재	영세자영인 훈련 포함 근로자수강지원제도 활용	
	출근강제, 홍보강요, 강제 교실분리, 대납강요	공정거래법·약관법 적용	
		표준위탁계약서 제정	
	모성보호제도 부재, 근로자성 불인정		향후 검토
레미콘자차기사	불공정한 차량배치·출근시간 지정	공정한 배차질서 확립지도 거리별 출하시스템 도입	연내 추진
	재해보상 미미	산재보험 적용	
	보수지급 약정일 미준수, 부당노무수령 거절, 부당계약해지	공정거래법·약관법 적용 표준계약서 보급	
	공급과잉, 유가인상, 운반비 덤핑으로 인한 수입감소	공동판매제 도입 검토	향후 검토
		허가제 도입 검토	
		유가보조금 지급	반영 곤란
	근로자성 불인정		향후 검토

주: 산재보험법, 보험업법은 2007년 상반기까지 마무리하는 것을 목표로 추진.

표 4-10 보호대책 추진시기 및 과제

추진시기	주요 과제	주관부처
연내 추진 과제	산재보험 적용(보험설계사 등 4개 직종)	노동부
	영세자영인 훈련대상 포함(공통)	
	성희롱 예방교육 실시 지도(공통)	
	공정거래법 적용을 통한 보호(공통)	공정위
	약관법 적용을 통한 보호(공통)	
	표준거래계약서 제작 및 보급(공통)	각 부처
	불공정거래행위 규제 및 자기계약 금지조항 신설 관련 보험업법 개정(보험설계사)	금감위
	대납 점검강화 및 자율규제 유도(보험설계사)	
	업무협약서 작성 권장(경기보조원)	문화관광부
	골프장 이용질서 개선(경기보조원)	
	공정한 배차질서 지도·거리별 출하시스템 도입(레미콘운송차주)	산자부
	명예과적단속요원제도 도입(화물·덤프기사)	건교부
2007년 이후 추진 과제	특고종사자에 대한 거래상 지위남용행위 심사지침 제정·보급(보험설계사, 경기보조원, 학습지교사, 레미콘기사 등)	공정위
	심사지침 마련 검토(화물·덤프기사 등 추가직종)	
	(가칭)'특수형태 근로종사자 애로사항 신고센터' 설치(공통)	
	산재보험 적용(덤프기사 등 추가직종)	노동부
	모성보호제도 도입을 위한 검토(공통)	
	고객에 의한 성희롱 등에 대한 대책 검토(공통) 정년단축, 채용·해고시 차별(경기보조원)	노동·여성부 인권위
	노동 3권 등 집단법적 보호방안 검토(공통)	노동부
	보험계약 유지수당 미지급관련 수당체계 개선 검토(보험설계사)	금감위
	믹서트럭 대여사업 허가제 전환 검토(레미콘운송차주)	건교부
	공동판매제 도입 검토(레미콘운송차주)	산자·공정위
	다단계 알선구조로 인한 운송료 감소대책(화물·덤프기사)	건교부
	전용휴게소 확충(화물기사)	
	덤프트럭 대여사업 허가제 전환 및 건설기계수급조절위원회 구성(덤프기사)	
	표준계약서 체결시 적재물 배상 보험료 전가행위 금지내용 포함(화물기사)	

주: 산재보험법, 보험업법은 2007년 상반기까지 마무리하는 것을 목표로 추진.

취한 것이라고 할 수 있다.[31]

노동부는 산재보험의 경우 특수형태 근로종사자에 대해 보험의 적용범위를 확대하는 방안을 추진하고 있는데, 지난 2006년 10월25일 발표한 '특수형태 근로종사자 보호대책' 외에도 2006년 12월 29일 입법예고한 '산업재해보상보험법', '고용보험 및 산업재해보상보험의 보험료징수 등에 관한 법률' 개정안에 의하면, 골프장경기보조원, 레미콘운송차주, 학습지교사, 보험설계사 등에 대해 산재보험을 적용하겠다고 밝히고 있다. 노동부가 제기한 방안 중 특기할 만한 점으로는, 골프장경기보조원은 산재보험료를 사업주가 100% 부담하고, 다른 특수형태 근로종사자는 산재보험료를 사업주와 50%씩 나누어 부담하는 방안을 제시한 것이다. 즉, 산재보험법의 경우 사업주가 산재보험료를 모두 부담하는 게 원칙인 데 비하여, 특수형태 근로종사자에 대해 직역별로 보험료의 부담비율을 달리하는 방안을 제시하고 있다.[32]

· 특수형태 근로종사자를 업무상 재해로부터 보호할 수 있도록 산재보험을 적용한다.
  - 규정형식은 근로기준법상의 근로자 개념 확대가 아닌 특례적용방식으로 한다.
  - 적용대상은 일신전속성, 경제적 종속성, 비대체성 등이 있는 경우로 한정하여 보험설계사, 골프장경기보조원, 학습지교사, 레미콘운송종사자와 대통령령이 정하는 직종에 종사하는 자로 규정하여 향후 다양한 고용형태를 포함할 수 있도록 하였다.
  - 적용방법은 사업장단위로 당연 적용하되, 종사자가 제외신청시 예외를 인정하여 종사자가 가입하고 있는 다른 보험과 중복가입되지 않도록 하였다.
  - 보험료는 사업주가 납부하되 1/2은 종사자가 부담하도록 하였다. 다만, 사용종속성이 상대적으로 강하고 작업장소가 회사측에 의해 구체적으로 관리

상 및 인정기준에 대한 합의가 전제되어야 한다는 것은 독립자영인인 다양한 특수형태 근로종사자 중 산재보험의 적용을 받을 필요성이 있는 특수형태 근로종사자의 범위를 정해야 한다는 것이지 이들의 근로자성을 인정한다는 의미는 아니다.

31 이미 산재보험 적용방안 마련을 노사단체 등의 의견수렴을 거쳐 골프장경기보조원 등 업무상 재해로부터 보호의 필요성이 있는 특수형태 근로종사자에 대한 산재보험 적용방안 마련을 추진하였었다. 이미 노사정위 합의(2002.5) 이후 연구용역, 실태조사 및 실무논의를 거쳐 마련된 제도개선안을 기초로 방안을 강구하고 있다. 즉, 산재보험 적용대상, 적용방법, 보험료 납부주체 등이 쟁점이었다(노동부, 2006a, p.33).

32 장의성(2004); 윤조덕 외 8인(2003); 박찬임(2002) 참조.

되고 있는 골프장경기보조원은 사업주가 전액부담하게 된다.

② 이번 대책의 특징은 '경제법적 보호'가 전면에 등장하였다는 점을 들 수 있다. 물론 산재보험 적용이나 고용보험기금을 활용한 직능개발 기회 등 노동법적 보호내용이 포함되기는 하였다. 그러나 산재보험은 특례적용방식으로 고용보험은 임의가입제도를 활용함으로써 '근로자성' 논란을 최소화하고자 노력한 모습이다. 반면, 공정거래법, 약관법, 보험업법 등의 경제법 적용은 본법에 근거하거나(공정거래법, 약관법), 본법을 개정하면서까지(보험업법) 보호대책을 강구하였다. 이는 곧 특수형태 근로종사자의 '자영인'으로서의 지위가 명확하게 부각되었다고 볼 수 있다. 알다시피 공정거래법이나 약관법과 같은 경제법들은 그 목적이 "자유로운 경쟁과 거래의 공정성 확보"에 있다. 이는 "단결을 통한 상호 경쟁의 억제"를 통해서 대항적인 집단적 교섭력을 가질 기회를 제공함으로써 경제적 불평등문제를 해결하고자 하는 노동법적 발상과는 상충된다.

또한 이번 대책에서는 '유사근로자' 개념의 도입을 통한 보호방식에 노동부장관이 직접 공청회 개최는 물론 연말까지 대책을 수립할 것임을 밝혔다.[33]

(2) 특수형태 근로종사자 보호법안 기초위원회

① 노동부는 입법을 통해 근로자 개념을 확장하고, 근로 3권을 인정하는 것이 불가능한 이유에 대하여, 특수형태 근로종사자의 직종유형이 다양하고 동일한 직종이더라도 근로형태가 달라 일률적·통일적으로 개념을 정의하기 매우 어렵기 때문이라 하였다. 다만, 독일 등 선진외국의 경우에도 근로자 개념 자체를 확대하는 입법례는 찾아보기 어려우나, 다만 근로자와 사업자의 중간영역이 있음을 인정하고 유사근로자 개념을 도입하여 근로 3

[33] 노동부장관은 발표 당일 기자브리핑을 통해 "이미 세계적으로 제3의 직업군, 즉 중간단계의 유사근로자라는 새로운 직업군을 보호하는 추세"라며, "우리도 근로자도 아니고 자영인도 아닌 특수고용직의 문제를 유사근로자 등 다른 개념을 통해 근로기준법 등에서 일정한 수준으로 보호할 수 있을 것이란 관점에서 접근하고 있다"고 밝혔다(매일노동뉴스, 2006.10.25).

권을 인정하는 입법례가 있는 것은 사실이라고 한다.[34]

그리고 최근인 2006년 11월 노동부는 노동부장관 자문위원회 형태로 '특수형태 근로종사자 보호법안 기초위원회'를 구성, 노동법적 보호방안 검토를 의뢰하였다.[35] 동 기초위원회에서는 특수형태 근로종사자 보호입법 필요성을 논의하는 공개토론회(2006. 11. 15), 워크숍(5회)을 통해 전문가 및 노사의견을 수렴하는 등 보호입법방안을 다각도로 검토·논의하고, 현재 조문화 작업을 진행하고 있다.[36]

· 근로자와 자영인의 중간영역을 설정, 특별보호입법 추진
 - 법안 기초위원회 구성(2006. 11), 조문화 작업중
  * 부당한 계약해지 금지, 휴가, 모성보호, 노동조합 아닌 단체 결성·협의권 부여 등
  * 독일 등 선진국도 근로자와 자영인의 중간영역을 인정·보호

여기서의 향후 일정은 '특수형태 근로종사자 보호법안 기초위원회'의 조문화 작업이 완료되면, 이를 토대로 관련 정부 부처의 협의를 거치고, 노동계 및 경영계 등 이해관계자의 의견을 수렴하고, 공청회를 거쳐서 2007년

[34] 노동부도 종전부터 입법론적으로 해결하자는 입장이었다. 노동부는 2000년 10월 근로기준법에 '근로자에 준하는 자'라는 개념을 신설하고, 같은 법 시행령을 통해 임금보호·해고제한·산재보험 등 일부 규정을 적용하되, 퇴직금·근로시간·휴일·휴가 등에 관한 조항은 적용을 제외하도록 하는 법 개정안을 검토한 바 있었다. 하지만 당시에 경제부처의 반발로 입법화를 추진하지 못하였다

[35] 기초위원의 구성은 임종률(위원장, 성균관대학교), 이승욱(이화여자대학교), 강성태(한양대학교), 김영문(전북대학교), 김재훈(서강대학교), 박지순(성균관대학교), 정인수(한국노동연구원), 이호근(노사정위원회) 등이다.

[36] 그런데 최근 노동부의 특수형태 근로종사자의 보호법안 기초위원회에서 '특수형태 근로종사자 보호를 위한 법안'으로 근로자와 자영인 사이의 준근로자 개념을 만들어 노동조합의 형태가 아닌 단체를 결성하고 특수형태 근로종사자에게 단결권, 단체교섭권 등 근로 2권을 보장하는 특별법 형식의 방안을 추진 중으로 알려지고 있다. 또한 골프장경기보조원은 근로자성이 더 가깝다고 보고 근로자로 의제(간주)해 근로 3권을 보장한다는 것이다. 그 외에 간주근로자 판단위원회를 두어서 특정 사업주의 작업지시 명령을 받고 있는지 여부 등 요건을 갖추면 근로자로 간주하도록 하였다. 그러나 법제정 과제에서 노동계와 경영계 사이에 뜨거운 논란이 예상된다고 보도하고 있다(서울경제신문 2007. 2. 8; 매일노동뉴스 2007. 3. 28, pp. 2～3 참조).

상반기 입법절차를 추진하고자 한다.[37] [38]

그런데 최근의 2007년도의 기초위원회의 입법안에서는 특수형태 근로종사자의 개념정의를 다음과 같이 강구하고 있는 듯하다.[39]

> 제○○조 ① 이 법에서 '특수형태 근로종사자'라 함은 계약의 형식에 관계없이 근로자와 유사하게 노무를 제공함에도 불구하고 근로기준법 등 노동관계법이 적용되지 않아 보호필요성이 있는 다음 각 호의 요건을 갖춘 자를 말한다.
> 1. 주로 하나의 사업 또는 사업장에 대하여 그 운영에 필요한 노무를 상시적으로 제공하고 그 대가를 받아 생활할 것.
> 2. 노무를 제공함에 있어 타인을 사용하지 아니할 것.

위와 같은 규정은 특수형태 근로종사자의 개념정의와 관련한 종전의 유사한 많은 논의에 대하여 최종 마무리하고 있는 것과 같다.

특수형태 근로종사자에 대하여 근로자와 자영인이 아니면서 경제적 종속성으로 '사회적 보호'가 필요한 자를 보호대상으로 범주화하고 있다. 즉, 근로자가 아니면서 근로자와 유사한 형태로 노무를 제공하여 보호의 필요성이 있고, 독립자영인도 아닌 종속자영인을 별도의 영역으로 인정하고 있다. 이러한 점에서 독일법상 인정되는 '유사근로자' 또는 '준근로자' 개념을 인용한 듯하다.[40] 따라서 근로자와 자영인의 중간지대에 있는 자에 공통의

---

[37] 노동부(2007) 참조.

[38] 노동부(2006b)에 의하면, '특수형태 근로종사자 고용보험 적용[보험]'에 대하여, 특수형태 근로종사자에게 '고용보험'을 적용하여 최소한 실업급여라도 받을 수 있도록 방안을 강구할 것으로 시정요구사항을 제시하고 있다. 어쩌면, 다양해진 취업형태로 실업이란 사회적 위험은 더 이상 종전 근로자의 전유물이 아니다. 특수형태 종사자 등의 자영인 중에서도 실업이라는 잠재적인 위험이 있는 집단이 늘고, 자영인으로서 자기부조의 가능성이 점차 약해지고 있다. 경제현실에서 생계활동의 자영인이 늘어나지만, 그 소득수준이 근로자의 평균소득에도 못 미치면서 사회보험의 역할을 모색해야 할 필요성이 있을 것이다.

[39] 김영문(2007) 참조.

[40] 이미 독일에서의 유사근로자 개념의 유용성을 검토하면서, 우리 법체계 내에서의 도입가능성을 타진해 논의로는 "독일의 유사근로자 개념설정으로부터 시사점을 얻어, 제한적이나마 노동법의 보호를 받는 중간지대를 설정함으로써 다양한 사회적 보호규정으로 중무장된 노동법과 단순히 경제법상의 경쟁규정을 중심으로 규율되는 자영사업자에 관한 법이 서로 배타적으로 적용되는 현행법의 경직된 체계를 유연한 체계로 전환시킬 수 있는 가능성을 찾아볼 수 있다"고 한다(김형배·박지순, 2004 참조).

개념지표를 통하여 법적용 대상을 특정해 보호하려는 취지라고 보여진다.

특수형태 근로종사자에 대하여 좀더 상세한 논거를 다음과 같이 정리해 볼 수 있다.

첫째, 특수형태 근로종사자를 근로자와 유사하게 노무를 제공함에도 불구하고 근로기준법 등 노동관계법이 적용되지 않아 보호필요성이 있는 자로 개념을 정의하는 것은 다음과 같은 사정을 고려한 것으로 보인다.

① 특수형태 근로종사자는 근로자와 유사하게 노무를 제공하므로 노동법적 보호가 필요하며, 근로기준법 등 노동관계법이 적용되는 근로자는 특수형태 근로종사자에서 제외한다. 이렇게 하면 '근로기준법 등 노동관계법의 적용을 받지 않는 자'를 개념정의에 포함시키면 사법부가 특수형태 근로종사자와의 경계에 있는 한계근로자를 쉽게 특수형태 근로종사자로 판단하는 문제가 발생할 것이라는 의견이 있었으나, 개념을 어떻게 구성하더라도 '위장자영업자 문제'는 발생할 수 있으며, '근로기준법 등 노동관계법의 적용을 받지 않을 것'이라는 개념지표가 없으면 오히려 위장자영업자를 통제할 수단이 없어지게 된다는 점이다. ② 근로자 여부에 대한 분쟁이 제기될 경우 법원은 우선 근로자 여부를 판단하고, 근로자라면 근로기준법을 통하여, 근로자가 아니라면 특수형태 근로종사자로 보호를 받게 되므로 차선책이 될 것이라는 점이다. ③ "근로기준법 등 노동관계법 적용을 받는 자를 제외한다"는 개념요소가 없으면 나머지 요소만으로는 실제 근로자와 구별할 수 없게 되는 점 등의 이유로 개념지표에 포함하였다. 경제적 종속성만 고려되면 보호대상이 너무 넓어질 우려가 있으므로 '사회적 보호필요성'이 개념요소로 포함되어야 하지만, '사회적 보호필요성' 개념 중 '사회적'이라는 용어의 의미가 불명확하므로 보호필요성만으로 개념을 구성한다는 것이다.

둘째, 위와 같은 특수형태 근로종사자에 대한 상위의 개념을 전제로, 하위의 징표로서 두 가지 사항을 내세우고 있다.

① 첫 번째 하위의 징표로서 주로 하나의 사업 또는 사업장에 대하여 그 운영에 필요한 노무를 상시적으로 제공하고 그 대가를 받아 생활할 것이다.

자영업자 중에서 사업 또는 사업장에 대하여 노무를 제공하지 않거나, 노무제공이 아닌 다른 형태의 상품이나 서비스를 판매하는 경우는 제외하며, 둘 이상의 사업주에 대해 노무를 제공하더라도 어느 한 사업주에 대해 상시적으로 노무를 제공하고 그 대가를 받아 생활함으로써 경제적으로 종속되는 경우 법적용 대상에 포함시킨다. 다만, 여러 사업주를 대상으로 노무를 제공하여 특정 사업주에 대한 경제적 종속성이 약한 경우에는 이 법을 통한 권리보호의 책임을 지울 상대방이 없어진다는 점, 독립자영업자로서의 성격이 강화된다는 점 등을 이유로 대상에서 제외한다는 것이다. 물론 그 내부 논의과정에서는 "주로 하나의 사업 또는 사업장" 요건을 두면, 2008년부터 보험업에서 '교차모집'을 허용하여 대상에서 제외될 수 있다는 지적이 있었으나 보험설계사가 여러 회사의 상품을 판매하게 되면 자영업자성이 강해진다는 점에서 제외되어도 무방하다는 의견으로 정리되었고, 골프장경기보조원 등은 고객에 대해 노무를 제공하더라도 결국 사업 또는 사업장의 운영에 필요한 노무를 제공한다는 개념을 통해 법적용 대상으로 포섭된다고 본다.

② 두 번째 하위징표는 '노무를 제공함에 있어 타인을 사용하지 아니할 것'이다.

이렇게 두 번째 징표를 통해 제3자를 사용하여 노무를 제공하는 자는 사용자이므로 특수형태 근로종사자 보호대상에서 제외하고, 무급으로 상시가 아닌 일시적 대체근로를 사용하는 경우는 대상에 포함시키되, 유급으로 사용하는 경우는 간접노무 제공에 해당하므로 엄격히 해석하여 법적용 대상에서 제외하며, 구체적인 사례로서 화물자차기사의 경우 보조인을 태워 교대로 운전할 수 있으므로 '주로 제3자의 사용 없이'를 개념에 추가해야 한다는 의견이 있었으나 제3자의 노동력을 사용하는 경우 '자영인'으로 보아야 한다는 의견이 우세하여 반영되지 않았다.

그런데 위와 같은 특수형태 근로종사자의 개념정의에 대한 논의는 특수형태 근로종사자 문제의 일반적 문제로서 적잖은 논의가 필요한 부분이다. 이를 통하여 특수형태 근로종사자의 보호에 얼마나 기능 정합적으로 작용할 것인지, 특수형태 근로종사자의 속성을 정확하게 반영하였는지, 실무적으로 실효성 있게 적용될 수 있을 것인지 등 제기되는 다양한 문제들에 대해 입법하기 전에 충분하고 신중한 검토를 통하여 해결할 수 있는 방안을 찾을 필요가 있다.

② 최근 2007년 1월 23일 '한국노총'은 정부여당과 함께 비정규직 입법의 후속조치로서 '(가칭) 비정규직 실태조사위원회'[41]를 국무총리실 산하에 설치할 것을 촉구하였다. 이 기구를 통해 비정규직 문제 외에도 특수형태 근로종사자, 파견고용 등 간접고용 남용 및 확산 실태조사 및 관련문제들에 대한 제도개선방안 권고 등을 다룰 계획이라고 한다. 이 기구를 통해 정부기관의 협조의 용이성 및 범정부적 대책을 마련할 수 있다는 장점, 또한 민주노총의 참여 및 양대 노총의 공조복원 차원이기도 하다.[42] 2007년 1월 31일에는 '비정규직 실태조사위원회'에 대한 노사정 및 정부가 참여하는 좀더 구체적으로 의견을 담아 청와대, 국무총리실, 노동부 등 정부기관과 여야 정당에 공식적으로 전달하였다.[43]

③ 그런데 노동부는 특수형태 근로종사자 등에 대하여 노사정이 참여하는 태스크포스팀(TFT)을 구성해 골프장 캐디 등 특수형태 근로종사자 보호방안을 논의한 뒤 4월 말쯤 입법예고하기로 하였다. 노동부는 2007년 2월 14일 민주노총 산별대표자 간담회에서 4월 말까지 시한을 정해 민주노총이 참여하는 노사정 태스크포스팀을 구성하자고 제안하였고, 또한 2007년 3월 26일 한국노총 산별대표자와의 간담회에서 노사정이 참여하는 태스크포스팀을 구성해 충분히 논의한 후 4월 말에 입법예고, 6월 말 국회통과를 목표로 추진하자고 제안하였다. 이에 대해 한국노총은 노동부의 제안을 받아들였다. 그리고 민주노총도 2007년 3월 27일 특수고용직 대표자회의를 개최해 노동부 제안에 대해 노사정 태스크포스팀은 4월 15일까지 논의를 마치

41 한국노총은 지난 2005년 11월 비정규직 입법안에 대한 최종 입장을 제출하면서 동 위원회 구성을 제안한 바 있다.

42 매일노동뉴스, 2007. 1. 30, p. 4 참조.

43 매일노동뉴스, 2007. 2. 1, p. 6 참조.

고 4월 말 입법예고, 6월 말 국회통과를 전제로 할 때 노사정 태스크포스팀에 참여할 수 있다는 입장으로 정리하였다. 그런데 같은 해 3월 27일 한국경총은 지금은 특수형태 근로종사자의 보호입법을 논의할 적절한 시점이 아니라며 노사정 태스크포스팀에 참여할 수 없다는 입장을 밝혔다.[44] 그러나 결국 노동부는 특수형태 근로종사자의 보호입법을 위해 노사정 태스크포스팀의 운영이 반드시 필요한 절차라고 보고 추진할 계획을 갖고 있다. 다만, 노동부가 TFT를 추진하는 이유는 노사정 간의 입장차이가 첨예하게 대립되어 있기 때문에 합의는 어렵지만, 2년간 국회에서 표류하였던 비정규직 입법의 전철을 피하기 위해 사전에 노사정 간에 설전도 하고 수많은 합의가 되어야 국회에서도 빨리 통과되는 것을 고려할 때 노사정 간의 입장차이를 거르는 과정으로서 활용되는 것을 염두에 둔 것이기도 하다.

4.4. 국 회

4.4.1. 논의의 배경

2005년 9월과 10월의 정기국회에서는 특수형태 근로종사자 문제의 대책방안이 시급히 해결되어야 할 노동현안으로 쟁점화되기도 하였다.

2007년 현재 환경노동위원회의 구성을 보면 열린우리당 5인, 한나라당

[44] 그 후 2007년 4월 9일 긴급 경제 5단체 상임부회장회의를 통해 「최근 노동정책에 대한 경제계 입장」을 밝혔는데, 특수형태 근로종사자부분과 관련해서는 "업무위탁계약에 근거한 특수형태 종사자들의 근로자성을 법원이 인정하지 않고 있음에도 불구하고 정부가 나서서 근로자성 부여를 지속적으로 공언하면서, 이러한 법안 관철을 위한 협의채널인 TF팀 설치를 노동계와 합의하였다"고 하면서, "이처럼 정부의 특수형태 종사자문제와 관련하여 기업과 특수형태 종사자 모두가 상생할 수 있는 합리적인 해법을 찾지 않고, 노동계의 압박에 밀려 그들의 요구사항을 신중한 검토와 여과 없이 받아들이고 있어, 경제계는 심각하게 우려하고 있다"고 표명하였다. 나아가 "비정규직 보호 법률이 ……아직 시행도 되지 않은 상태에서 다시 특수형태 종사자 보호 법률 제정을 시도하는 것은 새로운 노사갈등의 단초를 제공하고 기업들을 더욱 어려운 상황으로 내모는 결과가 될 것이다"이라고 하였다.

표 4-11 환노위 구성(2007. 4. 25 현재)

정 당	종 전	현 재
열린우리당 (3→5명)	우원식(간사, 법안심사소위 위원장), 신기남, 한명숙	우윤식, 신기남, 한명숙, 조성래, 김진표
한나라당 (8→7명)	홍준표(위원장), 안홍준(간사), 배일도, 이경재, 정진섭, 한선교, 맹형규, 심상진	홍준표, 안홍준, 배일도, 이경재, 정진섭, 한선교, 박근혜
중도개혁통합신당 (3→1명)	제종길(간사), 이강래, 최용규	제종길
민주노동당 (1→2명)	단병호	단병호

표 4-12 환노위 법안심사소위 구성(2007. 4. 25 현재)

총 7인	법안심사소위 위원 명단
열린우리당 (2)	우원식(소위원장, 간사), 조성래
한나라당 (3)	안홍준(간사), 배일도, 정진섭
중도개혁통합신당 (1)	제종길(간사)
민주노동당 (1)	단병호

7인(홍준표 위원장 포함), 중도개혁통합신당 1인, 민주노동당 1인으로 되어 있다.

4.4.2. 노동조합 및 노동관계조정법 일부 개정법률안 등 (단병호 의원 대표발의)

이미 환경노동위원회에 계류 중인 관련법안은 단병호 의원이 제안한 법안으로 주요 내용은 다음과 같다.

(1) 노동조합 및 노동관계조정법 일부 개정법률안
(의안번호 제170170호, 2004. 7. 12 단병호 의원 대표발의)

주요 내용

① 근로계약을 체결하지 않은 자라 하더라도 특정 사용자의 사업에 편

표 4-13

현 행	개 정 안
제2조(정의) 이 법에서 사용하는 용어의 정의는 다음과 같다.	제2조(정의) ---.
1. "근로자"라 함은 직업의 종류를 불문하고 임금·급료 기타 이에 준하는 수입에 의하여 생활하는 자를 말한다.	1. ---------------. 근로계약을 체결하지 않은 자라 하더라도 특정 사용자의 사업에 편입되거나 상시적 업무를 위하여 노무를 제공하고 그 사용자 또는 노무수령자로부터 대가를 얻어 생활하는 자는 근로자로 본다.
2. "사용자"라 함은 사업주, 사업의 경영담당자 또는 그 사업의 근로자에 관한 사항에 대하여 사업주를 위하여 행동하는 자를 말한다.	2. ---------------. 근로계약의 체결 여부와 상관없이 당해 근로자의 근로조건 등의 결정에 대하여 실질적인 지배력 또는 영향력이 있는 자도 사용자로 본다.
3.~6.(생략)	3.~6.(현행과 같음)
제81조(부당노동행위) 사용자는 다음 각호의 1에 해당하는 행위(이하 "부당노동행위"라 한다)를 할 수 없다.	제81조(부당노동행위) ---.
1. 근로자가 노동조합에 가입 또는 가입하려고 하였거나 노동조합을 조직하려고 하였거나 기타 노동조합의 업무를 위한 정당한 행위를 한 것을 이유로 그 근로자를 해고하거나 그 근로자에게 불이익을 주는 행위	1. -- 해고하거나 도급·위탁계약 등을 해지하거나 ---
2.~4.(생략)	2.~4.(현행과 같음)
5. 근로자가 정당한 단체행위에 참가한 것을 이유로 하거나 또는 노동위원회에 대하여 사용자가 이 조의 규정에 위반한 것을 신고하거나 그에 관한 증언을 하거나 기타 행정관청에 증거를 제출한 것을 이유로 그 근로자를 해고하거나 그 근로자에게 불이익을 주는 행위	5. ---------------------------------- 해고하거나 도급·위탁계약 등을 해지하거나 -----
<신 설>	제90조의2(상습부당노동행위 등) ① 상습으로 제81조의 규정을 위반한 자는 1년 이상의 유기징역에 처한다. ② 노동조합 탈퇴종용·근로계약해지·도급계약 해지 등의 방법을 이용하여 제81조의 규정을 위반한 자는 1년 이상의 유기징역에 처한다.

입되거나 상시적 업무를 위하여 노무를 제공하고 그 사용자 또는 노무수령자로부터 대가를 얻어 생활하는 자는 근로자로 보도록 함.

② 근로계약의 체결 여부와 상관없이 당해 근로자의 근로조건 등의 결정에 대하여 실질적인 지배력 또는 영향력이 있는 자도 사용자로 보도록 함.

③ 근로자가 정당한 노동조합 활동을 한 것을 이유로 도급·위탁계약 등을 해지한 것도 부당노동행위에 해당되도록 함.

④ 상습 부당노동행위에 대한 처벌규정을 마련함.

(2) 노동조합 및 노동관계조정법 일부 개정법률안 (의안번호 제175246호, 2006. 11. 3 단병호 의원 대표발의)

주요 내용

노동조합 및 노동관계조정법의 적용을 받을 수 있는 근로자의 범위를 확대하여 특수형태 근로종사자들도 근로 3권을 향유할 수 있도록 함.

·노동조합 및 노동관계조정법상 근로자 범위확대: 아래의 자 및 그와 같은 노무제공 계약을 체결하려는 자를 노동조합 및 노동관계조정법상 근

표 4-14

현 행	개 정 안
제2조(정의) 이 법에서 사용하는 용어의 정의는 다음과 같다. 1. "근로자"라 함은 직업의 종류를 불문하고 임금·급료 기타 이에 준하는 수입에 의하여 생활하는 자를 말한다.	제2조(정의) 이 법에서 사용하는 용어의 정의는 다음과 같다. 1. "근로자"라 함은 다음 각 목의 어느 하나에 해당하는 자 및 노무제공 계약을 체결하려고 하는 자를 말한다. 가. 직업의 종류를 불문하고 사업 또는 사업장에 임금 등을 목적으로 근로를 제공하는 자 나. 근로계약을 체결하지 않은 자라 하더라도 특정 사용자의 사업에 편입되거나 상시적 업무를 위하여 노무를 제공하고 그 사용자 또는 노무 제공을 받은 자로부터 대가를 얻어 생활하는 자 다. 가목 및 나목의 요건을 충족하지 못한 경우라도 이 법에 따른 보호의 필요성이 있는 자
2.~6.(생략)	2.~6.(현행과 같음)

표 4-15

현 행	개 정 안
제2조(정의) 이 법에서 사용하는 용어의 정의는 다음과 같다.	제2조(정의) －－－.
1. "근로자"라 함은 직업의 종류를 불문하고 임금·급료 기타 이에 준하는 수입에 의하여 생활하는 자를 말한다.	1. －－－－－－－－－－－－－－－－－－－－－－－－－－－. 근로계약을 체결하지 않은 자라 하더라도 특정 사용자의 사업에 편입되거나 상시적 업무를 위하여 노무를 제공하고 그 사용자 또는 노무수령자로부터 대가를 얻어 생활하는 자는 근로자로 본다.
2. "사용자"라 함은 사업주, 사업의 경영담당자 또는 그 사업의 근로자에 관한 사항에 대하여 사업주를 위하여 행동하는 자를 말한다.	2. －－－. 근로계약의 체결 여부와 상관없이 당해 근로자의 근로조건 등의 결정에 대하여 실질적인 지배력 또는 영향력이 있는 자도 사용자로 본다.
3.~6.(생략)	3.~6.(현행과 같음)
제81조(부당노동행위) 사용자는 다음 각호의 1에 해당하는 행위(이하 "부당노동행위"라 한다)를 할 수 없다.	제81조(1부당노동행위) －－.
1. 근로자가 노동조합에 가입 또는 가입하려고 하였거나 노동조합을 조직하려고 하였거나 기타 노동조합의 업무를 위한 정당한 행위를 한 것을 이유로 그 근로자를 해고하거나 그 근로자에게 불이익을 주는 행위	1. －－ 해고하거나 도급·위탁계약 등을 해지하거나 －－－
2.~4.(생략)	2.~4.(현행과 같음)
5. 근로자가 정당한 단체행위에 참가한 것을 이유로 하거나 또는 노동위원회에 대하여 사용자가 이 조의 규정에 위반한 것을 신고하거나 그에 관한 증언을 하거나 기타 행정관청에 증거를 제출한 것을 이유로 그 근로자를 해고하거나 그 근로자에게 불이익을 주는 행위	5. －－ 해고하거나 도급·위탁계약 등을 해지하거나 －－－－－
<신 설>	제90조의2(상습부당노동행위 등) ① 상습으로 제81조의 규정을 위반한 자는 1년 이상의 유기징역에 처한다. ② 노동조합 탈퇴종용·근로계약해지·도급계약 해지 등의 방법을 이용하여 제81조의 규정을 위반한 자는 1년 이상의 유기징역에 처한다.

로자로 봄(안 제2조 제1항).

-직업의 종류를 불문하고 사업 또는 사업장에 임금 등을 목적으로 근로를 제공하는 자

-근로계약을 체결하지 않은 자라 하더라도 특정 사용자의 사업에 편입되거나 상시적 업무를 위하여 노무를 제공하고 그 사용자 또는 노무제공을 받은 자로부터 대가를 얻어 생활하는 자

-이 법에 의한 보호의 필요성이 있는 자

(3) 근로기준법 개정안(단병호 의원 대표발의) (2006. 11. 9)

① 근로자의 범위 확대: 근로계약을 체결하지 않은 자라도 특정 사용자의 사업에 편입되거나 상시적 업무를 위하여 노무를 제공하고 그 사용자 또는 노무수령자로부터 대가를 얻어 생활하는 자

② 사용자의 범위 및 책임 확대: 근로계약 체결의 형식적인 당사자가 아닐지라도 당해 근로자의 근로조건 등의 결정에 실질적인 지배력 또는 영향력을 미치는 자. 이 경우 임금·근로시간·복지·해고 등의 근로조건에 대하여 연대책임

(4) 노동조합 및 노동관계조정법 일부 개정법률안 (단병호 의원 대표발의) (2006. 11. 9)

① 사용자의 범위 확대: 근로계약 체결의 형식적 당사자가 아니라도 당해 노조의 상대방 지위를 인정할 수 있거나 근로조건에 실질적 지배력 또는 영향력이 있는 자

(5) 각계 의견

이러한 방안은 특수형태 근로종사자를 근로기준법 및 노조법의 적용대상으로 편입시켜서 이에 대한 노동법적 보호를 완전하게 행할 수 있지만, 문제점으로서는, ① 근로기준법과 관련하여 근로자의 개념 및 사용자의 개념이 매우 확대되어 수규자에 대해 벌칙으로 이행을 담보하고 있는 근로기준법 체제에 비추어 볼 때 죄형법정주의와의 관계에서 위헌의 소지를 배제

할 수 없다. 이러한 문제는 노조법에 대해서도 일정 부분 타당하다. ② 특수형태 근로종사자의 이중적 지위를 무시하고 근로자로서의 지위만을 인정함으로써 자영인으로서의 속성을 내포하고 있는 특수형태 근로종사자의 특성에 부합하는 내용과 수준의 보호를 도모하기 어렵다는 비판이 있다.[45]

4.4.3. 특수형태 근로종사자의 지위 및 보호에 관한 법률안 (조성래 의원 대표발의)[46]

(1) 제안이유

① 최근 노동환경의 변화와 취업관계의 다원화로 인하여 특수형태 근로종사자가 꾸준히 증가추세에 있음과 동시에 이들에 대한 경제적 종속관계에서 비롯하는 사회적 보호의 필요성이 요청됨에도 불구하고 노동법상 근로자가 아니라는 이유로 노동법적 보호범주에 포함되지 못하여 법적 지위 내지 보호문제가 제기되고 있음.

② 이에 법제정을 통하여 이들의 법적 지위를 분명히 하고 그에 따른 보호방안을 제도적으로 확립함으로써 특수형태 근로종사자에 대하여 헌법상 보장된 근로의 권리를 기본적으로 보장하고 사회적·경제적 지위향상을 기할 수 있도록 하려는 것임.

(2) 주요 내용

특수형태 근로종사자에 대하여 근로기준법상의 근로자와 유사한 지위를 인정하고, 노동조합 및 노동관계조정법의 적용을 받을 수 있는 근로자의 범위를 확대하여 특수형태 근로종사자들도 단결권과 단체교섭권의 근로 2권을 향유할 수 있도록 함.

① 특수형태 근로종사자의 법적 지위 및 보호에 관한 근로기준을 정함

---

[45] 이승욱(2006), pp. 199～200 참조.

[46] (의안번호 제17578호, 2006. 12. 21 조성래 의원 대표발의) 발의자: 조성래·최성·강창일·김춘진·우제항·강길부·양형일·강혜숙·장향숙·윤원호·김태년 의원(11인).

으로써 헌법상 보장된 근로의 권리를 보장하고자 이 법을 제정함(안 제1조).

② 특수형태 근로종사자의 정의를 특정 사업주와 근로계약 외의 노무공급계약을 체결하고 그 사업에 필요한 노무를 직접 제공함에 있어 다른 사람의 노동력을 이용하지 않으며, 특정 사업주에 의하여 지급되는 수입으로 생활하는 자로 골프장 경기보조업무 종사자, 보험설계사, 콘크리트믹서트럭 운행자, 학습지교육 상담교사를 말함(안 제2조 제1호 및 제4호).

③ 특수형태 근로종사자의 인정 여부를 심의하기 위하여 노동부장관 소속 아래에 특수형태 근로종사자 심의위원회를 둠(안 제5조 제1항).

④ 특수형태 근로종사자를 고용하는 경우 반드시 서면에 의한 노무공급계약을 체결하고 그 계약조건을 명시한 계약서 사본을 특수형태 근로종사자에게 교부하도록 함(안 제7조).

⑤ 사업주는 특수형태 근로종사자에게 보수를 지급할 때에는 통화로 직접 전액을 매월 1회 이상 일정한 기일을 정하여 지급하도록 하고, 보수를 지급받을 권리는 이를 행사할 수 있는 때부터 3년간 행사하지 아니하면 시효로 소멸하도록 함(안 제10조 및 제11조).

⑥ 사업주는 노무공급계약이 1년 이상 계속된 특수형태 근로종사자에 대하여는 다음 해 1년 동안 12일간의 무급휴가를 주도록 함(안 제12조).

⑦ 특수형태 근로종사자에 대하여도 「근로기준법」, 「남녀고용평등법」, 「산업안전보건법」, 「산업재해보상보험법」의 기준에 준하는 임산부 보호, 육아휴직, 직장 내 성희롱, 산업안전보건, 산업재해보상보험 등에 관한 보호규정을 둠(안 제13조 내지 제15조, 제17조 내지 제19조).

⑧ 상시 30인 이상의 특수형태 근로종사자와 계약을 체결한 사업주는 특수형태 근로종사자의 고충을 청취하고 이를 처리하는 고충처리위원을 두도록 함(안 제16조).

⑨ 특수형태 근로종사자는 전국단위 또는 특별시·광역시·도단위에 한하여 직업별 조합을 설립할 수 있도록 하고, 단체교섭 체결권을 부여하며, 집단행동 금지 등 집단근로관계에 관한 사항을 정하고 그 밖의 집단근로관계에 대하여는 「노동조합 및 노동관계조정법」의 규정을 준용하도록 함(안 제20조 내지 제27조).

(3) 각계의 의견

본 법안에 대해 경영계의 의견은 특수형태 근로종사자에게 근로기준법 및 노동조합 및 노동관계조정법상의 근로자와 유사한 지위를 인정하는 '특수형태 근로종사자의 지위 및 보호에 관한 법률'의 제정은 타당하지 않다고 한다.[47]

4.4.4. 노동조합 및 노동관계조정법 일부 개정법률안 (우원식 의원 대표발의)[48]

(1) 제안이유

2007년 2월 13일 열린우리당 우원식 의원은 노동조합 및 노동관계조정법 일부 개정법률안(의안번호 5246)을 대표발의하여 국회에 제출하였다. 이 법안은 노동조합 및 노동관계조정법의 적용을 받을 수 있는 근로자 범위의 확대를 통하여 특수형태 근로종사자에게 근로 3권을 향유할 수 있도록 하고 있다.[49]

---

47 한국경영자총협회, 「국회 계류 노동관련 주요법안에 대한 경영계 의견」, 2007. 2(제265회 국회(임시회)) 참조.

48 (의안번호 5246) 2007년 2월 13일.

49 특히, '근로 3권의 허용 여부'를 중심으로 전개될 것이 예상되는 노사정 간의 각축에 대하여 다음과 같이 전망하는 견해도 있다, 즉, "국제적 관행, 국내 노동법체계의 특수성, 현재 나타난 특수형태 근로종사자의 직종들의 보호요구 등을 일정하게 반영할 것으로 예상된다. 그러나 '노동 3권의 완전한 제공'이 이루어진다고 해도 이는 '갈등의 제도화'의 의미가 있는 것이지, 이 제도화가 특수형태 근로종사자의 문제에 대한 전개양상을 장기적으로도 적절히 통제할 수 있을 것으로 예상할 수는 없다. 특수형태 근로종사자의 문제에는 거시적인 신자유주의 패러다임의 작동과 함께, 이에 적합화된 기업수준의 조직-인사 패러다임인 '네트워크 조직 전략'과 '고용 포토폴리오 전략'이 함께 작동하고 있는 것으로 보인다. 또한 특수형태 근로종사자의 문제는 '근로자의 자영노동화'의 의미뿐 아니라 더 넓게는 '자본의 자영노동 수탈양식의 일환'으로 볼 측면이 있다. 따라서 이 문제는 신자유주의 패러다임을 대체한 노동시장 규율양식의 제도화, 즉 '사회적 노동시장 체제의 구축'이 자본의 신자유주의적인 노동력 이용방식에 구체적인 제약과 유인을 제공함으로써 적절히 규율될 수 있을 것이다. 이러한 맥락에서의 사회적 노동시장 체제는 사회복지와 고용 및 인적 개발에 있어서 자영노동 범주를 포괄할 수 있어야 한다. 물론 현재의 제도화 관행,

(2) 주요 내용

❖ 개 정 안

노동조합 및 노동관계조정법 제2조(정의)

1. "근로자"라 함은 다음 각 목 1에 해당하는 자를 말한다.
   가. 직업의 종류를 불문하고 임금-급료 기타 이에 준하는 수입에 의하여 생활하는 자
   나. 계약의 명칭이나 형식에 관계없이 노무제공 상대방에 대하여 노무를 제공하고 수입의 전부 또는 상당 부분을 그 사업주에 의존하여 생활하는 자, 기타 대통령령이 정한 요건을 갖춘 자로서 이 법에 의한 사회적 보호의 필요성이 있는 자
2. "사용자"라 함은 사업주(제2조 제1호 나목에서 정한 사업주를 포함한다), 사업의 경영담당자 또는 그 사업의 근로자에 관한 사항에 대하여 사업주를 위하여 행동하는 자를 말한다.

제81조(부당노동행위)

1.~5.(현행과 같음)

6. 노동조합 가입·결성 또는 활동 등을 이유로 제2조 제1호 나목의 규정에 의한 계약을 해지하거나 부당한 대우를 하는 행위

(3) 각계의 의견

동 법안에 대하여 한국경총은 '경영계 입장'으로 "특수형태 근로종사자 문제를 노동법적 시각에서만 해결하려는 것은 더 큰 문제를 발생시킬 수 있다. 동 문제는 노동법이 아닌 민·상법, 경제법, 공정거래위원회 등을 통한 해결이 문제해결의 출발점이며 근본적 처방일 것이다. 특수형태 근로종사자들이 주로 문제로 제기하는 사항인 수수료, 유류보조금 등의 문제는 노동법상의 근로관계 속에서 발생하는 것이 아니라 거래당사자 간의 계약관계에서 기인하는 것이고, 또한 특수형태 근로종사자에 대한 보호는 개별 계약의

국내 노동법체계의 특수성, 특수고용문제를 둘러싼 세력관계와 투쟁주체의 역량, 제도화 환경 등을 고려할 때 '근로 3권의 완전한 쟁취'는 유의미한 전술적 목표이다"(김영두, 2007, pp. 102~103).

문제개선을 도모하는 방식이 옳을 것이다. 이를 위해 경제법적 해결방법과 시장시스템에 근거한 단계적 접근방식에 의한 해결을 우선적으로 모색하는 것이 바람직할 것"이라는 입장을 밝혔다.[50]

특수형태 근로종사자의 경제적 의존성·사회적 보호 필요성이 근로 3권의 주체로서 근로자성을 판단하는 중요한 요건인지와 관련해, 근로 3권의 향유주체로서 근로자의 범위를 판단하는 데 인적 종속성뿐만 아니라 경제적 의존성도 고려할 수 있지만, 노사관계법의 규율범주에 들어올 수 있는 근로자의 개념은 명확하고 근로자의 특성이 반영되어 있어야 한다. 우선 근로자로 인정되어 노동관계법의 보호범주에 들어오게 되면 근로 3권 등 노동관계법의 보호를 받기 때문이다. 이러한 점에서 근로자성을 판단하는 데 계약의 형태, 당사자 간의 의사, 인적 종속성이 가장 중요한 판단기준이며, 이러한 점에서 현재의 특수형태 근로종사자의 근로자성 여부에 대한 판례의 입장은 타당하다.

경제적 의존성이나 사회적 보호 필요성이라는 개념은 명확성이 결여되어 근로자로서 갖게 되는 권리를 향유하는 주체로서의 지위에 있는지에 대하여 당사자 간의 대립과 갈등을 발생시킬 원인으로 작용하게 될 것이다. 또한 포괄적으로 사용자의 지위를 인정하는 것은 대리인을 통하여 개인의 활동과 행동반경을 넓히는 데 크게 제약으로 작용해 사적 자치를 위축시키는 것이 우려된다.

근로 3권의 주체로서의 근로자성의 여부를 판단하는 것은 계약의 형태 및 계약당사자의 의사를 최우선적인 기준으로 삼아야 한다. 특수형태 근로종사자는 근로계약이 아닌 민법상의 도급 또는 위임 등의 계약을 체결하고 계약을 체결할 당시 계약당사자 모두 근로계약을 체결한다는 인식을 갖고 있지는 않은 것이다. 계약의 형태가 근로계약이 아님은 물론 노동법상 근로자성을 판단하는 데 있어 가장 중요한 기준인 사용자로부터 지휘·감독 및 근태관리를 일반근로자처럼 받고 있지 않으며 실적에 따른 수수료를 받고 사업소득세를 내고 있다.

[50] 한국경영자총협회, 「노동조합 및 노동관계조정법 일부 개정법률안에 대한 경영계 의견—우원식 의원 대표발의—」, 2007. 2 참조.

그런데 특수형태 근로종사자 근로 3권 부여시의 문제점에 대하여 특수형태 근로종사자에게 근로 3권을 부여할 경우 시장경제질서의 마비 및 사회적 갈등이 야기될 것이다. 특수형태 근로종사자들은 회사와 운송단가 및 수수료 등의 협상을 통해 업무의 양에 따라 수입을 올리고 있는 상황이다. 근로 3권 중 가장 강력한 권리인 단체행동권을 운송단가 등의 계약체결에 있어 유리한 지위확보를 위한 수단으로 활용할 것이다. 특수형태 근로종사자들에게 근로 3권을 인정할 경우, 이들과 유사한 상황에 있는 또 다른 집단들도 근로 3권 인정을 요구하게 될 것이다.

특수형태 근로종사자의 보호 필요성이 있는 부분은 보호방안을 마련하는 것이 타당하다는 점에는 공감하나, 그 보호대책이 근로 3권 부여 등 노동법적으로 보호할 필요가 있는가에 대해서는 강한 의문이다. 특수형태 근로종사자 문제를 노동법적 시각에서만 해결하려는 것은 더 큰 문제를 발생시킬 수 있다. 특수형태 근로종사자 문제는 경제법, 공정거래법 등을 통한 해결방안을 적용하고 그래도 문제가 해결되지 않는다면 또다른 대안을 모색해야 한다. 특수형태 근로종사자는 판례에서도 근로자 신분을 인정하지 않고 있음에도 노동법적 해결방안을 제시하는 것은 산업현장의 혼란만을 가중시킬 것이다. 보호대책은 보호대상의 특성에 맞는 보호방안이 되어야 보호대상과 이해관계에 있는 자들의 이해를 받아 낼 수 있고, 이렇게 해야만 문제를 합리적으로 해결할 수 있는 것이다. 특수형태 근로종사자는 근로자로서의 성격보다는 자영인으로서의 성격이 강하기 때문에 자영인이라는 신분을 전제로 한 보호대책을 마련하는 것이 타당할 것이다.

일부의 특수형태 근로종사자들이 주장하는 것처럼 근로 3권을 줄 경우 산업현장의 갈등과 혼란으로 인해 더 큰 경제적·사회적 문제를 일으킬 수도 있다. 근로 3권이 부여될 경우 이를 주장해 왔던 일부 집단은 계약과 관련된 부분뿐만 아니라 노동관계와 관련된 부분 등 자신들과 관련된 직·간접적인 모든 부분을 교섭의 범위 내로 포섭하려 할 것이고, 이를 관철시키기 위하여 집단의 힘을 활용하려 할 것이다. 예를 들어, 근로 3권 부여를 주장하는 특수형태 근로종사자들은 근로 3권만 인정해 주면 자신들이 스스로 모든 사항을 협의를 통하여 해결하겠다는 입장이다.

결국 특수형태 근로종사자에게 근로 3권이 적용될 경우 '사적 자치의 원칙'은 무시되고 집단의 힘이 경제시스템을 지배하는 결과를 초래할 것이다. 근로 3권을 부여하는 방안이 오히려 특수형태 근로종사자의 일자리를 감소시키면서 실업률이 늘어나는 결과의 발생을 우려한다. 특수형태 근로종사자들은 일반근로자와 달리 원하는 시간과 장소에서 자유롭게 일하고 성과에 연동하여 대우받기를 바라는 자들이 대부분이다. 일반근로자와 같이 시간과 장소 등의 통제가 이루어질 경우 자발적 퇴직의 증가로 이어질 수 있다. 또한 근로 3권 부여를 통한 산업현장의 혼란을 두려워하는 기업은 특수형태 근로종사자를 적정인원으로 감축할 것이다. 특히, 여성인력이 많은 업종의 일자리 감소가 두드러질 것으로 보여진다.

4.4.5. 소 결

그런데 국회에서 취급될 4개의 특수형태 근로종사자의 보호입법안을 분류해 보면, 앞서 본 노동부 안과 조성래 의원 안은 근로 2권안으로 볼 수 있고, 단병호 의원 및 우원식 의원 안을 근로 3권안으로 볼 수 있다.

그렇지만 이러한 입법안들을 좀더 살펴본다면 상호간에 약간의 차이가 있음을 알 수 있다. ① 노동부 안은 노동관계법이 아닌 특별법을 통해 근로 2권(단결권 및 단체교섭권)을 보호하고 근로기준법 일부 조항을 적용하는 방식을 취하는 것으로 알려져 있다. ② 조성래 의원 입법안 역시 특별법을 통한 보호를 제안하고 있으며, 보호내용을 집단행동을 배제한 근로 2권에 국한하고, 보호대상을 골프장경기보조원(캐디), 보험설계사, 레미콘운송차주, 학습지교사 이상 4개 직종으로 한정하고 있다. 또한 종사자들의 조직형태를 '직업별 조합'으로 특정하고 있다. ③ 우원식 의원 입법안은 노동관계법상의 '근로자' 개념에 "계약의 명칭이나 형식에 관계없이 노무제공 상대방에 대하여 노무를 제공하고, 그 수입의 전부 또는 상당 부분을 그 노무제공의 상대방에 의존하여 생활하는 자"라는 정의를 포함시켜 근로 3권을 인정하는 형식을 취하고 있다. ④ 단병호 의원 입법안은 근로기준법과 노동관계법의 '근로자' 정의란에 "근로계약을 체결하지 않은 자라 하더라도 특정 사용자의 사업에 편입되거나 상시적 업무를 위하여 노무를 제공하고 그 사용자 또는 노무제공을 받은 자로부터 대가를 얻어 생활하는 자”라는 규정을 포함하는 방식으로 근로기준법과 노동관계법의 포괄적인 적용을 제안하고 있다. 위에서의 ①안과 ②안은 기존의 노사정위원회 논의와 거의 동일한 수준에서 제시한 것으로 보인다. 또한 위의 ③안은 한국노총측의 입장이 많이 반영되어 있지만, 종사자단체들에게는 일종의 ‘최소한의 목표’로 가능하여 종사자단체들의 조직적 결집을 유도하는 효과를 가지고 있다고 할 수 있다. 위의 ④안은 민주노총측의 입장을 많이 반영하고 있으며, 당장 제도화 국면에서의 기능성보다는 ‘전략적인 목표’로서의 역할을 수행할 것으로 예상되어진다.[51]

4.5. 요약 및 최근의 동향

① 이상과 같이 특수형태 근로종사자(보험설계사, 학습지교사, 레미콘운송차주, 골프장경기보조원)에 대하여 논의한 경과를 간략하게 요약해 보면, 지난 2003년 9월부터 노사정위원회에서 특수형태 근로종사자 보호방안 마련을 위해 50여 차례 회의를 개최하였으나, 2005년 6월 노사 간 견해차이로 논의를 중단하였다. 또한 2005년 12월 정부 차원의 보호방안을 마련하기로 결정(‘국정현안 정책조정회의’)하고 실태조사를 실시하였다. 실태조사는 종전 논의되었던 4개 직군 이외에 화물·덤프·대리운전·퀵서비스가 추가로 행해졌다(2006년 2～4월, 한국노동연구원·산업연구원 공동). 그리고 2006년 3월 ‘노사정 대표자회의’에서 ‘비정규직 입법 후 노사정이 논의’하기로 결정하였으나 비정규직 입법이 지연됨에 따라 정부 내에 ‘특수형태 근로종사자대책추진위원회’를 구성(2006. 6. 15)하여 보호방안을 마련하였다. 또 민주노총의

[51] 김영두(2007), pp. 102～103 참조.

요청으로 노사정 대표자회의에 '특고실무회의'를 구성(2006. 7. 13)하여 대책을 논의 중(9차례 회의 개최)이었다. 2006년 9월 11일 정부(안)에 대해 노사의 의견제출을 요구하였으나 '노사관계 선진화 입법'에 대한 민주노총의 반대와 맞물려 차기회의 개최가 불투명한 상황이었다. 이에 2006년 10월 25일 관계부처 합동회의에서는 「특수형태 근로종사자 보호대책」을 마련해 발표하였다. 주요한 내용은 소관 부처별 세부보호대책을 마련하여 가급적이면 연내에 추진하기로 하였다. 다만, 보험업법, 산재보험법 등 법개정 절차는 2007년 상반기까지 마무리하기로 하였다. 그리고 2006년 11월 중순경 근로자 개념 확대 또는 유사근로자 개념 도입, 법적용범위 등 근로자성을 전제로 하는 보호방안과 관련하여 공개토론회를 개최하였다. 또 2006년 12월까지 2차 대책논의 및 정부대책을 마련하였다.[52] 2007년 초반에 노사정 협의 등을 거쳐 대책안을 확정·추진하였다. 즉, 근로자성 인정을 통한 보호방안, 모성보호·성희롱 금지, 실업급여 적용(공통), 유지수당(보험설계사), 채용·해고시 차별(경기보조원), 공동판매제·허가제 전환(레미콘), 표준요율제·주선료 상한제 도입(화물·덤프) 등이다.

② 그리고 국회 및 노동부에서 준비해 온 '특수형태 근로종사자의 법률적 보호대책 입법화'가 준비되고 있다. 국회의 환경노동위원회의 일부 국회의원 중에서 열린우리당의 조성래 의원, 우원식 의원, 민주노동당의 단병호 의원 발의의 노동조합 및 노동관계조정법(이하 노동관계법) 개정안과 근로기준법 개정안(단병호·조성래)이 이미 앞에서 살펴본 것처럼 발의된 바 있고, 노동부 역시 관련 법률의 개정안을 마련하고 있는 것으로 알려져 있다.[53]

---

[52] 노동계는 대기업노조에 대한 영향력 감소를 만회하기 위해 이른바 '비전형노조' 조직화와 투쟁동력화를 지속적으로 시도하였으며, 이 과정에서 사내 하청노조, 화물연대, 지역건설노조 등의 원청사를 대상으로 한 분규가 빈발하여 현장단위 노사관계 주요 불안요인으로 작용하였다. 가시화되지 않은 특수형태 근로종사자의 문제에 대하여 개별적인 사안별로 문제제기가 되고 있는 차원이었다.

[53] 김영두(2007), pp. 102～103 참조. 그러나 법안처리에 대해서는 국회는 2007년 2～3월에 임시국회를 열면서, 환경노동위원회에서 조성래 의원과 단병호 의원 등이 제출한 특수형태 근로종사자 관련법안 등을 다룰지 주목된다. 열린우리당 관계자는 2007년 2월 1일 "처리까지는 힘들지만 심의에 착수할 가능성은 있다"고 말하였다(매일노동뉴스, 2007. 2. 2, p. 5 참조).

③ 최근 2007년 3월 30일 국가인권위원회(위원장 안경환)는 '특수고용종사자 노동권 침해 실태조사(2006.6~12)'의 연구용역 결과를 발표하였다. 특수형태 근로종사자[54]에 대한 노동보호법적 규율은 '특별법'에 의하여 행하는 것이 바람직하다고 한다. 다만, 인권위원회의 기본 입장을 천명하지는 않았다.

[54] 실태조사의 직군은 10개였다. 즉, 골프장경기보조원, 학습지교사, 레미콘운송차주, 텔레마케터, 애니메이터, 화물운송기사, 덤프트럭기사, 택배기사, 퀵서비스 배달원, 간병인 등으로 보험설계사가 빠져 있다.

제 5 장

고용 · 취업형태의 다양화와 인적 적용대상의 양상

5. I. 서　언

사회·경제가 다양하게 변화하면서 우리 나라도 다른 선진국처럼 고용·취업형태가 다양해지고 있다. 이에 따라 노동법과 사회보장법의 영역에서는 다양한 재검토를 필요로 하고 있다.[1] 이러한 이슈는 우리 나라뿐만 아니라 ILO(국제노동기구)와 EU(유럽연합) 차원에서도 활발하게 논의되었던 것을 볼 수 있다.[2] 특히, 우리 나라의 경우 근로자와 자영인의 중간적인 지위를 가지고 있으면서 노동법적 보호의 사각지대에 있는 특수형태 근로종사자의 사회적 보호의 필요성의 문제에 관한 부분이 10년 넘게 법해석을 둘러싸고 입법적 해결방안 모색을 위해 논란을 빚고 있다. 따라서 이 문제를 해결하는 데 국제기구 및 여러 선진국수준의 인적 적용대상에 관한 법적 상황과 논의에 대한 분석이 중요한 시사점을 던져 주고 있다.

현재까지 국내·외 논의는 노동법과 사회보장법의 인적 적용대상을 '근로자' 또는 '자영인'이라는 이분법의 시비를 중심으로 다루었다. 이것은 고용·취업형태의 다양화로 그 취업형태가 '근로자' 또는 '자영인'으로 보는 취업자 사이의 '회색지대(gray zone)'에 있는 취업자(이하, '중간형태의 취업자'라 한다)가 계속 늘어나기 때문이다. 이분법하에서는 법적으로 이러한 중간형태의 취업자를 어떻게 다룰 것인지가 문제된다. 그리고 이러한 논의에서 우리 나라에서는 노동법과 사회보장법의 인적 적용대상과 관련된 다른 논점도 검토될 것이다.[3] 무엇보다 근로자와 자영인이 아니면서 경제적 종속성으로 사회적 보호가 필요한 자들을 보호대상으로 범주화하고 있다. 즉, 근로

---

1 고용·취업형태의 다양화 현상과 고용법 정책의 변천 및 바람직한 방향에 대해서는, 예를 들어 柳屋孝安(2004), p. 105 이하 참조.

2 ILO의 동향에 대해서는, 예를 들어 鎌田耕一(2001), p. 13 이하 참조. EU의 동향에 대해서는 김영문(2005) 참조.

3 최근 일본노동법학회의 심포지움과 개별 보고의 테마로서도 다루어지고 있다. 永野秀雄(2003), p. 166 이하; 皆川宏之(2003), p. 166 이하; 「就業形態の多様化と社會勞働政策」, 『動契政策研究報告書』 No. 12(특히, 大內伸哉, 池添弘邦 담당부분); 勞働政策研究·研修機構, 2004 등을 참조.

자가 아니면서 근로자와 유사한 형태로 노무를 제공하므로 보호 필요성이 있고, 독립자영인도 아닌 종속자영인을 별도 영역으로 인정하고 있다는 점에서 독일법상 인정되는 '유사근로자' 또는 '준근로자' 개념을 도입하는 듯하다. 그리하여 근로자와 자영인의 중간영역에 있는 자에 공통된 개념지표를 통해 법적용대상을 특정하여 보호하려고 하는 취지에서 개념을 규정하는 것을 검토하고 있는 듯하다.[4] 즉, 근로자·특수형태 근로종사자·자영인 등 3분법체계를 인정하고 특수형태 근로종사자에 대해 근로자와 자영인의 중간에 해당하는 보호를 하고자 하는 것이다. 이러한 방향으로는 현행 노동법의 체계를 유지하면서 그와 조화되는 범위 내에서 특수형태 근로종사자의 보호방안을 둠으로써 결과적으로 삼분법적 보호효과를 모색하려는 것이다. 이에 관한 국내·외에서 논의되는 상황을 정리·분석해 보았다.[5]

이 장에서는 노동법과 사회보장법의 인적 적용대상으로 각 법의 총론 부분에 속하는 기본 문제를 살펴본다. 이러한 문제의 결론은 언뜻 보면 명확한 내용인 것 같지만, 실무계 및 학계에서 오랫동안 다양하게 논의되어 온 문제였고, 아직도 이 문제의 해결을 위해 활발한 논의가 펼쳐지고 있다. 그러나 최근에 고용상황이 변하면서 고용·취업형태가 다양해지고, 새로운 직업유형과 고용형태 등이 나타나면서 노동법 등의 인적 적용대상의 바람직한 모습에 대하여 계속 논의될 전망이나. 현재는 노동법 등의 본래 적용대상과 자영인과의 중간에 있는 종사자의 취급이 문제되고 있다.

이러한 노동법과 사회보장법의 인적 적용대상의 문제는 독일의 노동법 및 사회보장법에서의 입법과 학설·판례의 상황을 분석·검토하는 작업이 필요하다. 독일의 노동법학은 제2차 세계대전 전부터 일본의 노동법학에 이

---

[4] 사회보험법상의 근로자 개념은 근로기준법과 독립하여 정의되어야 한다는 입장에서는 특수고용형태 종사자도 사회보험법상의 근로자에 해당해야 사회보험 보호를 받을 수 있다는 입장이고(박지순, 2005, p. 167 이하 참조), 근로기준법상의 근로자 개념과는 별개로 그와 연계됨이 없이 사회보험법상의 특고의 정의를 통해 사회보험 보호를 하자는 입장은 특고 보호를 위한 근로자 개념과의 절연을 주장한다(윤조덕 외, 2004, p. 341 이하 참조). 그러나 이러한 두 견해 모두 입법을 통한 특수형태 근로종사자의 사회보험 보호라는 면에서는 공통되어 있다.

[5] 일본의 논의에 한정해서 보아도, 橋本陽子(2002), p. 612 이하; 橋本陽子(2003c), p. 1252 이하; 吉田美喜夫(2004), p. 66 이하; 鎌田耕一(2004), p. 56 이하; 西谷敏(2004), p. 4 이하 등이 있다.

론적으로 큰 영향을 주었다.[6] 노동법과 사회보장법의 인적 적용대상 문제도 그 하나이다.[7] 물론 이 문제를 이러한 독일과 일본의 노동법 및 사회보장법의 여러 문제 중에서도 연구대상으로 삼은 것은 그 국가들의 대응상황 분석이 우리 나라의 특수형태 근로종사자 문제의 해소방안을 찾는 데 의미가 있기 때문이다. 독일과 일본의 상황에 대한 분석작업을 바탕으로, 우리 나라의 문제대응의 양상을 살펴본다.

이번 제5장에서는 우리 나라의 특수형태 근로종사자에 대한 논의를 펼치기 전에 우리 나라의 특수형태 근로종사자 논의와 유사한 추세를 가지고 있는 일본의 고용·취업형태의 다양화와 인적 적용대상의 양상에 대하여 정리하고, 노동법과 사회보장법의 인적 적용대상에 관하여 고용·취업형태의 다양화와의 관계에서 중요한 논점을 살펴보고, 각 논점에 관한 학설과 판례의 경향을 정리한다(5.2). 그리고 각각의 논점에 대한 학설과 판례의 경향을 간단히 평가한다(5.3). 본 연구가 향후 우리 나라의 특수형태 근로종사자의 법적 문제를 해소하는데 틀을 마련해 주기를 기대해 본다.

---

6 일본에서 주로 제2차 세계대전 후 오늘날까지 학회 등에서 다양하게 논의되어 왔다. 일본의 근로자 개념에 대한 중요한 연구성과로서는, 片岡昇(1959), pp. 204～204; 片岡昇(1965), pp. 156～169; 片岡昇(1977), pp. 370～349; 片岡昇(1983), pp. 246～252; 山本吉人(1970), pp. 15～295; 國武輝久(1973), pp. 99～120; 青木宗也(1977), pp. 28～36; 本多淳亮(1981); 岸井貞男(1984), pp. 35～62; 岸井貞男(1986), pp. 3～30; 蓼沼謙一(1981), pp. 76～106; 西谷敏(1984), pp. 3～14; 西谷敏(1992), pp. 62～70; 西谷敏(2004), pp. 4～6; 下井隆史(1985), pp. 23～64; 吉田美喜夫(1986), pp. 30～54; 萬井隆令(1997), pp. 3～68; 鎌田耕一(1997), pp. 21～31; 鎌田耕一(2003), pp. 128～138; 土田道夫(1999), pp. 271～293, 333～339; 柳屋孝安(2000), pp. 128～146; 柳屋孝安(2003), pp. 1～25; 盛誠吾(2001); 鎌田耕一(2001); 島田陽一(2003), pp. 27～80; 橋本陽子(2002), p. 612; 橋本陽子(2003a), p. 1893; 橋本陽子(2003b), p. 1893, p. 2117; 永野秀雄(2003), pp. 108～117; 小傲勝治(2003), pp. 118～127; 東京大學勞動研究會 편(1981), pp. 219～235; 東京大學勞動研究會 편(2003), pp. 137～159 (橋本陽子 집필부분); 川口美貴(2005), pp. 133～154 등이 있다.

7 특수형태 근로종사자 등의 취업형태의 다양화에 따라 노동시장의 구조가 취업지원형으로 재편되면서 새로운 취업종사자에 대하여 사회보험제도를 도입하거나 확대해 적용하기 위해서는 '수요분석'과 '재정적 부담요소'를 필수적으로 검토하는 것이 전제되어야 함은 물론이다. 그리고 보험료납부의무를 부담하는 근거규정, 적용방법, 사업주의 결정, 보험료의 부담, 보험료의 징수, 보험요율의 결정, 업무상 재해 및 질병의 인정기준, 보험급여 등에 대한 신중한 검토 및 연구가 필요하다.

5.2. 최근의 학설·판례의 전개와 그 평가

다양한 고용·취업형태의 관계에서 노동법과 사회보장법의 인적 적용대상자에 관한 중요한 논점은, ① 민법의 고용(고용계약)과 근로기준법 등의 근로계약의 차이, ② 노동법과 사회보장법에 속하는 입법의 인적 적용대상의 개념을 통일하거나 상대적인 개념으로 파악해야 하는지 여부, ③ 노동법과 사회보장법의 인적 적용대상 여부의 판단기준, ④ 중간형태의 취업자에 대한 법적 대응의 양상, ⑤ 인적 적용대상인지 판단에서 당사자 의사의 취급, ⑥ 자원봉사와 종교활동, 연수 등에서 노무공급과 유사하게 활동하는 자에 대한 법적으로 대응하는 양상 등이다.

먼저 위의 논점에 관한 최근 학설·판례의 경향을 차례대로 살펴본다.

5.2.1. 고용(고용계약)과 근로계약의 관계

1 이 논점은 민법이 예정하는 '노무공급계약'의 하나인 '고용(고용계약)'과 근로기준법과 노동조합 및 노동관계조정법(노조법) 등에 규정된 '근로계약'의 관계를 어떻게 설명하는가에 대한 것이다. 이는 노동법의 영역에서는 오래된 논점 중의 하나이다.

이 논의와 관련하여 본래 양자의 '계약유형'을 분명히 차이나게 해서 민법과는 다른 노동법의 본질을 구명하기 위해 두 계약유형을 준별하는 견해가 있다(준별설).[8] 이 준별설은 근로계약을 사용자에 대한 근로자의 종속관계를 핵심으로 하는 계약관계로 보아 그 본질을 근로의 종속성(종속근로)으로 파악한다. 그리고 노동법은 이러한 종속근로를 규제함으로써 생존권의 이념을 실현하기 위한 법으로 성격지울 수 있다. 한편, 이러한 준별설은 고용을 사용자에 대한 근로자의 종속관계가 아니라 대등한 당사자 간의 계약

[8] 예를 들어, 片岡昇(1959), p. 206 이하.

관계로 파악하면서, 민법은 시민법적 자유의 원리(계약자유의 원칙) 아래에서 이러한 대등한 계약당사자의 계약관계에 관한 이해를 조정하기 위한 법으로 파악한다. 준별설은 두 계약유형의 개념내용의 차이 등을 강조하면서, 민법과 노동법의 본질에 차이를 설명한다(다수설).[9]

그리고 나서 이 준별설에 대하여 고용도 사용자와 근로자의 종속관계를 대상으로 고용과 근로계약이란 동일한 실태를 규정의 대상으로 삼은 계약유형의 점에서 상호 차이가 없다는 견해(통일설)가 나왔다.[10]

고용을 대상으로 하는 민법의 규정과 근로계약을 대상으로 하는 노동법에 대하여 규제의 내용 및 이념에 차이가 있는 점은 동일설도 긍정한다. 그러나 준별설이 근로계약이 인적 종속성(내지 사용종속관계)이 있는 계약관계를 예정하고, 고용은 이를 예정하지 않는 점에 본질적인 차이가 있지만, 동일설은 인적 종속성을 제시하는 실태는 고용에서도 예정되었던 특징으로 두 계약유형이 예정하는 계약관계에 준별설에서 말하는 차이는 없다고 비판하였다. 그 후에 이러한 비판을 타당하다고 하면서, 최근 두 학설은 수렴해 가는 경향이라는 평가도 있다.[11]

② 한편, 비판에서는 근로계약과 고용(고용계약)을 의식적으로 구별하여 사용하는 사례는 적고, 소수의 예외를 제외하고 양자를 계약유형에서 같은 의미로 사용하는 경향이 커졌다.[12]

③ 이 논점은 분명히 고용(고용계약)을 규정한 민법 규정의 취지와 노동법의 규제이념에 차이가 있다. 각각의 규제이념의 차이로 계약관계 중에서 규제사항으로 거론된 사정과 규제의 대상자, 규제의 방법 등에 차이가 발생하고 있다. 즉, '규제사항'은 노동법의 경우 근로자측의 보호 필요성을 근거

---

9 준별설의 최근 학설로 萬井隆令(1997), p. 15 이하.

10 고용과 근로계약이 동일한 실태를 규정의 대상으로 하는 계약유형이라는 견해는 下井隆史(1985), p. 3 이하를 들 수 있다. 거의 동일하다는 견해를 제시하는 사례에는 幾代通(1967), p. 5 이하(幾代通·擴中俊雄 편, 1989, p. 5 이하도 같은 취지).

11 東京大學勞動法硏究會 편(2003), p. 185(和田肇 담당부분).

12 이 점에 대해서는 橋本陽子(2002), p. 627 이하 참조.

로 하는 인적 종속성(사용종속관계)에 관한 사정을 민법 이상으로 규제하고 있다(민법은 단지 권리의무의 일신 종속관계를 제657조에 두고 있을 뿐이다). 또, '규제의 대상자'는 노동법(특히, 고용관계법의 영역)에서는 사용자가 중심이 되어 민법처럼 양 당사자로 하고 있는 것과는 다르다. 또 '규제의 방법'은 노동법이 벌칙규정과 강행규정에 의하지만, 민법은 주로 임의규정에 의하고 있다. '규제이념'의 차이에 근거한 이러한 차이를 고용과 근로계약의 차이로 설명하는 것은 잘못되었다. 준별설에 의한 근로계약과 고용의 본질적인 이념차이에 대한 설명이 위에서 언급한 차이를 의미한다면 문제가 아니된다. 그러나 위에서 언급한 차이를 인정하였다고 해도, 각각의 고용과 근로계약을 대상으로 하는 계약관계(계약유형)의 본질이 질적으로 다른 것은 아니다. 어느 경우에든 인적 종속성(사용종속관계)을 제시하는 사정을 그 지표로 삼고 있는 점에서 동일(동질)하다고 해야 한다.

이상과 같이 이러한 논점에 고용과 근로계약을 대상으로 하는 계약관계(계약유형)에 대해서는 이를 기본적으로 동일(동질)하다고 파악하는 것이 타당하다고 할 수 있다. 그러나 고용·취업형태의 다양화는 고용실태 중에 도급 및 위임의 요소를 가진 계약관계(이른바 '혼합계약관계')를 증가시키고 있다. 이러한 상황에서는 고용과 근로계약이 대상으로 하는 계약관계가 동일한 것인가, 근로계약이 전형적인 고용 이외의 계약관계(혼합계약관계)도 포함하는 개념인가는 다시 살펴보게 되었다. 동일설 중에서 근로계약이 도급 및 위임의 요소를 가진 계약관계(혼합계약관계)도 포함하는 것을 긍정하는 견해도 있었다.[13]

④ 그런데 최근에 이 논점을 다른 관점에서 재검토하려는 견해가 있다. 즉, 두 계약의 개념에 대한 규제의 내용과 이념이 아니라, 두 계약 개념의 '기능·목적'을 중심으로 이러한 관점에서 양자를 구별하는 견해가 있다('신준별설').[14] 신준별설은 두 계약의 기능·목적의 차이를 강조하는 점에서는

[13] 예를 들어, 幾代通(1967), p. 10 이하(1989, p. 10 이하도 같은 취지). 下井隆史 학설도 이후의 사항을 지지하고 있다(下井隆史, 2001, p. 66 주석을 참조). 이 점에 대한 의견은 뒤에서 언급한다(5.3.1.).

준별설의 일종이지만, 동일설에서 보아도 부정되지 않는 견해라고 해석된다. 왜냐하면, 이 견해가 민법과 노동법 규제이념의 차이에 의한 논의의 범위 내에 있기 때문이다. 즉, 신준별설은 민법의 고용계약(고용)의 경우는 계약당사자의 불명확·불완전한 의사를 보완하고자 한다고 설명한다. 그리고 객관적인 취업실태에서 고용계약이 예정하는 사례에서는 민법의 고용계약 규정이 그 기능을 한다. 한편, 고용계약이 예정하는 범위에서 벗어난 실태(도급과 위임의 실태)를 부분적으로 포함하는 사례에서는 이러한 계약관계가 어떠한 전형계약에 포함되는지 무리하게 결정해서는 안 된다. 계약의 취지와 민법의 각 규정의 취지를 검토하여 해당 계약에 적합한 기준(당사자의 의사에 가장 잘 합치한 룰)을 찾으면 된다. 이러한 의미에서 전형계약으로서 고용계약의 개념은 한정적으로 파악해 두면 되고, 무리하게 그 외연을 확대할 필요는 없는 것이다.

한편, 신준별설은 근로계약을 보호 필요성의 관점에서 그 대상을 명확히 구분하여 정한다고 한다. 이 때문에 근로계약 여부에 대하여 전부 또는 전무(all of nothing)의 판단이 요구된다. 보호의 필요성이 있다고 판단되면 근로계약으로 분류된다. 위임과 도급의 계약유형과 고용계약의 중간형태에 있는 계약관계가 근로계약이라고 판단되는 경우도 생각할 수가 있다.

두 계약 개념의 위와 같은 기능·목적의 차이에 대한 분석은, 이미 언급한 바와 같이 노동법과 민법의 규제이념의 차이에 따른 논의의 연장선이라고 할 수 있다. 그러나 이러한 논의를 의식적으로 해오지는 않았다. 중간형태의 계약관계(취업자)가 지금보다 많지 않았고, 논의할 필요성이 반드시 크지 않았던 경우도 있었다. 그러나 고용·취업형태가 다양해지면서 고용계약과, 위임과 도급과 같은 그 이외의 노무공급계약과의 중간형태가 계속 늘어나고 있는 상황에서는, 예를 들어 중간형태의 취업자에게 적용할 법규의 발견이라는 관점에서 보아 고용계약과 근로계약이 완수하는 기능과 목적의 차이를 명확화하는 것은 충분한 의의가 있다.

이러한 의미에서 신준별설은 '고용과 근로계약의 관계'라는 관점에 대

---

14 村中孝史(1999), p. 487 이하.

하여 상황의 변화에 따른 학설상의 새로운 전개로 규정할 수 있다. 이러한 견해가 당위성을 가지는지 여부는 다시 살펴보아야 한다(5.3.3.).

5.2.2. 인적 적용대상 개념의 통일성·상대성

① 두 번째 논점은 노동법과 사회보장법의 인적 적용대상을 파악하는 방법에 관한 문제이다. 이에 대해서는 먼저 노동법분야에서 앞의 첫 번째의 논점과 마찬가지로, 종전의 학설은 대립하였다.[15] 즉, 인적 적용대상 개념을 노동법 전체에서 통일적으로 파악하여 노동법 전체로서 한꺼번에 적용의 유무를 결정해야 하는지(통일적 개념설), 아니면 이 개념을 노동법에 속하는 입법과 판례법리마다 개별적으로 추정해야 하는지(상대적 개념설)의 대립이다.

먼저 통일적 개념설은 지금까지 노동법의 본질을 종속근로로 파악하여, 종속근로에 종사하는 취업자인지 여부로 노동법에 속하는 입법 적용의 유무를 일률적으로 결정해야 한다는 견해이다(다수설).

그 다음으로 상대적 개념설은 적용대상에 대하여 제도·이론의 구체적인 목적·취지를 고려하면서, 개별적인 제도·이념마다 판단해야 한다고 한다. 다만, 상대적 개념설에 속하는 학설이라고 해도 모두가 이러한 견해를 주장하지는 않는다. 예를 들어, 근로의 종속성(인적 종속설)이 인정됨에 따라 노동법의 적용대상이 될 수 있는 가능성 일반이 있다고 판단되는 사례에 한하여, 제도와 이념마다 적용할지 여부를 판단하는 견해에 유념해야 한다.[16] 제도·이론마다의 목적·취지를 고려해 각각의 적용대상을 결정해도, 이에 따라 각각의 제도·이론이 크게 다른 적용대상을 예정하는 경우가 있어도 좋다는 등의 상대적 개념설은 타당하지 않다. 근로의 종속성 존재를 우선 전제로 하면서 이것만으로는 판단이 어려운 사례에 대하여 제도·이론의 목적·취지를 고려해 판단한다는 견해를 다음에서는 상대적 개념설로 검토의 대상으로 삼기로 한다.

---

[15] 당시의 학설 상황에 대해서는, 예를 들어 國武輝久(1968), p. 109 이하 참조.

[16] 下井隆史(1985), p. 53 이하. 같은 취지로 생각되는 견해에는 有泉亨(1969), p. 2 이하.

판단에서는 복수의 입법과 판례법리를 적용하는 것이 함께 문제되는 경우에도 각각의 적용대상을 구별해 판단하지 않고 한꺼번에 판단하는 경향이 있다. 다만, 근로기준법의 근로자와 노조법의 근로자에 대하여 어느 일방에 관해서만 다른 사례로 제시된 대법원의 판결을 비교하면, 노조법의 근로자를 보다 넓게 해석하고 있다고 볼 수 있다.[17] 그러나 판례상 근로기준법과 노조법의 근로자 개념의 차이에 대한 명확한 판단은 아직 제시되어 있지 않은 듯하다.

② 그 후 이러한 두 가지 학설 각각의 문제점 등을 검토하면서, 두 학설 중간의 견해를 제시하는 학설이 늘어나고 있다. 다만, 이러한 견해 중에는 다양성이 있다.

예를 들어, 통일적 개념설에 따르면서, 노동법의 이념이 '생존권에 대한 배려'라고 해도 개별 법규와 해석이론은 상대적이고, 그 차이에 따라 적용대상의 범위를 개별적으로 결정하는 것이 타당하다는 견해를 들 수 있다. 이 학설에서는 인적 종속성이 있는 취업자를 통일적으로 적용할 대상자로 삼으면서, 인적 종속성이 없는 취업자라도 경제적 종속성이 있는 자에 대해서는 법규와 해석이론을 적용 내지 유추 적용해야 하는 경우가 있다고 한다.[18]

또는 노동법을 공통적인 성격(법의 목적)에 의해 몇 가지 영역으로 나누어, 영역 사이에서는 상대적일 수 있지만, 영역 내에서는 통일적인 적용대상의 개념을 고려하는 학설이 있다. 노동법을 고용관계법, 노사관계법, 노동

17 일본의 경우, 예를 들어 방송국의 악단원 등에 대한 노동조합 및 노동조정관계법의 적용이 다투어진 사건의 판결(CBC관현악단 노동조합 사건, 최고재판소 1976.5.6 『民集』 30권 4호 p.437)과, 자동차반입 운전사에 대한 근로자재해보상보험법의 적용(실질적으로는 근로기준법의 적용을 의미한다)이 다투어진 사건의 판결(최고재판소 1996.11.28 『勞働判例』 714호 p.14)을 비교하면, 판단에 차이가 있다는 것은 확실하다. 다만, 이러한 차이에 의해, 판례상 근로자 개념의 상대성이 긍정되고 있는지는 평가에 차이가 있다(東京大學勞働法硏究會 편, 2003, p.142(橋本陽子 담당부분 참조).

18 西谷敏(1984), p.3 이하. 근로자와 자영인의 사이에 있는 중간형태의 취업자에 대한 노동법의 부분적 적용의 필요성을 인정하면서 그 대응의 양상으로 비슷한 발상을 제시한 견해가 있다. 예를 들어, 鎌田耕一 편저(2001), p.79 이하; 鎌田耕一(2003), p.135 이하; 島田陽一(2003), p.61 이하.

시장의 법의 세 분야로 나누어 각각에 대하여 적용대상 개념을 고려하는 견해[19] 등이 이에 속한다.[20]

이러한 중간설은 앞의 두 대립하는 학설을 다양해진 고용·취업형태에 대응할 수 있도록 조정하기 위한 시도로서, 학설상의 새로운 전개라고 볼 수 있다.

③ 한편, 최근 사회보장법의 영역에서도 그 적용대상을 통일적으로 파악할 것인지, 개별 입법·제도마다 상대적으로 파악할 것인지가 문제된다.

예를 들어, 국민건강보험과 국민연금과 같은 보험제도의 적용대상에 대한 검토를 들 수 있다. 이러한 보험제도의 인적 적용대상은 '피보험자'이다. 이 '피보험자'의 개념을 각 보험의 취지·목적에 따라 해석론상 보험제도마다 상대적으로 확정하는 것이 타당하다는 견해가 있다.[21] [22] 이러한 견해로는 고용보험과 같은 다른 피고용자 보험에 대해서도 마찬가지의 견해라고 해석된다.

이 점에 관하여 판례와 행정해석에서는 국민건강보험과 국민연금의 '피보험자'에 대한 것이지만, 오히려 이를 기본적으로 동일하게 보아 보험별로 특별히 구별하지 않고 처리하는 경향을 볼 수 있다.

5.2.3. 적용대상의 판단기준

① 세 번째 논점은 노동법과 사회보장법의 인적 적용대상을 어떠한 '지표'와 '기준'으로 판단할 것인지가 문제된다. 먼저, 노동법의 인적 적용대상

[19] 예를 들어, 노조법과 근로기준법의 근로자에 대하여 양자는 동일하지 않고, 근로자 개념의 상대성을 긍정하는 견해로서, 菅野和夫(2003), p. 450이 있다.

[20] 근로기준법 제14조의 '근로자'와 노조법 제2조 제1호의 '근로자'란 각각의 법 목적에서 판단해야 한다는 개념이라는 견해도 이에 속한다. 이러한 견해에서는 노조법 제2조 제1호의 '근로자'는 단체교섭 조성을 위한 보호 필요성의 관점에서 규정되어 있고, 근로기준법 제14조의 '근로자'의 판단에서 이용하는 '사용종속관계'라는 구조는 필요하지 않다고 한다. 菅野和夫(2003), p. 450 이하.

[21] 竹中康之(2000), p. 19; 竹中康之(1998), p. 452 이하.

[22] 竹中康之(2000); 竹中康之(1998); 伊藤博義(1991), p. 20 이하 등을 들 수 있다.

을 결정하는 지표는 종전까지 '근로의 종속성'이었다. 이 근로의 종속성에 대해서는 단계적 종속성, 인적 종속성, 경제적 종속성, 조직적 종속성 등 여러 견해가 있었다.[23] 각각의 구체적인 내용에 대한 설명은 생략하지만, 이 중에 인적 종속성과 경제적 종속성의 복합이 노동법의 인적 적용대상 지표가 된다는 견해가 비교적 다수의 지지를 받고 있다.[24] 그러나 인적 적용대상의 지표로서 '종속근로의 개념'을 사용하는 것 자체에 부정적인 견해도 있다.[25]

한편, 판례와 노동위원회의 판정 등의 실무수준에서는 '사용종속관계'라는 표현을 사용한 사례는 많지만, 인적 종속설과 경제적 종속설 등 종속근로 개념을 사용하는 사례는 오히려 적다고 할 수 있다.[26]

② 인적 적용대상의 지표로서 종속근로의 개념을 사용해야 하는 것과는 별도로, 노동법의 인적 적용대상을 구체적으로 어떠한 판단기준으로 판단해야 하는지가 더욱 문제가 된다. 이 점에 대해서도 학설 및 판례가 오랜 기간 동안 축적되어 왔다.

예를 들어, 근로기준법 제2조 제1호의 '근로자'에 관해서는 종전의 학설과 판례가 제시한 구체적인 판단기준을 총괄하는 형태로 일본에서는 『근로기준법 연구회 보고서』가 1985년에 작성되었다.[27] 근로자성의 구체적인 판단기준으로 그 후 판례 등의 실무에서 활용되고 있다. 이 보고서에서 제시된 구체적인 기준은 종속근로 개념을 사용하고 있지 않다. 그러나 여기에서는 인적 종속성을 가늠한다고 생각되는 사정('지휘·감독 아래의 근로'에 관한 사정)을 중심으로 하면서, 이에 의한 판단이 어려운 경우에 경제적 종속성

23 1980년대 초 경의 학설에 대해서는 青木宗也(1980), p. 28 이하; 蓼沼謙一(1981), p. 76 이하 등을 참조.

24 예를 들어, 片岡昇(1983), p. 44 이하; 青木宗也(1980), p. 29 이하.

25 옛날 것으로는 五妻光俊(1948), p. 223. 그 후도 비슷한 견해가 제시되고 있다. 최근에는 下井隆史(1988), p. 19를 들 수 있다.

26 근로의 종속성과 종속근로의 개념을 이용한 판례로는, 예를 들어 東京12チャンネル 사건(假處分申請事件)·東京地判 1968. 10. 25 『勞民集』 19권 5호 p. 1335; 宮崎エンジンオイル販賣 사건·宮崎地判 1983. 12. 21 『宮崎判例』 444호 p. 66 등을 들 수 있다.

27 勞働省勞働基準局(1986), p. 53 이하.

을 가늠한다고 생각되는 사정(전속성의 정도)과 사업자성을 가늠하는 사정 등을 아울러 종합적으로 판단할 필요가 있다고 한다. 이러한 구체적 판단기준의 적용에 대해서는 대법원은 근로기준법을 비롯한 고용관계법의 적용대상에 대하여, 엄격하게 해석하는 입장에 있다.[28] 다만, 비교적 넓게 파악하는 몇 가지 하급심 판례가 있다.

③ 최근 노동법의 인적 적용대상 지표로 보는 종속근로의 경우 위와 같은 파악방법을 재검토해야 한다는 견해가 있다. 즉, 이 견해에 따르면 고용형태의 다양화와 기업조직의 변동 등에 의한 근로자에 대해서는 사용자에 의한 사용종속관계가 적어지고, 자영인에 대하여 특정 기업과의 계약관계로의 의존과 기업조직으로의 일부 구성원 등의 사정이 발생하고 있는 점이 지적되고 있다. 그리고 이러한 상황변화에 따라 인적 적용대상의 지표로 보는 종속성의 내용과 구체적인 기준을 재검토해야 한다고 주장하고 있다.[29]

이러한 주장은 새로운 상황에 따른 학설의 전개로 평가할 수 있다. 다만, 이러한 주장에 따라 인적 적용대상의 구체적인 판단기준을 재검토한다고 해도, 지금까지의 기준에 구체적으로 어떠한 변경을 요구하였는지는 아직 충분하게 검토되고 있지 않다. 판례수준에서도 이 점을 의식한 동향은 아직은 없다.[30] 이 점은 이 논점에서의 문제점으로 남아 있다.

④ 한편, 사회보장법의 적용대상에 대해서도 판례는 사용종속관계를 기초로 파악하였다고 볼 수 있다. 다만, 자영인에 대하여 공적 사회보험이 문호를 점차 개방하고 있는 것은 자영인 중의 일부 그룹은 사회적 보호 필요

[28] 용차운전사의 근로자성(산재보험법의 적용 유무)이 문제된 사례에 관한 판단에서 그 경향을 볼 수 있다.

[29] 예를 들어, 吉田美喜夫(1986), p. 30 이하(특히, p. 46 이하); 石田眞(2003), p. 9 이하 그 외를 참조.

[30] 판례에도 판단과정에서 이 점을 언급하는 사례가 있다. 이른바 용차운전사의 근로자성이 (위탁중지의 효력판단의 전제로서) 문제가 되었던 사례에서 회사의 영업목적, 계약의 취업형태, 계약의 계속에 비추어 보아 용차운전사가 제공하는 '노무가 회사의 사업에 있어 필요 불가결한 것으로 그 노동력을 자신의 사업운영 중에 기구적으로 편입하고 있다'고 할 수 있다고 판시하여 그 근로자성의 판단에서 조직적 종속성을 고려하였다고 본 것이 있다(北浜土木砕石 사건·金沢地判, 1987. 11. 27,『労働判例』520호, p. 75 외).

성의 관점에서 근로자와 크게 다를 바 없다는 인식에 기초하고 있다.[31] 그리고 사용종속관계의 구체적인 판단기준도 그 적용결과에 차이가 있지만, 노동법의 영업(근로기준법 제2조 제1호의 근로자)에 대하여 제시되어 온 기준과 거의 비슷한 기준으로 판단된다고 평가할 수 있다.

5.2.4. 중간형태의 취업자에 대한 대응양상

그런데 현재 폭넓게 확산되는 서비스분야의 근로자에 있어서는 완전한 형태의 인적 종속성을 가진 근로자계층은 이미 크게 완화되는 추세에 있고, 또한 고용·취업형태가 다양해지면서 자영인과 근로자 사이의 회색지대에 있는 중간형태의 취업자가 늘어나고 있다. 이러한 중간형태의 취업자는 지금까지 노동법과 사회보장법의 부분적인 적용대상에 그쳤다. 그런데 앞으로 중간형태의 취업자를 노동법과 사회보장법에서 어떻게 다룰 것인지 다양하게 논의되고 있다. 특히, 노동법의 영역에서는 주로 다음의 사항이 논의되고 있다. 여기서는 종전 논의에 주목하여 살펴본다.

즉, ① 중간형태의 취업자를 검토할 대상이 특정한 직업유형에 속하는 취업자에서 중간형태의 취업자 일반수준까지 확대되고 있다. 또 종래에는 근로기준법과 노조법의 적용대상인 '근로자'에 포함할 것인지 여부라는 해석론상의 대응양상을 주로 살펴보았다. 이에 대하여, 최근에는 입법정책론상 대응하는 양상도 중요한 관점에서 검토되고 있다. ② 또, 지금까지 인적 적용대상 문제는 근로기준법의 적용대상을 중심으로 논의되었지만, 최근에는 판례법리와 취업규칙·단체협약의 적용대상을 포함해 검토하는 것으로 의식하고 논의되고 있다. ③ 적용대상을 판단하는 데 실무 문제로 적용대상 여부를 예측할 수 있는 확보 등의 필요성이 주장되어, 적용시 판단주체의 양상 등에 대하여 검토되는 점도 들 수 있다. 이러한 여러 사항을 살펴본다.

[31] 특히, 독일의 경우 수공업자, 농림업종사자, 독립예술인 등은 독립적으로 특수직역의 사회보험제도를 발전시키거나 소정의 요건 아래에서 일반적 사회보험의 가입범위에 포함시키고 있다(Fuchs, Zivilrecht und Sozialrecht, S. 114 ff. 참조). 그리고 이미 1981년 예술인의 기본적 사회보장을 위한 법률로 「독립 예술인과 언론인의 사회보험에 관한 법률(Gesetz uber die Sozialversicherung der selbstandigen Kunstler und Publizisten)」을 제정한 바 있다.

(1) 검토대상의 확대와 입법론의 전개

① 먼저, 종전의 노동법 영역에서는 중간형태의 취업자에 대한 대응양상을 살펴보았다. 이것은 법원의 판단과 노동위원회의 판정 등이 제시된 것을 이유로 그 판단 등의 시비를 다루었다. 이 시기에 중간형태의 취업자는 '특수형태 근로종사자'라고 불렸다.[32] 예컨대, 이른바 골프장경기보조원, 보험설계사, 학습지교사, 레미콘운송차주, 영화배우 등 특정한 직업 영역에서 볼 수 있는 자 등이다. 개별 취업형태별로 다루는 방법을 살펴보았는데, 어디까지나 해석론의 수준이었다. 특정한 입법을 적용하는데 그 적용대상에 포함해 해석하거나, 적용대상에 포함되지 않아도 이를 포함할 수 있도록 확대해석과 준용 등의 해석방법을 사용해야 하는가 등이 해석론 논의의 중심이었다. 그리고 특정한 직업영역에서 볼 수 있는 특수고용형태의 취업자가 적용되는지 여부를 살펴보면서, 일반적인 적용대상에 대한 판단기준의 구체적인 내용도 모색되었다.

② 이에 대하여 최근에는 중간형태의 취업자 일반에 대하여 해석론 및 입법론의 관점에서도 살펴보았다.

예를 들어, 중간형태의 취업자도 포함하여 취업자의 인적 종속성과 경제적 종속성의 정도에 따른 입법정책이 필요하다는 견해 등을 들 수 있다.[33] 이러한 견해에 의하면, 중간형태의 취업자에 대하여 그 사실상의 경제적 종속관계가 근로자와 유사한 '폐해'를 낳고 있다고 한다. 이 '폐해'에 대하여 근로계약법리와 같은 판례법리는 해석으로 유추 적용해 대응할 수 있다고 한다. 그리고 입법을 적용하는 데 각 입법의 취지·목적에 따라 입법마다 적용범위를 정하는 방법이 우선 타당하다고 한다. 근로기준법 관련법규에 대해서도 각 규범의 취지·목적에 따라 적용범위를 몇 가지 수준으로 재편해야 한다고 제안하고 있다. 해석론 및 입법론의 관점에서 개별 법리와 입

---

[32] 片岡昇(1965), p. 156 이하; 國武輝久(1973), p. 99 이하; 山本吉人(1970), p. 186 이하; 青木宗也(1977), p. 28 이하 그 외.

[33] 島田陽一(2003), p. 57 이하.

법마다 인적 적용범위를 규정하도록 주장하는 '개별정립설'이라고 한다.

또는 중간형태의 취업자를 자영인, 근로자와 함께 '제3의 범주'(계약근로자)로 창설하여 정의 규정을 정한 후 이 범주에 속하는 취업자에 대하여 명문규정에 따라 적용대상에 부가할 필요가 있다고 제안하는 '제3유형 창설설'이라고 한다.[34]

위의 두 학설은 적용대상에 대하여 판례법리와 입법마다 그 취지·목적에 따라 적용대상이 달라질 수 있다는 상대적 개념설의 입장이라는 점에서 공통적이다. 그러나 두 학설은 판례법리와 입법의 취지·목적에 따라 적용대상에 포함되는 중간형태의 취업자 범위에 대하여 정의규정에 따르면서 판례법리와 입법에 비교적 공통적인 것으로 파악하는지(제3유형 창설설), 각각 따로 될 수 있는 경우도 있을 수 있는지(개별정립설)에 달라질 것이다. 그렇지만, 현실적으로 어느 학설도 이러한 주장에서 보았을 때 적용대상으로 보는 중간형태의 취업자와 큰 차이는 없다고 본다.

중간형태의 취업자는 양적으로 확대되고 그 취업실태도 질적으로 다양해지고 있다. 이러한 상황에 대응양상으로 해석론의 대응만으로는 한계가 있다. 이러한 인식에 따라 해석론 및 입법론의 대응양상을 검토하려는 시도는 이러한 논점에 관한 학설의 새로운 전개이다. 그리고 이러한 전개는 국제수준의 경향이다.[35]

물론, 한편으로는 중간형태 취업자의 기본적 사실이 불명확한 현 단계에서 포괄적인 입법정책을 펼치는 것은 어려우므로, 중간형태의 취업자 일반에 대하여 노동법을 확대하는 것에 신중해야 한다는 견해도 있다.[36] 또는 노동법을 확대해 대응하지 않고, 자영인에게 준비되어 있는 기존의 법제도(민법, 경제법 등)와 판례법리(내지 판례법리의 전개)에 의해 자영인으로서의 취업조건을 개선하는 것으로 충분하다는 견해도 있다.[37]

---

34 鎌田耕一 편저(2001), p. 79 이하(특히, p. 120 이하); 鎌田耕一(2003), p. 138 이하.
35 예를 들어, ILO에서의 동향 및 EU의 동향에 대하여 참조.
36 山口浩一郎(1999), p. 167; 馬渡淳一郎(2002), p. 18 이하.
37 예를 들어, 皆川宏之(2003), p. 166 이하(특히, p. 182 이하)를 참조.

(2) 입법 이외 규범의 적용대상

다음으로 학설에 의한 최근 논의에는 특정한 입법의 적용대상 및 판례법리와 자주규범인 취업규칙·단체협약의 인적 적용대상도 사정에 포함해 논의하고 있다.

지금까지는 근로기준법 제2조 제1호와 노조법 제2조 제1호의 '근로자'의 의의를 중심으로 적용대상에 대하여 논의하였다.[38] 판례법리와 취업규칙·단체협약의 적용이 문제되는 경우도 근로기준법 등 입법규정의 적용대상과 특별히 구별 없이 함께 논의해 왔다.

그러나 최근 근로기준법 등의 입법의 적용대상과 판례법리 및 취업규칙·단체협약의 적용대상이 동일하고 상호 중복되는 필연성은 없다는 인식을 전제로 하여 각각에 대하여 구별해 논의하는 방법을 선택하고 있는 견해도 있다.[39]

판례법리에는, 예를 들어 해고권 남용법리와 같이 판례에 의해 확립된 근로계약법리에 대하여 그 취지·목적에서 그 적용대상에 중간형태의 취업자가 포함되는 경우가 있는지를 유연하게 검토해야 한다는 견해 등이 이에 해당한다.[40]

한편, 취업규칙과 단체협약의 인적 적용대상은 어떠한지가 문제된다. 이러한 것은 자주규범으로, 이 적용범위는 기본적으로는 제정권자가 자주적으로 결정할 수 있다. 이러한 의미에서는 그 적용대상에 대해 이와 같은 자주규범을 책정하는 권한이 있는 당사자 의사에 맡기면 좋고, 입법과 판례법리의 경우와 같이 취업실태에서 객관적으로 보호의 필요성을 판단해 결정할 필요는 없다고도 할 수 있다.

예를 들어, 회사의 고유한 근속휴가제도를 정하는 취업규칙과 단체협약 규정의 인적 적용대상을 종업원 중 정규직만으로 하고, 단시간근로자 등의

---

38 片岡昇(1965), p. 156 이하; 國武輝久(1973), p. 99 이하; 山本吉人(1970), p. 186 이하; 青木宗也(1970), p. 28 이하 등을 참조.

39 예를 들어, 東京大學勞働法硏究會 편(2003), p. 138(橋本陽子 담당부분 집필); 島田陽一(2003), p. 45 이하 등을 참조.

40 예를 들어, 島田陽一(2003), p. 57 이하.

비정규사원을 제외하는 취급 등을 들 수 있다. 이러한 취급 자체에 문제는 없다. 다만, 이러한 근속휴가제도를 정하는 규정은 적용대상이 되는 정규직의 입장에서는 정규직이라는 점, 이외에 그 전제로서 근로자라는 점도 함께 요구하고 있다고 일반적으로 해석될 수 있다. 이와 같이 취업규칙과 단체협약의 적용대상이 되는 전제로서 근로자의 여부가 문제되는 경우가 있다. 특정권자에 의해 특별한 취급이 의도되고 있는 경우를 제외하고, 취업규칙과 단체협약의 적용대상에 대해서도 근로기준법과 노조법의 적용대상과 마찬가지로 근로자성이 문제가 되는 경우가 있는 것이다.

판례에서도 회사 임원이 종업원에게 예정된 퇴직금 청구권을 가지는지 여부의 문제가 취업규칙의 퇴직금 규정 적용 여부의 문제로서 지금까지 많이 문제가 되었다.[41] 향후 중간형태의 취업자에 대하여 취업규칙과 단체협약을 적용하는 전제로서 그 근로자성이 문제되는 사례가 늘어날 전망이다.[42]

(3) 적용대상의 판정주체와 예측가능성의 확보

또, 최근의 새로운 논점으로서 적용대상의 판정주체가 문제된다. 지금까지 노동법의 적용대상은 법원과 노동위원회 등에게 판단이 위임되어 왔으며, 판단받았던 사례의 축적으로 적용대상의 기준이 잘 정리되어 왔다. 그렇지만 노동법의 적용대상 여부에 대하여 예측 가능성은 아직도 적다는 지적이 있다.[43] 그 때문에 적용대상 여부에 대한 판단을 법원이나 특정한 행정기관 등에 맡기는 방법으로 적용의 유무에 대한 신속한 판단과 예견 가능성을 확보하여야 한다.

이 때 판정기관에 대하여 위탁자측(사용자측)에 의한 반증을 허용하고, 반증이 없다면 적용대상으로 추정하는 취지의 추정규정을 두는 것을 함께 주장하는 견해도 있다.[44]

---

[41] 예를 들어, 前田製菓 사건·최고재판소 1982.5.11, 『判例時報』 1009호, p.124; 興榮社 사건·최고재판소 1995.2.9, 『判例時報』 1523호, p.149 외 다수.

[42] 입법과 그 이외의 규범(판례규범, 자주규범)의 인적 적용대상에 대하여 중간형태의 취업자를 어떻게 취급할 것인지에 대해서는 후에 살펴보기로 한다.

[43] 淺倉むつ子(2000), p.493 이하, p.504 이하; 大內伸哉(2004), p.57 이하; 鎌田耕一(2004), p.58 등.

고용·취업형태가 다양해지면서 중간형태의 취업자가 늘어나면 적용대상에 포함되는지의 예측 가능성 확보와 신속한 판단의 보장이 더욱 필요하게 될 것이다. 예측 가능성 등을 어떻게 확보할지 논의할 필요성은 커진다고 할 수 있다. 이러한 논점의 제시는 학설의 새로운 전개 및 확립된 판례라고 평가할 수 있다.

5.2.5. 당사자 의사의 취급

다섯 번째의 논점으로 노동법과 사회보장법의 적용대상인지 판단하는 데 계약조항 등에 제시된 당사자 의사를 어느 정도 고려해야 하는지가 문제된다.

① 우리 나라 노동법의 최근 동향에서 특징은 종래의 규제를 그대로 적용하는 것이 근로자 내지 노사 쌍방에 불합리한 상황을 낳는 경우에는 규제를 완화하거나 개혁하는 경우와 같이, 어디까지나 일률적인 대응을 전제로 하면서 이러한 방법을 취하는 외에 근로자의 의사 내지 근로자(근로자집단)와 사용자의 합의 등 당사자 의사로, 특정한 근로자와 특정한 사업장에 대한 규제를 회피할 수 있는 방법이 확대되고 있는 점이다. 특히, 근로기준법을 비롯한 고용관계법의 영역에서는 그러한 방법을 채택하고 있는 것을 볼 수 있다. 고용관계법의 영역에서는 강행적·보완적 효력과 벌칙을 배경으로 하는 규제가, 오히려 근로자의 보호와 취업상의 편의성을 저해하는 상황을 낳고 있다. 임금과 근로시간, 계약기간 등 폭넓은 규정항목에 대하여 이 점이 지적되어 왔다. 이에 대해서는 근로자 개인의 의사 존재와 노사협정의 체결을 조건으로 하는 등 규정의 적용 제외와 완화를 인정하거나, 재량근로 등의 새로운 취업형태의 채택을 쉽게 하는 등 단속적(斷續的)으로 입법적 대응을 해 오고 있다.[45]

44 島田陽一(2003), p. 67 이하; 鎌田耕一(2004), p. 135 이하.

45 근로자 의사(동의)의 존재에 의해 규제를 제외하거나 완화한 사례로서 다음의 사례를 들 수 있다. 예를 들어, 기획업무재량근로제(노동기준법 제38조의 4)를 실시하는데, 제도의

또 해석론에서도 근로자 본인의 동의로 강행적 규정의 적용을 제외하는 것을 긍정하는 판례 등이 판시되고 있다.[46]

이러한 방법은 향후 고용·취업형태의 다양화 및 고용·취업형태 간의 유동화가 진행되어 일률적인 규정이 부적절한 결과를 초래하는 경우가 늘어나는 것이 예상되고, 그 채택의 빈도가 높아질 것으로 보여진다. 이러한 방법은 노동법의 규정 적용을 당사자 의사에 의해 회피하는 것을 인정하는 점에서 강행규정이라고 보는 법규정에 대한 입법과 법해석에 의한 부분적인 '임의규정화' 내지 '임의규정성의 확대'로서 파악할 수 있을 것이다. 노동법상의 규정에서 근로자 개인과 사업장 수준에서 이러한 '임의규정화'가 어디까지 필요한지는 향후 검토해야 할 과제라고 할 수 있다.

② 그런데 노동법의 적용대상인지 여부(근로자성)의 판단에서도 노무공급계약의 당사자 합의를 비롯한 의사의 계기가 어느 정도 전중되는지가 문제될 수 있다. 자신들의 노무공급관계가 노동법의 적용을 받는 노무공급관계의 여부를 어디까지 당사자의 판단에 맡길 수 있는지가 문제된다. 이러한 문제도 앞의 '임의규정화' 문제의 하나로 볼 수 있다. 다만, 근로자성 판단의 문제는 특정한 입법을 특정한 규정에 적용하는 유무와 관계된 문제라고 해도 좋다.

본고는, 먼저 이러한 문제에 대하여 지금까지 판례의 판단과 학설의 동향을 살펴본다. 그리고 이러한 분석을 바탕으로 노동법, 특히 고용관계법의 적용대상이 되는지 여부(근로자성)를 판단하는 데 당사자 의사를 어떻게 평가해야 하는지 살펴본다.

적용대상이 되는 근로자의 동의를 요건의 한 가지로서, 간주근로시간제의 채택이 인정되어 노동기준법에 의한 근로시간규제 원칙의 엄격한 적용이 완화되고 있다. 또는 과거 택시하이어의 여성운전사가 스스로 신청하는 것 등을 조건으로, 여성근로자에 대한 심야근로의 금지 적용제외가 인정되고 있었다(노동기준법 구 제64조의 3 제1항 단서 제4호).

46 예를 들어, 벌칙을 부가해 사법은 강행적 효력이 있다고 해석해 온 노동기준법 제24조에서 규정한 임금의 전액지불의 원칙에 대하여 사용자가 근로자의 동의를 받아 행하는 상계는 근로자의 자유의사에 따라 행해진다고 인정하기에 충분한 정당한 이유가 객관적으로 존재할 때에는 동 원칙에 반하지 않는다고 하는 최고재판소 판결(日新製鋼 사건, 最二小 1990. 11. 26『民集』44권 8호, p. 108)과, 이에 따라 같은 취지를 판시한 하급심 판례(更生會社三井埠頭 사건, 東京高判 2000. 12. 27,『勞判』809호, p. 82 이하) 등이 보인다.

③ 지금까지 판례 및 다수설은 노동법의 적용대상 여부는 노동법에 의한 보호의 필요성에 따라 결정된다고 해석하고, 보호의 필요성은 현실의 취업실태에서 객관적으로 판단하면 되었다. 계약조항 등에 제시된 계약유형에 관한 당사자 의사는 덜 중요하다는 견해이었다.[47] 그 이유는 ① 보호의 필요성은 현실의 취업실태가 무엇보다 제시된다는 점, 또한 ② 계약조항 등에 제시된 당사자 의사는 당사자의 힘의 관계의 격차를 반영하여 위탁자 측의 의사만을 반영하기 쉽고, 그러한 경우 당사자 의사는 취업자측의 진의라고 할 수 없어 고려할 가치가 없다는 점도 있었다.[48]

이에 대하여 학설상 당사자 의사를 고려해야 한다는 견해도 있었다. 예를 들면, 폭넓은 재량이 인정되는 근로자(재택근로, 재량근로자 등)가 늘어나면서 근로자성의 판단이 어려운 사례가 발생한 데 대한 대응으로 당사자 의사와 관행의 존중을 제안하는 견해이다.[49] 일부 판례도 이 견해를 지지하는 해석이 있다.

④ 한편, 사회보장법의 영역에서는 이러한 논점에 대하여 의식적으로 검토한 학설 및 판례는 없는 것 같지만, 이러한 점도 노동법과 마찬가지로 문제된다고 할 수 있다. 그리고 사회보장법의 영역에서도 이 논점에 대해 현실적으로 노동법에서의 학설 및 판례의 다수 견해에 따라 다루어지고 있다.

---

47 예를 들어, 労働省労働基準局(1986), p. 54 참조.

48 당사자 의사의 취급에 관해서는 노동법의 적용대상과 관계되는 당사자 의사뿐만이 아니라, 근로자성의 판단기준으로 보는 사정에 관하여 제시된 당사자 의사도 마찬가지로 문제가 될 수 있다. 예를 들어, 근로자성의 판단시는 '근로시간과 장소의 구속성'을 고려해야 할 중요한 사정으로 보아 왔다. 이러한 사정에 관해 근로계약상의 합의에서는 취업자가 취업장소를 그 때마다 자유롭게 선택할 수 있다고 하지만, 현실에서는 취업장소는 위탁자 측에서 지정된 실태가 있었던 경우에는 계약에 제시된 당사자 의사는 어느 정도 고려해야 하는지가 문제이다. 이 점에 대한 학설에 의한 의식적인 논의는 지금까지 많지 않다. 다수설과 판례에서는 적용대상이 되는지에 관한 당사자 의사의 취급과 마찬가지로 이러한 당사자 의사도 중시하지 않는 취급이 인정된다고 생각된다. 사실 앞의 사례에서 보면, 판례에서는 당사자 의사가 아니라 현실의 상황이 고려되어, 근로장소의 구속성이 인정되는 경향을 볼 수 있다.

49 下井隆史(2001), p. 24; 安西愈(1987), p. 162; 藤原稔弘(1998), p. 144; 鎌田耕一(2004), p. 59 등.

⑤ 인적 적용대상에 포함되는지 여부가 문제되는 중간형태의 취업자는 자영인으로서 의식을 가진 자도 많다. 취업형태에서 노동법과 사회보장법의 적용대상이 된다고 판단되는 경우 자영인으로서 취업자 의사와 모순되게 된다. 중간형태의 취업자가 늘어나면서 인적 적용대상의 문제가 논의되는 상황에서는 근로자성의 판단을 당사자 의사에 따른 시비는 더 검토해야 한다. 이러한 의미에서 이 논점을 검토한다는 견해는 인적 적용대상에 관한 새로운 논의라고 평가할 수 있다.

5.2.6. 자원봉사자 등에 대한 법적 대응양상

여섯 번째의 논점으로 자원봉사자와 종교활동 또는 연수 등의 활동목적에서 보아 본래는 노무제공에 대한 대가를 목적으로 하지 않는 활동에 대하여 근로자의 취업실태와 비슷한 활동실태가 인정되는 경우에 노동법과 사회보장법의 적용대상에 포함되는지가 문제된다. 최근 이러한 점이 논의되고 있다.

예를 들어, 자원봉사자에 대하여 민간단체 등에서 최근 자원봉사활동이 확대되면서 다양한 관계가 발생하고 있어, 이를 세 가지 유형으로 분류하는 견해가 있다.[50] 이에 의하면, 자원봉사자는 그 활동에 대한 객관적인 평가로, ① 유상근로를 하여 근로자와 마찬가지로 노동법을 적용받는 자, ② 유상근로이지만 도급과 위임계약관계에 있다고 보는 자, ③ 유상근로가 아니라 순수한 법률관계에 없는 자로 구분할 수 있다.

또는 유상근로 이외에 자원봉사자의 무상근로를 포함한 활동 전반에 대한 법적 대응의 양상을 모색해야 한다는 견해가 있다.[51] 즉, 무상근로라고 해도 생명·신체의 안전확보(사고 보상, 활동시간의 제한 등)와 인격적 자유와 평등원칙의 확보, 교육훈련·능력개발 등의 관점에서 법적 대응이 필요하다는 견해이다.

판례는 자원봉사자와 종교활동, 연수에 대해서도 다른 취업자의 근로자

---

[50] 山口浩一郎(2003), p. 30.
[51] 島田陽一(2003), p. 64 이하.

성 판단기준과 마찬가지 기준이 적용되어 취업실태에서 보아 객관적으로 판단하고 있다.[52]

이렇게 자원봉사자 등의 활동 문제는 ① 근로자의 취업실태에 유사한 활동실태가 있는 경우 법적 대응의 양상, ② 이러한 실태가 없는 경우에도 활동에 대하여 어떠한 법적 대응이 필요한가라는 두 사항을 명확히 해 왔다.

이러한 무상근로의 분야도 포함해 노동법과 사회보장법 기타 법적 수준의 대응양상을 논의하고 있는 점은 다양한 고용·취업형태에 관한 학설상의 새로운 전개라고 평가할 수 있다.

이상과 같이 1~6의 논점에 대해서는 노동법 영역에서는 학설 및 판례의 전개에 대하여, 사회보장법의 영역에서는 두 번째 논점인 적용대상의 상대적 파악의 문제와, 세 번째 논점인 판단기준을 논의하는 데 그치고 있다. 그러나 노동법 영역에서 제시되고 있는 4~6의 논점과 비슷한 논점은 사회보장법의 영역에서도 존재하지만 향후 검토과제로 남겨져 있다.

---

[52] (1) 넓은 의미의 '자원봉사 활동'에 대한 사례이지만, 실버인재센터의 회원이 작업 중의 부상에 대한 위탁자 및 실버인재센터의 안전배려의무위반이 문제가 되었던 사례이다. 三広梱包 사건·浦和地判 1993.5.28 『労働判例』 650호, p.76; 大阪シルバー人材センター事件·大阪地判 2002. 8.30 『労働判例』 837호, p.29; 綾瀬市セルバー人材センター事件·横浜地判 2003.5.13 『労働判例』 850호, p.12. (2) 또 종교활동에 대해서는, 절의 주지와 접수사무 담당자의 근로자성이 문제가 된 사례가 있다. 觀智院 사건·京都地決 1993.5.28 『労働判例』 647호, p.69; 実正寺 사건·松山地今治支判 1996.3.14 『労働判例』 697호, p.71; 同控訴 사건·高松高判 1996.11.29 『労働判例』 708호, p.40. (3) 또 연수에 대해서는 연수의의 근로자성이 문제가 된 사례가 있다. 연수의 근로자성이 긍정된 關西醫科大學研修 사건에 관한 일련의 판결(大阪地堺支判 2001.8.29, ① 『労働判例』 813호, p.36, ② 『労働判例』 823호 p.5, 大阪高判 2002.5.9 『労働判例』 831호, p.28(①의 공소심 판결), 同 2002.5.10 『労働判例』 836호 p.127(②의 공소심 판결), 最判 2005.6.3, ③ 『労働判例』 893호, p.14(①의 상고심 판결) 등을 들 수 있다.

행정해석에서도 종교활동에 관하여 활동의 실태에서 판단해야 한다고 하고 있다(1952.2.5 『基發』 49호). 즉, '헌법 및 종교법인에서 정하는 종교존중의 정신에 근거로 하여 종교관계 사업의 특수성을 충분히 고려할 것'이라고 하면서 '(가) 종교상의 의식, 포교 등에 종사하는 자, 교사, 승직자 등으로 수행 중인 자, 신자로 어떠한 급여를 받지 않고 봉사하는 자 등은 근로기준법상의 근로자가 아니다. (나) 일반 기업의 근로자와 비슷한 근로계약에 의하여, 노무를 제공하고 임금을 받는 자는 근로기준법상의 근로자이다. (다) 종교상의 봉사 혹은 수행이라는 신념에 근거로 하여 일반적인 근로자와 비슷한 근무에 종사하며 보수를 받고 있는 자에 대해서는 구체적인 근무조건, 특히 보수의 금액, 지불방법 등을 일반 기업의 그것과 비교하여, 개별 사례에 대하여 실정에 따라 판단할 것'으로 되어 있다. 명확한 종교활동자와 명확한 근로자의 사이에 회색지대에 위치하는 중간형태의 활동자의 존재가 인식되고 있다.

5.3. 인적 적용대상의 파악방법과 양상

그럼 이상 6가지의 논점에 관한 최근의 학설 및 판례를 살펴본 후 제시된 학설에 대하여 의견을 제시하고자 한다. 논점별로 고용·취업형태의 다양화 관계에서 고려해 살펴본다.

5.3.1. 중간형태 취업자의 양적 증가와 질적 다양화

먼저 취업실태를 보면, 자영인과 근로자 양측의 요소를 가지고, 양자의 회색지대에 있는 중간형태의 취업자수 및 이러한 직종·직역도 계속 확대되고 있다. 과거 특정한 직종·직역에서 특수고용형태로 보았던 중간형태의 취업자가 특정한 직종·직역에 국한되지 않고 일반화되는 추세이다. 그리고 실태조사는 충분하지는 않지만, 판례도 중간형태의 취업자의 취업실태가 직업과 직역의 확대와 함께 다양해지고 있다.[53]

이러한 중간형태의 취업자 일반을 대상으로 법적 취급의 양상을 검토할 상황이 계속 일어나고 있다.

5.3.2. 근로자의 취업형태의 다양화

두 번째는 지금까지 노동법과 사회보장법의 본래적인 인적 적용대상이었던 근로자(내지 피보험자)의 취업형태도 다양해지고 있다. 재량근로와 재택근로와 같이 사용자에 의한 지휘명령이 추상적 수준이고, 명령구속성이 희박한 실태에 있는 근로자가 늘어나고 있다. 분명히 적용대상인 사례 중에 구속명령성 중심의 종전의 판단기준을 그대로 적용하면 근로자성이 부정될 수 있는 사례가 발생하고 있다.

[53] 현재의 판례에서 문제가 된 사례는, 예를 들어 橋本陽子(2002), p.617 이하의 판례정리를 참조.

이러한 현실과 종전의 근로자의 판단기준과 부정합한 것을 해소하기 위해서 근로자성의 판단기준 자체를 재검토해야만 한다.

5.3.3. 다양화와 법적용관계의 명확화

세 번째는 중간형태의 취업자가 늘어나면서 노동법 등이 적용대상인지의 판단이 어려운 사례가 늘어나고 있다. 이러한 상황에서는 노동법 등을 적용할지 여부를 신속하게 판단하고, 결과를 예측할 수 있는 판단기준과 시스템을 정립해야 한다. 이러한 법적용이 명확해야 한다는 요청은 노동법과 사회보장법 외에도, 민법과 세법 등 입법에서 취업자의 적용이 문제되는 규정에도 타당하다.

이상과 같은 요청을 바탕으로 노동법, 사회보장법의 인적 적용대상에 관계되는 논점 상호간에 정합성을 도모하면서 타당한 처리양상을 살펴본다.

(1) 고용과 근로계약의 관계

① 먼저, 첫 번째 논점인 고용과 근로계약의 관계에 대하여 준별설과 동일설의 대립을 평가하는 문제이다. 앞에서 서술한 바와 같이(5.2.1.), 각각을 규정(規整)하는 민법과 노동법의 규제 내용·이념에 차이가 있다. 이 점은 준별설, 동일(동질)설이 같다는 설명은 타당하다. 따라서 근로계약에 규정하는 대상이 되는 계약관계(그 본질)의 차이까지 너무 부연한(또는 그러한 오해를 낳은) 경향이 있다. 이러한 이해에 기초해 준별설과 동일설이란 노동법의 독자성을 강조하는 방법에는 강조의 정도에 차이가 있지만, 노동법의 독자성을 승인하는 것이 근본적인 대립을 포함한다고 할 수는 없다.

또 이상의 근로계약과 고용의 본질론과는 별도로 그 규제하는 대상의 범위의 문제가 있다. 준별설, 동일설 모두 근로계약의 대상은 고용과 다른 도급과 위임의 계약유형과의 혼합계약관계를 포함해서, 고용대상보다 넓다고 하는 견해가 있다. 중간형태 취업자의 증가는 이러한 견해를 보다 설득력 있게 한다. 이 점에 대하여 법기술적인 관점(적용되는 법규정을 발견하는 용의성의 확보의 관점)에서 중간형태의 취업자가 늘어나는 현 상황에서도 양자의 적용대상은 본질적으로 동일(동질)하다고 설명할 수 있다. 이것은 근로계약에는 이러한 혼합계약관계가 포함되기 때문이다. 신준별설에 대한 검토 시 후술하는 바와 같이(5.2.1.의 ②), 혼합계약관계로 보더라도 고용, 도급과 위임의 어느 본질을 가지는 계약관계인가 판단해야 한다. 사용종속관계의 유무에 의한 판단이다. 적용한 결과 고용의 본질을 가진 혼합계약 관계는 이를테면 도급과 위임의 요소를 가진 경우에도 근로계약의 대상이 된다고 이해한다. 따라서 근로계약의 대상이 되는 혼합계약관계는 도급·위임의 요소를 가진 점에서 계약관계에서 고용 그 자체는 아니지만, 그 본질에서는 '고용'이다. 이러한 의미에서 고용과 근로계약은 본질적으로 동일(동질)하다는 설명이 된다.

② 이 점도 포함해 이른바 '신준별설'을 살펴본다. 이 학설은, 이미 서술한 바와 같이(5.2.1.의 ④), 민법과 노동법 각각의 적용규정의 발견 양상의 차이를, 근로계약과 고용의 기능·목적의 차이로서 설명해 제시하는 견해이다. 중간형태의 취업자처럼 비전형계약(혼합계약)으로 취업하는 사례에서는 적용규정이 문제되기 쉽고, 적용규정의 발견양상을 명확화하는 작업도 어째든 필요하게 된다.

노동법규의 발견은 객관적 사정에 의한 보호 필요성이 있는지 유무를 기준삼아 노동법을 적용할지를 판단하면 된다. 이 방법은 아직까지 이론(異論)은 적다(5.2.5.를 참조). 한편, 민법규정의 발견양상은 지금까지 꼭 명확하다고는 할 수 없다.[54] 민법규정을 발견하는 방법에 대해서는 일고가 필요하다고 할 수 있다.

앞에서 언급한 신준별설은 혼합계약관계에 적용되는 민법규정의 발견에 대하여 고용과 도급 등의 전형계약에 무리하게 적용해 전형계약으로 예정된 규정을 적용하는 것이 아니라, 계약의 취지(당사자 의사)와 민법의 각 규정의 취지를 살펴서 해당 계약에 혼합기준(당사자 의사에 가장 일치된 룰)을 찾아야 한다.

[54] 이 점의 검토를 시도한 민법학자가 있다(東京大學勞動法硏究會 편, 1989, p. 2 이하(특히, p. 6 이하) 참조(幾代通 담당부분)).

혼합계약을 포함한 비전형계약 일반의 법적 취급은 민법학자가 이미 처리하는 방법을 확립하고 있다.[55] 이에 따르면, “해당 계약별로 구성하는 전형계약의 부분에 각각의 전형계약 규정을 그대로 적용할 수는 없다. 이러한 규정을 우선 표준으로 하면서도 당사자가 해당 계약으로 행하기 위하여 적합하게 해결하여야 한다. 이를 위해 전형계약 규정을 어느 범위에서 유추 적용할지를 살펴보아야 한다”는 것이다.

신준별설은 비전형계약(혼합계약) 일반에 대한 이러한 설명을 고용 등의 노무공급계약의 영역에 그대로 적용하고 있는데, 이는 아주 타당한 해석이다.

③ 민법규정의 발견방법은 이 신준별설에서 말하는 방법으로도 문제가 되지 않는다. 그러나 고용과 도급·위임과의 혼합계약에 적용되는 민법규정의 발견에 대해서는 이론적으로도 또 중간형태의 취업자 증가에 대한 현실적 대응도 고려하면, 다른 방법 쪽이 보다 적절하다.

각각 전형계약의 목적이라는 점에서 볼 때, ‘고용’은 노무 내지 근로 자체를 목적으로 하고, ‘도급’은 노무와 근로의 성과(일의 완성)를 목적으로 한다. 그리고 ‘위임’은 사무처리에 필요한 통일된 지휘·명령관계의 유무의 차이로 나타난다.[56] 고용과 도급·위임이란 이러한 지휘·명령관계의 유무에 의해 결정적으로 구별된다. 고용과 도급·위임은 이론상 지휘·명령관계의 유무라는 점에서는 하나의 계약관계 중에 양립할 수 없는 계약유형이다. 이 점에서 두 계약관계는 혼합할 수 없는 것이다. 따라서 고용과 도급·위임의 혼합계약도, 먼저 이러한 지휘·명령관계의 유무에 의하여 고용이나 다른 것을 본질로 하는지 판단해야 한다. 이 점 이외에서 개별 계약유형의 특징이 부분적으로 병존하는 계약실태에 있어 혼합계약인 경우에도 지위·명령관계의 유무로 고용 또는 다른 것을 본질로 할 것인지를 결정한다. 실제로

[55] 민법학자들은 혼합계약의 법적 취급을 검토해 왔다. 예를 들면, 鳩山秀夫(1926), p. 740 이하; 我妻榮(1962), p. 883 이하. 이 점에 대한 최근의 논의는, 湯淺道男(1990), p. 3 이하 참조.

[56] 예를 들어, 我妻榮(1962), p. 531 이하; 東京大學勞動法硏究會 편(1989), p. 2 이하 등을 참조.

표 5-1 근로계약과 여타의 노무공급계약 유형과의 비교

구 분	고 용	도 급	위 임
법규정	민법 제655~663조	민법 제664~674조	민법 제680~692조
계약목적	노무 그 자체의 이용	일의 완성	사무의 처리
계약의 핵심표지	당사자 일방이 상대방에 대해 노무제공을 약정하고 상대방이 이에 대해 보수지급을 약정	당사자 일방이 어느 일을 완성할 것을 약정하고 상대방이 그 결과에 대해 보수를 지급할 것을 약정	당사자 일방이 상대방에 대해 사무처리를 위탁하고 상대방이 이를 승낙
보수의 지급	약정시기, 약정한 노무완료후 지체없이 지급, 시기나 보수에 관한 약정이 없는 경우 관습에 의해 지급	완성된 목적물의 인도와 동시에 지급, 인도를 요하지 않는 경우에는 완성후 지체없이 지급(지급시기는 고용계약에 준용)	약정이 있는 경우에 한하여 보수청구 가능: 보수를 받는 경우 약정이 없는 한 위임사무 완료후 청구
제공되어야 할 노무의 내용	일신전속성: 약정하지 아니한 노무제공 요구시 계약 해지 가능, 노무에 필요한 특수한 기능을 가지고 있지 아니한 경우 계약 해제가능	목적물의 완성에 계약목적이 있으므로 채무자 이외의 제3자의 노동력을 사용하는 경우도 무방(완성된 목적물의 하자로 계약의 목적을 달성할 수 없는 때 계약해제)	관련규정 없음.
계약의 기간 및 해지	· 약정기간을 3년을 넘거나 종신계약의 경우 3년 경과 후 해지가능 · 기간의 약정이 없는 경우 통상 해지가능 · 기간의 약정이 있는 경우 특별해지	도급인은 수급인이 일을 완성하기 전에는 손해를 배상하고 계약해지 가능	계약당사자는 언제든지 해지가능(다만, 부득이한 사유 없이 상대방이 불리한 시기에 해지한 때에는 그 손해를 배상해야 함)
묵시의 갱신	계약기간 만료 후 노무자가 계속 근로를 제공하고 사용자가 이의를 제기하지 않는 경우 동일조건으로 재고용한 것으로 간주	관련규정 없음.	관련규정 없음.

는 지위·명령관계의 정도가 애매모호한 사례도 있는데, 이 경우에도 먼저 본질이 무엇인지를 판단해야 한다. 신준별설과 같이 혼합계약에 대하여 고용 또는 도급·위임에 적용하지 않아도,[57] 고용의 본질을 가진 혼합계약인가, 그 이외의 본질을 가진 혼합계약인지를 분류해 두어야 한다.

이렇게 분류한 후, 예를 들어 고용의 본질을 가진 혼합계약관계로 분류되어 고용규정의 적용(유추 적용)이 예정되어도 임의규정으로 보는 규정은 특약의 존재와 계약의 취지로 판단해 민법의 고용규정 내용과는 달리 다루어야 할 사항에 대해서는 달리 다루면 된다.

④ 이렇게 처리하는 쪽이 현실적인 문제처리에서도 적절하다. 예를 들어, 의뢰받은 일의 전부를 자신이 직접하지 않고, 다른 사람에게 작업의 일부를 맡긴 중간형태의 취업자 사례가 있다고 한다. 이러한 취업자가 고용으로 취업하고 있었다면, 다른 사람에게의 작업분담이 사용자의 승낙 없이 이루어졌던 경우에는 계약의 해지사유가 된다(민법 제657조 제2항, 제3항). 한편, 이 취업자가 도급계약을 체결하였다면, 특약이나 일의 성질상 제약이 없다면 주문자의 승낙은 필요 없다고 해석된다.[58] 타인에 대한 무단의 작업

[57] 민법 학설에는 사례는 다르지만, 도급과 매매의 양쪽 성질을 가지는 '제작물 공급계약'에 대하여 어디로 분류해야 한다는 견해를 제시한 것이 있다(我妻榮, 1962, p. 604 이하, p. 886 이하).

이 견해는 '제작물 공급계약'을 혼합계약으로 파악하는 것은 당사자의 의사를 어느 한쪽으로 결정하는 것이 어렵기 때문이라고 추측하면서, 혼합계약으로 파악하는 것은 어떠한 경우에 어떠한 규정을 적용해야 하는지의 문제를 남길 뿐만 아니라, 양측 규정의 적용이 타당한 결과를 발생한다고 생각되지 않는다고 한다. 이러한 견해는 오히려 거래의 성질에 의해 당사자의 의사를 유형화하고, 매매 혹은 도급의 한쪽으로 구별한 후 개별적인 경우에 당사자가 이와 다른 특약을 하였을 경우에는 이에 따른다는 것이 적당하다고 한다(我妻榮, 1962, p. 606).

이에 대하여, 이러한 견해와는 달리 제작물 공급계약을 도급과 매매의 혼합계약으로 보고, 혼합계약의 일반적 처리방법에 따라 양측의 규정을 유추적용해야 한다는 견해도 있다. 이 견해가 최근의 다수설과 같다(湯淺道男, 1990, p. 7 참조).

다만, 앞의 소수설은 다수설과 같은 유추적용주의가 이론으로서는 오히려 당연한 것을 인정하면서, 또한 각종의 혼합계약에 대하여 될 수 있는 대로 유추적용의 범위를 명확히 하는 노력을 해야 한다고 하여, 제작물 공급계약에 대한 앞의 견해는 그 시도의 하나라고 한다(p. 888). 이러한 소수설과 동일한 취지에서 해당 혼합계약의 본질이 고용인지 여부를 판단해야 할 것이다.

분담에 대한 법적 취급은 고용과 도급이 기본적으로 차이가 있다.

고용의 경우 주문주가 계약이 체결된 직후에 노무급여청구권을 비롯하여 해당 계약에 의하여 발생하는 모든 채권을 근로자의 동의 없이 제3자에게 양도하였다면, 근로자는 양수인에게 노무제공을 하지 않아도 노무제공의무 위반의 책임이 없다(민법 제657조 제2항). 한편, 도급의 경우, 특별한 규정이 없기 때문에 채권양도의 일반원칙에 따르게 된다(민법 제466조). 이에 의하면, 주문주는 양도금지의 특약이 없는 이상 도급인에게 통지만 하면 그 승낙이 없어도 일의 완성을 청구하는 채권 그 외의 채권을 제3자에게 양도할 수 있다고 해석된다. 이 경우 도급인은 이 제3자에게 근로의 성과를 제공하는 채무를 지게 된다. 이것도 고용과 도급에서 달리 취급되는 것이다.

중간형태 취업자의 취업에 대하여, 고용인지 도급인지 명시하지 않고 당사자 간에 어떻게 처리해야 하는지가 다루어진 경우, 신준별설에 의하면 계약의 취지와 민법의 각 규정의 취지를 살펴서 사례별로 판단하면 된다. 계약의 취지 등을 살펴서 해당 계약에 대하여 합리적인 의사해석을 이끌어 낸다는 것이다. 중간형태의 취업자가 증가하므로 이러한 경우가 많이 발생할 우려가 있다. 특히, 앞의 두 사례는 어떠한 계약유형인지에 따라 결론이 다를 수 있어 계약의 합리적 의사해석이 어렵다. 아울러 모두 고용의 목적에 유래하는 권리의무의 일신전속성에 관계된 사례이어서 결국은 고용 또는 도급·위임인지를 구별하는 비슷한 작업(사용종속관계의 유무 판단)이 필요하다.

이에 대한 대응책은 개별 문제를 무리하게 계약의 취지를 해석해 합리적인 당사자 의사를 확정하는 것보다는 해당 계약관계가 전체적으로 어떠한 전형계약의 본질인지 먼저 판단하는 쪽이 타당하다. 이러한 판단은 노무자체를 목적으로 하는지의 여부, 즉 사용종속관계의 정도에서 행하는 방법뿐이다. 이 판단은 노동법 적용 여부의 판단이어서 노동법의 적용 유무와 연동도 의식하면서 행해야 한다.

따라서 어떠한 노무공급이 어떠한 전형계약의 본질을 가지는가를 판단

---

58 東京大學勞動法硏究會 편(1989), p. 12 이하(広中俊雄 담당부분).

하고, 그 전형계약에 관한 민법규정을 적용(유추 적용)할 수 있는지를 우선 인정하게 된다. 이 점이 신준별설과 결정적인 차이이다. 다만, 이것은 여전히 가능성일 뿐이고, 그 전형계약에 대하여 결정되고 있는 민법의 규정이 모두 그대로 당연하게 적용(유추 적용)되는 것은 아니다. 전형계약에 관한 민법 규정은 대부분이 임의규정으로 해석된다. 임의규정의 기능은 당사자 의사가 불분명한 경우에 합리적 의사해석을 제시하고 당사자 의사를 보충·보완하는 데에 있다. 특별한 당사자 의사(계약의 취지)를 인정할 수 있는 사항에 대해서는 이것을 존중하면 된다.

이상과 같이 중간형태 취업자의 계약관계에 대하여 이를 '혼합계약'이라고 해도, 고용(의 본질을 가진다)인가 도급·위임(의 본질은 가진다)인가의 적용을 객관적 사정(사용종속관계의 유무)에 따라 우선 행해야 한다. 그리고 적용된 전형계약에 예정된 규정을 구체적으로 적용(유추 적용)할지의 판단은 그것이 임의규정인 이상 계약의 취지(당사자 의사)와 특약에 비추는 방법을 취하면 된다. 이러한 처리로 당사자 계약의 자유를 존중하면서, 적용(유추 적용)되는 법규정을 보다 완만하게 찾을 수 있다.

또 고용과 관계된 민법규정에 강행규정('노무자' 보호의 점에서 강행규정으로 해석되는 경우)이 있는 것을 인정하는 견해가 있다.[59] 이에 의하면 고용에 관계되는 강행규정을 적용(유추 적용)할지의 판단에서도 노동법의 적용 유무의 판단과 마찬가지로 사용종속관계 유무의 판단을 전제해야 한다.

⑤ 이렇게 먼저 어떠한 전형계약에 적용하는 작업이 타당하다면, 적용에서 고용으로 분류된(고용의 본질을 가진) 혼합계약관계만이 근로계약으로 노동법의 적용대상이 될 것이다. 이러한 의미에서 고용과 근로계약의 대상은 본질에서 일치하게 된다.

한편, 도급·위임으로 분류된 계약관계라도 중간형태 취업자의 계약관계에 대해서는 고용규정을 유추 적용할 수 있고, 최근에는 노동법과 사회보

[59] 예를 들어, 민법 제660조 제1항 및 제2항에 의한 근로자 퇴직의 자유와 1개월(일본은 2주간, 일본민법 제627조 제1항)의 예고기간에 대하여 강행규정으로 해석하는 견해가 있다(下井隆史, 1999, p. 158 참조).

장법에 확대적용할 수 있는지의 시비를 살펴보고 있다.

(2) 인적 적용대상 개념의 통일성, 상대성

다음으로, 두 번째 논점인 인적 적용대상의 통일성 및 상대성의 문제를 살펴보기로 한다. 이 논점에 관한 통일적 개념설과 상대적 개념설과의 대립은 앞에서 이미 살펴본 바와 같이(5.2.2.), 노동법에 속하는 입법 등의 적용대상은 모두 공통적인가, 상이한지에 대한 견해차이로 설명되어 왔다.

노동법과 사회보장법에 속하는 입법에는 다른 법영역에 속하는 입법과 마찬가지로 개별 입법의 취지가 있고, 그 법의 취지는 상이할 수가 있다. 입법취지에 비추어 보면, 각 입법의 적용대상은 다를 수가 있다. 예를 들어, 장시간근로의 폐해에서 보호받을 취업자는 누구인가? 취업 중 재해로 부상을 입은 경우에 보상을 받을 대상자는 누구인가? 이러한 질문에 해당하는 취업자의 범위는 각각 입법의 취지에 따라 달라도 좋을 것이다. 이러한 의미에서 인적 적용대상은 각각의 입법에 따라 상대적이라고 할 수 있다. 이에 이론상 입법과 법규정마다 인적 적용대상을 확정하는 것이 타당한 것이다.

그러나 노동법은 그 제정과정을 돌이켜보면, 공장·광산 근로자를 보호할 필요성에 의해 법을 제정하고 독자적인 법영역으로 확립해 온 역사가 있다. 따라서 노동법의 적용대상으로 정해진 공장·광산 근로자에게 공통된 특징인 '종속근로'가 모든 노동법을 적용하는 판단기준이 될 수 있다. 종속근로에 종사하는 취업자에게는 노동법에 속하는 입법을 적용해야 하고, 이것으로 충분한 것이다. 결국 각 입법의 적용대상은 종속근로라는 공통기준으로 결정되는 통일적 개념으로 이해할 수 있다.[60]

공장·광산 근로자를 중심으로 한 취업자의 취업실태가 다른 직장에서도 일반적이었던 시기에는 각각의 입법의 적용대상을 공통적·통일적으로 파악하면 되었다.[61] 이 점은 경우에 따라 어떠한 입법의 적용대상을 본래보

---

60 예를 들어, 노조법 제2조 제1호의 '근로자'와 근로기준법 제2조 제1호의 '근로자'의 차이는, 노조법 제2조 제1호의 '근로자'가 실업자를 포함하는 점에서만 이라는 견해가 이에 해당된다. 이러한 견해로는 國武輝久(1973), p. 114 이하; 靑木宗也(1976), p. 94 이하 등을 참조. 이 견해에 비판적인 견해로서는 東京大學勞働法硏究會(1980), p. 219 이하.

61 일본 노동법의 인적 적용대상의 변천에 대해서는 예를 들어, 山本吉人(1970), p. 15 이하

다 협의로 해석할 수도 있다. 이러한 해석도 보호해야 할 대부분의 취업자를 적용대상으로 할 수 있어 사정이 나쁘지 않았다. 이러한 취업자 이외에 특수한 고용형태에 있고, 예외로 적용대상인지 판단하기 어려운 사례도 종속근로의 특징을 어느 정도 갖고 있는지 여부로 적용대상인지를 판단하면 충분하였다.

그러나 현재와 같이 취업자의 취업형태가 다양해지면서 모든 노동입법을 적용해야 하는 취업자만을 각 입법 적용대상으로 삼는 것이 타당하지 않은 상황도 발생하고 있다. 왜냐하면, 노동입법을 적용하는 데 중간형태의 취업자가 계속 늘어나고 있기 때문이다. 중간형태의 취업자는 법규정마다 입법취지에 따라 적용대상인지 여부를 살펴보게 되었다. 검토한 결과 이것을 적용대상이 되는 법규정과 불필요한 법규정이 있다면, 각 입법의 인적 적용대상은 통일성이 결여되게 된다. 이 때에 각 법규정의 적용대상 개념의 상대성이 나타나게 된다.

그리고 현 시점에서는 늘어나는 중간형태의 취업자에 따른 필요성을 고려하여, 이상과 같이 상대적 개념설을 견지하더라도 중간형태의 취업자를 적용대상에 포함시키기 위해서는 후술하는 바와 같이(5.3.3.에서 (4)의 2)), 법규정의 적용대상을 적용하는 데 명확성을 확보한다는 실무적 요청에서 법해석보다는 오히려 개별 입법적 수당에 따르는 것이 더 적절할 수 있다. 또 이것은 사회보장법의 영역에서도 동일하게 적용될 수가 있을 것이다.

(3) 적용대상의 판단기준

다음으로, 세 번째 논점인 노동법과 사회보장법의 적용대상의 판단기준을 어떻게 파악할 것인지가 문제된다.

노동법에 대해서는 현재 다수설이 이미 언급한 바와 같이(5.2.3. 참조), 인적 적용대상의 지표로서 근로종속성을 들어 종속성의 내용을 인적 종속성과 경제적 종속성의 복합으로 파악해 왔다. 한편, 판례는 '근로의 종속성'의 용어를 사용하는 사례는 오히려 적고, '사용종속관계' 등의 용어를 사용

참조.

하면서 인적 종속성을 나타내는 사정을 중심으로 경제적 종속성과 자영인성을 나타내는 사정을 함께 고려해 판단해 왔다.

고용취업형태의 다양화와 관련해 고려할 필요가 있다고 하여 앞에서 언급한 5.3의 세 가지 요청 중 중간형태 취업자의 증가와 질적 다양화(5.3.1.), 본래의 '근로자'의 취업형태 다양화(5.3.2.)의 두 가지에 적절하게 대응할 수 있도록 인적 적용대상의 지표와 판단기준을 다시 살펴보아야 할 것이다.

① 먼저, '근로자' 취업형태의 다양화에 대한 내응방법이 문제된다. 이미 살펴본 바와 같이, 본래의 '근로자' 지표, 판단기준과 관계에서 문제는 근로시간의 관리와 업무수행을 근로자의 자율성과 자주성에 맡겨진 사례가 늘어났다. 지금까지 근로자성 판단에서 중요한 사정으로 '업무수행상의 지휘·감독 정도'와 '근무장소·근무시간의 지정·관리에 의한 구속'을 들어 왔다. 재량근로와 재택근로 종사자와 같이 이러한 사정이 희박한 근로자에게는 종전의 기준을 그대로 적용하면 근로자성을 부정할 수 있다. 직장에서 아무런 의심 없이 근로자로 보던 취업자가 지금까지의 판단기준이라면 근로자성을 부정하게 되어 현실과 법적 평가와의 괴리가 발생하는 것이다.

그러면 현실에 따라 판단하기 위해 판단기준으로 고려할 사항이 문제된다. 업무명령성과 구속성의 사정 이외에 취업자와 위탁자와의 경제적 종속관계를 나타내는 사정과 사업자에 관계되는 사정(비사업자성을 나타내는 사정)의 비중이 늘어나, 인적 적용대상을 실질적으로 확대하는 방법이 반드시 타당한 것만은 아니다. 왜냐하면, 이러한 방법은 판단기준에는 본래 근로자성의 판단기준으로서의 의의뿐만 아니라 중간형태의 취업자를 적용대상의 여부에 관계된 판단기준으로 의의를 가지게 되기 때문이다. 중간형태의 취업자에 대하여 적용할지 여부를 결정하는 판단기준은 본래의 근로자성의 판단기준과는 달리 살펴볼 문제이다. '근로자'의 판단기준은 어디까지나 본래의 적용대상인 근로자인지 여부를 판단기준으로 엄격하게 확정해야만 한다. 이와 같은 점에서는 지금까지 근로기준법 등 고용관계법의 적용대상에 대하여 대법원이 제시한 엄격한 입장을 견지해야 하는 것이 필요하다.

이 점에 대하여 노동법상 보호의 근거를 다시 살펴보아야 한다. 이것은 근로자가 위탁자에게 자신의 노동력의 처분을 구체적으로 맡기고 있는 점에 있다. 위탁자가 가지는 처분의 폭이 커지면, 그만큼 근로자 자신이 노동력 처분에 대하여 자기책임을 지지 않게 된다. 왜냐하면, 위탁자에 대한 법적 규제와 책임분담이 요구되기 때문이다.

노동력 처분의 폭을 판단하는 사정의 중심은 지금까지 '업무명령성'과 '구속성'이었다. 이러한 사정 이외에 노동력의 처분에 관하여 근로자의 자기책임이 아니라, 사용자의 책임처분에 의한 사정이 무엇인가를 다시 살펴보아야 한다.

이러한 사정에서 약간은 추상적이기는 하지만, 일본의 판례 등에서 지적되고 있는 '위탁자의 조직으로의 편입'이라는 관점에 관계된 사정[62]과 독일의 판례와 학설에서 명령구속성에 상당하는 '타인의 결정성'이 되는 지표를 보완하려고 제시했던 경우가 있는 '타인이용성'[63] 등의 지표가 제시하는 사정을 검토할 수 있을 것이다. 이러한 관점에서 현실과 판단기준의 차이를 줄이려고 시도해야 하며, 향후 신중하게 살펴볼 필요가 있다.

② 한편, 중간형태의 취업자의 증가와의 관계에서는 적용대상의 판단기준에 대한 논점에서 살펴보자.

---

62 예를 들어, 용차운전사의 사례에서 회사의 '영업에 반드시 필요한…… 현장 공장인으로서, 그 영업조직에 편입되어 있던 점을 판단 사정의 한 가지로 하는 것이 있다(日野興行 사건, 大阪地判 1988. 2. 17 決定 『勞働判例』 513호, p. 23). 또는 마찬가지로 용차운전사의 사례로, 몇 가지 사정으로부터 "원고들이 제공하는 노무는 피고의 사업에 있어 필요불가결한 것으로, 피고는 원고들의 노동력을 자신의 사업운영에 기구적으로 편입되어 있는 것이라고 할 수 있다"고 하여, 이 점을 근로자성 판단기준의 한 가지로 해석한다고 보는 판례가 있다(北浜土碎石 사건, 金沢地判 1987. 11. 27 『勞働判例』 520호, p. 75). 그 외 본문에서 든 1985년의 '勞働基準法硏究會報告書'에서도 이미 "관현악단, 밴드맨의 경우와 같이, 업무의 성질상 불가결한 것으로서 사업조직에 편입되어 있던 점으로, '사용자'의 일반적인 지휘·감독을 받고 있다고 판단하는 판례가 있어 참고로 해야 할 것이다"는 지적이 있다. 勞働省勞働基準局(1986), p. 55 참조.

63 독일에서, 연방노동재판소의 판례와 일부 학설이 '타인이용설'을 피고용자 개념의 지표로 들고 있고, 구체적으로는 전속성과 업무에 불가결한 인재로서 기업조직에 편입되어 있는 상황 등의 사정을 들고 있다.

(4) 중간형태의 취업자에 대한 대응방법

1) 적용확대의 필요 여부

① 근로자와 자영인과의 회색지대에 있는 중간형태의 취업자에게 노동법과 사회보장법의 적용을 확대해야 하는 것인가, 확대한다면 그 방법은 무엇인지가 중간형태의 취업자에 대한 법적 대응의 방법으로 문제된다.

적용을 확대할 필요성은 다음과 같은 이유에서 긍정적으로 검토해야 한다. 즉, 중간형태의 취업자 중에는 일본의 경우에 「가내노동법」이 적용되는 '가내근로자'[64]와, 「근로자재해보상보험법」(이하, 산재보험법이라고 함)의 적용이 있는 '1인기업가(一人親方)' 등과 마찬가지로 근로자와 같은 수준으로 노동법에 의한 보호가 적절한 취업자가 늘어나고 있다. 그 범위는 특정한 업종에 한정되지 않고, 업종과 직종을 넘어 중간형태의 취업자 일반으로 계속 확대되고 있다. 또 적절한 보호사항은 가내노동법의 규제사항과 산재보상으로 한정할 수가 없다.[65] 이렇게 노동법 등의 '적용대상'과 '규제사항'에 대하여 현행법상 이른바 '보호의 적절성'이 문제되었다. 이러한 두 가지의 노동법 등에 의한 보호의 적절성 실현이 중간형태의 취업자에게 노동법 등 적용을 확대하는 가장 큰 이유가 될 것이다.

아울러 노동법 등의 적용대상인 '근로자'인 취업자 중에서 재량근로자와 같이 지금까지의 '근로자'와는 달리 명령구속성과 지휘감독성이 희박한 근로자가 늘어나고 있다. 이러한 취업자와 중간형태의 취업자 각각의 취업실태에서 차이는 더욱 상대화한다는 점을 들 수 있다. 이러한 상황에서 한편에서는 노동법이 전면적으로 적용되고, 다른 한편에서는 대부분의 노동법이 적용되지 않는 것이 과연 타당한 것인지가 문제될 것이다. 이러한 사항은 이차원적 이유이지만, 취업자 사이의 '보호의 균형' 및 '보호의 적절성'이

64 여기서 '가내근로자'라 함은 타인으로부터 도구와 원료 등을 제공받고 그 작업지침에 따라 자기 집에서 자기가 선택한 시간에 작업을 하고 그 대가로 보수를 받는 자를 말한다. 도급적 노무자보다 종속관계가 더 희박하다는 점에서 근로기준법상의 근로자라고 볼 수 없다. 그러나 노무공급의 구체적 실태 여하에 따라서는 노조법상의 근로자에 해당된다고 볼 여지가 있다(임종률, 2006, p. 34 참조).

65 예를 들어, 鎌田耕一 편저(2001), p. 129 이하 참조.

라는 양면에서 고려해야 할 것이다.

또 최근 고용·취업형태가 다양해지면서 고용정책의 양상을 모색하고 있다.[66] 여기서는 종전처럼 단시간근로와 파견근로 등을 정규직 고용의 보완적 고용형태에서 벗어나, 정규직 고용과 함께 고용의 선택지로 규정하면서, 노사 양측에 있어 다양하고 유연한 고용의 선택지를 만들 필요성을 지적하고 있다. 이를 위해서는 다양한 고용형태는 각각 좋은 고용선택지라는 것이 요구된다. 양호한 고용형태이기 위한 법적 대응의 양상이 논의되고 있다. '중간형태의 취업자'의 취업에 대해서도 양호한 고용선택지가 되기 위한 법적 대응을 살펴보아야 한다. 이렇게 고용정책의 관점에서도 보호의 적절성을 확보하는 것이 요구되고 있다.

이상과 같이 노사 양측에서 보호의 적절성을 실현한다는 관점에서 중간형태의 취업자에 대한 노동법 등의 적용을 살펴보는 것이 타당할 것이다.

그렇지만 중간형태의 취업자 중에는 자영업자라는 의식이 강한 취업자도 있다. 취업형태에서 이러한 취업자에 대하여 객관적 판단으로만 노동법을 강제로 적용하는 것은 보호의 적절성이라는 관점에서 부당한 경우가 많을 것이다. 이러한 취업자는 노동법 등의 적용 제외로 할 수 있도록 당사자 의사 등을 근로자성 판단에 반영하는 방법이 또한 필요할 수 있다. 이 점에 대해서는 후술한다(5.3.3.의 (5) 참조).

② 한편, 중간형태의 취업자에게 노동법 등을 적용하는 근거로 사업자 간의 공정한 거래를 확보하는 것을 드는 견해가 있다.[67] 즉, 노동법 등의 적용으로 사업자(user)에게는 법적 부담이 많은 근로자와, 현재의 상황처럼 노동법 등의 적용이 거의 없어 사업자의 부담이 가벼운 중간형태의 취업자 중 하나를 채택함으로써 사업자 간의 경쟁조건에 불공평한 것이 발생한다는 지적이다. 이러한 불공평을 해소하기 위해서는 노동법 등의 적용에 관한 부담을 평등할 만큼 가깝게 할 필요가 있다.

이러한 발상은 노동법에 속하는 입법 중에도 있다. 예를 들어, 최저임

[66] 이 점은 柳屋孝安(2004), p. 105 이하 참조.
[67] 鎌田耕一(2003), p. 137 이하.

금법은 제1조에서 이 법률의 목적을 "근로자에 대하여 임금의 최저수준을 보장하여 근로자의 생활안정과 노동력의 질적 향상을 기함으로써 국민경제의 건전한 발전에 이바지하게 함을 목적으로 한다"고 규정하고 있을 뿐이다.[68]

'거래의 공평'의 관점이 중간형태의 취업자에 대한 노동법 등의 적용을 확대하는 하나의 이유인 것은 주목할 만하다. 노동법 등의 적용이 사업자(사용자)에게 부담을 주는 것도 바로 그러한 이유에서이다. 그러나 중간형태 취업자의 활용이 사업자에게 노동법 등에 의한 부담을 피할 수 있는 장점뿐 아니라, 노동법이 적용되는 근로자의 사용에 따른 장점과, 노동법 등에 의한 규제가 적은 중간형태 취업자의 사용에 따른 위험 등도 다른 한편에서는 존재하고 있다. 이 점이 최저임금을 설정하는 경우와는 다르다. 또, 현재의 상황은 어느 것을 사용하는지에 따라 이용사업자의 자유로운 판단에 따른다. 이러한 점도 함께 고려할 때, 과연 이용사업자에게 근로자의 사용이 부담되고, 근로자를 사용하지 않는 사업자와의 사이에 불공평이 발생한다고 일률적으로 말할 수 있는지가 문제된다. 또는 사업자 자신의 자주적 대응에 맡겨야 하는 불공평이 문제가 아니라, 국가가 법적으로 해소해야 하는 불공평이라고 할 수 있는지도 문제된다. 법적 대응을 고려해야 하는 불공평이라고 해도 노동법 등의 적용대상을 확대하는 방법이 적절한 것인가? 또 이용자 부담의 공평한 실현을 말한다면, 중간형태의 취업자에게는 가능한 한 노동법과 사회보장법 전부의 적용이 요구되지만, 이러한 입장이 타당한지는 문제가 될 것이다. 혹은 부담의 공평성을 말한다면, 같은 중간형태의 취업자 사이에서 일본의 가내 노동법과 산재보험법의 적용에 격차가 있는 점 등의 개선도 문제되지 않는 것이 문제될 수 있다.[69]

---

68 그러나 우리 나라 규정과는 달리 일본의 최저임금법 제1조에서는 "사업의 공정한 경쟁의 확보에 이바지함"을 또한 언급하고 있어 사업의 공정한 경쟁의 확보를 실현하는 것도 최저임금을 규제하는 근거가 되도록 되어 있다.

69 예를 들어, EU 수준에서, 자영인에게 노동법과 사회보장법의 일부가 확대되고 있다. 이러한 확대에 근거로 하여, 보호의 필요성 이외의 사정으로서 구성국 간의 공정한 경쟁의 확보를 드는 경우가 있다. 다만, 이것은 구성국 간에 같은 자영인에 대한 노동법과 사회보장법상에서의 다른 취급의 해소를 의도하고 있다고 해석되어, 중간형태의 취업자와 근로자라는 다른 취업자유형의 어느 것을 이용하는가에 따라 발생하는 불공정의 문제에 대한

이러한 문제점에서 '부담의 공평성 요청'은 고려할 중요한 관점이지만, 노동법 등의 적용확대는 어디까지나 이차원적 근거라고 할 수 있다.[70]

2) 적용대상 확대의 방법

중간형태의 취업자에 대하여 노동법상 보호의 적절성을 이유로 노동법을 확대적용하더라도 타당한 방법이 무엇인지 고려해 보아야 한다.[71]

노동법의 인적 적용대상을 문제 삼는 경우 이미 언급한 바와 같이(5.2.4.), 노동법에 속하는 입법, 판례법리, 취업규칙·단체협약으로 나누어 살펴볼 수 있다.

① 먼저, 노동법상 입법의 적용대상이 문제된다. 특히, 입법상 준비하지 않고, 법규정의 해석(확대해석과 유추 적용)에 따라 대응하는 방법은 어떠한가? 각 입법과 법규정의 목적과 취지를 고려하여 입법과 법규정별로 중간형태의 취업자가 적용대상인지 여부를 해석하는 것이다. 예를 들어, 근로기준법 제2조 제1호의 '근로자'와 노조법의 제2조 제1호의 '근로자'에 대하여 해석에 따라 중간형태의 취업자를 이에 포함시키는 것을 들 수 있다. 이미 노조법의 적용대상인 '근로자'는 근로기준법의 '근로자'보다 넓고, 법해석에 따라 중간형태의 취업자에 해당하는 취업자도 포함될 수 있다는 유력설도 있다.[72]

이 방법의 장점은 복잡한 법개정의 절차 없이 확대해석해야 하는 법규정에 대해서 중간형태의 취업자와 본래의 근로자를 구별하는 복잡한 작업을 생략할 수도 있는 것이다.

그러나 입법취지 등을 고려해 법해석으로 적용대상에 중간형태의 취업자를 포함하는 경우, 상대설의 견해라면 이 작업은 노동법에 속하는 모든

대응과는 다소 다르다고 해석된다.

70 일본에서 중간형태의 취업자를 적용대상으로 삼고 있는 입법사례에는 가내노동법과 산재보험의 특별가입제도가 있지만, 이러한 입법취지에는 이러한 취업자의 보호를 들고 있다. 하지만 거래의 공평한 관점을 들고 있지 않은 것 같다(厚生勞働省勞働基準局, 2003, p. 1 이하 참조).

71 대응의 선택지에 대해서는 柳屋孝安(1995), p. 33 이하 참조.

72 菅野和夫(2003), p. 450 이하.

입법과 법규정에 대하여 행해야 한다. 그렇게 되면, 법규정별로 결국 법원이 법해석을 확정하는 것을 기다려야 한다. 또, 각 입법과 법규정의 목적과 취지를 고려하면, 확대하거나 확대할 수 없는 법규정이 명문규정으로 제시되지 않고 병존하여, 법을 적용하는 현장에 혼란을 야기한다는 문제도 발생할 수 있다.

근로기준법과 노조법에서 이용되고 있는 '근로자'와 '근로계약'의 개념이 각각 다른 대상을 가진다는 점은 이론상으로는 불문하더라도 실무상 법적용의 명확성과 실효성이란 관점에서는 문제가 있다. 오히려 법적용의 명확성과 실효성이란 점에서는 이러한 개념은 공통된 내용을 가지고, 민법의 '고용'에 의한 계약관계(내지 '고용'과 같은 본질을 가지는 혼합계약관계)에 있는 취업자로 한정하고 있는 쪽이 타당할 수가 있다. 그리고 중간형태의 취업자도 적용되는 법규정에 대해서는 명문규정으로 적용대상에 부가된다고 입법상 대응하는 것도 적절할 수 있다. 이러한 방식은 유력설과는 다른 처리이지만 모순되지는 않는다고 생각된다.

② 그러면 입법상 대응에서 학설상 이미 제안된 견해는 어떻게 평가할 수 있을까? 앞에서 언급한 개별정립설과 제3유형 창설설의 두 가지 학설에 대하여 살펴보자(각 학설의 주장에 대해서는 5.2.4. (1)의 본문 중 ② 참조).

먼저, 각 입법과 법규정의 취지·목적에 따라 입법별로 적용범위를 정하는 방법을 제안하는 개별정립설은 본래 입법의 적용대상은 그 취지·목적에 따라 입법별로 다를 수 있다는 상대설에 서 있다. 이 점은 일반적인 입법의 실질적인 점을 정확하게 따르려고 하는 입장이다. 또 입법별로 적용대상을 유연하게 해석할 수 있는 점에서 뛰어나다. 개별 입법과 법규정별로 적절한 범위까지 적용대상을 확대할 수 있다. 그만큼 상대설에 대한 비판이 그대로 적용된다고 해석된다. 즉, 이론상 입법마다 적용대상이 다르고, 법의 적용이 복잡해져서 실무상 혼란스러울 수 있으며, 법준수의 실효성을 저해할 수도 있다. 각 입법별로 명문규정상 대응에 따라서도 이러한 가능성을 충분히 대응할 수 있는지가 문제된다.

다음으로, 중간형태의 취업자를 제3의 범주로 신설해, 그 범주를 명문규정으로 적용대상에 부가하는 방법을 제안하는 '제3유형 창설설'은 제3유형에 속하는 취업자만을 적용대상으로 부가해서 적용을 확대하는 입법과 법규정뿐만이 아니라, 적용대상을 확대하는 중간형태의 취업자 범위도 크게 명확화할 수 있는 점에서 뛰어나다. 그러나 이러한 제3유형에 속하는 취업자의 판단기준을 확정해야 하고, 명확한 기준을 어디까지 정립할 수 있는지가 문제이다.

즉, 제3유형의 창설은 여전히 근로자와 자영인의 구별에 대신하여 이 유형과 근로자를 구별하는 작업 이외에, 이 유형과 자영인의 구별작업을 아울러 요구받게 될 것이다. 따라서 제3유형에 속하는 취업자의 판단기준은 근로자와의 구별, 자영인과의 구별이라는 두 가지 판단기준이 필요하게 된다.

③ 일본에서도 지금까지 중간형태의 취업자에 대하여 노동법상의 입법적 대응이 전혀 없었던 것은 아니다. 예를 들면, 중간형태의 취업자의 범주로 생각되는 가내근로자를 적용대상으로 하는 「가내노동법」이 있다. 또는 일부 중간형태의 취업자에 산재보험으로의 특별가입제도를 준비하는 「근로자재해보상법」(제33조 이하)이 있다. 또한 가내근로자 및 중간형태의 취업자에 지업훈련에 준하는 훈련실시를 정하는 「직업능력개발촉진법」(제92조)도 있다.

이러한 입법적 대응에는 현재 시점에서의 일본 입법정책의 특징으로 각각 입법의 취지·목적에 비추어 적절하게 적용하는 중간형태의 취업자에게 명문규정상 개별적으로 적용대상에 부가하는 방법임을 알 수 있다. 가내노동법과 산재보험의 특별가입제도에서는 직업별로 적용대상이 한정되어 있다. 따라서 중간형태의 취업자 일반을 독립한 유형으로 확립하고, 이러한 유형에 각 입법과 법규정의 적용을 확대하는 방법까지는 취하고 있지는 않다. 이러한 의미에서는 중간형태의 취업자에 대한 일본의 현재 입법정책의 입장은 개별정립설에 가깝다고 할 수 있다.

그렇지만 중간형태의 취업자에게 적용을 인정하는 현행 법과 법규정의 적용요건을 살펴보면, 적용대상의 공통된 요건, 즉 ① 근로자를 정상의 상태로 사용하지 않고 사업하고 있을 것, ② 스스로 취업할 것 등을 찾아 낼 수 있다는 점에 유의해야 한다.

④ 향후 중간형태 취업자의 취업이 특정한 업종과 직업에 한정되지 않고 일반화되어 양적으로 늘어나는 상황이 발생하지 않는다면, 직업별로 또 법규정에 의거한 현행 방법을 유지해도 좋을 것이다. 그러나 이러한 방법도 노동법의 적용을 확대해야 하는 중간형태의 취업자가 누구인지를 우선 명확하게 규명되어야 하며, 어느 입법과 법규정이 확대적용할지도 명확하게 규명되어야 한다. 이는 고용·취업형태가 다양해지면서 제3의 요청(5.3.3.의 (3))을 먼저 충족시키고 있기 때문이다.

그러나 중간형태의 취업자가 특정한 직종·직역을 넘어 일반화하는 상황이 발생한다면 현행의 방법은 문제된다. 먼저, 적용대상을 특정한 직종 등으로 한정하는 방법에 한계가 생긴다. 또 지금까지 중간형태의 취업자를 적용대상에 첨가해 온 입법과 법규정 이외의 입법과 법규정 중에도 이러한 적용대상에 이러한 취업자의 부가가 적절한 경우가 발생할 것으로 예상된다. 이러한 경우 적용을 확대하는 입법과 법규정별로 명문규정에서 명시하였다고 해도 확대하는 범위가 다양하면 법적용의 명확성, 즉 실효성은 충분하지 않게 된다.

이러한 의미에서 중간형태의 취업자를 확대하여 일반화한 상황이 발생한다면 제3의 범주 신설이 보다 적절할 수 있다. 그리고 제3의 범주의 정의는 가능한 한 적용을 확대하는 입법과 법규정을 통일해서 정해야 할 것이다. 어떠한 범주에서 통일할 것인지는 법이론상의 문제라기보다 입법정책의 문제로 볼 수 있다. 중간형태의 취업자 범위를 일정한 범위로 통일함으로써 확대적용하는 입법과 법규정, 확대의 대상이 되는 취업자 범위가 함께 명확해지면 실무적으로 쉽게 다룰 수 있게 될 것이다. 중간형태의 취업자가 늘어나고, 법의 적용관계를 명확화하는 수요가 많아지면서 실무상 취급이 쉽다는 요청이 중요해진다고 할 수 있다. 법의 적용관계를 고려한다면 배려해야 할 중요한 요청인 것이다.

⑤ 당연히 제3의 범주에 속하는 취업자에 대한 판단기준을 마련하는

것은 매우 어려운 작업이다. 그러나 앞에서 살펴본 바와 같이, 이미 현행법에서도 중간형태의 취업자가 적용대상인가는 적용대상인 중간형태의 취업자에게 공통된 조건을 정하고 있고, 이것 이외에 어떠한 사정을 추가하는 작업이 남아 있는 상황이다.

아직은 초기 단계이지만, 중간형태의 취업자의 핵심적인 특징 중 각각의 법규정의 적용요건이 되는 특징 있는 법정화(法定化) 등의 방법을 고려할 수 있다.[73]

⑥ 이상과 같이, 제3의 범주가 되는 취업자를 창설하더라도 이러한 취업자에게 노동법과 사회보장법의 어떠한 입법과 규정, 또한 어떠한 판례법리를 적용할 것인지가 문제된다. 이미 제3의 범주가 확립된 국가의 사례[74]와, ILO와 EU 수준에서의 논의상황[75]을 참고하면서, 보호의 적절성이라는 관점에서 살펴보고자 한다.

중간형태의 취업자에게 규제를 검토할 사항으로, 현재 취업자의 건강·안전, 평등취급, 계약해소의 예고, 산재보험, 직업훈련 기타 적극적인 고용정책, 노동조합으로서의 모든 권리 등을 들 수 있다.[76] 이 점은 향후 신중하

73 중간형태의 취업자의 핵심 특징을 고려하고 있는 사정에 대해서는, 5.2.4.를 참조. 구체적으로는 ① 특정된 노무급부 내지 위탁을 자신의 손으로 이행하고 있을 것, ② 가족종업자 이외에, 보통 근로자를 고용하고 있지 않을 것, ③ 한 사람의 위탁자에 대하여, 배타적으로 주로 노무를 제공하고 있을 것, ④ 자기자본이 없는가, 있어도 취하는 데 부족하지 않을 것, ⑤ 동종업무에 종사하는 근로자와 비교하여, 상당한 고액의 수입이 없을 것 등이다. 또, 사회보장법의 적용대상의 양상에 대해서는 제3장을 참조.

74 예를 들어, 세 번째 범주로서 '피고용자 유사의 자'를 1920년대에 신설한 독일에서는 노동민사사건의 관할을 가지는 노동법원의 절차 등을 규정한 노동법원법, 연방휴가법, 단체협약법, 또한 EU에서의 법정비에 따라 노동안전·위생과 성희롱 관련규정의 적용대상에 '피고용자 유사의 자'가 부가되어 있다.

75 ILO에서는 노동안전·위생, 산재보상, 보수지급, 노동조합의 모든 권리, 사회보험 등이 논의의 대상으로 여겨지고 있다. 상세한 내용은 鎌田耕一 편저(2001), p. 40 참조. EU수준에서는 자영인에 대한 노동법, 사회보장법의 영역 보장의 확대의 시비에 더불어, 구체적으로 어떠한 사항의 규제가 타당한가가 검토되고 있다. 유럽위원회의 위탁을 받은 전문가의 보고서 등에는 예를 들어, 연금 등의 사회보장, 적극적 고용정책상의 시책, 노동안전·위생, 노동조합의 여러 권리 등을 들고 있다.

76 이 논점을 검토한 논고로서 鎌田耕一 편저(2001), p. 129 이하가 있다. 거기에서는 ① 보수에 관한 보호, ② 사회·노동보험의 적용, ③ 일의 계속성 보장, ④ 단체교섭, ⑤ 남녀차별의 각 사항이 검토되고 있다. 또 해고제한규정(근로기준법 제23조)의 적용에 대해서는,

게 검토해야 할 것이다.

⑦ 이러한 입법상 대응에는 그 전 단계로 이미 재택근로에서 채택된 방법, 즉 '지침' 과 '가이드라인' 등의 형식으로 행정지도의 기준으로 제시하는 방법도 있을 것이다. 자영업적인 재택근로에 대해서는 입법적인 대응과는 달리, 이미 그러한 방법을 채택하고 있다.[77]

3) 판례법리와 자주규범의 확대적용

다음으로 판례법리와 자주규범인 단체협약·취업규칙의 적용대상은 어떻게 할 것인지가 문제된다. 중간형태의 취업자에게 이렇게 확대하는 것의 시비가 문제된다. 이러한 사항은 법해석에 의한 확대의 시비가 문제된다.

판례법리에 대해서는 판례법리 각각의 취지에 따라 적용을 확대해야 하는지 여부를 판단하게 된다. 이 때 중간형태의 취업자의 범위는 입법과 법규정 적용대상과의 정합성을 확보해야 하고, 대부분은 그 범위가 동일하게 대응하는 것이 필요하다고 할 수 있다.

자주규범에 대해서도, 예를 들어 어떠한 회사의 취업규칙과 단체협약이 중간형태의 취업자를 적용대상에 포함할 수 있는 취지인지를 판단해야 한다. 이러한 것도 특별한 규정이 없다면 입법과 법규정에서 중간형태의 취업자의 취급에 대응한 내용이 된다고 해석된다.

4) 적용대상의 판정주체

이미 서술한 바와 같이(5.2.4의. (3)), 근로자성의 판단기준은 학설 및 판례에 의해 점차 명확해져 왔지만, 아직도 결과의 예측가능성을 충분히 확보하지 못하였다는 지적이 있다.[78]

이러한 규정의 존재를 전제로 한 다른 판례법리, 예를 들어 채용의 자유 법리, 배치전환과 전출의 법리, 취업규칙의 불이익 변경의 법리 등의 적용을 함께 고려해야 하기 때문에, 소극적으로 해석해야 한다.

77 厚生勞働省(2000)을 참조.

78 일본의 경우, 예를 들어 橫浜勞基署長(旭紙業) 사건의 第1審判決(橫浜地判 1993. 6. 17『勞働判例』643호, p. 71), 그 第2審判決(東京高判 1994. 11. 24『勞働判例』714호, p. 16), 最高

이러한 대응방안으로 판정기관을 설치해 신속·간이한 판단과 예견가능성의 확보를 제안하고 있다. 독일 등에서도 사회보장법에 대하여 보험료를 징수하는 행정기관이 그 역할을 맡는 사례를 볼 수 있다.

그렇지만 판례에서 정립된 판단기준 그 자체는 판단기준으로 상당한 명확성과 예견가능성을 확보할 수 있을 것이다. 동일한 사례에 대하여 종전 판단과의 차이 등은 향후 판단방법(구체적인 사실 및 종합평가에 관한 법적 평가방법)을 통일시킴으로써 해소해야 할 것이다.[79]

다만 고용·취업형태가 다양해지면서 기존의 판단기준 자체의 정확도가 떨어진다는 점은 부정할 수 없다. 따라서 세 번째 논점에서 든 '적용대상의 판단기준'도 재검토해야 한다(5.3.3.).

(5) 당사자 의사의 취급

① 다섯 번째 논점에 대해서 다수설과 판례는 노동법과 사회보장법의 적용대상에 해당하는지의 판단을 취업실태에서 객관적으로 판단해야 하기 때문에 당사자 의사를 존중하지 않는 견해를 따랐다. 취업자를 보호할 필요성은 당사자 의사가 아닌 현실의 객관적 취업실태에 의해 결정한다는 입장인 것이다.

그러나 이러한 견해와 달리 적용대상 여부의 판단은 당사자 의사를 존중해야 하는 경우가 있다고 본다. 즉, 당사자 의사를 존중하고, 적용대상에서 제외되는 경우가 있어도 좋다(그 반대는 찬성하지 않는다).[80]

裁判決(1996. 11. 28 『勞働判例』 714호, p. 14)은 자동차 반입 운전사의 산재보험법상의 근로자성에 대하여, 모두 이론구성 내지 결론이 다르다. 또는 新宿勞基署長 사건의 第1審(東京地判 2001. 1. 25 『勞働判例』 802호, p. 10)과 그 第2審(東京高判 2002. 7. 11 『勞働判例』 832호, p. 13)은 영화촬영기사의 산재보험법상의 근로자성에 대하여 반대의 결론에 달해 있다.

79 또, 판정기관의 설치에 대해 일본의 경우 이미 법원과는 별도로 근로기준감독서와 노동위원회와 같은 행정기관이 법의 적용시 판정작업을 하고 있다. 법원수준에서 판단방법을 더욱 정교화·치밀화하고, 또한 다양한 취업형태 등 최근 변화에 따른 기준을 재검토하면 이러한 기관이 지금까지 판정절차를 충분히 수행할 수 있을 것이다.

80 물론 당사자 의사에 대하여 고려하더라도 법령위반이나 법의 취지에 반하는 탈법적인 방식으로 특수형태 근로종사자의 지위가 남용되지 않도록 엄격한 통제가 수반될 필요가 있다는 견해도 있다(이승욱, 2006, p. 192 참조).

취업실태에서 객관적인 근로자성을 인정하고 보호할 필요성이 인정된다고 해도, 이것은 어디까지나 '일반적(형식적) 보호 필요성'을 인정하는 데 불과하다. 이러한 '일반적 보호 필요성'은 그 근로자에게 현실적인 보호가 필요한가라는 '실질적 보호 필요성'과는 항상 일치하지 않는다고 해야 할 것이다. 이러한 불일치가 있다면 법적 규제에 의한 온정주의(paternalistic)의 개입을 당사자 의사에 따라 회피할 수 있을 것이다. 노동법 등에 의한 보호의 적절성이라는 점에서 판단해야 한다.

물론 '일반적 보호 필요성'과 '실질적 보호 필요성'의 불일치는 어떠한 것도 노동법 전체와 사회보장법 전체의 적용수준에 한정된 것은 아니다. 개별 법규정을 적용하는 수준에서도 발생할 수 있다. 이러한 경우에도 노동법 전체와 사회보장법의 적용수준에 관하여 이미 살펴본 것은 적용할 수 있을 것이다.[81]

② 그런데 중간형태의 취업자가 입법적 대응에서 향후 노동법에 속하는 입법의 적용대상에 추가되는 사례가 늘어날 것으로 예상된다. 이러한 경우에는 당사자 의사를 존중할 필요성은 더욱 커질 것으로 해석된다. 중간형태의 취업자 중 자영인의 의식이 강하거나 그 장점을 보다 중시하는 취업자가 존재한다. 이러한 취업자가 노동법의 적용을 원하지 않는 경우도 적지 않을 것이다. 이러한 취업자가 늘어나게 되면 객관적 취업실태에서 살펴볼 때, 노동법을 적용하더라도 당사자의 판단에 의하여 이를 회피할 수 있다고

[81] 이에 대하여 현행 노동보호법 중에 임의규정화가 가능한 규정(근로계약의 규제를 주된 목적으로 하는 규정)과 임의규정화가 허용되지 않는 규정(근로자 자신의 보호를 주된 목적으로 하는 규정)으로 구분하여 검토해야 한다는 견해가 제시되어 있다(大内伸哉, 2004, p. 57 이하). 이 견해에 대해서 이론적으로는 노동보호법의 규정을 뚜렷하게 구별할 수 있는가와, 근로자 자신의 보호를 주된 목적으로 하는 규정에서는 당사자 의사의 존중을 허용하지 않는 것이 타당한가(이 규정에 속하는 모성보호의 규정에 관하여, 예를 들면 출산 후 4주부터 의사의 양해를 얻어 단계적인 직장복귀를 위한 배치로서 재택근로에 종사하는 취지의 당사자 합의는 무효인가), '근로자' 보호를 주된 목적으로 하는 규정 중에는, 자영인라도 특별한 법적 근거(사회질서 외)에 의해 유사한 대응(보호)이 가능하고, 노동보호법에 의한 보호에서 벗어난다고 해도, 취업자 자신의 보호가 가능한 경우가 있지는 않을까 등의 사항을 지적할 수 있다. 또, 실무적으로도 당사자 의사에 의한 적용의 회피가 허용되는 규정과 그렇지 않은 규정의 혼재를 인정하는 것에는 법적용의 명확성을 확보할 수 있는가 등이 문제될 수 있다.

판단해도 좋은 상황이 있게 된다.

③ 이상과 같은 경우에도 판례 및 다수설이 근로자성의 판단에서 당사자 의사를 중시하지 않는 또 다른 이유가 있다. 즉, 제시된 당사자 의사에 취업자의 진의(眞意)가 반영되지 않을 수 있다는 점이다. 그러면 취업자의 진의에 의한 당사자 의사의 여부를 어떻게 판단할 것인지가 문제된다.

최근 법원에서는 근로기준법 제43조(임금지급: 임금전액지불의 원칙)를 적용하는데, 당사자 의사를 존중하는 여부를 판단하는 데 있어 제시된 기준에 기본적으로 참고할 만한 점이 있다. 즉, 노동법의 적용을 회피하는 당사자 의사가 형성되기에 이르렀던 점에 객관적으로 합리적인 이유가 인정되는 등 일정한 객관적 조건을 찾을 수 있으면, 진정한 당사자 의사로서 존중할 수 있을 것이다.[82]

이에 대해서는 객관적·합리적 이유의 존재를 진정한 당사자 의사가 인정되기 위한 요건이라면, 사후에 법원이 판단하게 되어 근로자성의 판단과 마찬가지로 판단기준을 명확화하기가 어렵고, 결과의 예측 가능성을 확보하는 것이 난제라는 비판이 있다.[83] 이러한 비판적 견해는 현행 노동보호법을 당사자 의사에 따라 적용을 회피할 수 있는 규정('근로자'의 보호를 주된 목적으로 하는 것)과 회피할 수 없는 규정('근로계약'의 규제를 주된 목적으로 하는 것)으로 구별한다. 그리고 적용 회피를 허용하는 규정은 사후에 객관적·합리적 이유의 유무 판단에 맡기는 방법에 대신해서 미리 절차적 규제의 방법으로 진정한 당사자 의사를 확보하는 것이 타당하다. 즉, 취업자가 임의가

82 충족조건(및 각 사항을 긍정하는 사정)으로 다음의 세 가지를 고려할 수 있다. 즉, ① 자유의사(진의)가 특정한 법규정의 적용만에 관계되는 것이 아니라, 고용관계법의 적용 전반에 관한 것이라는 점을 객관적으로 제시하는 사정이 있을 것(자영업적 취업을 희망하고 있는 것을 제시하는 사정), ② 자유의사(진의)에 의해 된 것이라고 인정되기에 충분한 합리적인 이유가 객관적으로 존재하고 있을 것(노동법의 적용제외가 취업자측에게 이익을 가져다주는 사정과, 취업자측이 노무급부와는 다른 활동목적(자원봉사 등)을 가지고 있는 것을 제시하는 사정), ③ 자유의사에 의한 취급이 법령 위반과 법의 취지에 반하는 탈법적 효과를 가지지 않는 점(노동법의 적용에서 벗어남으로써 다른 입법과 법규정이 적용되지 않는 효과를 가지지 않는 것) 등이다.

83 大內伸哉(2004), p. 57 이하. 유사한 논의는 취업규칙의 불이익 변경의 효력 문제와 배치전환 명령·출향명령의 효력 문제 등에서 최고법원이 사용해온 합리성의 판단기준에 대해서도 있을 수 있는 부분이다.

입 등을 하고 있는 노동조합의 입회에 따르던가, 취업자 본인이 근로감독 등의 지방노동사무소에서 작성한 동의 서면에 의해 당사자 의사의 진의성을 확보해야 한다고 한다.

이러한 차이는 예측가능성의 확보방법 차이 외에 근로자에게 불리한 내용을 정하는 당사자 의사도 포함해 진의라면 모두 존중해야 할 것인지 여부라는 점에서도 발생한다. 근로자는 자기에게 불리해도 진의로 동의하는 경우가 있을 수 있지만, 이러한 동의도 합리적 이유가 없다면 진의성이 인정되지 않는다. 합리적 이유가 없다면 '실질적 보호의 필요성'은 상실하고 있다고 해석되기 때문이다. 합리적 이유의 존재를 노동법을 주로 구성하는 강행규정의 임의규정화 요건으로 보는 것이다. 이러한 점에서는 (비판적 견해와는 달리) 당사자 의사를 완전히 존중하는 부분까지 심화되지는 않았다고 할 수 있다.[84]

따라서 노동조합과 지방노동사무소에 당사자 의사(특히, 근로자 의사)의 점검을 맡긴다고 해도, 객관적·합리적 이유에 의한 것인지에 맡겨야 한다.

현실에서는 노동법의 적용(근로자성)을 주장하는 자는 취업자 본인 혹은 지방노동사무소 등의 기관인 경우가 많고, 사용자측은 거의 없다. 취업자 본인이 자신을 근로자가 아니라면서, 노동법의 적용을 주장하는 경우는 없을 것이기 때문에 이러한 자가 근로자성을 현실에서 문제 삼는 것은 거의 생각할 수 없다. 다만, 지방노동사무소 등의 기관이 감독·단속의 대상이 된다고 하여 취업자의 근로자성을 주장하는 경우를 들 수 있다. 이러한 경우에 지방노동사무소가 근로자성을 부정하는 당사자 의사에 객관적·합리적 이유가 있는지를 점검하면 충분할 것이다.

---

84 진의(眞義)에 의하면, 당사자 의사를 항상 존중할 수 있다는 점이 계약자유 원칙의 취지로서 긍정할 수 있는지가 문제된다. 최근 민법학자 사이에서 '의사주의의 복권'이 논의되고 있다. 이러한 논의는 불합리한 내용인 당사자의 '특약'조항은 무효로, 특약으로 배제되었던 임의규정에 의해 특약의 내용을 수정해야 한다는 주장이다. 이른바, '임의규정의 강행규정화'이다(湯淺道男, 1990, p.3 이하(특히, p.12 이하) 참조). 본문에서 합의가 합리적 사정이 없다면, 이러한 합의는 유효하지 않고, 노동법규는 임의규정화되지 않는, 즉 강행규정의 임의규정화는 부정된다는 점이다. 개별 계약관계의 처리에 합리성의 기준을 가져오는 점에서 처리의 방향은 반대이지만, 민법에 있어 '임의규정의 강행규정화'를 논의하는 것과 의미를 같이한다고 할 수 있다.

(6) 자원봉사자 등에 대한 법적 대응방법

마지막으로, 자원봉사자 등에 대한 노동법 및 사회보장법의 적용방법을 어떻게 할 수 있는지가 문제된다. 자원봉사자 등에 대한 법적 대응방법에 대해서는 ① 근로자의 취업실태에 유사한 활동실태가 있는 자원봉사자 등에 대한 법적 대응방법, ② 이와 유사한 활동실태에 없는 자원봉사자 등에 대하여 어떠한 법적 대응이 필요한 것인가라는 두 가지 관점에서 논의되고 있다.

① 첫 번째 관점은, 자원봉사자와 종교활동, 연수 등은 고용, 도급 및 위임과 같이 노무공급을 하기 위한 목적과는 구별된다. 그러나 자원봉사자 등의 활동은 다양하고, 객관적인 활동실태가 근로자와 도급인 등의 취업자의 취업실태에 유사한 활동이 있다. 특히, 활동에 대하여 대가의 지급(유상성)이 있다면 노무급부로서 성격이 크다고 평가할 수 있어 근로자와의 중간형태의 활동이라고 볼 수 있다.

그러나 이러한 중간형태 활동 등의 객관적인 활동실태만을 근거로 자원봉사자 등에 노동법과 사회보장법의 직용을 인정하는 것은 조금은 의문시될 수 있다. 왜냐하면, 자원봉사자 등에 근로시간 규제와 해고 규제가 영향을 미치는 것과, 단체협약상의 노무제공 기타 의무를 부과하는 등의 사항에 위화감을 부정할 수 없기 때문이다. 그 이유는 역시 활동목적의 차이에 있다고 할 수밖에 없다. 이를테면, 자원봉사자 등에게 사용종속관계와 비슷한 활동실태가 인정되더라도 활동목적의 차이가 엄연히 존재하기 때문이다. 그렇다면 노무제공이 목적이 아닌 활동자를 법상 근로자로 다루는 것은 적당하지 않다고 해야 한다.

이렇게 노무공급과는 다른 목적을 가진다고 평가할 수 있는 활동은 근로자성을 부정해야 하는 것이다. 이를 위한 이론구성은 자원봉사자 등의 활동에 근로자성을 부정하는 객관적·합리적인 당사자 의사의 존재를 긍정할 수 있느냐는 점을 살펴보아야 할 것이다. 즉, 활동실태에서 보아 객관적으로 자원봉사자 등을 목적으로 한다면 이러한 합리적인 당사자 의사의 존중을 이유로 기본적으로는 노동법과 사회보장법의 적용에서 제외하는 취급이 타당하다고 볼 수 있다. 이러한 활동가는 활동실태에서 '일반적 보호의 필요성'이 인정되는 경우에도 활동목적의 점에서 '실질적 보호의 필요성'이 없는 사례로 분류할 수 있을 것이다. 반대로, 자원봉사 등의 명목상 활동이라고 해도 활동실태로 보아 객관적으로 자원봉사자 등을 목적으로 하고 있다고 할 수 없고, 노무급부가 목적이라고 생각된다면 근로자성을 인정하게 될 것이다.

또, 객관적·합리적인 당사자 의사의 유무를 판단하는 경우 활동의 경위와 실태 등 당사자 의사를 존중할 수 있어도 일정한 조건이 충족되는지를 개별적으로 판단하게 될 것이다. 이러한 경우 지급받은 보수가 가진 대가성의 정도가 활동실태 중에서는 중요한 판단사정의 한 가지가 된 것처럼 생각할 수 있다.[85] 그 밖에 자원봉사자라고 하면 활동을 의뢰한 것에 대한 승낙자유의 정도 등, 연수라고 하면 연수를 위한 지도·교육의 실질적인 유무·정도 등, 종교활동이라고 하면 활동하는 내용의 종교활동성의 정도 등이 모두 고려되어도 좋을 것이다.

② 이상과 같은 판단기준으로 근로자성이 부정되는 경우라도 자원봉사자 등에 대한 법적 대응을 모두 고려할 필요가 있다. 두 번째 관점과 관련해 노동법과 사회보장법의 적용이라는 점이 아니라, 필요에 따라 그 밖의 법에 의한 노동법과 사회보장법에 준한 입법적 대응과 법해석을 생각할 수 있다. 예를 들어, 자원봉사자 활동 중 부상과 질병에 대해서는 특별법에 의해 자원봉사자 등의 실시주체에 부상과 질병보험에 대한 가입을 의무화하거나 법해석상에서 안전배려 의무를 부담지우는 것 등을 생각할 수 있다.

---

85 자원봉사 등의 근로자성의 판단사례는 아니지만, 취업실태에 관한 여러 종류의 사정 중, 최저보장급의 존재를 근로자성의 판단에서 가장 중시해야한다는 견해가 있다(菅野和夫, 1978, p. 942).

5.4. 소　결

이상과 같이 다양한 고용·취업형태의 관계에서 노동법 및 사회보장법의 인적 적용대상에 관한 문제점과 함께 학설 및 판례의 입장에 대하여 살펴보았다. 이러한 내용은 대체로 다음과 같이 요약할 수 있다.

① 고용·취업형태가 다양해지면서 근로자와 자영인의 회색지대에 있는 '중간형태의 취업자'가 늘어나고 있기 때문에 노동법 및 사회보장법의 인적 적용대상에 관한 논점에 대하여 재검토가 필요하다.

② 먼저, 지금까지 노동법과 사회보장법의 본래 적용대상인 '근로자'(내지 '피보험자')의 판단기준에 핵심적 요건으로 보았던 '명령구속성'의 희박화 등이 우선 재량근로, 재택근로 등에서 발생하고 있다. 근로자성의 판단기준과 현실과의 괴리를 살펴볼 수가 있다. 이러한 상황에 대하여 대응하는 양상으로 근로자성의 판단에서 '티인 이용성'과 '회사조직으로의 편입' 등의 다른 사정을 고려해야 한다(논점 3). 다만, '중간형태의 취업자'에 대한 대응으로 입법적 대책을 별도로 행한다면, 노동법에 대해서는 그 본래의 적용대상인 '근로자'인지 여부의 판단기준은 노동법상의 '근로자'에 대한 지금까지의 대법원 판단에서 볼 수 있듯이 어디까지나 엄격한 기준으로 유지해야만 할 것이다.

③ 그리고 '중간형태의 취업자'의 증가에 대한 법적 대응의 양상으로 입법적인 대응도 포함해 검토하여야 한다. 이것을 검토할 경우에 법적용의 명확성·예측가능성(법발견의 용이성)을 확보하는 요청과의 관계에서 '중간형태의 취업자'에 어떠한 입법과 법규정을 적용하게 되는지의 사항과, 적용대상이 되는 '중간형태의 취업자'가 어느 범위의 취업자인지의 사항 두 가지를 명확하게 할 필요가 있다. 물론 좀더 신중해야 하지만, 이러한 두 가지

사항에서 명확성을 확보하기 위하여 기본적으로 '중간형태의 취업자'를 근로자, 자영인에 이어 제3의 범주로 정립해 이를 명문규정으로 적용대상에 추가하는 입법정책상의 방법도 타당한 방안이 될 수가 있다(논점 4).

④ 또 '중간형태의 취업자'가 늘어나면서 법적용의 명확성·예측가능성의 확보와 함께 민법의 노무공급계약 규정을 적용하는 것도 필요하다. 민법 규정의 적용관계를 명확히 하는 방법으로 취업관계의 본질이 고용인지 도급·위임인지 규정을 먼저 살펴본 후, 해당하는 계약유형에 예정된 법규정의 적용을 전제하면서 이와 다른 취급이 계약의 취지(당사자 의사)라고 하면 이에 대한 방법을 취해야 한다(논점 1).

⑤ 그리고 이러한 방법에 의한다면, 근로계약과 고용이란 그 본질에서 기본적으로 동일(동질)한 계약관계를 규제대상으로 한다는 이해를 전제해야 한다(논점 1).

⑥ 노동법과 사회보장법의 인적 적용대상이 되는지 판단에서는 객관적인 취업실태에서 판단하면서, 당사자의 의사를 존중하는 방법을 생각해도 좋다. 다만, 당사자 의사를 존중하더라도 당사자 의사의 진의성은 객관적이고 합리적인 사정의 존재로 담보해야 한다(논점 5).

⑦ 자원봉사와 연수, 종교활동 등 노무공급이 아닌 목적으로 행하는 것이 객관적 활동실태에서 판단할 수 있는 활동을 사용종속관계가 되더라도 활동목적에 관계되는 당사자 의사의 존중이라는 관점에서 근로자로서 노동법 등의 적용대상이 아니라고 해석해야 하고, 특별한 법적 대응을 고려해야 한다(논점 6).

이러한 견해도 현재로서는 전반적인 재검토를 전제해야만 한다. 고용·취업형태의 다양화뿐만 아니라, 앞으로 우리 나라의 고용상황이 어떻게, 어디까지 펼쳐질지는 현재로서는 정확하게 알 수 없다. 따라서 노동법 및 사회보험의 인적 적용대상의 양상은 고용상황의 방향이 성숙된 시점에서 ‘중간형태의 취업자’에 대한 입법적인 대응이 필요한지 여부를 결정할 수 있을 것이다. 근본적인 문제로서 근로자 이외에 중간형태의 취업자라는 특별한 지위를 별도로 설정하는 것에는 적잖은 부작용이 발생할 수가 있다. 이와 함께 실태조사와 관련해 다양한 실태를 종합적으로 포섭할 수 있는 내용이 이루어져야 하는데, 입법기술적으로는 다양한 실태에 공통되는 성격만을 추출하여 입법화하는 것은 어려운 문제이다. 물론 경제의 서비스화의 급속한 진전 등의 상황변화에 따라 대응방향이 달라질 수도 있을 것이다.

제 6 장

특수형태 근로종사자의 법적 문제

6. I. 특수형태 근로종사자의 법적 문제 논의배경

우리 나라도 근로자의 개념에 대해서는 각각 해당하는 법률에 정의규정을 두고 있다. 근로자의 개념은 각 법률의 목적에 따라 상이하다고 볼 수 있다. 즉 근로기준법, 노동조합 및 노동관계조정법, 산업재해보상보험법 등의 구체적인 법적용에 있어서는 그 법의 목적에 따라 근로자의 개념이 다를 수 있다. 근로자의 개념은 협의 또는 광의로 사용될 수 있다. 그런데 우리 노동법의 전부 또는 전무(all or nothing)의 적용관계는 현실적 괴리를 야기한다. 이와 관련해서 특수형태 근로종사자가 확산되는 배경으로 서비스산업 발달, 정보기술 발전, 기업경쟁력 강화 등 산업구조의 변화와 노동시장의 유연화 추세와 직접적인 고용관계를 특수형태근로로 전환하는 사업주의 경영전략 변화 등을 들 수 있다. 우리 나라에서 그간 특수형태 근로종사자 문제는 주로 골프장경기보조원, 학습지교사, 보험설계사, 레미콘운송차주 등을 중심으로 쟁점화되어 왔다.[1] 1997년 말 IMF 외환위기 이후 비정규직 보호의 하나로 '특수형태 근로종사자'에 대하여 논의되었던 적이 있지만, 일반 비정규직에 비해 상대적으로 사회적 관심이 낮았다.[2] 비정규직 문제가 근로자임을 전제로 그 보호방안이 논의되었다면, 자영인 및 근로자의 속성이 혼합된 중간성격의 집단인 특수형태 근로종사자는 보호방안의 본질적 논의보다는 '근로자성의 여부'와 관계된 법적 지위가 논의되었다. 특수형태 근로종사자는 '자영인' 신분으로 경제적 종속 아래 노무를 제공하고 있다. 특히, 골프장경기보조원을 제외하고[3] 대부분 사업자등록을 하고, 사업소득세를 납부하고 있다.

---

[1] 특수형태근로는 이외에 각종 판매업종사자, 퀵서비스 배달원, 대리운전자, 화물운송차주 등 넓은 범위에 걸쳐 있다. 이들은 고용형태의 다양화 추세로 계속 확대될 전망이다.

[2] 일자리창출의 정부적 과제에서 고용증대책으로 정부의 과제는 투자, 입지 등 규제완화 및 활성화 지원과 고용형태 다양화 및 고용경직성 완화를 꼽고 있다(전경련, 2007년 주요 기업의 고용동향 및 채용계획 조사결과, CER-2007-04(2007. 2) 참조).

[3] 골프장경기보조원도 최근 사업자등록이 확대되고 있는 상황이다.

표 6-1 **건설기계 보유현황**(2005. 6월 말 현재)

구 분	합 계	영 업 용	자 가 용	관 용
전체 건설기계 보유대수	320,128	199,698	118,490	1,940
콘크리트믹서트럭 대수	23,586	19,829	3,757	–

특수형태 근로종사자의 현황에 대해서는 일부 자료에 의하면, ① 골프장경기보조원은 2005년 1월 현재 전국 132개 회원제 골프장에 총 1만 3,591명의 경기보조원이 근무(대중골프장 58개소 제외)하고 있다. 1개소 평균 80명(18홀 기준)이 근무하고 있는 것이다. ② 레미콘 지입차주는 건설산업기본법상 용어는 '콘크리트믹서트럭 대여사업자'인데, 콘크리트믹서트럭 보유현황은 2005년 6월 말 현재 2만 3,586대로서, 주로 레미콘공장에서 소유하는 자가용은 3,757대로 조종사는 주로 근로자이고, 대여사업자 소유로 레미콘공장과 계약형태로는 사업용은 1만 9,829대라고 한다.

대부분의 건설기계 대여사업자(17만 9,869대 보유)는 공사현장에 따라 수시로 변경되어 계약관계가 일시적이고, 반면에 콘크리트믹서트럭(1만 9,829대)은 레미콘공장(828개)과 지속적인 계약(약관)형태를 유지하고 있다.

운반형태: 레미콘공장 ← 콘크리트믹서트럭 → 공사현장

종사자 소득은 4개 직군 중 가장 높은 수준(노사정위원회 공익위원 조사자료로는 월 200만~300만 원)이나, 건설기계의 감가상각을 감안할 경우 실질소득은 이보다 못 미칠 것으로 예상된다.

그리고 지난 2006년 8월 경제활동인구 부가조사 결과에 따르면 특수형태 근로종사자는 '62만 명'이나 관련부처 자료나 연구기관의 조사에 따르면 '90여만 명'에 달한다고 한다.[4]

보수수준은 2006년 8월 경제활동 부가조사에 의하면, 월평균 약 132만

[4] 본고에서는 화물기사, 덤프기사, 대리운전사, 퀵서비스 배달원을 다루지 않는다.

표 6-2 특수형태 근로종사자수

구분	보험 설계사	학습지 교사	골프장경 기보조원	레미콘 기사	화물기사	덤프기사	대리 운전자	퀵서비스 배달원
종사자 (명)	19만 5,000	10만	1만 4,000	2만 3,000	35만	5만	8만 3,000	10만~ 13만
기준시점	2006. 2	2004	2004	2006. 6	2006. 8	2006. 6	2006	2005

원 수준이나 직군별로 상이하고, 최근 경기침체로 수입이 감소하는 추세이다. 예를 들어, 2006년 노동연구원의 조사에 의하면, 보험설계사 156만~277만 원, 골프장경기보조원 180만~200만 원, 학습지교사 150만~180만 원, 레미콘운송차주 230만~280만 원의 수준이다. 노동조합의 가입자수는 5,000명, 가입률은 0.8% 수준(2006년 8월, 경활부가조사)으로 주요 직군에 노동조합이 조직되어 있다. 예를 들어, 학습지교사, 레미콘운송차주, 골프장경기보조원은 노동조합 설립이 신고·수리되어 활동중이나, 법원이 근로자성을 불인정하여 노사교섭 지도에 한계가 없지 않은 실정이다.

또 앞에서 살펴본 지난 2006년 2~4월간 실태조사 결과(노동연구원)에 의하면, 애로사항으로 산업재해보상의 미흡, 부당한 계약해지, 근로 3권 불인정 등을 지적하고 있다.

특수형태 근로종사자를 민법상의 계약주체로만 보아 독립자영인으로 볼 것인지, 아니면 사용종속관계 외 경제적 종속관계를 인정, 근태관리 및 계약주체의 지시·통제 여부, 사용하는 생산수단의 실질적 소유 여부, 소득에서 고정급 등 임금의 한 형태로 볼 수 있는 근로자의 속성 등을 (일부) 인정할지 여부가 계속 논의되었다. 이에 대해서 노동계는 "특수형태 근로종사자는 고용계약을 체결하지 않은 자이지만, 특정 사용자의 사업에 편입되거나 상시적 업무를 위하여 노무를 제공하고 그 사용자 또는 노무수령자로부터 그 대가를 얻어 생활하는 자"이기 때문에 근로자의 범주에 속하여 노동법을 적용해야 한다는 입장이고, 반면에 경영계는 이들은 위임·위탁 또는 도급계약에 의한 노무제공자로 근로자의 중요한 판별지표인 인적 종속관계 또는 사용종속관계 기준을 통해 볼 때 '독립자영인'으로 보아야 한다고 주장하였다.

현재까지 우리 사회에서 특수형태 근로종사자들은 근로자가 아니라는 이유로 그 노무공급관계에 대한 (노동)법적 보호가 배제되어 고용불안과 열악한 근로조건에 놓여져 있는 부분도 없지 않다. 특수형태 근로종사자 중 일부는 노동조합을 조직해 자신의 근로조건을 개선하기 위하여 활동하고 있지만 설립신고증을 교부받지 못하거나, 설립신고증을 교부받은 경우에도 사업주로부터 근로자성 내지 노동조합의 존재를 부인당하고 있는 실정이다. 따라서 이들의 권익보호를 위한 대책마련을 위하여 위에서 살펴본 것처럼 노사정위원회에 '특수형태 근로종사자 특별위원회'를 구성해 구체적인 보호방안을 모색하였으나 그 결론을 맺지 못하고 중단되었다.

이와 같이 특수형태근로는 종래의 직접적인 고용관계에서 특수형태근로로 전환된 우리 나라의 특성을 가지는 부문과 외국에서와 같이 새로이 발전하는 영역에서의 특수형태 근로관계가 점차 늘어나고 있다는 부분을 함께 해결해야 한다. 그러나 특수형태 근로종사자는 '업종 간', '동일한 업종 내'에서도 노무제공 성격이 다양하여 통일적인 입법론적 해법을 강구할 필요가 있다.[5] 또한 특수형태근로에 대한 법적 대책은 노동법적 방안 외에 경제법·사회보장법적 보호방안의 모색 필요성이 동시에 제기되어 왔다. 이하에서는 특수형태 근로종사자의 법적용 실태에 대하여 살펴본다.

6. 2. 특수형태 근로종사자의 법적용 실태

6.2.1. 특수형태 근로종사자의 근로자성 인정 여부

노동관계법령은 개별 법령의 목적에 따라 근로자의 개념을 달리 규정

5 본고에서 관련 특수형태근로의 실태에 대해서는 언급하지 않는다. 다만, 문제해결을 위해서는 전체적으로 노동시장 등의 영향을 고려한 보다 구체적·체계적·포괄적인 심층조사가 필요할 것이다.

하고 있다. 대표적으로 근로기준법상의 근로자로서 사업 또는 사업장에서의 임금을 목적으로 근로를 제공하는 자(근로기준법 제2조 제1호)이고, 또한 노동조합 및 노동관계조정법상의 근로자로서 임금, 급료 기타 이에 준하는 수입에 의하여 생활하는 자(노동조합 및 노동관계조정법 제2조 제1호)이며, 그리고 근로자 직업능력개발법상의 근로자로서 사업주에 고용된 자와 취업할 의사를 가진 자이다(직업능력개발법 제2조 제4호, 남녀고용평등법 제2조 제4호).[6] 그런데 특수형태 근로종사자에 대하여 노동계는 노동법상 근로자성을 인정하여 노동법(근로기준법, 노동조합 및 노동관계조정법)과 사회보장법의 적용을 계속 주장해 왔다. 그러나 법원은 특수형태 근로종사자의 근로기준법상 근로자성을 대체로 부인하며, 노동조합 및 노동관계조정법상 근로자성도 부인하고 있다. 다만, 예외적으로 인정하는 경우가 있을 뿐이다.

(1) 근로기준법상 근로자 인정기준

1) 판례의 근로자성 판단 일반적 기준

노동법상의 근로자의 개념을 설정하는 이유는 그 해당 법률의 적용대상을 확정하기 위함이다. 근로자 개념에 대한 접근방법은 그 적용대상에 대하여 근로자의 개념을 미리 입법적인 방법이나 해석을 통하여 정한 후 사안에서 근로자성을 판단하는 연역적인 방법과 근로자들이 어떠한 유형이 있는지를 판단한 후에 각각에 대하여 근로자성이 인정될 수 있는지를 정하는 귀납적인 방법 두 가지가 있을 수 있다.

현행 근로기준법 제2조 제1호에서는 근로기준법상의 근로자는 직업의 종류를 불문하고 임금을 목적으로 사업 또는 사업장에 근로를 제공하는 자를 말한다는 규정을 두고 있다.

각각의 법영역에서 그 법률이 규정하는 권리의무, 법률효과들이 다르기 때문에, 마찬가지로 각 현행법들이 사용하는 근로자 개념이 다를 수 있음에 유념해야 한다. 헌법, 근로기준법, 노동조합 및 노동관계조정법, 직업훈련법

[6] 특히, 취업할 의사를 가진 자는 임금생활자뿐만 아니라, 자영업을 할 의사를 가진 자 및 그 중간으로서 임금에 준하는 수입에 의하여 생활하려는 자도 포함하는 것이다(임종률, 2007, p. 31).

표 6-3 노동법상 근로자 및 사용자 개념의 관련조문 비교

법 률	근로자의 개념	사용자의 개념
근로기준법	이 법에서 "근로자"라 함은 직업의 종류를 불문하고 사업 또는 사업장에 임금을 목적으로 근로를 제공하는 자를 말한다(제2조 제1호).	이 법에서 "사용자"라 함은 사업주 또는 사업경영담당자, 기타 근로자에 관한 사항에 대하여 사업주를 위하여 행위하는 자를 말한다(제2조 제2호).
노동조합 및 노동관계조정법	"근로자"라 함은 직업의 종류를 불문하고 임금·급료, 기타 이에 준하는 수입에 의하여 생활하는 자를 말한다(제2조 제1호).	"사용자"라 함은 사업주, 사업의 경영담당자 또는 그 사업의 근로자에 관한 사항에 대하여 사업주를 위하여 행동하는 자를 말한다(제2조 제2호).
최저임금법	이 법에서 "근로자", "사용자" 및 "임금"이라 함은 근로기준법 제2조에 규정된 근로자, 사용자 및 임금을 말한다(제2조).	
산업안전보건법	"근로자"라 함은 근로기준법 제2조의 규정에 의한 근로자를 말한다(제2조 제2호).	"사업주"라 함은 근로자를 사용하여 사업을 행하는 자를 말한다(제2조 제3호).
산업재해보상보험법	"근로자"·임금·평균임금·통상임금이라 함은 각각 근로기준법에 의한 근로자·임금·평균임금·통상임금을 말한다.	
임금채권보장법	"근로자"라 함은 근로기준법 제2조의 규정에 의한 근로자를 말한다(제2조 제1호).	"사업주"라 함은 근로자를 사용하여 사업을 행하는 자를 말한다(제2조 제2호).
근로자참여 및 협력증진에 관한 법률	"근로자"라 함은 근로기준법 제2조의 규정에 의한 근로자를 말한다(제3조 제1호).	"사용자"라 함은 근로기준법 제2조의 규정에 의한 사용자를 말한다(제3조 제2호).
사내근로복지기본법	"근로자"라 함은 근로기준법 제2조의 규정에 의한 근로자를 말한다(제2조 제1호).	"사용자"라 함은 근로기준법 제2조의 규정에 의한 사용자를 말한다(제2조 제2호).
근로자복지기본법	"근로자"라 함은 직업의 종류를 불문하고 임금·급료 그 밖에 이에 준하는 수입에 의하여 생활하는 자를 말한다(제2조 제1호).	"사업주"라 함은 근로자를 사용하여 사업을 행하는 자를 말한다(제2조 제2호).
건설근로자의 고용개선 등에 관한 법률	"건설근로자"라 함은 근로기준법 제2조의 규정에 의한 근로자로서 건설업에 종사하는 자를 말한다(제2조 제2호).	"사업주"라 함은 근로자를 고용하여 대통령령이 정하는 건설업을 행하는 자로서 관계법령에 의하여 면허·허가·등록 등을 받은 자를 말한다(제2조 제1호).
근로자직업훈련촉진법	"근로자"라 함은 사업주에 고용된 자와 취업할 의사를 가진 자를 말한다(제2조 제3호).	–

상의 근로자 개념들이 이에 해당한다. 즉, 법률 전반에 걸친 근로자에 대한 통일적 개념은 존재하지 않으며, 각 법률의 목적에 따라 달리 판단해야 한다. 여기서 특히 문제가 되는 쟁점은 노동조합 및 노동관계조정법과 근로기준법상의 개념차이와 이에 대한 학설과 판례의 태도이다.

우리 나라의 대법원 판례에서는 잘 알다시피 근로기준법상 근로자성의 판단기준을 제시한 1994년 이후 일관적으로 업무내용, 방법에서 사용자의 구체적이고 개별적인 지휘·감독을 받는지 여부 등 '10개의 판단요소'를 제시하고, 이를 종합적으로 고려하여 근로자에 해당하는지 여부를 판단하고 있다.[7]

근로자성을 판단함에 있어서 고용계약, 도급계약 등을 불문하고 실질에 있어서 근로자가 사업 또는 사업장에 임금을 목적으로 종속적인 관계에서 사용자에게 근로를 제공하였는지 여부에 따라 결정된다고 판시하고 있다.[8] 그리고 그 종속적인 관계의 여부는 업무내용이 사용자에 의해 정해지고, 취업규칙, 복무규정, 인사규정의 적용을 받고, 업무수행과정에 있어서도 사용자로부터 구체적으로 직접적인 지휘·감독을 받는지 여부, 사용자에 의하여 근무시간과 근무장소가 지정되고 이에 구속을 받는지 여부, 근로자 스스로가 제3자를 고용하여 업무를 대행하게 하는 등 업무의 대체성 유무, 비품 원자재 작업도구 등의 소유관계, 보수가 근로 자체의 대상적 성격을 갖고 있는지 여부와 기본급이나 고정급이 정하여져 있는지 여부 및 근로소득세의 원천징수 여부 등 보수에 관한 사항, 근로제공관계의 계속성과 사용자에의 전속성 유무와 정도, 사회보장제도에 관한 법령 등 다른 법령에 의하여 근로자로서의 지위를 인정하여야 하는지 여부, 양 당사자의 경제·사회적 조건 등 당사자 사이의 관계 전반에 나타나는 사정을 종합적으로 고려해야 한다고 하고 있다.[9] 즉, 이러한 공식에 당사자의 개별 사정을 전체적으로 종

[7] 근로자성과 관련된 판례와 학설의 상세한 내용은 장의성(2006), p. 19 이하 참조.

[8] 대법원 1994. 12. 9 선고 94다22859 판결; 대법원 1996. 4. 26 선고 95다20348 판결; 대법원 1997. 2. 14 선고 96누1795 판결 등.

[9] 그러나 '근로기준법상 근로자에 해당하는지 여부의 판단기준'에 대하여, 최근 2006. 12. 7 선고 2004다29736 판결에서는 "근로기준법상의 근로자에 해당하는지 여부는 계약의 형식이 고용계약인지 도급계약인지보다 그 실질에 있어 근로자가 사업 또는 사업장에 임금을

합하여 적용시키고 있는 것이다. 이를 정리하면 학설과 마찬가지로 대원칙으로서 사용종속관계에 따라 근로자성을 판단하고, 하위원칙으로서 종속관계 판단은 계약의 형식이나 명칭이 아닌 노무공급관계의 실질적 판단을 한 후, 결론으로서 노무공급관계의 실질은 이와 관련된 사실 제반 요소를 종합적으로 고려하여 판단하고 있다. 이러한 제반 요소를 다시 구분하여 본다면 다음과 같이 나타낼 수 있다.

첫째, 지휘·명령의 요소로서 취업규칙, 복무규정, 인사규정, 수행과정상의 구체적 지휘·감독, 근무시간과 장소의 구속 여부, 근로자 스스로에 의한 업무대체 가능 여부.

둘째, 임금성의 요소로서 보수의 성격과 구성과 관련하여 근로 자체의 대상적 성격을 갖고 있는지의 여부, 기본급이나 고정급이 정해져 있는지 등의 여부.

셋째, 기타의 요소로서 비품, 원자재, 작업도구의 소유관계, 근로제공관계의 계속성과 저속성의 유무와 정도, 근로소득세의 공제 여부나 사회보장제도에 관한 법령 등 다른 법령 등에 의하여 근로자의 지위를 받는지 여부, 당사자의 경제·사회적 여건.

목적으로 종속적인 관계에서 사용자에게 근로를 제공하였는지 여부에 따라 판단하여야 하고, 여기에서 '종속적인 관계가 있는지 여부'는 업무내용을 사용자가 정하고 취업규칙 또는 복무(인사)규정 등의 적용을 받으며 업무수행과정에서 사용자가 상당한 지휘·감독을 하는지, 사용자가 근무시간과 근무장소를 지정하고 근로자가 이에 구속을 받는지, 노무제공자가 스스로 비품·원자재나 작업도구 등을 소유하거나 제3자를 고용하여 업무를 대행하게 하는 등 독립하여 자신의 계산으로 사업을 영위할 수 있는지, 노무제공을 통한 이윤의 창출과 손실의 초래 등 위험을 스스로 안고 있는지, 보수의 성격이 근로 자체의 대상적 성격인지, 기본급이나 고정급이 정하여졌는지 및 근로소득세의 원천징수 여부 등 보수에 관한 사항, 근로제공관계의 계속성과 사용자에 대한 전속성 유무와 그 정도, 사회보장제도에 관한 법령에서 근로자로서 지위를 인정받는지 등의 경제적·사회적 여러 조건을 종합하여 판단하여야 한다. 다만, 기본급이나 고정급이 정하여졌는지, 근로소득세를 원천징수하였는지, 사회보장제도에 관하여 근로자로 인정받는지 등의 사정은 사용자가 경제적으로 우월한 지위를 이용하여 임의로 정할 여지가 크기 때문에, 그러한 점들이 인정되지 않는다는 것만으로 근로자성을 쉽게 부정하여서는 안 된다"고 판시하고 있다(참고판례: 대법원 1994. 12. 9 선고 94다22859 판결, 대법원 2005. 5. 27 선고 2005두524 판결; 대법원 2005. 11. 10 선고 2005다50034 판결)('대학입시학원 종합반 강사'들이 매년 근로계약을 체결하는 형식을 갖추었더라도 실질적으로 기간의 정함이 없는 근로자의 지위에 있었다고 보아 사용자의 근로계약 갱신 거절이 해고에 해당한다고 한 사례). 이 판례는 종전의 대법원 입장을 변경한 것인지는 알 수 없지만, 대법원의 판결기준을 보완하는 내용이 없지 않다.

❖ 일반적 판단기준

근로기준법상의 근로자에 해당하는지 여부를 판단함에 있어서는 그 계약이 민법상의 고용계약이든 또는 도급계약이든 그 계약의 형식에 관계없이 그 실질에 있어서 근로자가 사업 또는 사업장에 임금을 목적으로 종속적인 관계에서 사용자에게 근로를 제공하였는지 여부에 따라 판단하여야 한다.

❖ 종속성의 구체적 판단기준

아래의 사항을 종합적으로 고려하여 판단한다.

① 업무의 내용이 사용자에 의하여 정하여지는지 여부
② 업무수행과정에 있어서 근로자가 사용자로부터 구체적이고 직접적인 지휘·감독을 받는지 여부
③ 사용자에 의하여 근무시간과 근무장소가 지정되고 이에 구속을 받는지 여부
④ 근로자 스스로가 제3자를 고용하여 업무를 대행하게 하는 등 업무의 대체성 유무
⑤ 비품, 원자재, 작업도구 등의 소유관계
⑥ 근로제공관계의 계속성과 사용자에의 전속성 유무와 정도
⑦ 보수가 근로 자체의 대상적(對償的) 성격을 갖고 있는지 여부와 기본급이나 고정급이 정하여져 있는지 여부 및 근로소득세의 원천징수 여부 등 보수에 관한 사항
⑧ 취업규칙, 복무규정, 인사규정 등의 적용을 받는지 여부
⑨ 사회보장제도에 관한 법령 등 다른 법령에 의하여 근로자로서의 지위를 인정받는지 여부
⑩ 양 당사자의 경제·사회적 조건 등

❖ 근로자성 판단의 기본 방식

사용종속관계의 존재 여부에 따라 근로자성을 정하고(종속성에 의한 판단), 사용종속관계의 존재 여부는 계약의 형식이나 명칭이 아니라 노무공급관계의 실질에 따라 정하며(실질적 판단), 또한 노무공급관계의 실질은 그것을 둘러싼 제반 요소를 종합적으로 고려하여 판단하여야 한다(종합적 고려).

❖ 근로자성 판단에서 고려하는 제반 요소

① 지휘·명령의 존재 여부를 판단하는 요소(지휘·명령성의 요소), ② 보수의 성격과 구성에 관한 요소(임금성의 요소), ③ 기타의 요소가 있다.

첫째, '지휘·명령성의 요소'로서, ① 근로자가 담당하는 업무의 내용이 사용자에 의하여 정하여지는가, ② 취업규칙, 복무규정, 인사규정 등의 적용을 받는가, ③ 업무수행과정에 있어서 근로자가 사용자로부터 구체적이고 직접적인 지휘·감독을 받는가, ④ 사용자에 의하여 근무시간과 근무장소가 지정되고 이에

구속을 받는가, ⑤ 근로자 스스로가 제3자를 고용하여 업무를 대행하게 하는 등 업무의 대체성이 있는가 등이다

둘째, '임금성의 요소'로서, ① 보수가 근로 자체의 대상적(對償的) 성격을 갖고 있는가와, ② 본급이나 고정급이 정하여져 있는가 등이다.

셋째, '기타의 요소'로서, ① 비품, 원자재, 작업도구 등의 소유관계, ② 근로제공관계의 계속성과 사용자에의 전속성 유무와 정도, ③ 세법(근로소득세의 공제 여부)이나 사회보장제도에 관한 법령 등 다른 법령에 의하여 근로자로서의 지위를 인정받는지 여부, ④ 양 당사자의 경제·사회적 조건 등이다.

2) 행정해석의 근로자성 판단기준[10]

① 근로자가 업무를 수행함에 있어 사용자로부터 정상적인 업무수행명령과 지휘·감독에 대하여 거부할 수 없어야 한다.

② 시업과 종업시간이 정하여지고 작업장소가 일정 장소로 특정되어 있어야 한다.

③ 업무의 내용이 사용자에 의하여 정하여지고, 업무의 수행과정도 구체적으로 지휘·감독을 받아야 한다.

④ 지급받는 금품이 업무처리의 수수료(수당) 성격이 아닌 순수한 근로의 대가이어야 한다.

⑤ 상기 내용이 충족되고 복무위반에 대하여는 일반 근로자와 동일하게 징계 등 제재를 받아야 한다.

(2) 노동조합 및 노동관계조정법상 근로자성 인정기준

노동조합 및 노동관계조정법(이하 노조법) 제2조 제1호에서는 동법상 근로자의 정의에 대하여, "직업의 종류를 불문하고 임금·급료 기타 이에 준하는 수입에 의하여 생활하는 자를 말한다"고 정하고 있다. 집단적 노사관계법의 적용에 있어서는 단결권의 보호 등 집단적 노사관계법상 보호가 필요한가라는 관점에서 파악되어야 하므로 반드시 근로기준법상의 판단표지에 의하여 판단할 필요는 없고, 정의내용도 근로기준법 제2조 제1호의 규정

[10] 1988.4.25, 근기 01254-6463.

과 상이하다.

따라서 근로기준법상 근로자성 인정 여부와는 별도로 특수형태 근로종사자의 노동조합 및 노동관계조정법상 근로자성 인정 여부가 검토되어야 한다. 그럼에도 불구하고 위에서 본 바와 같이 법원은 근로기준법과 노동조합 및 노동관계조정법의 근로자성 판단을 동일하게 보는 듯한 인상을 주면서 근로기준법상 근로자로 인정되지 않으면 이들로 구성된 노동조합도 인정할 수 없다는 입장을 보이고 있다(일부 예외 있음). 특수형태 근로종사자에 대하여 노동조합 및 노동관계조정법상 근로자 개념의 인정을 통하여 집단적 권리의 행사가 가능하다면, 그 모습이 극히 다양한 특수형태 근로종사자별로 그에 적합한 단체협약의 체결을 통하여 적절한 내용을 형성해 갈 수 있다는 이점이 존재한다.

6.2.2. 특수형태 근로종사자의 법적용 실태

(1) 서　인

특수형태 근로종사자로 불리는 범주의 근로자의 해당성에 대해서 대법원은 수차례에 걸쳐서 법적 판단을 내린 바 있다. 이들은 근로자서의 요소(종속관계)와 자영인으로서의 요소(독립성)를 모두 가지고 있는 중간적 존재이다. 특수형태 근로종사자들이 근로기준법상의 근로자인가의 여부를 판단하는 데 있어서는 당사자 사이의 실질적 관계를 고려하지 아니하고 단순히 당해 계약의 형식만을 기준으로 하여 결정할 것은 아니다. 따라서 근로자성 여부 문제는 외형적 계약형식이나 명칭에 의할 것이 아니라 노무수행과정에 있어서 실질적 내지 사실상의 사용종속관계의 존재 여부에 따라 판단하여야 한다.

우리 나라 특수형태 근로종사자와 관계된 '노동법 문제의 핵심'은 특수한 노무공급형태로 인한 ① '근로자성 판단'과, ② '노동법적 보호의 범위'이다. 특수형태 근로종사자는 노무공급의 내용과 형태상의 특징, 즉 노무공급의 장소, 물적 수단의 소유, 노무제공의 목적이나 내용의 특수성에 따라 각각 그 특징이 있다. 이에 특수형태 근로종사자가 근로기준법상 근로자인지 여부는 해당 노무공급의 구체적인 실태에 비추어 근로자로서의 여러 징표를 종합해 개별적으로 판단할 수밖에 없다.

그러나 노동관계법상의 전통적인 '근로자의 개념'[11]에 의해서는 근로자성을 판단하기 어려운 공통점이 있다. 즉, 노동법상의 보호 또는 권리보장은 근로자에게 인정되나 근로자가 아닌 자에 대해서는 그러한 보호나 권리가 주어지지 아니한다.

우리 나라 대법원은 근로기준법상 근로자의 해당 여부를 판단함에 있어서 일반적인 기준으로, 그 계약이 민법상의 고용계약이든 또는 도급계약이든 그 형식에 관계없이 실질에 있어서 근로자가 사업 또는 사업장에 임금을 목적으로 종속적인 관계에서 사용자에게 근로를 제공하였는지 여부에 따라 판단하여야 하는 것이며, 이를 판단함에 있어서는 업무의 내용이 사용자에 의하여 정해지고 취업규칙·복무규정·인사규정 등의 적용을 받으며 업무수행과정에 있어서도 사용자로부터 구체적이고 직접적인 지휘·감독을 받는지 여부, 사용자에 의하여 근무시간과 근무장소가 지정되고 이에 구속을 받는지 여부, 근로자 스스로가 제3자를 고용하여 업무를 대행하게 하는 등 업무의 대체성 유무, 비품·원자재·작업도구 등의 소유관계, 보수가 근로 자체의 대상적(對償的) 성격을 갖고 있는지 여부와 기본급이나 고정급이 정하여져 있는지 여부 및 근로소득세의 원천징수 여부 등 보수에 관한 사항, 근로제공관계의 계속성과 사용자에의 전속성 유무와 정도, 사회보장제도에 관한 법령 등 다른 법령에 의하여 근로자로서의 지위를 인정하여야 하는지 여부, 양 당사자의 경제·사회적 조건 등을 종합적으로 고려하여야 한다고 판단기준을 제시하고 있다.[12]

즉, 판례에 의하면, 근로의 실질에 있어서 근로자가 종속적인 관계에서 사용자에게 근로를 제공하는 것이라면 근로기준법 제2조 제1호(구 근로기준법 제14조)의 소정의 근로자에 해당한다고 판단하고 있다. 사용종속관계를

---

[11] 우리 나라에서는 근로자 개념과 관련한 주요 저서 및 논문들로서는 김형배·박지순(2004); 김형배(2005); 임종률(2005); 강성태(2000); 강성태(2002); 박수근(2002); 최영호(2002); 윤애림(2003); 박종희(2003); 조임영(2003) 등이 있다.

[12] 대법원 1997.12.26 선고 97다17575 판결; 대법원 1996.9.6 선고 95다35289 판결; 대법원 1996.7.30 선고 95누13432 판결; 대법원 1996.4.26 선고 95다20348 판결 등.

인정할 수 있는 구체적인 판단요소로는, ① 노무제공방식의 타인결정 통제성, ② 보수의 근로대가성, ③ 사업조직에의 결합성, 기타 ④ 법령상의 지위 등을 들고 있으며, 이러한 요소들을 종합적으로 고려하여 근로기준법상의 근로자 여부(즉, 인적 종속관계 여부)를 판단한다.

여기서 판례를 중심으로 분석하는 이유는 이를 통한 구제 외에는 근로자의 정의규정에 관한 새로운 입법이나 특별법이 제정되기 전까지는 현실적으로 위의 특수형태 근로종사자를 법적으로 보호할 수 있는 실효적인 방안이 없기 때문이다.

우리 나라에서 특수형태 근로종사자에 대한 법원 판례는 골프장경기보조원, 보험설계사, 학습지교사 및 레미콘운송차주 등을 중심으로 살펴본다. 그런데 특수형태 근로종사자의 근로자성 여부에 대한 대법원 등 판례의 경향은 근로자성 판단에 관한 기본 공식을 제시한 위에서 언급된 1994년 판결 이후 대법원은 이 기준에 따라 근로자성을 판단한 사건에 대부분 일관하여 근로자성을 부정하고 있다. 따라서 이하에서는 직종별로 현행 법과 판례의 범위 내에서 근로자성의 인정 여부를 살펴본다.

(2) 특수형태 근로종사자의 조직실태

종래 학습지교사 등 특수형태 근로종사자의 노동조합 설립신고시 노동부는 해당 사업장에서의 사용종속성 등 구체적 사실관계에 따라 근로자성을 인정하여 신고증을 교부한 사례가 있었다. 예를 들면, 학습지교사(1999), 레미콘운송차주(2000), 골프장경기보조원(1999)은 노동조합의 설립 또는 가입을 인정하였고, 다만 보험설계사는 설립신고를 반려(2000)하였다. 그러나 최근 특수형태 근로종사자의 위에서 살펴보았듯이 노조법상 근로자성을 부인하는 법원 판례의 경향 등을 고려할 때 이들을 포괄적으로 노조법상 근로자로 인정하기는 어려운 상황이다. 왜냐하면, 종래에는 특수형태 근로종사자에 대해 신고증 교부를 근거로 근로자로 보아 부당노동행위 등으로 사업주를 수사하였으나, 근로자성을 부인하는 법원 판결의 영향으로 검찰에서 근로자성을 부정함에 따라 근로자임을 전제로 사건을 처리하는 데 한계가 있기 때문이다.

표 6-4 특수형태 근로종사자의 노동조합 현황

직 군	명 칭	상급단체	규 모	설립연도 관할관청
학습지교사	재능교육교사 노조	민주노총	150여 명	1999 서울청
	전국학습지산업 노조	민주노총	7개 지부 700여 명	2000 서울청
레미콘 운송차주	전국건설운송 노조	(민)건설산업노련	7개 지부 58개 분회 1,500여 명	2000 영등포구→ 서울청(2001)
	한국건설레미콘 운송 노조	(한)화학노련	61개 지부 1,700여 명	2001 남양주시→ 의정부사무소
골프장 경기보조원	익산CC, 한원CC, 스카이밸리CC 노조 등	(민)서비스연맹	정규직＋골프장경기보조원	관할 지방자치단체
	전국여성노조 등	미가입	일부 골프장 골프장경기보조원	서울서부사무소

주: 보험설계사 노조는 설립신고서 반려됨(2000).

(3) 판례상 특수형태 근로종사자에 대한 근로자 해당 인정 여부

1) 골프장경기보조원

골프장경기보조원(캐디(caddie))에 대하여 법원은 사건의 구체적 내용에 따라 달리 판단하고 있다. 먼저 유성관광개발컨트리클럽 노동조합 사건(대법원 1993. 5. 25 선고 90누1731 판결)에서는 「노동조합 및 노동관계조정법」상 근로자성은 인정[13]하였지만, 그 후 (주)근영농산 사례(대법원 1996. 7. 30 선고 95누13432 판결)에서는 근로기준법상 근로자성을 부인하였다.[14] [15]

[13] 그 근거로서 캐디피를 노동조합 및 노동관계조정법 소정의 '기타 이에 준하는 수입'으로 보았다. 즉, 캐디피는 근로기준법상의 임금이라고 단정하기는 어렵지만 골프장경기보조원이 회사에 의하여 선발되어 채용될 때 골프장경기보조원과 회사 사이에 골프장경기보조원이 회사가 임의로 지정하는 내장객에게 노무제공을 하기로 하고 그 대가로 회사로부터 일정한 금원을 받기로 하는 묵시적인 약정이 있다고 보고 이 약정을 고용관계에 근사한 것으로 보았다.

[14] 이러한 상이한 두 판례에 대하여 동일한 판단요소에 의하여 상이한 판단을 한 것은 구체적인 노무공급의 실태가 다르기 때문인지, 담당 대법관의 견해차이 때문인지 알 수 없다.

① 골프장경기보조원 근로자성 인정 판례

골프장경기보조원의 경우 「노동조합 및 노동관계조정법」상의 근로자성을 인정한 판례가 있다. 대법원에서는 골프장경기보조원(골프장캐디)에 대하여 유성관광개발컨트리클럽 노동조합 사건(대법원 1993.5.25 선고 90누1731 판결, 노동조합 설립신고수리 취소처분 취소)에서 골프장경기보조원의 노동조합 및 노동관계조정법상의 근로자로 인정하였다.[16] 이 판결에서는 노동조합 및 노동관계조정법상 근로자란 타인과의 사용종속관계 아래에서 노무에 종사하고 그 대가로 임금 등을 받아 생활하는 자를 말한다고 할 것이라고 판시하였다.[17] 특히, 캐디피에 대하여 캐디피는 근로기준법상의 임금이라고 단정하기는 어렵지만 골프장경기보조원이 회사에 의하여 선발되어 채용될 때 골프장경기보조원과 회사 사이에 골프장경기보조원이 회사가 임의로 지정하는 내장객에게 노무제공을 하기로 하고, 그 대가로 회사로부터 캐디피로서 1경기당 일정한 금원인 금 5,000원을 지급받기로 하는 묵시적인 약정이 있는 것으로 보이고, 이와 같은 약정은 고용계약관계에 유사하다고 보이므로 캐디피를 노동조합 및 노동관계조정법 소정의 '기타 이에 준하는 수입'으로 못 볼 바도 아니라고 판단하였다.[18]

골프장과 아무런 계약을 맺지 않고 자율단체에 의하여 업무수행을 통제하면 내장객으로부터 수수료를 받는다는 측면에서는 도급적 노무자보다는 자유노무자에 가깝지 않나 생각한다고 해석하는 견해가 있다(임종률, 2006, p. 34 각주 1) 참조). 혹자는 경기보조원의 근로형태는 골프장마다 조금씩 다르나 근로자성이 강하다고 보는 견해도 있다(하갑래, 2007, p. 939).

15 행정해석의 변천은, 근로기준법상의 근로자로 인정하다가(1973. 4. 30 근기 1455-4192), 노동조합의 설립(1989. 7. 26 노조 01254-10992) 및 근로기준법의 근로자성을 부인하였다(1989. 8. 4 근기 01254-11493). 그 이후에 근로기준법상의 근로자자성을 인정(1994. 6. 2 근기 68207-906; 1998. 8. 27 여정 68240-404; 1999. 8. 24 근기 68207-2077)하던 중에서 사안별로 해석을 달리하는 것으로 견해를 수정(2005. 5. 13 근기 68207-1448)한 후 다시 근로자성을 부인하는 판례의 입장을 수용하고 있다(2003. 4. 18 근기 68207-418; 2003. 6. 13 근기 68207-703).

16 종전 하급심 판례에서는 노동조합과 관련해 근로자가 아니라고 하였다(서울고판 1990. 2. 1 89구9762).

17 서울건해산물노조 사례(대법원 1992. 5. 26 90누9438 판결)에서는 노동조합의 구성원인 근로자와 사용자 사이에는 고용에 따른 종속관계가 있어야 하고, 이러한 관계가 없는 자는 노동조합 및 노동관계조정법이 정하는 적법한 노동조합을 조직할 수 없다고 한다.

18 참고로 특수형태 근로종사자의 사례는 아니지만, 서울여성노조 사례(대법원 2004. 2. 27 선고 2001누2234 판결)에서는 초기업단위 노조에 구직자나 실업 중인 자의 가입을 인정하

먼저, 「노동조합법상 근로자로 보기 위한 사용종속관계의 결정기준」에서 대하여, "노동조합법상 근로자란 타인과의 사용종속관계 아래에서 노무에 종사하고 대가로 임금 등을 받아 생활하는 자를 말하고, 타인과 사용종속관계가 있는 한 당해 노무공급계약의 형태가 고용·도급·위임·무명계약 등 어느 형태이든 상관없으며, 사용종속관계는 사용자와 노무제공자 사이에 지휘·감독관계의 여부, 보수의 노무대가성 여부, 노무의 성질과 내용 등 노무의 실질관계에 의하여 결정된다"고 판시하면서, 골프장경기보조원이 노동조합법상 근로자에 해당한다고 본 사건이다.[19] 다만, 위의 골프장경기보조원의 노동조합 및 노동관계조정법상 근로자성을 인정한 위 대법원 1993.5.25 선고 90누1731 판결도 기본적으로는 사용종속관계를 요구하고 있다.

이와 같이 골프장경기보조원에 대하여 노동조합 및 노동관계조정법상의 근로자성을 인정한 근거로는, ① 경기과에서 충원계획을 작성하여 회사대표에게 보고 후 충원 여부를 결정하고, 골프장경기보조원 양성학원에 골프장경기보조원 알선을 의뢰하여 서류심사와 면접을 통해 선발하며 교육실시 후 근무배치한다. ② 경기보조원 자치내규는 경기보조원들에게 의견을 수렴하여 회사에서 작성한 후 경기보조원들이 알아볼 수 있도록 게시하는 등 근로기준법상 취업규칙에 해당한다고 볼 수 있다. ③ 골프장경기보조원의 근무태만과 무단결근, 규정된 봉사료를 초과요구하는 경우 등 불성실근무에 대한 제재는 자치내규에 정해진 바에 따라 행한다. ④ 캐디피는 주변 골프장 캐디피를 참고하여 회사에서 결정(협회권장 캐디피가 정해짐)한다. ⑤ 골프장경기보조원 마스터는 회사소속 직원으로서, 골프장경기보조원의 교육 및 당일휴가를 제외한 골프장경기보조원 휴가부여권을 가지고 있으며, 징계

는 판결을 내리면서 근로기준법상 근로자와 노동조합 및 노동관계조정법상 근로자의 개념 규정이 상이하다는 점을 지적하고 있다(명확히 구별한 것은 아니라는 견해도 있음). 이 판결에서 법원은 우선, 근로기준법은 '현실적으로 근로를 제공하는 자에 대하여 국가의 관리·감독에 의한 직접적인 보호의 필요성이 있는가'라는 관점에서 개별적 노사관계를 규율할 목적으로 제정된 것인 반면에, 노동조합 및 노동관계조정법은 '노무공급자들 사이의 단결권 등을 보장해 줄 필요성이 있는가'라는 관점에서 집단적 노사관계를 규율할 목적으로 제정된 것으로 그 입법목적에 따라 근로자의 개념을 상이하게 정의하고 있다는 점을 지적함.

[19] 참조판례: 대법원 1986.12.23 선고 85누856 판결(대법원 종합법률정보에 미게재된 판례).

위원회 위원장으로서 징계권도 행사하고 있다는 점을 들고 있다(근기 68207-1448, 2000. 5. 13).

② 골프장경기보조원의 근로자성 부인 판례

골프장경기보조원의 근로기준법상 근로자성 인정에 대하여 근영농상 사건(대법원 1996. 7. 30 선고 95누13432 판결에서는 「근로기준법」상의 근로자성을 부인하고 있다.[20 21 22]

먼저, 「근로기준법상 근로자에 해당하는지 여부의 판단 기준」에 대하여, 근로기준법상의 근로자에 해당하는지 여부를 판단함에 있어서는 그 계약이 민법상의 고용계약이든 또는 도급계약이든 그 계약의 형식에 관계없

[20] H관광개발 사건(서울행판 2003. 1. 10 2002구합20886 부당해고구제 재심판정 취소)에서는 골프장경기보조원이 근로기준법상 근로자가 아니므로 부당해고 구제신청을 할 적격 자체가 없다고 판시하고 있다. 즉, 이 사건 골프장을 운영하는 참가인은 내장객과 사이에 이 사건 골프장의 시설이용에 관한 계약을 체결함으로써 내장객에게 시설이용권을 부여하고, 그에 대한 대가로 소정의 사용료를 받을 뿐이며, 내장객 중 골프장경기보조원의 배치를 희망하는 사람들을 위하여 일정한 수의 골프장경기보조원을 확보해 두고, 이러한 내장객에 대해서는 일정한 순번에 따라 정해진 골프장경기보조원을 배치해 줌으로써 내장객과 골프장경기보조원 사이에 경기보조업무의 용역제공에 관한 계약이 체결되는 것을 알선 내지 중개해 주는 역할을 한다고 봄이 상당하므로, 골프장경기보조원이 참가인과의 사이에 사용종속관계에 놓인 근로자에 해당한다고 볼 수 없다고 판시하고 있다.

[21] 최근 하급심 판례(수원지법 민사4단독 2006. 1. 24)로서 골프장경기보조원(캐디)이 근무 중에 날아온 골프공에 맞아 상해를 입었다 하더라도 골프장측은 배상의 책임이 없다는 판결이 나왔다. 골프장경기보조원을 근로자로 볼 수 없다고 법원이 판단하였기 때문이다. A골프장(경기 용인시 구성읍) 사건에서 골프장경기보조원(37세, 여)이 "경기보조를 하던 도중 내장객이 친 골프공에 맞아 상해를 입었다"며 A골프장과 임 모(53세)씨를 상대로 낸 손해배상 청구소송에서 원고 일부승소판결을 하였다. 판결문에서 "골프장경기보조원이 시설운영자에 대해 사용종속관계 아래에서 임금을 목적으로 근로를 제공하는 근로자라고 볼 수 없다"며 "따라서 골프장이 골프장경기보조원들의 업무로 인해 이익을 얻는다고 하더라도 그 사정만으로 원고가 업무상 입은 손해를 배상해야 할 책임이 있다고 보기는 어렵다"고 밝혔다. 또한 "티그라운드에서 티샷을 하는 경우 전방에 다른 사람들이 있는지 확인해 사고발생의 위험이 있는 경우 안전하게 뒤로 물러날 때까지 기다린 다음 스윙을 하거나 뒤로 물러나도록 경고를 하였어야 함에도 피고 임씨는 이를 소홀히 한 과실이 있다"며, "하지만 원고도 피고가 티샷을 한다는 것을 알면서도 그 전방으로 앞서 나아갔다가 사고를 당해 원고의 과실이 차지하는 비율은 70% 정도로 봄이 상당하다"고 판시하였다. 원고는 지난 2002년 8월 21일 A골프장에서 티그라운드에서부터 35m 가량 떨어진 곳에서 서 있다가 내장객 임씨가 티샷한 공에 왼손을 맞아 골절 등의 상해를 입자 A골프장측과 임씨를 상대로 소송을 제기하였다(시민일보 2006. 1. 24 재인용).

[22] 이 판결 이후에 하급심 판례들은 노동조합 및 노동관계조정법상의 근로자성까지 지속적으로 부인하고 있다(서울행판 2001. 9. 4 2001구6783; 서울행판 2001. 8. 21 2000구30598; 서울행판 2001. 11. 2 2001구20079; 서울행판 2002. 2. 7 2001구33013).

이 그 실질에 있어 근로자가 사업 또는 사업장에 임금을 목적으로 종속적인 관계에서 사용자에게 근로를 제공하였는지 여부에 따라 판단하여야 하고, 여기서 종속적인 관계가 있는지 여부를 판단함에 있어서는 근로자가 담당하는 업무의 내용이 사용자에 의하여 정하여지고 취업규칙·복무규정 인사규정 등의 적용을 받으며 업무수행과정에 있어서도 근로자가 사용자로부터 구체적이고 직접적인 지휘·감독을 받는지 여부, 사용자에 의하여 근무시간과 근무장소가 지정되고 이에 구속을 받는지 여부, 근로자 스스로가 제3자를 고용하여 업무를 대행하게 하는 등 업무의 대체성 유무, 비품 원자재 작업도구 등의 소유관계, 보수가 근로 자체의 대상적(對償的) 성격을 갖고 있는지 여부와 기본급이나 고정급이 정하여져 있는지 여부 및 근로소득세의 원천징수 여부 등 보수에 관한 사항, 근로제공관계의 계속성과 사용자에의 전속성 유무와 정도, 사회보장제도에 관한 법령 등 다른 법령에 의하여 근로자로서의 지위를 인정받는지 여부, 양 당사자의 경제·사회적 조건 등을 종합적으로 고려하여 판단하여야 한다고 판시하고 있다.[23]

그리고 당해 사건에서 이에 대한 근거로, ① 근로계약·고용계약 등 노무공급계약의 미체결, ② 경기보조업무의 골프장시설 운영에 있어서 필요불가결성 부재, ③ 캐디피의 근로대가성 부인(사용자에 의한 금품 미지급 및 봉사료액수의 미결정), ④ 용역제공의 동등한 기회부여 차원의 순번제는 있으나 근로시간의 정함이 없음, ⑤ 휴업수당의 미지급, ⑥ 업무수행에 대한 구체적이고 직접적인 지휘·감독의 부재(골프장경기보조원 마스터의 지휘·감독은 골프장경기보조원 관리 차원의 경기수칙 및 예절교육에 불과함), ⑦ 근로소득세의 원천징수 부재, ⑧ 경기보조업무 수행 행태에 대한 징계처분 부재(순번에서의 사실상 불이익은 존재) 등을 들고 있다

[23] 같은 취지의 판례로서는 재능교육 사건(대법원 1996.4.26 선고 95다20348 판결, 퇴직금—학습지교사는 회사와 사이에 사용종속관계에서 임금을 목적으로 근로를 제공하는 근로자로 볼 수 없다고 본 사건); 웅진씽크빅 사건, 대법원 2005.11.24 선고 2005다39136 판결, 손해배상(기)—교육상담교사는 그 회사와의 사이에 사용종속관계 아래에서 임금을 목적으로 근로를 제공한 근로자로 볼 수 없다고 한 사건; 그 외에 대법원 1997.12.26 선고 97다17575 판결, 대법원 1996.9.6 선고 95다35289 판결, 대법원 1996.7.30 선고 95누13432 판결 등이 있다.

표 6-5 각 유형별 판결례에서의 사용종속성 부인의 근거

유 형	판 단 내 용
골프장 경기 보조원 (캐디)	·골프경기일의 출근, 조단위 순번에 따른 업무배정, 회사에 의한 실무교육·경기수칙교육·예절교육의 실시 등은 "골프장시설을 이용함에 부수하여 질서를 유지하는 데 필요한 최소한"의 규제에 해당하는 점에서 업무내용 및 업무수행에 대한 "구체적이고 직접적인 지휘·감독"이라 볼 수 없고, ·불친절·근무태만·지시거부 등에 대한 제재로서 근무정지·배치거부·순번배정상의 불이익조치 등은 다만 "사실상의 불이익"일 뿐 "회사의 복무질서 위배 등을 이유로 한 징계처분"으로 볼 수 없다고 하여 사용종속성을 부정
레미콘 운송차주	·정시출퇴근·운반지시·전근지시에 따를 의무와 그 위반에 대한 사용자의 계약해지 등의 사실관계에 대하여, 이들 각 의무는 레미콘 운반도급계약에 부수하는 최소한의 필요의무에 해당하는 점에서 사용종속성과 무관한 것으로 파악하고, ·계약해지의 징계처분성을 부인하여 사용종속성을 부정
보험 설계사	·평일의 회사 영업소에의 조회(朝會)·석회(夕會) 참여(이 자리에서 보험상품의 내용이나 판매기법 등에 관한 교육과 실적확인이 이루어짐)는 수탁업무의 원활한 수행을 위한 최소한의 규제에 불과하고, ·회사지시 거부·실적불량·무단업무중지 등에 대한 해촉은 계약해지로서 징계에 해당하지 않는다고 보아 사용종속성을 부인
학습지 교사	·"상담교사는 회사의 조직인 지국에 소속되어 지국장의 관장 아래 활동하고 그 지시를 받도록 규정하고 있고 회사가 정한 규정·내규 기타 회사가 지시하는 사항을 성실히 준수하도록" 요구하는 관리규정에 따라 "원칙적으로 매일 정해진 시간에 지국 사무실에 나가고, 그 시간 중에 지국 내에서 조회·교육을 통하여 위탁업무에 관한 지시를 받고 아울러 업무일지를 작성하여 계장 및 지국장의 결재를 받으며, ……위탁업무의 실적향상을 위한 독려를 받고 있는" 점에 대하여, 이는 "위탁업무의 원활한 수행을 위하여 회사가 위탁자의 지위에서 행하는 최소한의 지시나 교육을 받는 것이거나 위탁계약의 의무이행과정의 일환으로 이루어진 것일 뿐"으로 "사용종속관계 아래에서 ……구체적이고 직접적인 지휘·감독을 받으면서 근로제공을 한 것"이라고 볼 수 없고, ·관리규정 소정의 사유가 있을 경우의 계약해지는 회사의 복무질서 위반행위 등에 관한 징계가 아니라는 점을 들어 사용종속성 부인

2) 보험설계사

① 보험설계사는 형식적으로 보험회사와 보험가입자 간에 중립적 위치에서 독립하여 계약체결을 중개하는 중개인이다. 대법원은 생명보험계약 체

결의 중개와 보험료 수금 및 그 수반업무를 대행하는 보험설계사의 근로기준법 및 노동조합 및 노동관계조정법의 근로자성을 모두 부인하고 있다. 보험설계사에 대하여 동방생명보험 사례(대법원 1990.5.22 선고, 88다카28112 판결)와 프랑스생명보험 사례(대법원 2000.1.28 선고, 98두9219 판결)[24] 등이 있다. 법원은 근로자성 판단의 기준으로 활용되는 사용종속성을 좁은 의미로 파악하고, 구체적인 판단에서도 노무수행에 대한 직접적인 지휘·명령 여부, 계약의 형식, 보수의 지급방식 등 징표에 주로 근거해 판단하고 있다. 아울러 노동조합 및 노동관계조정법에 대해서도 근로자성을 부인한 하급심 판례가 있다(서울고판 1991.5.16 89구13327). 이러한 판례의 경향에 따라 노동부와 중앙노동위원회의 행정해석도 법원의 입장과 같이 노동법상의 근로자성을 부정하고 있다.[25]

② 프랑스생명보험 사건(대법원 2000.1.28. 선고 98두9219 판결, 부당해고구제재심판정취소)에서는 보험회사의 보험설계사가 근로기준법상의 근로자에 해당되지 않는다고 본 사례이다.[26]

먼저, '근로기준법상의 근로자에 해당하는지 여부의 판단기준'에 대하여 종전과 같이 "근로기준법상의 근로자에 해당하는지 여부는 그 계약이 민법상의 고용계약이든 또는 도급계약이든 그 계약의 형식에 관계없이 그 실질에 있어 근로자가 사업 또는 사업장에 임금을 목적으로 종속적인 관계에서 사용자에게 근로를 제공하였는지 여부에 따라 결정되는 것이고, 여기서 종속적인 관계가 있는지 여부를 판단함에 있어서는 업무의 내용이 사용자에 의하여 정하여지고 취업규칙·복무규정·인사규정 등의 적용을 받으며 업무수행과정에 있어서도 사용자로부터 구체적이고 직접적인 지휘·감독을 받는

---

[24] 대법원 1996.4.26 선고 95다20348 판결; 대법원 1997.11.28 97다7998 판결.

[25] 행정해석도 노동조합 및 노동관계조정법 및 근로기준법상 근로자성을 부인하고 있다(전자는 2000.10.30 노조 68107-997 이 해석은 서울 영등포구청 및 강남구청이 각각 제기한 민주노총 산하 전국보험모집인 노동조합과 한국노총 산하 전국보험산업노조 노동조합 설립신고서의 처리관련 회신이다. 후자는 1981.1.23 법무 811-2351).

[26] 같은 취지 판례로서는 대법원 1977.10.11 선고 77다972 판결; 대법원 1990.5.22 선고 88다카28112 판결(본 판례는 미간행·비공개 판결문이다).

지 여부, 사용자에 의하여 근무시간과 근무장소가 지정되고 이에 구속을 받는지 여부, 근로자 스스로가 제3자를 고용하여 업무를 대행하게 하는 등 업무의 대체성 유무, 비품·원자재·작업도구 등의 소유관계, 보수가 근로 자체의 대상적(對償的) 성격을 갖고 있는지 여부와 기본급이나 고정급이 정하여져 있는지 여부 및 근로소득세의 원천징수 여부 등 보수에 관한 사항, 근로제공관계의 계속성과 사용자에의 전속성 유무와 정도, 사회보장제도에 관한 법령 등 다른 법령에 의하여 근로자로서의 지위를 인정받는지 여부, 양 당사자의 경제·사회적 조건 등 당사자 사이의 관계 전반에 나타나는 사정을 종합적으로 고려하여 판단하여야 한다"고 판시하고 있다.[27]

이와 같이 보험설계사의 근로자성을 부인하는 근거로서, ① 위촉계약의 체결, ② 보험설계사에 대한 별도의 규정 존재, ③ 보험설계사의 자격에 대한 특별한 제한 및 전형절차 부재, ④ 징계에 관한 규정은 없이 계약해지에 해당하는 '해촉'에 관한 규정만 존재, ⑤ 조회, 석회시의 교육실적 확인은 수탁업무의 원활한 수행을 위한 교육과 최소한의 지시에 불과, ⑥ 보험계약 실적에 따른 수당지급(정해진 실적미달시 기본 수당 미지급), ⑦ 법률(보험업법 제148조 제2항)에 의한 겸업금지의 제한이 있었으나 다른 영업종사에 대한 제한의 부재 및 사실상 가능, ⑧ 타인의 노동력의 이용 등 업무수행방식에 대한 제한 부재, ⑨ 업무수행과정에서의 임의이탈 가능, ⑩ 사업소득세의 원천징수 및 사회보험의 미적용 등을 들고 있다.

따라서 법원은 보험설계사 노무제공의 대체성과 사용자에의 전속성에 대하여 구체적으로 판단하고 있으나, 근로시간 및 근로제공장소 등의 결정에서 골프장경기보조원이나 학습지교사보다 본인 재량권이 상대적으로 더 크기 때문에 근로자성을 부인하였다.

---

27 같은 취지 판례: 대법원 1994.12.9 선고 94다22859 판결; 대법원 1995.6.30 선고 94도2122 판결; 대법원 1996.4.26 선고 95다20348 판결; 대법원 1996.7.30 선고 96도732 판결; 대법원 1996.9.6 선고 95다35289 판결; 대법원 1996.11.29 선고 96누11181 판결; 대법원 1997.2.14 선고 96누1795 판결; 대법원 1997.11.14 선고 97누13016 판결; 대법원 1997.11.28 선고 97다7998 판결; 대법원 1997.12.26 선고 97누16534 판결; 대법원 1998.5.8 선고 98다6084 판결; 대법원 1999.2.24 선고 98두2201 판결 등.

3) 학습지교사

학습지교사의 경우 판례는 (주)재능교육 사례(대법원 1996.4.26 선고, 95다20348 판결)에서 학습지 제작판매회사와 업무위탁계약을 체결하여 회원모집 및 유지관리, 회비수금 등의 업무를 수행하고 실적에 따라 수수료를 지급받는 학습지교사의 근로기준법상 근로자성을 부정하고 있다. 학습지교사의 근로기준법상 근로자성 여부에 대하여 회사와 사용종속관계 아래에서 임금을 목적으로 근로를 제공하는 근로자로 볼 수 없다고 보았다. 그 판단 근거는 보험설계사의 경우와 거의 동일하게 계약의 형식이 업무위탁계약이라든가, 업무수행과정에서 구체적이고 직접적인 지휘·감독을 받고 있지 않다든가 하는 사용자가 일방적으로 결정할 수 있는 계약의 형식이나 내용을 기준으로 삼고 있다.

그러나 노동조합 및 노동관계조정법상의 근로자성 여부에 대해서는 구체적인 사건에 따라 법원의 판결이 달라지고 있다. 종전에는 노동조합 및 노동관계조정법상 근로자성을 부인한 사실심(서울지판 2001.7 2001카합317)도 있지만, 그 후 대법원의 판례인 웅진씽크빅 사건(대법원 2005.11.24 선고 2005다39136 판결에서는 학습지교사의 노동조합 및 노동관계조정법상의 근로자성을 부인하면서 동 교사들이 결성한 노동조합은 불법노동조합으로 본 사례도 있다. 또한 단위노조인 재능교육교사 노동조합의 경우에는 위탁계약직의 형태로 근무하고 있지만 회사와 단체교섭을 통해 단체협약과 임금협약을 체결하였다. 하지만 동일한 계약형태 및 근로형태를 가지고 있는 전국학습지산업 노동조합 대교지부의 경우에 법원은 단체교섭응낙 가처분소송 또는 노동조합원 활동금지 가처분소송에서 노동조합 및 노동관계조정법상 근로자성을 인정하지 않았다. 그러나 노동조합으로 인정을 받은 경우에도 회사측이 노조의 존재를 부인하고 노조측의 단체교섭 요청을 일방적으로 거부하며 조합원에 대한 탈퇴강요, 협박, 업무상 불이익 등으로 노동조합 활동을 위축시키는 일들이 적지 않게 일어나고 있다.[28]

[28] 행정해석은 노동조합 및 노동관계조정법과 관련해 학습지교사가 회원모집 및 회비수금 사항의 보고 등을 위하여 출근해야 하고, 업무일지를 작성하여 결재를 받으며, 관리능력 부족을 이유로 과목의 일부를 회수당하고, 규정이나 지시사항을 위반하면 위탁계약이 해

① 재능교육 사건

재능교육 사건(대법원 1996.4.26 선고 95다20348 판결)에서는, "근로기준법상 근로자에 해당하는지 여부의 판단기준"에 대하여, "근로기준법상의 근로자에 해당하는지 여부를 판단함에 있어서는 그 계약이 민법상의 고용계약이든 또는 도급계약이든 그 계약의 형식에 관계없이 그 실질에 있어 근로자가 사업 또는 사업장에 임금을 목적으로 종속적인 관계에서 사용자에게 근로를 제공하였는지 여부에 따라 판단하여야 하나, 여기서 종속적인 관계가 있는지 여부를 판단함에 있어서는 업무의 내용이 사용자에 의하여 정하여지고 취업규칙·복무규정·인사규정 등의 적용을 받으며 업무수행과정에 있어서도 사용자로부터 구체적이고 직접적인 지휘·감독을 받는지 여부, 사용자에 의하여 근무시간과 근무장소가 지정되고 이에 구속을 받는지 여부, 근로자 스스로가 제3자를 고용하여 업무를 대행하게 하는 등 업무의 대체성 유무, 비품·원자재·작업도구 등의 소유관계, 보수가 근로 자체의 대상적(對價的) 성격을 갖고 있는지 여부와 기본급이나 고정급이 정하여져 있는지 여부 및 근로소득세의 원천징수 여부 등 보수에 관한 사항, 근로제공관계의 계속성과 사용자에의 전속성 유무와 정도, 사회보장제도에 관한 법령 등 다른 법령에 의하여 근로자로서의 지위를 인정받는지 여부, 양 당사자의 경제·사회적 조건 등을 종합적으로 고려하여 판단하여야 한다.[29]

이와 같이 대법원이 학습지교사의 근로자성을 부인하는 근거는 ① 취업규칙 및 인사규정의 적용을 받는 일반사원 등과는 다른 별도의 관리규정의 적용, ② 통상적으로 1년을 단위로 하는 업무위탁계약의 체결 및 위탁업

지된다면 종속적인 관계가 인정되며, 회비수금실적 및 회원모집실적에 따른 수수료는 노무대가성이 있는 수입으로 볼 수 있다는 이유로 근로자성을 인정하고 있다(1999.12.17 노조 01254-282). 지난 2000년 11월 20일 서울지방노동청은 구몬·아이템플 학습지교사로 구성된 전국학습지산업 노동조합에 대하여 설립신고증을 교부하였다. 반면에 근로기준법과 관련해서는 근로자성을 부인하고 있다(윤선생영어교실 사건, 2001.11.14 근기 68207-3902).

[29] 같은 취지: 웅진씽크빅 사건, 대법원 2005.11.24 선고 2005다39136 판결, 손해배상(기)—교육상담교사는 그 회사와의 사이에 사용종속관계 아래에서 임금을 목적으로 근로를 제공한 근로자로 볼 수 없다고 한 사건. 그 외에 대법원 1997.12.26 선고 97다17575 판결; 대법원 1996.9. 6 선고 95다35289 판결; 대법원 1996.7.30 선고 95누13432 판결 등이다.

무 수행, ③ 위탁업무 수행과정에서의 업무내용·수행방법·업무수행시간 등에 관한 구체적이고 직접적인 지휘·감독의 결여(위탁업무실적의 독려 등을 위한 최소한의 지시교육만이 존재), ④ 회비의 수금실적에 따른 수수료의 지급, ⑤ 관리규정상 출·퇴근시간이나 업무수행시간에 관한 규정 부재 및 자율능력에 따라 위탁업무를 수행한 후 임의로 위탁업무 수행과정 이탈가능, ⑥ 사업장 외부에서의 업무수행(주로 회원의 주거), ⑦ 일반직원과 달리 완화된 다른 채용자격·기준 등의 적용 및 직원이 제출하지 않는 서류제출(사업계획서, 재산세납입증명서), ⑧ 겸업이나 동종의 경쟁업체를 제외한 다른 업종에의 근무 또는 자신 명의의 영업활동 미제한, ⑨ 회사의 복무질서 위반행위 등에 관한 징계규정을 두지 않고 관리규정에 위탁계약의 해촉사유만 규정, ⑩ 사업자등록에 다른 사업소득세의 납부 및 지역의료보험조합 임의가입 등을 들고 있다.

② 웅진씽크빅 사건

최근의 대법원의 판례로서 웅진씽크빅 사건(대법원 2005.11.24 선고 2005다39136 판결에서는 학습지교사의 노동조합 및 노동관계조정법상의 근로자성을 부인하면서 동 교사들이 결성한 노동조합은 불법노동조합으로 본 사례도 있다.

이에 대법원은 학습지 제작판매회사와 업무위탁계약을 체결하여 회원모집 및 유지관리, 회비수금 등의 업무를 수행하고 실적에 따라 수수료를 지급받는 학습지교사의 근로자성을 부정하고 있다. 법원은 위 골프장경기보조원과 같이 학습지교사에 대해 노무공급계약, 노무제공방식, 보수, 사업조직에의 결합성, 법령상의 지위 등 기타 요소에 근거하여 그 지위에 대하여 판단하고 있는데, 노무제공의 대체가능 여부, 작업도구 등의 부담관계와 근로시간·장소, 회원관리지역의 결정 및 변경권한의 재량권 귀속 여부, 별도 취업규칙 작성 등의 실질적인 사용종속관계의 형태보다는 계약의 형식을 중심으로 사용종속관계의 유무 및 근로자성 여부를 판단하는 입장을 취하고 있다.

따라서 학습지교사는 회사와 사이에 사용종속관계에서 임금을 목적으로 근로를 제공하는 근로자로 볼 수 없어 이들을 조합원으로 하는 전국학습지산업 노동조합은 「노동조합 및 노동관계조정법」이 정한 노동조합에 해당한다고 볼 수 없으므로 회사가 위 조합의 단체교섭 요구에 응하지 않은 것을 부당노동행위로 볼 수 없다고 한 원심의 판단을 수긍한 사건이다.

4) 레미콘운송차주

레미콘산업 근로자의 경우 초기에는 대부분 건설회사 소속 직영근로자였으나 회사측의 강제불하에 따라 지입차주로 고용형태가 변경되기 시작하여 현재 노무제공의 유형에 따라 다양한 형식을 취하고 있다. 이 가운데 불하기사와 지입기사가 대부분을 차지하고 있으며, '레미콘운반 도급계약서'라는 명칭으로 계약을 체결하고 있다. 레미콘기사의 경우를 보아도 직영기사·도급기사·불하기사·지입기사·용차기사 등이 있다.

레미콘지입차주의 경우 대법원은 아주레미콘 사건(대법원 1997.2.14 선고 96누1795 판결)에서는 「근로기준법」상 근로자성에 대하여는 일반적으로 부정하는 입장을 취하고 있다.[30] 그리고 최근 대법원의 판례(2006.5.11 선고

---

30 이 점에 대하여 일본에 있어서 노동기준법상의 근로자 여부 구분이 어려운 사례에 대해서는 가능한 한 당사자의 의도를 존중하는 방향에서 판단하는 것이 적당하다는 横浜南労署長(旭紙業) 사건(東京高判 1994.11.24 『労動判例』 제714호 p.14)이 있다. 이 판결은 용차(傭車)운전사와 같은 '근로자와 사업주 중간형태'에 속하는 취업형태에 대해서는 "가능한 한 당사자의 의도를 존중하는 방향에서 판단해야 한다"는 새로운 판단구도를 설정하면서, 용차운전수에게는 이와 같은 취업형태를 선택할 장점이 존재하고, 이러한 취업형태는 양 당사자의 진의에 따르도록 하여야 한다고 하면서 그 근로자성을 부정하였다. 하지만, 이와 같은 고등법원의 태도는 최고재판소(最一小判 1996.11.28 『労動判例』 제714호 p.14)에 의해 비판받게 된다. 다만, 동 사건에서는 용차운전수의 노재보험법상 근로자성을 부정하였다. 이러한 용차운전수의 근로자성에 대한 최초의 최고재판소 판결로 향후 최고재판소의 판단방법이 하급심 판결에 많은 영향을 미칠 것으로 예상된다. 사안을 보면, 사실상 A사에 전속되어 운송계의 지시에 따라 운송업무를 행함으로 그 결과 시간과 운송거리 등이 일방적으로 정해져 있던 용차운전수인 "X는 업무용 기재인 트럭을 소유하고, 자신의 위험과 계산 아래에서 운송업무에 종사하고 있던 이상 A는 운송이라는 업무의 성질상 당연히 필요하게 되는 운송물품·운송장소 및 납입시각의 지시를 하고 있던 이외에는 X의 업무수행에 관하여 특별한 지휘·감독을 행하고 있었다고는 할 수 없고, 시간적·장소적인 구속의 정도도 일반 종업원에 비하면 훨씬 완화되어 있어서 X가 A의 지휘·감독 아래에서 노무를 제공하고 있다고 평가할 수 없다"고 판결하였다. 이와 같은 최고재판소의 입장은 X가 시간적으로 구속되고 운송업무의 내용도 운송계의 지시에 의해 일방적으로 정해지고 있다고 평가해 근로자성을 인정한 1심 판결(横浜地判 1993.6.17 『労働判例』 제643호 p.71)과는 다른 판단 아래에서 근로자성을 부정하였다. 결국 최고재판소는 사업자성을 넓게 인정하고 지휘·명령 구속성을 엄격하게 해석하므로 용차운전수의 근로

표 6-6 레미콘기사의 일자리 형태의 유형

유 형	내 용
직영기사	회사가 레미콘운반차량을 소유·운영하며 기사를 직접 고용하는 경우
도급기사	회사가 차량을 소유하지만 기사에게 임대하여 운영하는 경우
불하기사	회사차량의 소유권을 기사에게 이전하되 차량가격을 일정 기간(업체에 따라 상이)에 걸쳐 상환하도록 하는 경우
지입기사	기사가 그 소유차량을 회사에 지입하여 운행하는 경우
용차기사	필요에 따라 일일단위로 레미콘업체가 외부의 레미콘기사를 활용하는 경우

2005다20910 판결)에서는, 레미콘 차주 겸 운송기사(=레미콘운송차주[31])들을 노동조합 및 노동관계조정법상의 근로자로 볼 수 없다고 하였다(레미콘운송차주들로 구성된 노동조합이 행정관청으로부터 설립신고증을 교부받은 상태였음)(대법원 2006.9.8 선고 2003두3871 판결).[32] [33]

① 아주레미콘 사건

아주레미콘 사건(대법원 1997.2.14 선고 96누1795 판결, 부당해고구제 재심판정 취소)에서는 「근로기준법」상 근로자성에 대하여는 일반적으로 부정하는 입장을 취하고 있다.

자성에 대하여 소극적인 입장이라고 볼 수 있다.

31 회사는 형식상 화물운송업을 경영하고 실제로는 지입계약을 맺은 지입차주가 자신의 계산으로 영업활동을 수행하고 있더라도, 이 지입차주가 채용한 운전기사의 사용자는 대외적으로 자동차를 소유·운영하는 회사이다(대법원 1992.4.28 선고 90도2415 판결; 대법원 1998.1.23 선고 97다44676 판결).

32 대법원 2003.1.10 선고 2002다57959 판결.

33 행정해석은 사실관계에 따라 판단을 달리하고 있다. ① 지입형태의 경우에는 근로자성을 부인하고 있지만, 지입형태가 아닌 직영형태의 경우에는 근로자성이 매우 강하다고 볼 수 있다. 예를 들어, ① 도급계약의 형식을 빌어 회사로부터 레미콘을 공급받아 운반하면서 회사의 구체적인 지시·감독을 받는 등 사용종속관계가 인정되고, 도급인의 사업장에서 지정된 수요처에 레미콘 운반이라는 고정된 업무만을 담당하면서 능률급 또는 성과급을 지급받고 있다면 근로기준법과 노동조합 및 노동관계조정법상의 근로자로 보고 있다(1996.12.6 근기 68207-1606; 1994.3.25 근기 68207-514; 1999.10.27 노조 01254-130). 그러나 ② 회사로부터 레미콘 차량을 공급받았을 뿐 스스로 개척한 수요처에 운반하는 등 회사의 구체적 지시·감독이 이루어지지 아니하고 스스로 사업을 행하는 경우에는 근로기준법상의 근로자로 볼 수 없다고 한다(1994.3.25 근기 68207-514; 1999.10.27 노조 01254-130).

근로기준법상 근로자에 해당하는지 여부를 판단함에 있어서는 계약이 민법상의 고용계약이든 도급계약이든 계약의 형식에 관계없이 그 실질에 있어 근로자가 사업 또는 사업장에 임금을 목적으로 종속적인 관계에서 사용자에게 근로를 제공하였는지 여부에 따라 판단하여야 할 것이고, 여기서 종속적인 관계가 있는지 여부를 판단함에 있어서는 업무의 내용이 사용자에 의하여 정하여지고 취업규칙, 복무규정, 인사규정 등의 적용을 받으며, 업무수행 과정에 있어서도 사용자로부터 구체적이고 직접적인 지휘·감독을 받는지 여부, 사용자에 의하여 근무시간과 근무장소가 지정되고 이에 구속을 받는지 여부, 근로자 스스로가 제3자를 고용하여 업무를 대행하게 하는 등 업무의 대체성 유무, 비품·원자재·작업도구 등의 소유관계, 보수가 근로 자체의 대상적(對償的) 성격을 갖고 있는지 여부와 기본급이나 고정급이 정하여져 있는지 여부 및 근로소득세의 원천징수 여부 등 보수에 관한 사항, 근로제공관계의 계속성과 사용자에의 전속성 유무와 정도, 사회보장제도에 관한 법령 등 다른 법령에 의하여 근로자로서의 지위를 인정받는지 여부, 양 당사자의 경제·사회적 조건 등을 종합적으로 고려하여 판단하여야 한다.

따라서 레미콘회사와 레미콘 운반량에 따라 운반비를 받도록 운반계약을 체결하였을 뿐, 레미콘회사의 일반 근로자들에게 적용되는 취업규칙, 인사 및 급여규정 등이 적용되지 않는 레미콘차량 운전자들에 대하여, 독립적 운송사업을 하는 사업자에 해당할 뿐 당해 회사의 사업장에 임금을 목적으로 사용자와의 종속적인 관계에서 근로를 제공하는 근로자로 볼 수는 없다고 한 사건이다.

이와 같은 판단의 근거로서 원고는 “1994. 4. 1 레미콘 제조 및 창고업 등을 영위하는 피고보조참가인(이하 참가인이라 한다)과 참가인 소유의 레미콘차량을 운전하여 레미콘을 운반하는 레미콘 운반계약을 체결하였는바, 그 내용은 월간 레미콘기준 운반량을 516.666m^{3}로 하고 기준운반량에 대한 운반단가를 1m^{3}당 2,003원으로 하되, 월간 운반량이 기준운반량에 미달할 때는 미달한 양에 대하여 1m^{3}당 708원, 월간 운반량이 기준운반량을 초과할 때는 초과한 양에 대하여 1m^{3}당 1,418원을 지급받기로 하고, 계약기간은 3

개월로 하되 계약기간의 연장은 계약기간 만료 30일 전까지 계약기간 연장에 대한 변경계약의 체결에 의하기로 한 사실, 참가인은 당일 운반하여야 할 레미콘의 물량과 운반시간, 운반지 등을 하루 전에 각 건설업체로부터 파악하여 전날 오후 4시경 게시하고, 원고를 포함한 레미콘차량 운전자들은 다음 날 출근순서대로 이름을 기입하여 운반할 물량을 결정한 사실, 원고를 포함한 레미콘차량 운전자들에게는 참가인의 일반 근로자들에게 적용되는 취업규칙, 인사 및 급여규정이 적용되지 아니하였고, 출근부가 비치되거나 출·퇴근, 지각, 조퇴 등에 대한 통제가 이루어지지 아니하였으며, 그 보수에 있어서도 위와 같은 운반비 외에는 기본급이나 각종 수당, 상여금 등의 지급이 없고 의료보험, 국민연금 등의 혜택이 없는 사실, 원고를 포함한 레미콘차량 운전자들에게는 근로소득세가 원천징수되지 아니하였고, 오히려 위 운전자들은 사업자등록을 마치고 부가가치세를 납부한 사실, 참가인이 레미콘차량에 대한 유지관리비를 부담하였으나 타이어대는 원고 등 레미콘차량을 배정받은 운전자들이 부담하였고, 그들이 배정된 레미콘차량을 운전하지 못할 경우에는 스스로 대리운전자를 내세워 레미콘을 운반하게 하였는데, 참가인은 이를 원고 등 레미콘차량 운전자들이 운반한 것과 동일하게 취급하여 준 사실 등을 인정한 다음, 이를 기초로 원고는 참가인과 레미콘 운반계약을 체결하고 그에 따라 독립적으로 운송사업을 하는 사업자이지 참가인의 사업장에 임금을 목적으로 종속적인 관계에서 사용자에게 근로를 제공하는 근로자로 볼 수는 없다"고 판시하고 있다.

② 씨케이인프라시스 사건

씨케이인프라시스 사건(대법원 2003.1.10 선고 2002다57959 판결, 근로자 지위 부존재 확인 등)에서도 레미콘 운송차주들은 고용종속관계에 있는 근로자로 볼 수 없다고 판시하고 있다.

즉, 원고가 레미콘을 필요로 하는 건설현장으로부터 공급주문을 받는 주체인 이상, 운반도급계약의 상대방인 운송차주들로 하여금 운반장소를 지정하여 운송을 위탁하는 것은 운반도급계약의 기본적인 내용에 속하는 사항이고, 일반적으로 원고가 운송차주들에게 출하시간을 알려 줄 수밖에 없는 점, 운송차주들이 원고의 물량을 안정적이고 독점적으로 운반함으로써 자신들의 경제적 이익을 증대시키기 위해 원고와 장기간의 운반도급계약을 체결한 이상 원고의 신용과 영업상의 이익을 위하여 그 업무수행과정에서 어느 정도 원고의 지휘·감독을 받는 것은 불가피한 점, 운송차주들의 복귀시간이 정해져 있지 않고 그 복귀 여부도 자유로운 점, 운송차주들이 스스로 제3자를 고용하여 업무를 대행하는 것이 불가능하지 않은 점, 레미콘 운송차량의 소유권이 운송차주들에게 있고 그 차량의 관리를 운송차주들 스스로 하여 온 점, 근로소득세를 원고가 원천징수한 것이 아니라 운송차주들이 각자 사업자등록을 하여 사업소득세 및 부가가치세를 납부한 점, 운송차주들이 복무규정, 인사규정 등의 적용을 받지 아니하고, 기본급이나 고정급이 정하여져 있지 아니한 점 등을 종합하면, 위 운송차주들의 일원인 피고들은 원고에 대하여 종속적인 고용관계에서 노무에 종사하고 그 대가로 임금 등을 받는 원고의 근로자라고 볼 수 없다고 판시하고 있다.

③ 사　　건

그리고 최근 대법원의 판례(2006.5.11 선고 2005다20910 판결)에서는, 노동조합 및 노동관계조정법 제2조 제1호는 "근로자라 함은 직업의 종류를 불문하고 임금·급료 기타 이에 준하는 수입에 의하여 생활하는 자를 말한다"고 규정하고 있는바, 여기에서 근로자란 타인과의 사용종속관계 아래에서 노무에 종사하고 그 대가로 임금 등을 받아 생활하는 자를 말하고, 그 사용종속관계는 당해 노무공급계약의 형태가 고용, 도급, 위임, 무명계약 등 어느 형태이든 상관없이 사용자와 노무제공자 사이에 지휘·감독관계의 여부, 보수의 노무대가성 여부, 노무의 성질과 내용 등 그 노무의 실질관계에 의하여 결정된다.[34] 따라서 레미콘 제조 및 판매를 주된 영업으로 하는 원고와 레미콘 운반도급계약을 체결하고 원고가 제조한 레미콘을 수요자에게 운반하는 업무를 담당하고 있는 레미콘 차주 겸 운송기사(=레미콘운송차주)들을 노동조합 및 노동관계조정법 상의 근로자로 볼 수 없다고 하였다(레미콘 운송차주들로 구성된 노동조합이 행정관청으로부터 설립신고증을 교부받은 상태였음).[35]

---

[34] 대법원 2006.6.30 선고 2004두4888 판결(노동조합 및 노동관계조정법상 근로자 개념).

[35] 참조판례로서 유성관광개발컨트리클럽 노동조합 사건(대법원 1993.5.25 선고 90누1731

또 대법원의 판례(2006.9.8 선고 2003두3871 판결)는 사용자가 레미콘 운송차주로 구성된 노동조합(설립신고증을 받음)의 단체교섭 요구를 거부하였더라도 부당노동행위가 성립되지 않는다고 판시하였다.

④ **유사한 사건**

한국레미콘 사건(대법원 1995.6.30 선고 94도2122 판결)의 경우에 자신이 운전기사로 있던 회사의 소유트럭을 불하받아 그 회사의 자회사 명의로 등록한 후 지입차주 겸 운전자로서 그 회사와 콘크리트 운반계약을 체결하고 운반업무에 종사하던 사람은 근로기준법상의 근로자에 해당하지 않는다고 판시하고 있다.[36]

성안산업 사건(대법원 1997.11.28 선고 97다7998 판결)의 경우에도 레미콘 제조회사와 레미콘 운반도급계약을 체결하고 레미콘 운반량에 따라 운반비를 받는 레미콘차량 운전기사의 경우에도 근로기준법상 근로자성은 대법원 판례에서 부인되고 있다.[37]

대우중기 사건(대법원 1997.12.26 선고 97누16534 판결)의 경우에는 임대된 중기의 지입차주 겸 조종사가 지입회사의 근로자로서 파견된 것이 아님은 물론 지입회사와 하도급업체인 소외 회사 사이에 체결된 중기임대차계약의 내용상 임금을 목적으로 종속적인 관계에서 근로를 제공하는 지위에 있었다고 볼 수도 없으므로 근로기준법상의 근로자로 볼 수 없다고 한 사건이다.

◈ 소사장 형태의 사업주의 근로자성 판단

[대법원 1995.6.30 선고 94도2122 판결] 종전에는 단순한 근로자에 불

판결, 노동조합 설립신고 수리취소처분 취소)에서는 (1) 노동조합법상 근로자로 보기 위한 사용종속관계의 결정기준에서 대하여, "노동조합법상 근로자란 타인과의 사용종속관계 아래에서 노무에 종사하고 대가로 임금 등을 받아 생활하는 자를 말하고, 타인과 사용종속관계가 있는 한 당해 노무공급계약의 형태가 고용, 도급, 위임, 무명계약 등 어느 형태이든 상관없으며 사용종속관계는 사용자와 노무제공자 사이에 지휘·감독관계의 여부, 보수의 노무대가성 여부, 노무의 성질과 내용 등 노무의 실질관계에 의하여 결정된다"고 판시하면서, 골프장경기보조원이 노동조합법상 근로자에 해당한다.

36 지입차주가 근로기준법상 근로자에 해당하지 않는다고 밝힌 다른 판례로 충북화물운수 사건(대법원 1996.11.29 선고 96누11181 판결) 참조.

37 유사한 사건으로 아주레미콘 사건(대법원 1997.2.14 선고 96누1795 판결) 참조.

표 6-7

연 도	내 용
1994년	노동부 행정해석으로 화물근로자의 근로자성을 인정한다. 화물운송시장에서 지입제가 일반화되었음에도 불구하고 회사에 종속되어 일하는 화물근로자의 현실을 반영하여 근로자로 인정한 것이다. ·'지입차주 겸 운전자가 사실상의 자동차 소유자로서 자기의 계산으로 사업을 행한다 하더라도 이러한 사업경영방법은 회사와 차주의 합의에 의한 내부적인 관행에 불과하며, 대외적으로는 회사가 사업의 경영주체인 근로기준법상의 사업주이므로, 차주 겸 운전자는 근로기준법상 근로자라 할 것임(근기68207-1182, 1994.7.25).'
1997년	화물자동차운수사업법이 제정되고, 경영의 위탁(제26조)이라는 명목으로 지입제가 합법화된다. 아울러 규제완화란 명목으로 화물자동차운수업이 면허제에서 등록제로, 운임제도가 신고제에서 자율결정으로 변경된다. IMF 관리체제 시기와 겹치면서, 영세자영인이 폭증함에 따라 화물자동차가 급증하고 정부방침에 의한 유류세 대폭 인상까지 맞물리면서 화물운송근로자의 근로조건과 수입은 극도로 악화되기 시작한다.
1997년 3월	근로기준법 행정해석 변경 ·'화물·여객운송지입차주는 근로기준법상 근로자가 아니다'
1998년 1월 1일	지입차주는 산재보험 적용에서 제외
2000년	노동부가 행정해석을 변경하여(근기 68207-695), 화물근로자의 근로자성을 부정하고 산재보험 적용을 배제한다. 변경이유는 ① 화물자동차운수사업법 제정으로 지입제가 합법화되었고, ② 법원에서 특수형태 근로종사자의 근로자성을 부정하는 방향으로 판단하고 있다는 것이다.

과하였다가 어떠한 계기로 하나의 경영주체로서의 외관을 갖추고 종전의 사용자(모기업)와 도급계약을 맺는 방법으로 종전과 동일 내지 유사한 내용의 근로를 제공하게 된 경우(이른바 소사장의 형태를 취한 경우)에는, 근로기준법상의 근로자에 해당하는지 여부를 판단함에 있어서 스스로 종전의 근로관계를 단절하고 퇴직한 것인지 아니면 그 의사에 반하여 강제적·형식적으로 소사장의 형태를 취하게 되었는지 여부, 사업계획·손익계산·위험부담 등의 주체로서 사업운영에 독자성을 가지게 되었는지 여부, 작업수행과정이나 노무관리에 있어서 모기업의 개입 내지 간섭의 정도, 보수지급방식과 보

수액이 종전과 어떻게 달라졌으며 같은 종류의 일을 하는 모기업 소속 근로자에 비하여는 어떠한 차이가 있는지 여부 등도 아울러 참작하여야 한다.

◈ 지입차주의 근로자성

【대법원 1996. 11. 29 선고 96누11181 판결】 화물자동차를 구입하여 운수회사에 지입한 후 회사에는 지입료와 제세공과금만을 납부하고 자동차의 운행에 관하여는 전적으로 자신의 책임 아래 운전기사를 고용하고 자신도 차주 겸 운전사로 그 자동차를 운전하면서 화물운송업에 종사한 지입차주는, 그 지입회사로부터 임금을 받을 것을 목적으로 근로를 제공하는 자라 할 수 없어 근로기준법이 정한 근로자나 산업재해보상보험법이 정한 수혜자인 근로자에 해당하지 않는다고 한 원심판결을 수긍한 사례.

【대법원 1995. 11. 10 선고 95다34255 판결】 지입차주가 그 지입된 차량을 직접 운행·관리하면서 화물운송계약을 체결한 경우에 있어 지입차주가 대외적으로는 그 차량의 소유자인 회사의 위임을 받아 운행·관리를 대행하는 지위에 있는 것이므로, 그 운행·관리에 관한 행위의 법률상 효과는 지입회사에 귀속되는 것이고 운임 등 경제적 이익이 지입차주에게 귀속된다고 하여 법률행위의 효과까지도 그 귀속을 같이 할 의도였다고 볼 수는 없을 뿐만 아니라, 지입회사는 그 지입차량의 운전사를 직접 고용하여 지휘·감독을 한 바 없었더라도 객관적으로 지입차량의 운전자를 지휘·감독할 관계에 있는 사용자의 지위에 있다고 할 것이므로, 그 운전자의 과실로 타인에게 손해를 가한 경우에는 사용자책임을 부담한다.[38]

5) 소　결

이상에서 보는 바와 같이, 특수형태 근로종사자인 골프장경기보조원, 보험설계사, 학습지교사 및 레미콘운송차주 등에 대한 우리 나라의 대법원

[38] 위 사안은 민법 제756조 사용자 책임에 관한 것으로, 민법 제756조 요건 중의 하나인 타인을 사용하여 어느 업무에 종사하게 한 것에는 고용계약이 가장 전형을 이루지만, 그밖에 위임 내지 도급의 경우에도 사실상 사용관계에 있거나 계속적으로 사무를 처리하여 온 위임관계의 경우에도 그 타인의 행위가 위임자의 지휘·감독 내에 속한다고 할 수 있는 경우에는 제756조에 해당한다(대법원 1963. 2. 21 선고 62다780 판결). 노무도급의 경우에는 도급인이라 하더라도 사용자로서의 책임이 있다(대법원 1983. 2. 8 선고 81다428 판결).

의 판결은 「근로기준법」상의 근로자성을 부인하고 있는 경향이 강하다. 특수형태 근로종사자의 직종유형이 매우 다양하여 일률적으로 말하기 어려우나, 우리 대법원은 사용종속성을 기준으로 근로자성을 판단하는데, 특수형태 근로종사자는 일반근로자에 비해 작업방식·근무시간·근무장소 등을 자율적으로 선택하는 등 사용자의 지휘·감독을 받지 않는 점 등에서 근로자가 아니라고 판단하고 있다.

이에 노동관계법에서 보호를 받지 못하는 특수형태 근로종사자와 관계된 우리 나라에서의 노동법적 논의는 ① "근로기준법상 근로자 정의를 (확대)개정하거나, 준근로자(유사근로자) 개념을 도입하여 이들을 노동법적으로 보호하자는 입법론적 해결방안을 주장하는 입장"과, ② "노사관계 당사자와 경제상황을 종합적으로 고려하여 법원이 구체적 타당성에 맞게 판단하여야 한다는 입장"으로 요약될 수 있다.

그러나 특수형태 근로종사자와 관련된 대법원 판례의 동향은, 먼저 우리 나라의 대법원은 근로기준법·노동조합 및 노동관계조정법상 근로자 개념을 동일하게 파악하며, '사용종속관계' 아래에서 임금을 목적으로 근로를 제공하는지 여부로 근로자성을 판단하고 있다. 여기서 사용종속성은 구체적 지휘·감독 여부, 근무시간·장소의 구속성, 보수의 노무대가성 등을 기준으로 종합적·구체적·개별적으로 판단하고 있다.

특히, 4개 직군의 특수형태 근로종사자의 근로기준법상 근로자성을 일관되게 부정하고 있으며, 노동조합 및 노동관계조정법상 근로자성의 경우 1993년 골프장경기보조원에 대해 근로자성을 인정한 적이 있지만, 최근 학습지교사에 대해 근로자성을 부정하는 판결이 있었으며, 나머지 직군 종사자에 대해 하급심에서 대체로 부정하는 추세에 있다.

따라서 위에서 살펴본 직군별 판결사례를 요약해 보면, ① 학습지교사의 경우 대법원은 근로기준법상 근로자성 부정(1996), 노동조합 및 노동관계조정법상 근로자 부정(2005. 12. 9), ② 레미콘운송차주의 경우는 근로기준법상 근로자성은 일관되게 부정하고, 노동조합 및 노동관계조정법상 근로자성을 인정한 일부 하급심 판결(2001)이 있었으나 상급심에서 취소되었고, 2003년 대법원은 근로기준법·노동조합 및 노동관계조정법상 근로자성을 부

표 6-8

유　형	판단내용
보험설계사	노조법상 근로자성에 대해서는 명시적인 판례가 없으나 대법원은 일관되게 근기법상 근로자성 부정(2000)
학습지교사	2005년 11월 대법원은 노조법상 근로자성을 부정하고 '전국학습지교사 노동조합'을 노조법상 노동조합으로 볼 수 없다고 판결
레미콘 운송차주	노조법상 근로자성 인정한 일부 하급심 판결(2001)이 있었으나 고법에서 취소·확정, 2003년 대법원은 근기법상 근로자성을 부인하는 취지로 판결 * 노조법상 근로자성 여부에 대한 소송이 대법원 계류중(2003.4)
골프장 경기보조원	1993년 대법원이 노조법상 근로자성 인정, 1996년 근기법상 근로자성을 부인한 대법원 판결 이후 하급심에서는 노조법상 근로자로 보지 않고 있음.

인하는 취지로 판결하였다(그 외 2006). ③ 골프장경기보조원의 경우는 1993년 대법원이 노동조합 및 노동관계조정법상 근로자성 인정(2001년 하급심(행정법원))을 부정하였고, 2005년 인정(전주지방법원)하였으나 1996년 대법원이 근로기준법상 근로자성을 부인한 이후로 일관되게 부정하였다. ④ 보험설계사의 경우는 노동조합 및 노동관계조정법상의 근로자성에 대해서는 하급심에서 부정한 바 있으며, 대법원은 일관되게 근로기준법상의 근로자성을 부정하고 있다(2000).

6.3. 특수형태 근로종사자의 보호를 위한 법제도 개선방안 논의

6.3.1. 노동계의 근로자·사용자 개념의 확대방안[39]

(1) 주요 내용

노동계는 근로기준법 및 노동조합 및 노동관계조정법(이하 '노조법'이라

[39] 노동계 안 및 단병호 의원 대표발의안(2004.7); 한국노총의 「비정규직근로자 보호를 위한

한다)의 근로자의 개념과 사용자의 개념을 재정의함으로써 특수형태 근로종사자를 근로기준법 및 노조법의 전면적인 적용대상으로 하여야 한다는 방안을 제시하고 있다. 즉, 근로기준법 제2조에 제2항을, 제15조에 제2항을

❖ 근로기준법

▪ **근로기준법 제2조 제1호(근로자의 정의) 개정**

① 이 법에서 근로자라 함은 직업의 종류를 불문하고 사업 또는 사업장에 임금을 목적으로 근로를 제공하는 자를 말한다.

② 근로계약을 체결하지 않은 자라고 하더라도 특정 사용자의 사업에 편입되거나 상시적 업무를 위하여 노무를 제공하고 그 사용자 또는 노무수령자로부터 대가를 얻어 생활하는 자는 근로자로 본다(제2항 신설).

▪ **근로기준법 제15조(사용자의 정의) 개정**

① 이 법에서 사용자라 함은 사업주 또는 사업경영담당자 기타 근로자에 관한 사항에 대하여 사업주를 위하여 행위하는 자를 말한다.

② 근로계약 체결의 형식적인 당사자가 아니라고 하더라도 당해 근로자의 근로조건 등의 결정에 대하여 실질적인 지배력 또는 영향력이 있는 자는 사용자로 본다(제2항 신설).

❖ 노동조합 및 노동관계조정법

▪ **노동조합 및 노동관계조정법 제2조 제1호의 개정**

근로자라 함은 직업이 종류를 불문하고 임금, 급료 기타 이에 준하는 수입에 의하여 생활하는 자를 말한다. 근로계약을 체결하지 않은 자라 하더라도 특정 사용자의 사업에 편입되거나 상시적 업무를 위하여 노무를 제공하고 그 사용자 또는 노무수령자로부터 대가를 얻어 생활하는 자는 근로자로 본다(제2문 신설).

▪ **노동조합 및 노동관계조정법 제2조 제2호 개정**

사용자라 함은 사업주 또는 사업경영담당자 또는 그 사업의 근로자에 관한 사항에 대하여 사업주를 위하여 행동하는 자를 말한다. 근로계약 체결의 형식적인 당사자가 아니라고 하더라도 당해 노동조합의 상대방으로서의 지위를 인정할 수 있거나 또는 근로자의 근로조건에 대하여 실질적인 지배력 또는 영향력이 있는 자는 같다(제2문 신설).

법개정청원」(2000. 6); 비정규공대위의 「비정규근로자 권리보장을 위한 법개정 청원」(2000. 10) 및 의안번호 170169호(근로기준법 중 개정법률안) 및 170170호(노동조합 및 노동관계조정법 개정법률안).

신설하고, 노동조합 및 노동관계조정법 제2조 제1호에 제2문 신설 및 제2조 제2호를 개정하는 내용이다. 대법원의 일관된 태도와는 달리 입법적으로 해결하려는 것이다. 그리고 위에서 언급한 것 중에서 민주노총은 근로기준법과 노조법상 근로자성을 인정하는 것을 골자로 하는 단병호 의원(민주노동당) 안을 지지하고 있고, 한국노총은 노조법상 근로 3권을 보장을 골자로 하는 우원식 의원(열린우리당) 안을 지지하고 있다.

(2) 평 가

1) 일반적 평가

외국의 입법례에서는 보통 인적·법적 종속성을 근로자 개념의 판단기준으로 삼고 있다. 따라서 경제적 종속성 여부를 근로자 개념의 판단기준에 포함하는 것에 대하여 많은 논란이 예상된다. 경제적 종속성을 법적으로 어떻게 표현할 것인가, 인적 종속성은 약하나 경제적 종속성이 인정되는 자에 대한 노동법의 적용범위를 어떻게 할 것인가는 새로운 쟁점이 될 것이다. 특수형태 근로종사자는 업종 사이뿐만 아니라, 동일한 업종 내에서도 노무제공형태가 달라 구체적인 판단기준을 정하는 데 어려움이 있다. 이들에 대한 노사 간 대립의 극복방안이 문제된다.

또한 노동계의 방안은 특수형태 근로종사자를 근로기준법 및 노동조합 및 노동관계조정법의 적용대상으로 편입시켜 이에 대한 노동법적 보호를 완전하게 행할 수 있지만, 이 방안은 ① 근로기준법과 관련해 근로자·사용자의 개념이 매우 확대되어 수규자에 대해 벌칙으로 이행을 담보하고 있는 근로기준법의 체제에서 볼 때 죄형법정주의와의 관계에서 위헌의 소지를 배제할 수 없다. 이러한 문제는 노동조합 및 노동관계조정법에서도 일정 부분 타당하다. ② 특수형태 근로종사자의 이중적 지위를 무시하고 근로자로서의 지위만을 인정함으로써 자영인의 속성을 내포하고 있는 특수형태 근로종사자의 특성에 부합하는 내용과 수준을 보호하기 어렵다는 비판이 있다.[40]

---

[40] 이승욱(2006), p. 200.

2) 경영계의 입장[41]

근로자의 개념을 확대하는 포괄적인 입법을 하게 될 경우에 예상치 못한 유형의 특수형태 근로종사자까지 근로자에 포함될 우려가 있다. 경제적 종속성을 근로자성의 판단기준으로 삼는 것은 경제활동의 주체 중 독립자영인의 상당 부분을 근로자로 인정하게 되는 결과를 초래한다. 특수형태 근로종사자에 대해 근로기준법 적용을 확대하는 문제는 노동법의 전체 체계에 큰 혼란을 초래하게 하며, 이는 사회적·경제적으로 막대한 영향을 미치는 문제이므로 신중을 기해야 한다. 사용자 개념에 있어서 실질적 지배력의 요건을 허용하면, 단체교섭의 사용자 주체에 커다란 혼란을 야기한다. 근로계약 체결의 당사자가 아닌데도 근로조건 등을 결정하는 데에 있어서 실질적인 지배력이 있다는 이유만으로 사용자로 인정하는 것은, 이른바 특수형태 근로종사자의 근로자성을 인정하기 위한 근거규정이 될 수 있다는 점에서 적합하지 않다. 노조법과 관련해 근로계약의 상대방이 아닌 자에게 무분별하게 단체교섭을 요구하는 사태가 빈발할 것이며, 이는 산업현장에 엄청난 혼란을 초래할 우려가 있다.

6.3.2. 「유사근로자의 단결활동 등에 관한 법률」(특별법) 제정방안[42]

(1) 주요 내용

1) 특별법의 적용범위: '유사근로자'[43]

·유사근로자: 근로기준법 또는 노동조합 및 노동관계조정법상 근로자

41 한국경총(2000).

42 노사정위 비정규특위 공익위원안(2003. 5. 23).

43 이에 관하여 특수형태 근로종사자의 정의를 "노무공급에 있어 본질적으로 제3의 노동력을 이용하지 않으면서도, 작업이 특정한 사업주와의 연관성이 있고 수입의 상당 부분이 이들에 의해 지급되는 업무에 종사하는 자로서 근로기준법 제14조 근로자 및 노동조합 및 노동관계조정법 제2조 제1호의 근로자가 아닌 자를 말한다"고 하면서, 한정적 방식에 가까운 구체적 유형으로 "특수형태 종사자는 다음 각호의 1에 해당하는 자를 말한다. 1. 골프장 경기보조업무 종사자로서 노동부장관에게 신고한 자, 2. 보험설계사로서 보험업법 제84조 제1항에 의해 금융감독위원회에 등록된 자, 3. 건설기계관리법 제3조에 의해 등록된 콘크리트믹스트럭을 운전하는 자로서 노동부장관에게 신고한 자, 4. 학습지교육 상담교사로서 노동부장관에게 신고한 자, 5. 노동부 산하 특수형태 근로종사자 심의위원회에

에 해당되지는 않지만 이와 유사한 지위에 있는 자로서 사회적 보호가 필요한 자[44]

·구체적 범위설정에 있어서 고려사항

① 특정 사업주를 위하여 노무를 제공하고 이로 얻은 수입으로 생활할 것

② 타인을 고용하지 않고 본인이 직접 노무를 제공할 것

③ 노무 제공에 있어서 직·간접적인 사용자의 지휘·감독을 받을 것

·해당 직종을 대통령령으로 명시하는 방안(추후 검토)

2) 개별적 보호내용

정당한 사유 없는 계약해지로부터의 보호, 성희롱으로부터의 보호, 보수에 대한 보호방안을 조속히 강구

기타 보호사항(모성보호, 휴일·휴가제공 등)은 적절한 수준에서 보장하는 방안을 검토

3) 사회보험 적용

산업재해보상보험은 조속히 적용하도록 하되, 기타 사회보험의 경우 그 적용하는 방안을 추후 검토

4) 단체의 조직권·교섭권·협약체결권, 단체조직권, 교섭권 및 협약체결권을 부여

5) 단체의 설립·교섭 등

단체의 설립, 교섭사항, 활동 임자의 지위, 성실 교섭의무, 교섭거부 금

서 특수형태 근로종사자로서 인정받은 자로서 노동부장관에게 신고한 자"를 열거하는 방안을 제안하고 있다(장의성, 2006, p. 212).

[44] 특수형태 근로종사자는 사업자와 근로자의 중간적 지위에 있어 근로자로서의 보호도 받지 못하고, 사업자로서의 보호도 미흡한 실정이다. 따라서 사업자와 근로자의 중간영역을 인정하고, 경제적으로 종속되고 근로자와 마찬가지로 사회적 보호의 필요성이 있는 자를 유사근로자라는 개념으로 포섭하여 그 특성에 따라 보호방안을 마련하자는 의미가 있다. 참고로 독일, 이탈리아, 오스트리아 등 외국의 많은 나라에서도 '유사근로자 개념'을 통해 특수형태 근로종사자 문제를 해결하고 있다.

지, 협약의 효력, 부당노동행위(Unfair Practice) 금지 등에 대해서는 노동 관련법상의 관계조항을 준용하여 구체적인 방안을 마련

6) 분쟁조정방안

교섭결렬시 분쟁조정을 위해 직권중재가 이루어지도록 하고, 그 분쟁조정절차는 노동조합 및 노동관계조정법상 관계규정을 준용하여 구체적인 방안을 마련

(2) 평　　가

1) 노동계의 평가

우리 나라에서 문제되는 특수형태 근로종사자들은 외국에서 문제되는 '특수고용'과 차이가 있다. 특수형태근로는 사용자가 노동법의 적용을 회피하기 위하여 사실상으로는 기업의 필수적인 업무에 해당함에도 불구하고 직접 고용하는 형태를 취하지 않고 근로자로 하여금 사업자등록을 하게 하고 도급·위탁 등의 형식으로 노동력을 이용하는 것으로 사실상 근로관계에 해당된다.

우리 나라에 문제되고 있는 학습지교사, 골프장경기보조원, 레미콘운송차주 등은 외국의 기준이나 현재 우리 법원이 제시하는 사용종속관계의 기준에 의하더라도 통상 근로자로 충분히 인정받을 수 있을 정도로 사용종속관계가 있다.

이들은 현재 보험설계사를 제외하고는 노동부도 노동조합 및 노동관계조정법상 근로자성을 인정하여 노동조합 설립신고서를 수리함으로써 1999년 이후부터 노동조합 활동을 해 오고 있다. 최근 들어 법원의 해석에 기대어 사용자들이 노조를 불인정하는 경향이 있으나, 그 동안 불안한 것이긴 하지만 근로 3권은 당연한 권리라고 생각하면서 활동해 왔고 최소한 노동부나 노동위원회에서는 이를 인정하는 전제에서 업무를 처리해 왔다.

2000년 10월 노동부가 방안을 제시할 때만 해도 근로 3권은 인정하되, 다만 근로기준법 중 어느 조항을 적용시켜 보호할 것인가에 대하여 의견대립이 있었다. 그런데 특별법을 제정하여 근로자에 해당되지 않는다고 규정

하고 일부 사회적 보호혜택만을 부여한다면, 보험설계사, 골프장경기보조원, 학습지교사, 접대부, 지입차주 등의 근로자성이 전면 부정되는 결과가 초래될 수 있다.

노동조합도 아니고 협회형태의 단체인 유사근로자 단체가 교섭을 요구할 때 과연 성실하게 응할 것인가. 한편, 상급단체 가입이 법률적으로 불가능하게 되므로 이로부터 모두 탈퇴해야 하고 현재의 노동조합도 해산하여 노동조합이 아닌 단체를 새로이 만들어야 할 것이다. 특히, 교섭결렬시 분쟁조정을 위해 직권중재가 이루어지도록 하겠다는 것은 사용자의 불성실교섭, 교섭기피, 유사근로자 단체의 단결권·교섭권의 무력화를 초래할 것이다. 이와 같은 유사근로자 개념을 별도로 설정하게 되면 노무공급자를 '근로자·유사근로자·비(非)근로자'로 분할하는 결과가 된다. 이처럼 삼분법을 택하더라도, 독일의 자유공동작업자 소송(1973~1978년까지 553건의 소송이 줄을 이었음)에서 보듯이 특수형태 근로종사자의 상당수는 근로자로서 취급되기를 원함으로써 근로자인가 유사근로자인가의 구별은 여전히 중요한 문제로 논쟁의 핵심에 서게 될 것이다. 따라서 근로자냐 유사근로자냐를 두고 여전히 논란이 반복될 것이라는 점에서 문제의 근원적 해결책이 될 수 없다. 이렇게 될 경우 현재 근로자로 인정받는 경우까지도 사용자들의 비근로자화 정책으로 인하여 유사근로자로 전락할 가능성이 있으며, 한편 법원도 쉽게 유사근로자로 판단해 버릴 가능성이 높다. 나아가서 유사근로자로 예정하였던 노무공급자들은 비근로자로 다시 전락할 가능성도 존재한다.

유사근로자의 구체적인 범위를 마련하면서 '타인을 고용하지 않고 본인이 직접 노무를 제공할 것'과 관련해서는 계약서에 대체근무를 시킬 수 있다는 조항을 만들어 회피할 수 있고, '노무제공에 있어서 직간접적인 사용자의 지휘·감독을 받을 것'과 관련해서는 지휘·감독을 보다 교묘하게 함으로써 사용자들에 의해 유사근로자로도 인정받지 않도록 회피하는 것에 대해 효과적으로 대처하기 어렵게 될 수 있다.

2) 경영계의 평가

경영계의 입장은 특수형태 근로종사자의 보호를 위해서는 다른 입법

조치 없이 현행의 경제법적 보호방안으로 충분하다. 경제적 종속성을 근로자성의 판단기준으로 삼는 것은 경제활동의 주체 중 독립자영인의 많은 부분을 근로자로 인정하게 되는 불합리한 결과를 초래한다. 그 밖의 내용은 위 근로자·사용자 개념의 확대방안에 대한 비판과 동일하다.

특수형태 근로종사자에 관한 문제는 노동법이 아닌 민·상법, 경제법, 공정거래위원회 등을 통한 해결이 문제해결의 출발점이며 근본적 처방일 것이다. 특수형태 근로종사자들이 주로 제기하는 사항들은 노동법에서 말하는 근로조건의 개선과 관련된 것보다는 대다수가 수수료, 유류보조금 등과 관련된 것이다. 수수료, 유류보조금 등의 문제는 노동법상의 근로관계 속에서 발생하는 것이 아니라 거래당사자 간의 계약관계에서 기인하는 것이다. 특수형태 근로종사자에 대한 보호는 개별 계약에 대한 문제점의 개선을 도모하는 방식이 옳으며, 이를 위해 경제법적 해결방법 및 시장시스템에 근거하여 단계적 접근방식에 의한 실질적인 해결방안을 우선적으로 모색하는 것이 바람직할 것이다.

3) 한　　계

비정규특위 공익위원안은 쟁점별 개별적 보호와 특수단체에 의한 집단적 보호를 도모하는 형태를 제안하고 있다. 특수형태 근로종사자의 '특수성'을 반영하는 접근방법으로 노사 당사자 나름대로 대안으로 평가할 수 있다. 유사근로자의 판단기준, 적용대상자의 구체적인 입법방법, 노동법과 사회보장법의 구체적인 적용범위 등을 설정에는 각각의 기능과 목적에 따라 정하면 된다. 그리고 근로자·유사근로자·비근로자 여부의 판단은 법원의 해석문제가 될 것이다.[45]

특수형태 근로종사자 보호방안의 유형화에 대하여 그 동안 특수형태

[45] 앞의 논의배경에 살펴본, 노사정위원회 특수형태 근로종사자 특별위원회의 공익위원 검토의견은 중도에 논의가 사실상 중단되어 전체적으로 체계적이고 명확한 형태로 제안되지는 않았지만, 전체적인 취지는 중점 논의대상 직군을 대상으로 개별적 보호와 관련해서는 쟁점을 명확히 하여 비정규특별위원회의 공익위원안에 비하여 체계적이고 진일보한 보호방안을 제안하는 형태로 되어 있고, 집단법적 보호와 관련하여서는 노조에 의한 보호방법과 특수단체에 의한 보호방법을 다양한 방식으로 제안하고 있다고 평가하고 있다(이승욱, 2006, p. 202).

근로종사자의 보호방안으로 해석론적 접근방법(법원·행정해석의 근로자성 판단기준)에 대한 노동계의 지나친 불신과 입법론적 접근방법(근로자 개념의 확대 또는 유사근로자 개념의 도입)에 대한 경영계의 강한 우려가 제기되어 왔다.

현실적으로 특수형태근로의 각 직군 또는 직종마다 노무공급관계의 태양이 다르고, 또 같은 직군 또는 직종의 특수형태 근로종사자라고 하더라도 노무공급관계의 태양이 다양하여, ① 형식적인 근로계약을 체결하고 있지 않으나 실질에서는 근로자성(인적 종속성)이 인정되는 경우와 ② 계약형식, 직무내용, 근무형태, 보수지급방법 등이 전형적인 일반근로자와 다르지만 실질적으로 종속적 근로의 모습과 독립적 근로의 모습을 동시에 가지는 경우가 있다(다만, ①과 ②의 경우를 구별하는 객관적 기준의 설정이 문제된다). 보통 선진국에서는 특수형태 근로종사자 문제는 주로 ②의 경우를 상정하여 그 보호방안이 논의된다. 하지만, 우리 나라에서는 ①의 경우가 문제되어 노동법 적용 여부가 논의되고 있다.

이러한 특수형태 근로종사자의 보호방안에 대하여, 먼저 노동계의 주장은 ①의 경우에 당연히 일반근로자처럼 노동법 보호를 받아야 하지만 법원 판결에 의해 근로자성이 부인되고 있어 입법적으로 이를 해결해야 하며, ②의 경우에도 경제적 종속과 사회적 보호의 필요성이 인정되기 때문에 노동법적 보호방안을 입법론적으로 해결해야 한다고 한다. 이에 대하여 경영계의 주장은 ①의 경우에 근로자성 인정 여부는 법원의 판단(해석론)에 맡겨야 하며, ②의 경우에도 근로자 개념 및 노동법의 적용을 확대하기보다는 경제법적 보호방안으로 해결해야 한다고 상호 치열하게 대립하고 있다.

따라서 노동법적 접근방법은 위 ①의 경우에 근로자성 판단기준을 계속 해석론에 맡길 것인가, 아니면 입법적으로 해결(인적 종속성의 해석기준을 입법)할 것인가, ②의 경우에 이를 어느 정도의 노동법적 보호(근로자·유사근로자·위장자영인)를 할 것인가와 경제법적 보호 등 다른 방법을 강구하는 것이다. 그 동안의 논의는 ①과 ②의 경우를 구별하지 않아 혼란이 있었다고 판단된다.

6.4. 우리 나라의 자영인과 근로자 개념

6.4.1. 서　　언

① 이상과 같이 특수형태 근로종사자의 현실과 법적용 실태(4.2) 및 보호를 위한 법제도 개선방안(4.3)에 관하여 살펴보았다. 비록 노사정위원회 및 정부(노동부) 등에서 특수형태 근로종사자의 보호방안이 논의되었지만, 여전히 특수형태 근로종사자 문제는 비정규직 문제만큼 사회적 관심이 많지 않았는데, 이는 그 해법이 어렵다는 반증이기도 하다. 또한 산업구조의 변화 등으로 새로운 고용형태가 계속 나타나고 있어 이에 체계적으로 대응하기 위해서는 다양한 직군·업종·근로형태 중 공통분모를 추출하여 원칙을 정하고 다양한 직종에 적용하는 것도 필요할 것이다. 특수형태 근로종사자의 보호방안에 대해서는 여전히 공식적인 방안이 없다. 사용종속관계의 판단기준을 입법화함으로써 해석기준의 명확성을 담보할 수 있고, 특수형태 근로종사자의 '근로자성'과 '특수성'의 조화를 모색하려는 접근방법이다. 다만, 인적 종속성이 인정되는 특수형태 근로종사자의 근로자성 판단기준(적용대상자의 범위)에 대하여 해석론의 문제가 계속될 것이다(입법론적인 접근방법을 취하는 한 어떤 경우에도 불가피하다). 인적 종속성이 없는 특수형태 근로종사자에 대한 노동법 및 사회보장법의 적용제외 또는 특례를 설정하는 데 노사 간에 새로운 큰 논란을 일으킬 수 있다. 이에 그 논의에 대해서는 좀더 신중한 연구와 검토가 필요하다.[46]

[46] 정부로서는 다양한 직군에 적용할 수 있는 원칙을 정하기 위해 노사 및 학계 등 전문가가 참여하는 공개토론회를 개최(2006. 11. 15)해 의견을 들었고, 현재 노동부에서는 유사근로자 개념을 도입하기로 확정한 것은 아니며, 근로자 개념을 확대할 것인지, 유사근로자 개념을 도입할 것인지, 노동법적 보호를 어느 범위까지 할 것인지 등에 대해 공개토론회를 통해 노사 및 학계 등의 의견을 수렴할 계획이라고 한다. 아울러, 노동법학계 등에 대해 특수형태 근로종사자 보호법안과 관련한 자문 등을 통해 2차 보호대책을 마련해 나갈 계획이라고 한다.

② 우리 나라에서는 자영인의 수 및 자영인이 모든 취업자에서 차지하는 비율은 전체적으로 상승하는 추세에 있다. 그러나 우리 나라에서도 노동시장이 유동화되고 고용·취업형태가 다양해지면서 정도의 차이는 있어도 독일에서의 '가장 자영인'에 어울리는 자영인이 각각의 직업분야에서 앞으로도 늘어날 수도 있다.[47] 우리 나라에서는 이러한 자영인에 대하여 어떠한 대응이 필요한 것일까? 여기서는 대체로 자영인에 관한 고용정세의 변화에 대한 예측을 '배경'으로 거론하면서, 문제점을 지적하고자 한다. 이 때 우리 나라의 노동법체계를 우선 노동시장법, 고용관계법, 노사관계법의 세 분야로 구분해 살펴본다.[48]

6.4.2. 노동시장법에서의 문제

(1) 노동시장법 재검토의 배경

전문직·기술직에 있는 인재를 비롯하여, 이른바 외부 노동시장에서 인재가 유동화되면서, 기업 외부에 있는 인재에 대한 문호개방을 더욱더 현실화한다면, 인건비의 절감 및 고용조정의 용이 등의 효율이라는 관점에서 자영인에 대한 '업무위탁'도 늘어날 것이다. 한편, 취업자측에서도 고용·취업형태에 대한 다양화의 한 현상으로서 실업자 이외에 능력이 있는 자 중에서도 자영업으로 모두 받아들이는 자가 늘어날 전망이다. 이에 근로자와 자영인 사이에서도 노동력이 유동화될 것으로 예상된다. 이러한 상황에서 노동시장법 정책은 노동력의 흐름에 대하여 자영인과의 사이의 흐름도 포함해서 대응하지 않으면, 노동시장의 기능화를 위해 보다 효과적으로 규정하는 것이 어려울 것이다.

---

47 일본의 경우, 예를 들어 전화박스의 청소와 택시의 보조운전사 등은 이미 자영업적으로 이루어지고 있다. 또, 자영으로서의 개업간호사와 기업퇴직자에 의한 각종 컨설팅업의 개시 등이 신문보도 등에서도 나타나고 있다.

48 여기에서는 우리의 자영인에 관한 고용·취업상황이 변화하는 예측에 따른 문제점을 지적할 뿐이다. 이상과 같은 문제점을 검토하는 그 전제로 우리 나라에 존재하는 자영인, 특히 '가장자영인'에 해당되는 자 등의 취업실태와 사회·경제적 상황을 파악할 필요가 있다.

(2) 검토할 문제

1) 노동시장법의 인적 적용대상의 재검토

우선 노동시장의 법에 속하는 여러 가지 입법(규정)대상의 개념을 살펴본다. 이 개념은 기본적으로는 직업안정법 제4조 제2호가 직업소개의 대상으로서 규정한 '고용계약'에 의한 것이라고 생각된다.[49] 이러한 '고용계약'에 대해서는 민법의 '고용'(제655조)보다 넓은 개념으로 사실상 사용종속관계가 인정되면 좋지만, 구인측에는 근로자의 공급과 도급 등의 구인은 포함되지 않고, 구직자측에 대해서는 자영업과 내직 등의 구직은 포함되지 않는다는 판례 및 행정해석이 제시되어 왔다. 따라서 노동시장법의 적용대상에는 '자영인'과 '가내근로자'는 포함되지 않게 된다.

앞으로 기업조직 내에서의 자영인의 비중이 높아지면, 구직자가 안정된 자영업에 종사하거나, 구인기업이 양질의 자영인을 채용하기 위한 공적 규정이 기대되는 경우가 늘어날 것이다. 이러한 관점에서 '고용관계'의 개념 자체에, 예를 들어 독일에서 문제되고 있는 '가장자영인' 등의 일정한 자영인을 포함해야 하는지가 문제될 것이다(직업안정법 제4조 제2호의 '고용계약' 개념 확대의 시비).

2) 자영인을 사정범위로 한 노동시장법 정책의 필요 여부

또 '고용관계' 개념에 어디까지 자영업을 포함하는 것과는 별도로, 앞으로의 노동시장법 정책에서는 자영업으로 취업할 기회와 자영인의 노동력 등의 관점에서 자영업을 사정범위로 한 법정책의 전개가 요구될 것이다. 이에 앞으로의 노동시장법 정책의 바람직한 방향으로, 예를 들어 고령자고용촉진법에서는 한층 더 고령자고용의 안정을 도모하기 위해 '고용에 의한 것'뿐만이 아니라, 그 이외의 '임시적이고 단기적인 취업'기회의 확보, 조직적 제

49 노동시장법에 속한다고 생각되는, 예를 들어 근로자직업능력개발법은 직업능력 개발의 대상이 되는 '근로자'를 '사업주에 고용된 자' 및 '취업할 의사를 가진 자(구직자)'(제2조 제4호)로 하고, 고용보험법은 피보험자를 '보험에 가입하거나 가입된 것으로 보는 자'(제2조 제1호)로 명문화하고 있다.

공, 강습 등을 '실버인재센터'의 업무로 규정하는 것을 검토해야 한다.[50]

6.4.3. 고용관계법에서의 문제

(1) 고용관계법 재검토의 배경

비정규 취업자 중에서도 자영인과 파견근로자 등과 같은 취업처의 사용자와 근로계약관계에 없는 취업자가 지금까지 정규근로자에 의해 담당되어 왔던 업무를 대체하는 사례와, 정규근로자와 하나의 업무에 대하여 협동하는 것 등에서 취업하는 사업조직에 편성되는 사례 등이 늘어날 수 있다. 이에 따라 고용관계법의 적용대상이라는 것을 밑받침한다고 여겨져 온 '사용종속관계'가 사용사업체와의 사이에 있다고 보는 파견근로자와 마찬가지로 이러한 관계가 없다고 여겨지는 자영인라도 취업과정에서 독일의 '가장 자영인'에 대하여 말해지는 것과 같이, 근로자와 비슷한 불이익(위험)이 현실화되는 사례가 늘어날 것이다.[51]

한편, 지금까지 '사용종속관계' 아래에 있다고 보아 고용관계법의 본래적인 적용대상으로 보는 근로자측에도 변하고 있다. 전문성과 근무장소(사업장 밖 근로, 재택근로 등) 등의 점에서 사용자의 지휘·감독에서 다소 떨어져 자영업적인 자율적 근로를 하는 자가 계속 늘어나고 있다.[52] 이에 대한 대응은 이미 '재량근로' 등에 대한 근로시간 규제의 완화에서 시작되고 있다(근로기준법 제58조). 따라서 근로자와 자영인 쌍방으로부터의 접근현상이 진행되고 있다. 양자의 회색지대는 근로자성과 자영인성의 강약과 각각의

---

50 일본의 경우 고연령자고용안정법에서는 지난 1986년 1월의 개정에 의해 '고용에 의한 것' 뿐만이 아니라, 그 이외의 '임시적이고 단기적인 취업' 기회의 확보, 조직적 제공·강습 등을 실버인재센터의 업무로 규정하게 되었다(법 제42조). 그 외에도 예를 들어 직업능력개발촉진법 제92조(구 제97조의 2)는 직업훈련에 준하는 훈련의 실시대상으로서 '1. 근로자를 고용하지 않고 사업하는 것을 일반 형태로 하는 자, 2. 가내노동법(1970년 법률 제60호) 제2조 제2항에 규정하는 가내근로자'를 예정하고 있다.

51 일본의 경우에는 가내노동법의 제정과, 파견근로에 대하여 사용사업체에 대한 고용관계법의 적용관계를 규정한 근로자파견법의 규정(제44조 이하)은 이러한 인식을 전제로 하고 있다. 또, 실버인재센터의 소개에 의한 도급근로 취업 중에 부상을 입은 취업자에 대한 산재보상이 필요한지 여부의 문제도 이러한 위험과 관계된다고 할 수 있다.

52 예를 들어, 菅野和夫·諏訪康雄(1994), p. 12; 古井隆史(1997), p. 29 이하.

성격을 나타내는 사정의 다양화에 의해 질적으로 확대되고 또 회색지대에 있는 취업자수의 증가에 의해 양적으로도 확대될 것이다.

(2) 검토할 문제

이러한 변화 속에서는 회색지대에 있는 취업자의 근로자성을 판단한다는 것은 더욱 어려워질 것이다. 고용관계법에 속하는 입법의 적용대상에 대해서는 근로기준법 제2조 제1호의 '근로자' 정의에 의하는 것이 일반적으로 지지되고 있다. 이 '근로자성'에 대해서는 지금까지의 학설 및 판례를 바탕으로 특수고용형태 종사자의 한계사례에서도 적절하게 대응할 수 있도록 일반적 판단기준을 일관되게 제시하고 있다.

근로자성의 판단기준으로 '사용종속성'을 요구하여, 이것이 ① '지휘·감독 아래의 근로'에 관한 판단기준과, ② 보수의 노무대상성에 관한 판단기준에서 판단된다고 한다. 그리고 한계사례에는 '근로자성'의 판단을 보강하는 요소를 더하여 종합판단을 할 필요가 있다고 한다. 그 요소로서 들고 있는 것이 '사업자성의 유무(기계·기구의 부담관계, 보수의 금액 등)'와 '전속성의 정도'이다.

1) 근로자성 판단기준의 재검토 필요 여부

독일에서 '가장자영인' 문제를 계기로 피고용자성의 판단에서 중시해야 하는 것으로 주장되고 있는 '자영인적 위험과 기회'는 이미 '자신들의 계산과 위험부담'으로서 인식되어, 판단의 보강요소로서 들고 있다. 독일의 학설이 지적하는 '목적론적 정의'론의 시비는 별도로, 근로자성 판단에서 보강요소의 비중을 높이거나, 독일의 학설이 추출하고 있는 사정 등 보강요소를 풍부하게 하는 새로운 사정을 추출하는 것을 생각할 수 있다. 또는 '자영인적 위험과 기회' 같은 보강요소를 중시하여 '비자영인성'이라는 관점에서 판단해 보는 것의 시비가 문제된다.

또 이러한 작업에 의해 일정한 자영인에게 근로자성을 새롭게 인정한다고 해도 고용관계법에 속하는 모든 입법을 적용받도록 취급하는 것 이외에 파견근로와 재량근로 또는 가내근로수준의 규제를 검토할 수도 있을 것이다.

2) 취업자 등의 의사의 취급

근로자성의 판단기준을 위의 1)에서 살펴본 것처럼 재검토하여 '근로자'로 보게 되는 자가 그 취급이 오히려 불이익하게 되어 저항받을 수도 있다.[53] 이에 대한 대응으로 예를 들어 '근로자'의 정의규정을 추정규정으로 하고, 반론의 기회를 한계사례의 노사에 제공하는 것과 단적으로 '근로자'성의 판단을 취업자의 의사(개별 의사와 노사협정)에 맡기는 것 등이 적절한지 여부도 검토할 수 있다. 이 점은 노동법을 구성하는 다른 법분야에도 타당할 수 있다.

최근에 고용형태와 취업실태가 다양해지면서 고용관계법의 영역에서 벌칙을 배경으로 한 일률적인 규정이 근로자의 이익면에서도 부적절한 경우가 늘어나고 있는 점이 지적되어, 벌칙에 대한 강행규정을 부분적으로 벌칙 없는 임의규정 내지 추정규정으로 바꾸거나, 새롭게 추가하는 방향을 모색하자는 견해가 제시되고 있다. 이러한 방향이 현실화되려면, 위의 (1)에서 근로자 개념을 어디까지 엄격하게 획정해야 하는가하는 점과, (2)에서 취업자 등의 의사를 근로자성의 판단에서 어디까지 중시해야 하는지가 검토되어야 한다.

6.4.4. 노사관계법에서의 문제

(1) 노사관계법 재검토의 배경

노동시장이 유동화하고 고용·취업형태가 다양해지면서 '중도채용'이 늘어나고 있다. 특히, 전문직과 기술직 등에 대해서는 그 노동력수준을 객관적으로 평가할 수 있는 기준과 시스템이 채용기준으로도 요구될 것이다. 처음에는 기업별로 진행되지만, 점차적으로 전체 산업, 직업에 공통되는 기업

53 예를 들어, 독일에서는 상업대리인(Handelsvertreter)의 단체가 단체협약법을 비롯하여 노동법규의 적용을 거절하였기 때문에, 단체협약법은 상업대리인을 명문으로 그 적용대상에서 제외하고 있다(동법 제12조 a 제4항).

횡단적 기준과 시스템이 발생할 수 있다. 또, 전직자와 중도채용자의 증가는 기업에 귀속하는 의식을 떨어뜨리고, 기업을 넘어 동일한 전문성, 기술과 취업형태에 있는 취업자의 조직적인 연결을 잇는 것을 생각할 수 있다.[54] 그렇게 되면, 기업횡단적 노동조합조직에 의한 기업횡단적인 근로평가 기준에 의한 근로조건을 향상시키기 위하여 효과적으로 대응할 수도 있고, 기업횡단적 조직의 존재의의 또한 높아질 것이다.

기업별 노동조합의 조합원은 기업의 정규직 근로자로 한정되는 경향이 크지만, 기업횡단적 조직에서는 조합원의 자격은 동일한 산업, 동일한 직업에서의 취업 및 취업할 예정을 전제로 특정 기업에서의 고용, 특히 정규직 고용이 중시되는 계기가 상대적으로 약하다. 조합원에 자영인도 포함해 정규직 이외의 고용 취업형태에 있는 자가 추가될 여지가 많아지고, 또한 자영인만으로 구성된 '직능단체' 등도 늘어날 것이다.[55]

(2) 검토할 문제

이 밖에도 앞으로 근로자와 자영인의 '혼합조합'이 생길가능성도 있다. 그 중에 근로자가 주체인 경우 조합원인 자영인은 조합원인 근로자와 비슷한 노사관계법의 지위를 제공해야 하는지가 문제된다. 한편, 직능단체 등에서 자영인이 주체인 단체는 자영인의 법적 지위와 소수 구성원인 근로자의 법적 지위를 어떻게 파악해야 하는지 등이 문제된다.

이러한 점에 대응하는 방법은 ① 노사관계법에 속하는 입법에 공통되는 인적 적용대상인 노동조합 및 노동관계조정법 제2조 제1호의 '근로자' 개념의 확대, ② 노사관계 법규의 준용, 유추적용, ③ 새로운 적용대상 개념의 창설 등을 생각할 수가 있다. 독일의 경우 앞서 살펴본 것처럼, ③의 방법을 선택하여 '피고용자에 유사한 자'의 개념을 신설하고, 단체협약법을 포함한 일부 노동입법의 인적 적용대상에 추가해 왔지만, 이미 언급한 것처럼, 최근에는 위의 ①의 방법을 선택하는 것을 주장하는 견해도 없지 않다.

---

54 예를 들어, 재택근로자를 중심으로 하는 복수단체 등이 발생할 수가 있다.

55 예를 들어, 노동계는 조직확대방안으로 '직업별 노동조합(craft union)'의 구체화와 개인도급계약 근로자의 조직화를 연동하는 방침을 내걸 수도 있을 것이다.

그리고 특수형태 근로종사자(준근로자, 유사근로자)에 대해서도 노사관계를 통한 집단적인 근로조건을 개선할 방법으로는 ① 근로 3권을 인정하는 방법, ② 교사 및 공무원 등과 마찬가지로 근로 2권을 인정하는 방안,[56] ③ 국가가 특정한 직업군에 대하여 표준적 조건을 법정화하는 방안,[57] ④ 근로 3권 내지 근로 2권의 형태가 아니라 공법 또는 사법상의 단체를 구성해 자율적 공동행위를 허용하는 방안 등이 고려될 수 있다. 특수형태 근로종사자가 자영인적 성격과 근로자에 준하는 보호필요성의 이중적 지위에 있는 만큼 이를 감안한 형태로 집단적인 근로조건을 개선할 방법을 고려해야 하며, 그들 내에서도 보호필요성 내지 종속성의 정도가 일률적이지 않다는 점을 고려하여 '직업단체'로 허용하되, 근로 3권이 노무를 제공한 당사자의 집단적인 근로조건의 유지 및 개선을 위하여 가장 효과적이고 어느 정도 보편화되어 가는 방법이지만, 이는 산업적·직업적 이해관계에 대한 관련당사자의 공감대와 확신에 전제될 때 가능하고 현실화될 수 있다는 견해도 있다.[58]

---

[56] 예컨대, 장의성(2006).

[57] 독일 가내노동법은 단체협약이 미치지 아니하는 가내근로자를 위하여 정부에 구성되는 '가내노동위원회(Heimarbeitsschuss)'가 각 관련당사자의 의견을 들어 보수 등 중요한 근로조건을 결정하며, 이 결정은 소정의 절차를 거쳐서 해당 사업주와 가내근로자에 대하여 단체협약과 같은 규범적 효력을 갖는다(독일 가내노동법 제19조 참조).

[58] 박지순(2006), pp. 270~272 참조. 여기서는 "노조법 제○○조[직업단체의 설립 등] ① 이 법에 의한 준근로자(유사근로자)는 직업단체를 설립하여 취업에 관한 조건을 유지 및 개선할 수 있으며, 국가는 그와 같은 단체의 설립과 운영 및 활동을 조성하고 지원한다. ② 직업단체의 설립과 운영에 관하여 필요한 사항은 대통령령으로 정한다. ③ 전항에도 불구하고 특정의 사업주에 전속되어 근로자에 준하는 사업조직적 편입 아래에 노무를 제공하는 자는 노조법상의 근로자가 아닌 자로 해석되어서는 아니된다"고 제안하고 있다.

6.5. 자영인의 노동법적 규정의 미래

6.5.1. 자영인에 대한 노동법적 규정의 미래

(1) 회식지대의 자영인

특수형태 근로종사자와 관련해 향후 노동법적 규정이 필요한지 여부가 문제된 회색지대에 있는 '자영인'이라 함은 원래 어떠한 취업형태에 있는 자가 상정되는 것일까? 지금까지 노동법적 규정의 입장에서 충분히 대응할 수 있는가라는 점과 관련해 문제될 것이다. 자영인의 취업실태 분석은 그 형태가 복잡하다는 점과, 지금까지는 그 '노동(력)'이라는 관점에서 분석하는 의의가 적었고, 취업실태의 파악은 관심 밖에 있었다고 생각되는 점에서 충분히 논의되지 않았다.[59]

고용관계법 분야에서 규정이 필요한지 여부가 문제된 자영인에 대하여 살펴보면, 본래적 규정의 대상인 근로자라 함은 사용종속관계, 특히 업무수행상의 지휘·감독 및 근무시간, 근무장소의 구속성 정도가 희박하다는 점에서는 다르지만, 그 외의 점에서는 근로자에 근사한 상황 아래에서 취업하고 있는 자라는 점이 될 것이다.

대법원 판례에 의하면, 근로자에 비하여 소득이 상대적으로 많고,[60] 독립성이나 전문성을 가지고 독자적으로 시장에 접근할 기회가 있으며,[61] 스스로 거래처를 개발하는 등 자기 책임 아래에 창의성과 능력을 발휘하는 등 사업계획·손익계산·위험부담 등의 주체로서 사업운영에 독자성을 가지고 있는 자로서[62] 강행법에 의한 보호의 필요성이 없는 자를 '자영인'으로 판단

---

59 최근 회색지대에 있는 취업자의 취업실태에 대한 조사연구가 있었다.

60 대법원 1995.6.30 선고 94도2122 판결: 인천지법 부천지원 2001.4.13 자 2001카합160 결정.

61 인천지법 2001.4.13 선고 2001카합177결정, 서울행정법원 2002.4.30 선고 2001구47209 결정.

하고 있는 것으로 보인다.

구체적으로는 일본의 경우에 있어서 '가내노동법의 가내근로자'와 '산재보험법의 특별가입제도'의 대상이 되는 자영인에게서 요구되고 있는 취업실태, 더 나아가서는 여러 외국의 입법사례[63] 등을 함께 고려하면, 다음과 같은 특징을 가진 자영인이 문제될 것이다.

① 특정된 노무급여 내지 위탁을 스스로 이해하고 있는 경우: 고용관계법 분야에서의 규정은 취업자 자신의 '노동력'에 관한 위험에 대한 대응을 목표로 하고 있으며, 스스로 취업하지 않는 자는 문제되지 않는다.

② 가족종업자 이외, 일반적으로 근로자를 고용하고 있지 않는 경우: 근로자를 고용하는 자는 사용자의 성격을 가지게 되어, 근로자적 성격이 희박하다고 해석된다.

③ 한 사람의 위탁자에 대하여 배타적으로 주로 노무를 제공하고 있는 경우: 위탁자에 대한 경제적 의존성(경제적 종속성)을 제시하는 사정이다.

④ 자기자본이 없든가, 있어도 취하기에 충분하지 않는 경우: 자기자본을 갖고서 고액의 생산수단을 소유하거나 원재료를 스스로의 계산으로 조달하는 자 등은 '자신의 계산이 위험부담에 의한' 사업을 하는 자영인이 된다.[64]

⑤ 동종업무에 종사하는 근로자와 비교해 상당한 고수입이 없는 경우: 근로의 대가로서의 한도를 넘는 수입은 자영인이 행한 사업의 대금으로서 성격을 가진다.[65]

---

62 대법원 1995.6.30 선고 94도2122 판결.

63 예를 들어, 독일에서는 노동법의 본래적 적용대상(피고용자)은 아니지만, 이에 준하여 일부 노동법의 적용대상에 포함되어 있는 취업자(피고용자에 유사한 자)에 대해서, 예를 들어 단체협약법에서는 그 요건으로서 세 가지를 들고 있다(동법 제12조 a). ① (자유)고용계약(유상위임) 또는 도급계약에 근거로 하여 타인을 위해 활동할 것, ② 의무화된 급여를 자신의 손으로 또 피고용자를 본질적으로 사용하지 않고 이행할 것, ③ 주로 한 사람을 위해 활동하는가, 자신의 생업으로부터 얻어진 모든 수입을 평균하여 절반을 초과하여 한 사람으로부터 얻을 것 등이다.

64 일본의 경우 가내근로자를 들 수 있다(1970.10.1『發基』115호).

65 일본의 경우 가내근로자를 들 수 있다(1970.12.28『基發』22호).

(2) 노동법적 규정의 미래

앞으로 위와 같은 특징을 가지는 자영인의 증가가 예상되며, 현대적 노동시장은 이와 같은 새로운 자영인의 범주가 등장하면서 노동력의 수급기회가 더욱 확장될 것이다.

이에 대하여 우리 나라의 노동법제는 어떻게 대응해야 하는지가 문제된다. 입법론 및 해석론상의 선택지는 여러 가지를 생각할 수 있을 것이다. 그러나 한편으로는 산업구조의 변화 등에 대응할 수 있는 다양하고 유연한 취업형태의 전개의 요청에 배려하면서, 다른 한편 취업자의 취업생활에 대한 유효한 '사회안전망(safety net)'을 설정하는 요청에도 대응하는 선택이 필요하게 될 것이다. 그만큼 노동법제에 의한 자영인에 대한 지금까지 규정의 입장과 관계에서 신중하게 검토하여야 한다.

고용관계법의 영역에서는 자영인에 대한 지금까지 규정의 입장에 따라, 먼저 해석론상은 적용대상(근로자성)을 엄격하게 획정하면서 적용대상에서 벗어나 취업자를 자영인으로 하고 있다. 그리고 그 중에서 특정한 입법(제도)에 의해 특히 보호할 필요가 있는 특정한 업무·업종에 한정하여, 근로자에 준하여 입법상 경우에 따라서는 그 전단계로서 행정상의 취급으로서 규정대상에 부가해 가는 방법을 앞으로도 유지하는 것을 생각할 수 있다. 다만, 이러한 방법에는 다음과 같은 문제가 발생될 것을 예상할 수 있다.

첫째, 해석론상의 입장에서는 본래적인 적용대상을 엄격하게 해석하는 현재의 해석론상 방법은 벌칙규정을 대부분을 포함하는 이러한 법영역 개념의 획정방법으로서는 타당하다고 할 수 있다. 그러나 앞으로 자율적인 근로를 행하는 근로자가 늘어나면서 직장에서 실제로는 아무런 의심도 없이 근로자로서 취급되고 있는 자 가운데 판례의 판단기준에 의하면 비근로자로 판단해야 하는 자가 포함된다는 '현실'과 법적 규정 사이의 부정합한 상황의 발생도 고려하지 않을 수 없다.

둘째, 입법론상의 입장에서는, 특정한 업무·업종에 속하는 자영인에 한정하여 규정의 대상에 추가하는 지금까지의 입법론상의 방법이 자영인의 업무·업종의 불특정화의 진행에 충분히 대응할 수 있는가이다.[66]

우리 나라의 노동법제, 특히 고용관계법이 이러한 인적 적용대상에 관하여 입법론 및 해석론상 어떠한 입장을 취하고 있는가를 분석하고, 자영인에 대한 앞으로의 노동법적 규정의 양상을 검토하기 위한 검토 자료를 제공하는 것을 목표로 삼았다. 이러한 것의 목적은 어디까지나 21세기에서의 취업자의 취업실태가 제시하는 '현실'에 충분히 적합할 수 있는 노동법적 규정의 양상을 모색하는 데에 있다. 이러한 작업은 이번 제4절에서 다룬 고용관계법 이외의 다른 두 가지 노동법 영역에 대해서도 요구되고 있다고 할 수 있다. 19세기는 '자영인'의 사회로, 20세기는 '근로자'의 사회였지만, 21세기는 양자의 구별을 사상(捨象)한 '취업자'의 사회가 된다고 예견하여, 법은 이러한 '현실'에 적절하게 대응해야 한다고 예측하는 견해[67]가 서서히 진실성을 띠는 것처럼 보인다. '취업자'의 사회에서 노동법은 그 규정의 내용뿐만 아니라, 그 규정의 대상도 신중하게 재검토해야 하는 것이다.

6.5.2. 노동법에 의한 경제적 약자 보호의 확대

(1) 헌법 이하의 법체계에서의 보호

이상과 같이 '특수형태 근로종사자'는 근로자와 자영인 사이의 중간영역에 속하는 새로운 유형의 노무공급에 종사하는 자이다. 다양한 고용·취업형태의 관계에서 특수형태 근로종사자의 노동법 및 사회보장법의 인적 적용대상에 관하여 문제점을 드러내어, 다양한 관점에서 살펴보았다. 앞에서 언급하였듯이 다양한 고용형태로 인하여 근로자와 자영인 사이의 중간영역으로 특수형태 근로종사자가 존재하는데, 현행 법체계에서는 규율하는 데 일정한 한계가 법리적으로 있고, 특수형태 근로종사자가 늘어나는 추세임에도 불구하고 이들이 노동법적 보호의 사각지대에 있어 사회적으로도

[66] 독일에서는 노동법의 본래적 적용대상 이외에 '피고용자와 유사한 자'라는 일반적인 개념을 정립하여, 노동법의 일부 입법의 적용대상에 포함시키고 있다. 노동재판소법, 연방휴가법, 단체협약법 외, 1990년대에 들어 주로 산업안전보건에 관한 사항을 규정하는 노동보호법(Arbeitsschutzgesetz)과 직장에서의 성적 희롱의 방지 등을 규정한 취업보호법(Beschaftigtenschutzgesetz)의 적용대상 등 점차적으로 적용입법이 확대되는 방향이다.

[67] W. Hromadka(1998), S. 201.

보호 필요성이 절실한 부분도 있다. 특히, 입법을 통해 특수형태 근로종사자는 근로자와 자영인 사이의 중간영역의 지위를 가진 자라는 것을 인정하고 입법론적인 보호방안을 마련할 필요성이 있다. 그 이유는 종전 의미의 근로자와 자영인의 이분법체계 아래에서는 보호범위가 전부 아니면 전무로 대표되기 때문이다. 여기서 보호의 정도는 근로자와 자영인 사이의 다양한 스펙트럼이 있다는 전제 아래 사회적 보호 필요성에 적합한 부분적인 보호 수준을 고려해 볼 수도 있을 것이다.[68] 그러나 뿐만 아니라 고용·취업형태의 다양화는 물론 앞으로 우리 나라 고용상황이 어떻게, 어디까지 전개될지 또한 현재로서는 명확하게 예측할 수 없다. 다만, 자영업자의 근로의 경우에 대해서는 자기 스스로를 위하여 제공하기 때문에 근로조건을 스스로 형성할 수 있으므로 국가가 개입해서 근로조건의 보호를 할 필요가 없을 것이다. 이에 사업주의 기본권인 헌법 제15조의 직업의 자유[69]가 부당하게 침해되지 않도록 할 필요가 있는 것이다. 따라서 인적 적용대상의 양상은 고용상황의 행방이 성숙된 단계에서 '중간형태의 취업자'에 대한 입법적 대응이 필요한지 여부를 결정할 수 있을 것이며, 경제상황의 변화에 따라 대응방향이 달라질 수도 있을 것이다. 특수형태 근로종사자의 등장은 산업구조의 변화 등 구조적 요인에 의해 앞으로 보다 확대될 것이다.

(2) 헌법 아래의 법체계에서의 보호

앞으로 살펴볼 근로계약법제는 특정한 자에게 경제적으로 종속된 자에게도 그 적용을 확장해야 한다는 의견이 나온 경위가 있다. 물론, 자기의 계산과 위험에서 업무를 하는 사업자라고 해도 경제적 약자인 경우 정보의

[68] 헌법 제32조(근로의 의무) 제1항 제1문과 제2항 및 제3항은 특수형태 근로종사자에게 당연히 적용되는 조항이며, 그러나 헌법 제33조(노동기본권)의 근로자 개념을 중간적 성격을 갖고 있는 특수형태 근로종사자에까지 확대할 수는 없다고 본다. 왜냐하면, 특수형태 근로종사자를 헌법 제33조의 근로자 개념에 포섭시킬 경우 근로 3권까지도 당연히 보장되는 것으로 보아야 하기 때문이라는 견해도 있다(장의성, 2006, pp. 188~192 참조).

[69] 그런데 "헌법 제32조(근로의 권리)를 직접 명문으로 규정하고 있지 아니한 독일 기본법은 제12조의 '직업의 자유'에서 근로자와 자유직업인, 특히 유사근로자(우리 나라의 특수형태 근로종사자에 해당하는 유형)를 포함하는 취업자에 대한 국가의 보호의무를 구체화하는 규범으로 인식하고 있다는 점은 중요한 비교법적 시사를 줄 것이다"라고 하여 독일의 유사근로자의 헌법적 근거는 '직업의 자유'임을 적시하고 있다(박지순, 2005, p. 104 참조).

격차와 강자와의 거래관계에서 보호할 필요성이 있다. 그러나 사업자에 대해서는 노동법이 아니라, 공정거래법, 약관규제법, 중소기업 등 협동조합법, 농업·수산업 협동조합법 등의 다른 법체계로 보호되어야 하는 자로 노동법에서의 근로자 개념을 확대해 보호하는 것은 헌법을 정점으로 하는 법체계를 무시하게 되어 적절하지 않다.

예를 들어, 경제적 약자인 소규모 사업자는 대기업과의 거래에서는 대등한 입장이 아니고, 계약자유의 민법 세계에만 맡겨지면 부당하게 불리한 거래내용을 강요받을 가능성이 높다. 이에 대해서는 공정거래법이 대기업에 대한 규제를 함으로써 소규모 사업자를 보호하려고 한다. 또, 소규모 사업자 또는 소비자의 상호 부조를 목적으로 한 협동조합의 행위에 대한 공정거래법의 적용제외를 동법 제22조가 규정하고, 일정한 요건과 범위에서 개별적 거래, 경쟁에서는 부당하게 불리한 입장에 놓이는 소규모 사업자와 농민 등이 중소기업협동조합, 농업협동조합 등에서 민주적으로 결합하여 조합원을 위하여 공동구입·공동판매함으로써 대기업에 견주어 자신들이 거래하는 힘을 높일 수 있는 것이다. 그 외에 약관법, 보험업법 등 경제법에 의하여 보호받을 수도 있을 것이다. 이러한 특수형태 근로종사자에게 경제법이 원칙적으로 적용되지만 그 특수성을 고려하여 그들이 받는 불이익을 해소할 수 있도록 보다 구체적으로 명시하여 보호하자는 입장인 것이다. 자영인의 범주에 대한 문제로서 경제법적인 입장에서 탄력적으로 대처할 수 있는 체계로 유연화될 수 있을 것이다.

이렇게 사업자에게는 노동법과는 다른 법체계가 준비되어 그 보호를 받아야 하지, 경제적 약자의 보호 필요성이라는 가치판단 아래에서 노동법상의 근로자 범위를 확대하여 사업자도 근로자에 포함시키는 방안은 적당하지 않다고 할 수 있다. 따라서 본고에 살펴본 특수형태 근로종사자에 대해서는 노동법의 보호라기보다는 현재로서는 공정거래법 내지 협동조합법 등의 정비를 통하여 보호할 필요가 있다.

또한 잘 알다시피 특수형태 근로종사자의 근로자성 판단은 직종이나 형태별 보호의 필요성이 다양하므로 이를 일률적으로 노동법(특히, 근로기준법)에 의해 보호해야 할 필요성은 없다고 보여진다. 또한 판례에 의하여 개별적이고 구체적인 판단을 해야 하는 것이 바람직하다. 정립되어진 판례의 판단기준 등을 종합적으로 고려해 개별 사안에 따라 판단하되, 이 기준 중 특정한 기준만을 갖고 근로자인지 여부를 판단해서는 아니 되며, 위의 기준을 종합적으로 보아 근로자성 판단요소를 상대적으로 많이 갖고 있느냐에 의하여 판단할 수 있을 것이다.

(3) 노동법과 그 외의 법의 통일적 정비의 필요성

현재의 상황에서도 노동법과 다른 법률이 통일적으로 정비되지 않았기 때문에 노동법의 대상범위와 다른 법률의 근로자에 대한 적용이 명확하지 않고, 실무상 애매모호한 사태가 발생하고 있다.

이상과 같이 현 상황에서는 노동법 및 이에 부수하는 판례법리와 다른 법률과의 관계에 정합성이 취해져 있지 않고, 노동법의 적용범위 및 다른 법률과의 관계가 불명확한 점도 있다. 향후 법을 정비할 경우에는 헌법을 정점으로 한 법체계에 따른 후 이러한 법률을 통일적으로 정비하는 것이 중요한 과제가 될 것이다.

어찌 보면 특수형태 근로종사자의 문제가 제기된 후 노사정위원회 비정규직 특별대책위원회, 노사정위원회의 특수형태 근로종사자의 특별위원회, 노동부 등에서 적지 않은 논의가 있었다. 이러한 측면에서 특수형태 근로종사자 문제에 대하여 정책적 결단을 촉구하기도 하였다. 하지만 보다 중장기적인 관점에서 바라보면, 근로자의 개념과 관계된 논쟁을 최소화하는 방안을 합의한 후 노사정·공익위원이 공동으로 바람직한 대안을 찾아야 할 것이 과제로 남아 있다고 보여진다.

제 7 장

특수형태 근로종사자의 산업조직 이론 및 실증분석

본장에서는 특수형태 근로종사자인 보험설계사, 학습지교사, 골프장경기보조원 및 레미콘운송차주 노동시장의 산업조직적 이론구조를 간단히 살펴보고 이를 기초로 실증분석을 시도한다. 이 실증분석은 현재 정부에서 추진하고 있으며, 노동계 및 산업계의 논의가 지속되고 있는 4대 보험, 근로기준법 및 노조법 적용에 대한 고용과 임금 및 종사자의 총임금소득과 기업의 부담에 대해 분석한다.

7.1. 특수형태 근로종사자의 산업조직적 이론분석

특수형태 근로종사자에는 대표적으로 보험설계사, 학습지교사, 골프장경기보조원 및 레미콘 운송차주 등이 포함된다. 여기서는 보험, 학습지, 골프장 및 레미콘이라는 서비스(재화)시장의 구조와 이 서비스(재화)산업의 생산요소인 특수형태 근로종사자 시장구조를 이론적으로 규명한다. 다음으로 이 직종에 노동조합이 결성되어 독점적 노동공급으로 전환되거나, 근로기준법 적용에 의한 생산요소비용의 증가가 소득, 일자리, 서비스생산 및 서비스가격에 어떤 영향을 미칠 것인가를 이론적으로 분석한다.

먼저, 특수형태 근로종사자시장의 노동수급을 알아보기 전에 독점기업의 노동수급을 이해하는 것이 중요하다. 즉, 독점의 존재는 임금의 차이에서가 아닌 다른 면에서 그 의미를 갖는다. 첫째, 독점자는 순수경쟁기업보다 각 임금수준에서 더 적은 노동을 고용한다. 따라서 독점기업에서의 고용은 완전경쟁기업에서의 고용량보다 적은 것이 일반적이다.

〔그림 7-1〕에서 보면, 독점기업의 노동수요는 한계수입생산물(marginal revenue product: *MRP*)에 따라 결정되고, 경쟁기업의 노동수요는 노동의 한계생산물가치(value of marginal product: VMP_L)를 따라 결정된다. 즉, 노동시장에서 독점기업은 노동의 한계비용과 한계수입생산물이 같아지는 조건, 즉 $MC_L=MRP$이 되는 ON_m의 노동을 고용하며, 경쟁기업은 노동의 한계비용과 노동의 한계생산물가치가 같아지는 조건, 즉 $MC_L=VMP_L$이 되는 ON_C

그림 7-1 독점기업의 노동수요와 경쟁기업의 노동수요

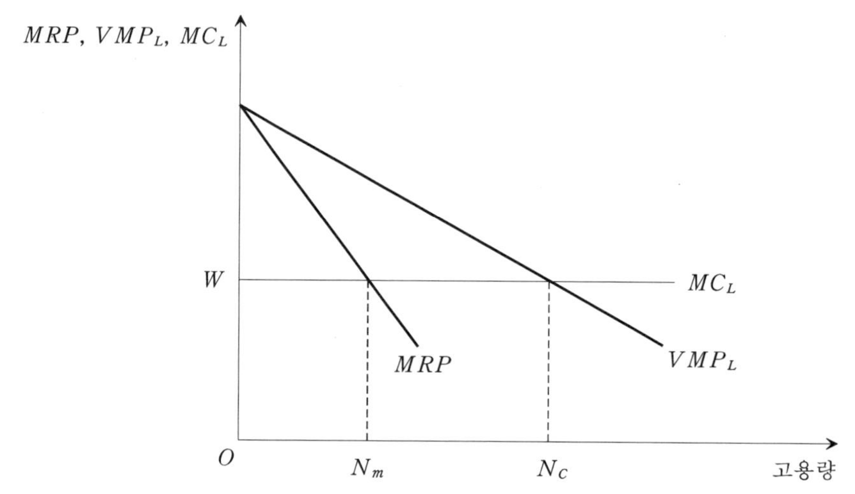

의 노동을 고용한다.

여기에서 특수형태 근로종사자의 노동시장을 보면, 레미콘운송차주를 제외한 학습지교사, 보험설계사 및 골프장경기보조원은 완전경쟁시장과 독점시장 사이에 존재하는 것으로 이해할 수 있다. 따라서 이들 업종의 노동수요는 완전경쟁시장의 노동수요에 비해 적은 것으로 나타난다.

만약 상기 특수형태 근로종사자집단에 대해 노조법을 적용하거나 또 다른 방식의 협회나 단체 등 카르텔을 인정하여 종사자와 사용자 간의 협상력 불균등을 시정한다고 하자. 이는 사용자에 편중된 부를 종사자에게로 재분배한다는 의미를 지닌다. 이 경우 발생할 수 있는 경제적 현상을 보면 다음과 같다.[1]

먼저 노동조합 등의 결성으로 노동공급의 독점체가 구성될 경우 통상 독점이윤을 창출하기 위해 노동의 과소공급이 이루어진다. 이 경우 잠재적 실업이 상존하는 경제구조 아래에서는 노동시장에 진입하고자 하는 선의의

1 조준모(2003).

다수에게 진입장벽의 역할을 함으로써 경제적 비효율성이 야기될 수 있다.

또한 임금의 인상은 재화시장(예를 들어, 학습지가격, 보험상품가격 등)의 균형가격을 인상시켜[2] 결국 재화시장의 거래량을 위축시킨다. 이러한 현상은 경제적 순손실을 유발할 가능성이 높다.[3]

〔그림 7-1〕은 쌍방독점의 비효율성을 나타난다. 여기서의 쌍방독점(bilateral monopoly)이란 요소공급의 독점자(monopolist)인 노조가 수요독점자(monopsonist)인 사용자에게 노동을 공급하는 산업조직구조를 의미한다. 쌍방독점의 비효율성은 통상 재화시장에서 사용자가 일방독점을 가진 경우와 비효율성의 크기를 비교하여 평가된다.

앞 장에서 설명한 전형적인 쌍방독점은 〔그림 7-2〕에 나타나 있다. 그림에서 수요독점자인 기업은 10원을 지불하고 20명을 고용하려고 하지만, 노동조합은 19원을 요구하고 25명을 고용하기를 원한다. 이 경우 경제적 비효율성의 크기(하버거삼각형의 크기)는 고용의 크기에 따라 변동한다.

상기와 같은 이론적 근거에 의해 본고에서 분석하고자 하는 특수형태 근로종사자는 다음과 같은 특징을 지닌다고 볼 수 있다.

7.1.1. 보험설계사와 학습지교사의 시장구조

보험과 학습지시장은 독과점시장의 특징을 지니고 있다. 여기에 종사하는 보험설계사와 학습지교사의 시장은 수요독과점의 시장구조라 할 수 있다. 이들 직종에서 노동조합이 결성될 경우 노동공급 측면에서도 독점적 요소가 발생한다. 결국 이 직종의 시장은 수요독과점, 공급독점의 요소가 결합되어 쌍방독점의 시장구조로 발전할 가능성이 있다.

---

2 사용자가 소비자에게 전가할 수 있는 능력은 산출물의 수요탄력성에 의해 정해질 것이다. 즉, 보다 수요비탄력적일수록 소비자에게 전가될 가능성이 높다.

3 여기에 공공선택(public choice)이론에 의해 제시된 지대추구(rent seeking)에 의해 낭비되는 털럭사각형(Tullock, 1967)까지 고려하면 비효율성은 더욱 명확해진다.

그림 7-2 쌍방독점의 비효율성

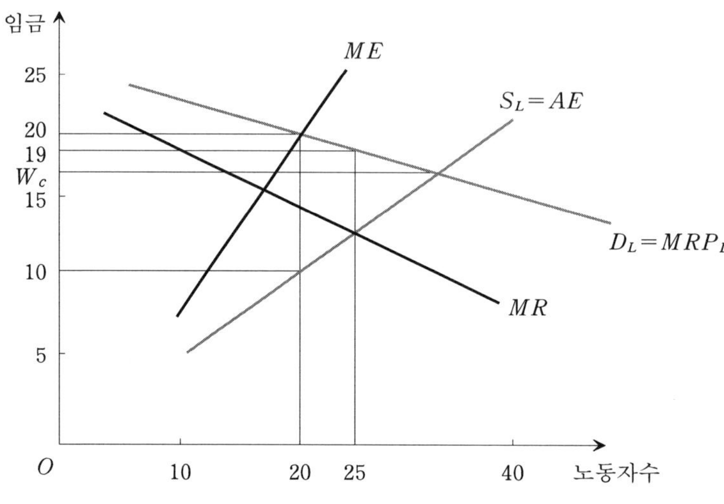

7.1.2. 골프장경기보조원의 시장구조

골프장경기보조원 시장구조는 독점적 경쟁시장의 요소가 강한 편이다. 또한 골프장경기보조원이 하는 일과 자본요소(골프경기의 전동차)는 대체성이 강하게 작용하는 것이 특징이다. 이 직종에 노동조합이 결성될 경우 공급독점의 형태를 지니게 된다. 시장조직상 공급독점은 소득과 일자리수를 감소시킬 소지가 많으며, 이 경우 자본과의 대체가 강하게 발생함으로써 추가적인 일자리 감소의 가능성을 내포하고 있다.

7.1.3. 레미콘운송차주의 시장구조

레미콘운송차주는 순수한 피고용인이라기보다는 차량소유라는 일종의 자본적 요소가 일부 결합된 계약형태이다. 이는 이른바 지입차주 형태로 계약이 이루어지고 있다. 이러한 레미콘운송차주의 시장은 수요독점시장이라 할 수 있다. 이 직종에서 노동조합이 결성되면 공급의 독점이 발생하기 때문에 쌍방독점의 시장조직을 갖게 된다.

7.2. 특수형태 근로종사자의 실증분석모형

상기의 이론적 분석에 이어 본절에서는 특수형태 근로종사자시장의 수요와 공급함수를 실증적으로 도출한다. 여기에서는 모두 불완전경쟁시장 형태를 가지고 있는 골프장경기보조원, 학습지교사, 보험설계사, 레미콘운송차주시장의 노동수급방정식을 추정한다.

7.2.1. 구조방정식과 유도방정식 체계

특수형태 근로종사자 시장에서 인력의 수요와 공급은 계약자의 단위수입(또는 임금)수준과 양(+)의 관계에 있는 특수형태 근로종사자의 인력공급곡선과 계약자의 단위수입(또는 임금)수준과 음(−)의 관계를 갖는 인력수요곡선이 교차하는 점에서 시장균형을 달성한다. 이는 시장구조가 완전경쟁시장이든 불완전경쟁시장이든 간에 수요·공급이 일치하는 점에서 균형이 달성된다는 노동경제학 이론의 기본적인 전제인 것이다.

따라서 특수형태 근로종사자 인력수급의 균형은 공급(S)과 수요(D)가 일치하는 수준에서 형성될 것이며, 이 때의 균형노동수급량과 균형단위수입(또는 임금)수준은 각각 Q^*과 W^*가 된다.

노동의 수요·공급이론에 근거하여 특수형태 근로종사자 수급에 관한 연립방정식 모형체계를 설정하자. 노동시장의 균형에서는 수요와 공급이 일치하며, 이 경우 도출되는 노동수요함수와 노동공급함수는 다음과 같은 형태를 지닌다.

$S=f$(계약자의 수입(임금), 자격증 소지자수, 노조 유무, ⋯⋯) (1)

$D=g$(계약자의 수입(임금), 수요기업의 매출, 유사업종의

그림 7-3 균형노동량과 균형임금

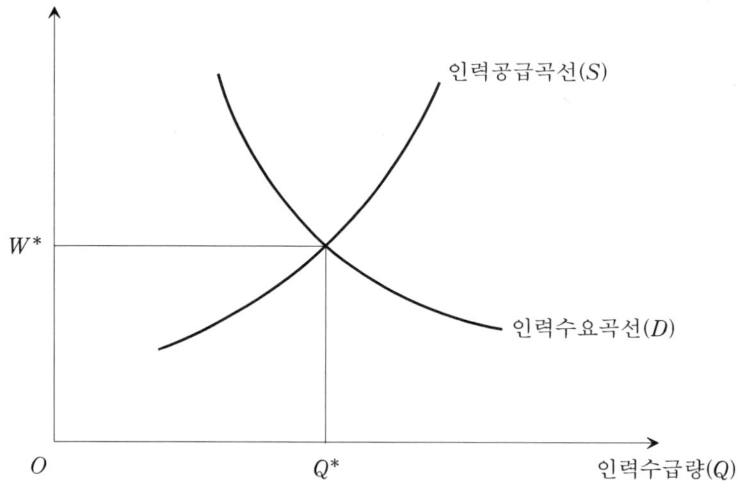

노동수요, ……) (2)

$$D=S \tag{3}$$

위의 식 (1)은 특수형태 근로종사자의 노동공급함수를 나타낸다. 예를 들어, 특수형태 근로종사자의 노동공급은 계약자의 단위수입(또는 임금), 그 업종에 진출할 수 있는 잠재적 노동력수, 노동조합의 유무 등이 주요 설명 변수가 될 수 있다. 즉, 정상적인 노동시장의 경우(노동이라는 생산요소가 정상재일 경우), 계약자의 수입(또는 임금)이 많을수록 공급은 늘어날 것이며, 이 업종에 진출할 수 있는 잠재적 노동력을 동 업종에 종사할 수 있는 예비 노동력이 많을수록 노동력 공급은 증가할 것이다.

또한 노동조합이 설립되어 있을 경우, 노동조합이 동 업종의 노동공급에 독점적 지위를 가지거나, 또는 노동조합과 수요기업 간의 협상 여하에 따라 노동공급에 영향을 줄 것이다. 상기의 경제변수들은 시장구조에 따라 노동공급에 양(+)의 영향을 줄 수도 있고 음(−)의 영향을 미칠 수도 있다.

식 (2)는 특수형태 근로종사자의 노동수요함수이다. 예를 들어, 노동수요는 계약자의 단위수입(또는 임금), 노동수요기업의 매출 또는 수익, 유사업종의 노동수요 등에 의해 결정될 수 있다. 즉, 상기와 같이 생산요소인 노동이 정상재라고 가정할 경우, 종사자의 단위수입(또는 임금)이 낮을수록 동업종의 노동수요는 증가할 것이며, 수요기업의 매출이나 수익이 증가할 경우 노동수요는 증가할 수 있다. 또한 유사업종에서의 고용은 동 업종의 노동수요에 대체관계에 있을 수도 있고, 보완관계에 있을 수도 있다. 노동수요와 노동수요에 영향을 미치는 경제변수 간에는 동 업종 노동시장의 시장구조에 따라 양의 관계를 가질 수도 있고 음의 관계를 가질 수도 있다. 식 (3)은 수요·공급의 균형을 나타낸다. 이상과 같은 3개의 방정식은 노동시장의 동시적 균형상태를 나타내는 연립방정식체계의 전형적 표현양식이다.

이러한 연립방정식체계는 자료가 충분할 경우에는 실증적으로 추정할 수 있을 것이다. 그러나 노동의 수요가격과 공급가격에 관한 데이터 등 충분한 자료가 없을 경우에는 유도방정식(reduced-form equation)을 사용하게 된다. 구조방정식체계에 근거한 연립방정식모형은 식별문제(identification problem)나 추정상의 편의문제(bias) 등이 존재하여, 시뮬레이션에 있어서 복잡한 측면을 내포하고 있다. 따라서 연립방정식모형이 지니는 문제점을 해소시킨 유도방정식모형이 널리 사용되기도 한다.[4]

유도방정식모형은 설명변수로 내생변수와 외생변수가 모두 사용되는 연립방정식모형과 달리, 설명변수가 모두 외생변수(또는 독립변수)로 구성되어 있어 실용적인 예측방법으로 사용되어 왔다. 즉, 앞서 3개의 방정식으로 구성된 연립방정식을 유도방정식체계로 전환하면, 아래와 같이 2개의 방정식으로 전환된다.

$$Q = f(\text{자격증 소지자수, 지원자수, 경제활동인구, 노조 유무, ……}) \quad (4)$$

$$W = f(\text{수요기업의 매출, 유사업종의 노동가격, 이익률, 자본가격, 기업의 비용 ……}) \quad (5)$$

[4] reduced form equation에 관한 내용은 이해춘·이상돈(2003) 참조.

본 연구에서는 특수형태 근로종사자에 대해 사회보장과 노조법 및 근로기준법을 적용할 경우 임금과 고용에 미치는 영향을 분석하기 위해 상기의 두 방정식을 이용하여 실증분석을 시도한다.

7.2.2. 실증분석모형

실제 추정에 사용할 데이터는 기업자료이다. 이 기업자료는 시계열이 부족한 경우가 많으므로, 업종을 구성하고 있는 대표기업들의 시계열자료와 횡단면자료를 결합한 패널자료를 이용한다. 패널자료를 이용한 추정식은 다음과 같이 설정할 수 있다.

우선 균형고용량 및 균형임금 추정방정식은 식 (6)과 같은 구조를 지니고 있다.

$$EMP_{it}=\alpha_{it}+\beta' X_{it}+\varepsilon_{it} \quad (6)$$

$$WAG_{it}=\alpha_{it}+\beta' X_{it}+\varepsilon_{it} \quad (7)$$

여기서, EMP: 균형고용량
WAG: 균형임금
α_{it}: 상수항
β': 노동수요 및 노동공급에 관련된 독립변수
ε_{it}: 오차항
하첨자 i: 기업
하첨자 t: 시점

실제 추정에서는 fixed effect모형[5]을 이용하였으며, 추정에 사용한 프로그램은 Limdep 8.0을 이용하였다.

[5] William H. Green(2002), pp. E8～14.

7.3. 직종별 실증분석

여기에서는 직종별 특수형태 근로종사자의 취업과 수당(수수료)의 관계를 파악하여, 특수형태 근로종사자에 대한 사회보장과 근로자성 인정이 연간 수수료, 고용 및 국민경제에 어떤 영향을 미치는가를 분석한다. 이를 위해 먼저 4업종에 대한 실태조사를 실시하였다. 실태조사의 개요는 다음과 같다.

실태조사를 통해 구득한 자료를 이용하여 추정한 결과는 다음과 같은 이론적 배경에 의해 해석될 것이다.

〔그림 7-4〕에서 특수형태 근로종사자의 수요와 공급이 e점에서 균형을 이루고 있다. 여기서 균형고용량은 E_0이며 특수형태 근로종사자의 연간 수수료는 W_0에서 결정되었다. 만약 종사자에 대해 4대 보험을 보장하거나, 근로기준법, 노조법 등을 적용할 경우, 기업의 비용과 계약자의 수수료에 영향을 미치게 된다. 다른 조건이 일정하다는 전제 아래 위의 제도를 도입할 경우 계약자 수수료와 비용이 균형계약자수에 미치는 영향을 보자.

4대 보험에 가입할 경우, 기업측의 추가적 비용부담은 기업의 이윤을 감소시키고 기업의 특수형태 근로종사자 수요곡선(D)은 좌측으로 이동한다.

근로기준법을 적용할 경우, 기업측은 법적 제 수당의 지급으로 수수료가 상승하고, 종사자에 대한 관리비용이 증가하게 된다. 이 또한 특수형태 근로종사자 수요곡선을 좌측으로 이동시키는 요인이 된다.

노조법을 적용할 경우, 노동조합의 임금협상에 의해 임금이 상승한다. 임금상승은 조정과정을 거쳐 공급곡선(S)을 상향이동시키는 효과를 갖는다. 이는 쌍방독점의 그림에서 기업이 10원의 임금과 20명의 고용을 희망하고 노조가 25명의 고용과 19원의 임금을 요구하는 사이에서 협상이 이루어질 경우, 공급곡선이 상향이동한 효과를 갖는 경우로 이해할 수 있다. 또한 노동조합에 대한 기업의 관리비용이 증가하여 특수형태 근로종사자 수요곡선(D)은 좌측으로 이동한다. 이러한 제도의 도입으로 균형이 e점에서 g점으

표 7-1 조사업체 현황

	조사업체		업 계		비 고
	업체수(개)	인원(명)	업체수(개)	인원(명)	
보험설계사	14	107,556	22	130,140	2006. 12 생명보험협회
학습지교사	7	47,336	200	100,000	2006. 12 교육산업협회 추정
골프장 경기보조원	23	2,429	159	14,743	2006. 12 골프장경영협회
레미콘운송차주	60	3,389	684	21,683	2006. 12 계약차량 기준 한국레미콘공업협회

그림 7-4 제도적용의 국민경제적 효과

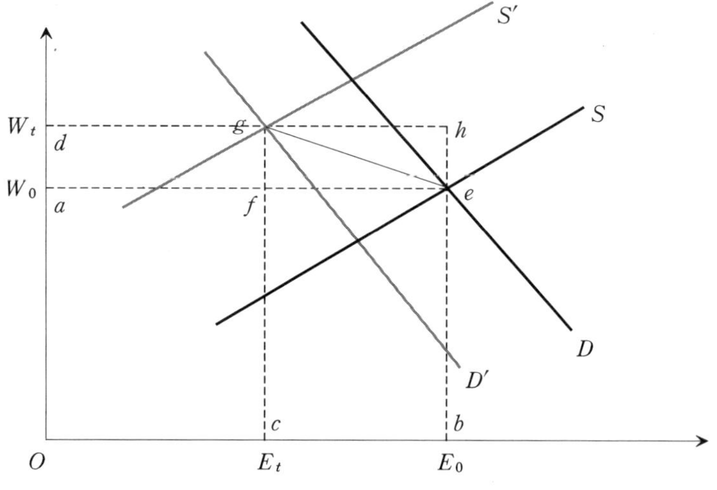

로 이동하면 새로운 균형고용량은 E_t에서 결정되고, 계약자의 수수료는 W_t에서 결정된다.

위와 같은 논리에 의해 실증분석의 결과는 다음을 표시하고 있다.

첫째, 제도의 적용으로 특수형태 근로종사자에 대한 연간 수수료가 상승하고 고용이 감소하면(균형이 e에서 g로 이동하면) 국민경제의 측면에서 삼각형 efg의 크기만큼 특수형태 근로종사자 수요(기업) 측면의 후생손실이 발생한다. 만약 수요공급곡선이 직선이라고 가정한다면 특수형태 근로종사자 수요측 후생손실의 크기는 $(W_t-W_0)\times(E_t-E_0)\times 0.5$로 표현된다.

둘째, 특수형태 근로종사자의 수수료가 상승하여 고용감소가 발생하면, 특수형태 근로종사자의 연간 소득의 크기는 사각형 $Oaeb$에서 사각형 $Odhb$로 변하게 된다. 이 크기의 차이가 소득의 증감분이 된다. 즉, 국민경제적 후생변화 중 특수형태 근로종사자의 소득차이는 $(W_0E_0-W_tE_t)$로 표현된다. 이는 노동력의 사용자인 기업에서 특수형태 근로종사자로 소득이전이 이루어진 것이다. 실증분석 결과에서는 노동시장 변화에 의한 기업부담 증감으로 표현하였다.

셋째, 제도의 도입은 특수형태 근로종사자의 소득을 증가시키지만 이는 기업의 수수료 지출부담으로 남는다. 또한 기업에서는 추가적인 수수료 지불의 부담과 함께 새로운 제도를 도입하기 위한 관리비용이 증가한다.

7.3.1. 보험설계사

(1) 조사현황

보험설계사의 특수형태 근로종사자와 특수형태 근로종사자 수당(소득) 방정식을 추정하기 위한 자료는 대표기업에 대한 기초조사로 수집하였다. 조사는 14개의 생명보험사를 대상으로 하였다. 상기 14개 생명보험사는 우리 나라 전체 생명보험사 매출의 2/3 이상을 차지하는 대표적인 회사들, 조사시기는 2007년 2월 1～30일까지이다.

표 7-2 보험설계사의 조사업체 현황

	조사업체		전체 업체	
	업체수(개)	보험설계사수(명)	업체수(개)	보험설계사수(명)
2006년 현황	14	107,556	22	130,140

기초조사의 주요 조사내용은 종업원 및 보험설계사 인원현황, 보험설계사의 제 수당(모집수당, 유지수당 및 활동지원수당) 및 계약유지비용 현황, 보험설계사의 연령별·성별·학력별 인원구성, 노조가입 여부 및 4대 보험 가입 여부, 대차대조표 및 손익계산서의 각 항목이다. 변수의 조사연도는 2001～2006년까지이다.

(2) 사용변수의 기초통계량

사용한 변수의 기초통계량은 다음과 같다. 본 연구에서는 시차변수를 사용하였다. 즉, 현재의 보험설계사수는 전기의 회사보험수익, 이자비용, 설계사 1인당 관리비용 등과 함수관계를 가진다고 가정하였다.

여기서 보험설계사수(*EMP*)는 업체조사에 의한 각사의 연말기준 보험설계사수, 보험수익(*RV*)은 각사의 손익계산서상 연간 보험수익, 이자비용(*PK*)은 각사의 손익계산서상 연간 이자비용, 설계사 1인당 관리비용(*MAD*)

표 7-3 보험설계사 추정방정식 사용변수의 기초통계량

	변수	단위	평균	표준편차	최소값	최대값	관측치수
$EMP(t)$	보험설계사수	명	8,761	10,730	25	43,479	79
$RV(t-1)$	보험수익	백만 원	3,113,060	4,653,530	16,843	17,097,800	63
$PK(t-1)$	이자비용	백만 원	4,380	6,261	0	23,630	61
$MAD(t-1)$	보험설계사 1인당 관리비용	천 원	1,496	4,416	0	17,128	66
$WT(t-1)$	서비스업종 연간 평균임금	천 원	16,867	2,174	13,220	20,153	79
$EAP(t)$	지원자수	천 명	4,217	4,588	114	23,979	56
$WAG(t-1)$	보험설계사 1인당 연간 수당	천 원	30,686	25,600	1,931	103,219	70
$INTD2(t)$	보험설계사 1인당 경상이익	백만 원	18.1	22.18	−40.65	79.89	57

그림 7-5 보험설계사 취업자와 연간 수당의 관계

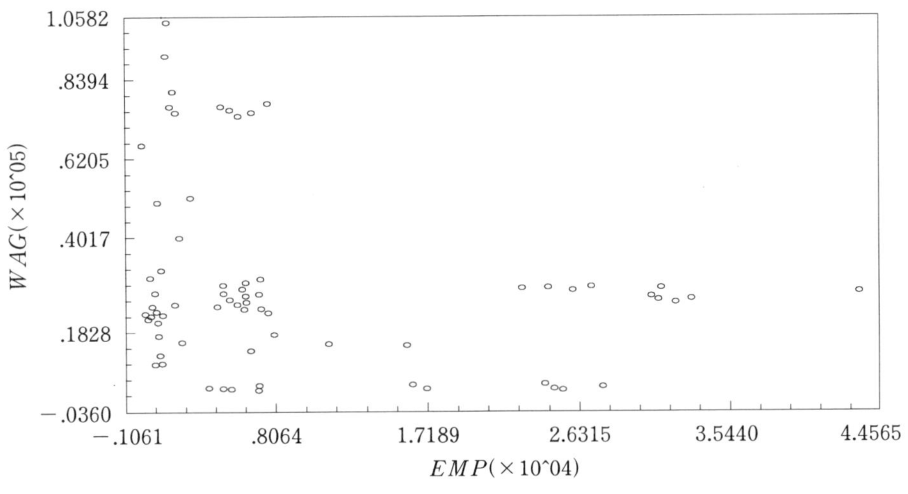

은 보험설계사 1인당 연간 관리비용(활동지원수당+계약유지비용)으로서 보험설계사의 계약(고용)을 유지하기 위한 비수당성 비용으로 간주하였다. 서비스업종의 연평균임금(WT)은 유사업종의 연평균임금으로서 경제활동인구조사에서 사무종사자, 서비스종사자, 판매종사자 3직종의 임금을 평균한 값을 사용하였다.

추정에 앞서 보험설계사의 수와 연간 수당의 관계를 보자. 〔그림 7-5〕에서 나타나 있듯이 보험설계사수와 연간 수당은 미약한 역의 관계를 가지고 있다. 즉, 보험설계사의 연간소득과 고용 간에 뚜렷한 상관성을 보이지 않고 있다. 즉, 보험설계사의 수당변화가 보험설계사수에 크게 영향을 미치지 못할 것임을 암시하는 것이다.

(3) 보험설계사의 균형취업자수 및 균형수수료방정식 추정

여기에서는 보험설계사의 특수형태 근로종사자수가 4대 보험 등과 같은 제도의 적용 등에 의한 소득상승, 비용증가, 이윤율 감소 등에 어떤 영향을 받는가를 알아보기 위해 균형취업자수 및 균형수수료방정식을 추정하였다.

상기의 방정식에 의해 보험설계사수 방정식을 추정하면 다음과 같다. 여기서 종속변수는 t기의 보험설계사수인 $EMP(t)$이며, 독립변수는 $t-1$기의 회사의 보험영업수익($RV(t-1)$), 회사의 이자비용($PK(t-1)$), 보험설계사 1인당 관리비용($MAD(t-1)$), 서비스업종의 평균임금($WT(t-1)$), 보험설계사 1인당 연간 평균수당($WAG(t-1)$), 보험설계사 1인당 경상이익($INTD2(t)$) 등이다.

여기서 수요측 요인으로는 보험영업수익, 이자비용, 1인당 관리비용, 1인당 경상이익 등을 고려하였고, 공급측 요인으로는 유사업종의 임금수준을 가정하였다.

먼저 수요측 요인을 보면, 전기의 보험영업수익이 증가할수록, 전기의 이자비용이 적을수록, 전기의 1인당 관리비용이 적을수록, 1인당 경상이익이 증가할수록 보험설계사의 균형고용량은 증가하는 것으로 추정되는데, 이를 자세히 보면 다음과 같다.

첫째, 보험설계사의 영업활동으로 얻은 수익인 보험영업수익의 증가는 보험설계사의 수요를 증가시키는 요인이 되므로 보험영업수익의 부호는 (+)로 나타난다.

둘째, 이자비용의 경우를 보면, 이자비용은 자본에 대한 사용료, 즉 자본가격이라 할 수 있다. 자본비용과 고용이 음(−)의 관계를 보이는 것은 자본가격이 높을수록 자본의 수요는 줄어들고 상대적으로 노동의 수요가 증가함을 의미한다.

셋째, 보험설계사의 1인당 계약유지비용은 보험설계사의 계약(고용)을 유지하기 위해 회사에서 지급하는 비용이다. 따라서 관리비용이 많을수록 보험설계사의 수요는 감소할 것이므로 음(−)의 부호를 나타내고 있다.

넷째, 회사의 경상이익은 보험설계사의 고용과 관계가 있다. 여기서는 보험설계사의 1인당 경상이익을 고려하였다. 즉, 회사의 수익이 증가할 경우 보험설계사의 수요는 증가할 것이다.

공급측 요인으로 유사 서비스업종의 임금을 고려하였다. 즉, 타업종의 임금이 높을수록 보험설계사에 대한 공급은 감소할 수 있다. 다시 말해, 유

표 7-4 보험설계사수 방정식의 추정계수

	변 수 명	Coeff.	t-ratio	P-value
보험영업수익(전기)	*RV*01	0.001828	10.3992	2.89E-15
이자비용(전기)	*PK*01	−0.20205	−1.61475	0.106366
1인당 관리비용(전기)	*MAD*011	−0.0409	−2.57726	0.0099588
서비스업종의 임금(전기)	*WT*01	−0.6317	−4.07026	4.70E-05
보험설계사 1인당 연간 평균수당(전기)	*XWAG*01	−0.08599	−2.7389	0.00616442
보험설계사 1인당 경상이익(전기)	*INTD*201	52.3643	2.18149	0.0291474
상 수 항	*ONE*	17,853.7	5.64426	1.66E-08

사업종의 임금과 보험설계사의 취업은 대체관계에 있으므로, 유사업종의 임금이 높을수록 보험설계사에 대한 공급은 감소하고 균형고용량은 감소한다.

변수의 설명력을 나타내는 t검정통계량을 보면 1인당 관리비용을 제외한 모든 변수는 5% 유의수준에서 설명력이 있는 것으로 나타났다.

상기의 식을 이용하여 보험설계사에 대한 4대 보험, 근로기준법 및 노동조합법이 적용될 경우 비용과 보험설계사 연간 수당의 상승으로 인한 고용변동량을 추정하고 이의 경제적 효과를 파악한다.

(4) 보험설계사의 사회보장과 근로자성 인정에 대한 부담

1) 제도적용에 대한 추가적 비용부담

① 4대 보험 적용시 추가적 비용부담

보험설계사에 4대 보험이 적용될 경우, 회사에서 부담해야 하는 비용은 보험설계사의 계약을 유지하기 위해 추가비용이 발생한다.

설문조사에 의해 9개 업체가 응답하였다. 각 회사가 보험설계사에 대한 4대 보험을 가입할 때, 추가적으로 드는 비용을 조사한 결과, 1인당 연간 446만 원의 추가부담이 발생하였다. 이를 업계 전체로 확대하면, 전체 보험설계사수 13만 140명을 기준으로 할 때, 5,809억 원의 추가부담이 발생한

표 7-5 보험설계사 4대 보험 적용시 추가부담액

	단 위	고용보험	의료보험	국민연금	산재보험	4대 보험계
조사업체 보험료 부담액	백만 원	54,797	111,625	214,229	16,390	397,042
조사업체 인원수	명	88,940	88,940	88,940	88,940	88,940
1인당 연간 보험료 부담액	천 원	616	1,255	2,409	184	4,464
1인당 수당 대비 보험료 부담률	%	2.57	5.23	10.04	0.77	18.61
산업계 부담액	백만 원	80,166	163,326	313,507	23,946	580,945

주: 산업계 부담액은 업체 총인원수 13만 140명을 기준으로 함.

그림 7-6 4대 보험 적용시 추가부담액 비중(보험설계사)

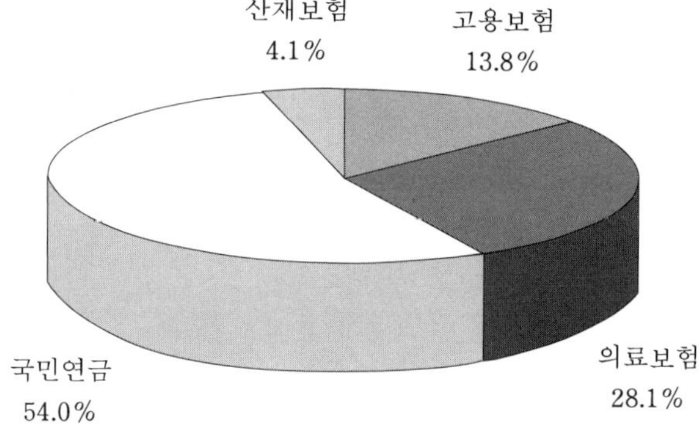

다. 이를 보험종류별로 보면, 국민연금이 총부담액 중에서 차지하는 비중이 54.0%로 가장 높으며, 다음이 의료보험(28.1%), 고용보험(13.8%), 산재보험(4.1%) 등의 순이다.

② 근로기준법 적용시 추가적 비용부담

보험설계사에 대해 근로기준법을 적용할 경우 발생할 수 있는 임금성 비용항목은 퇴직금, 장애인고용분담금, 최저임금수당, 복리후생비, 수수료인상 및 교육훈련비 등이다. 이 중에서 가장 큰 부분은 퇴직금으로 전체의

표 7-6 보험설계사 근로기준법 적용시 추가부담 수당

내 용	연간 추가부담금 합계 (백만 원)	응답회사의 보험설계사수 합계 (명)	1인당 연간 평균부담금 (천 원)	산업계 부담액 (백만 원)
퇴 직 금	1,239,875	94,106	13,175	1,714,595
장애인고용분담금	13,642	75,241	181	23,555
최저임금	37,135	74,277	500	65,070
복리후생비	292,493	54,121	5,404	703,277
수수료 인상	108,620	53,040	2,048	266,527
교육훈련비	125	87	1,437	187,011
합 계	1,691,890		22,745	2,960,034

그림 7-7 근로기준법 적용시 추가부담 수당비중(보험설계사업계)

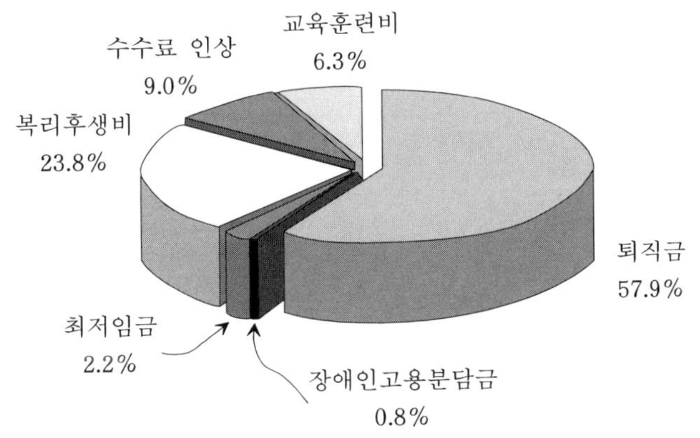

58.0%를 차지하고 있다.

업계 전체적으로 발생할 수 있는 추가부담 수당은 총 2조 9,600억 원([표 7-6] 참조), 관리비 추가부담은 85억 원으로 총 3조 448억 원의 추가부담이 발생하는 것으로 조사되었다([표 7-8] 참조).

다음으로 보험설계사에 대해 근로기준법을 적용할 경우 발생할 수 있는 사항 중 업계에서 가장 부담스러운 사항을 보면, '부당해고 금지 및 노

표 7-7 보험설계사의 근로기준법 적용에 대한 애로사항

근로기준법 확대적용 예정사항	명	%
근로조건 위반시 노동위원회에 손해배상 청구	7	16.7
부당해고 금지 및 노동위원회에 부당해고 구제신청	9	21.4
1주 40시간 근로시간 규정	2	4.8
연장근로는 1주 12시간 한도 내에서만 가능	1	2.4
연장근로·야간근로·휴일근로시 50% 가산 지급	8	19.0
월차휴가(한 달 개근시 1일 부여)	2	4.8
연차휴가(1년 개근시 10일, 9할 이상 출근시 8일)	5	11.9
생리휴가(여성 근로자에게 월 1일 부여)	1	2.4
취업규칙(사규)의 작성 및 노동부 신고	4	9.5
무응답	3	7.1
계	42	100.0

표 7-8 보험설계사 제도적용시 추가부담액 요약

	1인당 연간 추가비용(천 원)			산업계 부담액(백만 원)		
	관리비 부담액	임금 부담액	계	관리비 부담액	임금 부담액	계
4대 보험 적용에 대한 부담액	4,867	0	4,867	633,391	0	633,391
근로기준법 적용에 대한 부담액	651	22,745	23,396	84,721	2,960,034	3,044,755
노조법 적용에 대한 부담액	686	3,023	3,709	89,276	393,357	482,633

동위원회에 부당해고 구제신청'이 전체 응답자의 21.4%로 가장 높으며, 다음이 '연장근로·야간근로·휴일근로시 50% 가산 지급'이 19.0%, '근로조건 위반시 노동위원회에 손해배상 청구'가 16.7%의 순이다. 대부분의 응답기업이 노동생산성과 임금에 직결되는 근로규정에 부담이 큰 것으로 조사되었다.

③ **노조법 적용시 추가적 비용부담**

보험설계사에 대한 노조법 적용시 추가적으로 발생하는 비용은 1인당 연간 수당이 302만 원 증가하는 것으로 가정하였다. 즉, 자료상 보험설계사는 노동조합에 가입한 경우가 전무하였다. 따라서 학습지교사와 보험설계사의 노동시장이 유사한 점을 감안하여 학습지교사 노동조합이 학습지교사 연간 수수료에 미치는 효과인 9.85%를 적용하였다.

④ **추가적 비용부담의 요약**

보험설계사에 대한 제도적용시 추가적 부담을 요약하면 다음과 같다. 여기서는 1인당의 추가부담을 보험설계사수 13만 140명으로 확대하여 산업계의 총추가부담액을 산정하였다.

첫째, 4대 보험을 적용할 경우 업계의 부담은 관리비 증가요인에 의해 6,334억 원의 추가부담이 발생한다.

둘째, 근로기준법을 적용할 경우 수당부담과 관리비부담이 동시에 발생하여 총 3조 448억 원의 추가부담이 생긴다.

셋째, 노조법을 적용할 경우 노조의 관리비용 부담증가 및 노조의 임금

그림 7-8 **제도적용시 산업계의 추가부담액**(보험업계)

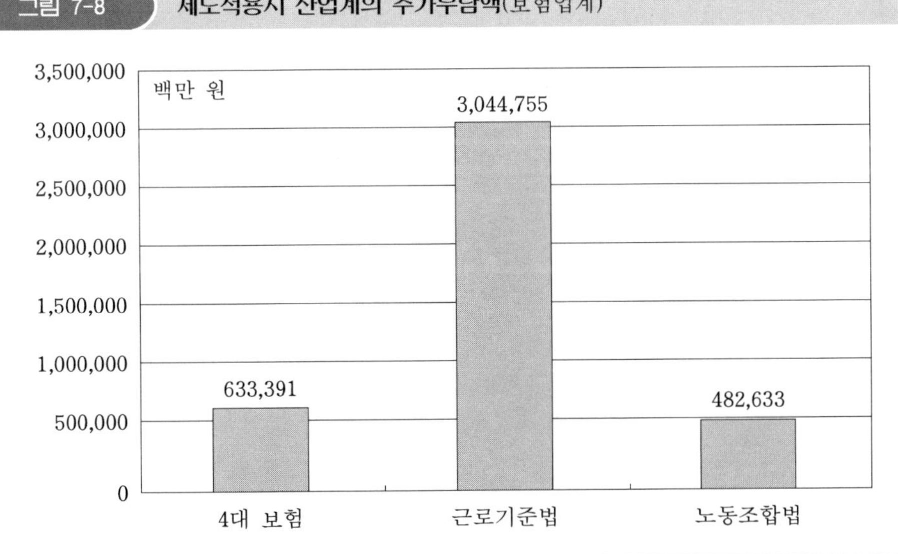

협상 등에 의한 임금상승 부담의 가중으로 총 4,826억 원의 추가부담이 발생한다.

2) 근로기준법과 노조법 적용에 대한 업계의 반응

다음으로 보험설계사에 대해 근로기준법과 노동조합법을 적용할 경우 업계의 반응은 다음과 같다.

표 7-9 보험설계사 근기법과 노조법 적용시 우려되는 사항

	근로기준법 적용시 우려되는 사항		노동조합법 적용시 우려되는 사항	
	업 체 수	비 중	업 체 수	비 중
경제적 비용부담 증가	13	92.9	0	0.0
노사 간 분쟁증가	0	0.0	12	85.7
업무지휘권 약화	0	0.0	2	14.3
기 타	1	7.1	0	0.0
무 응 답	0	0.0	0	0.0
계	14	100.0	14	100.0

그림 7-9 근로기준법 적용의 우려사항 비중(보험업계)

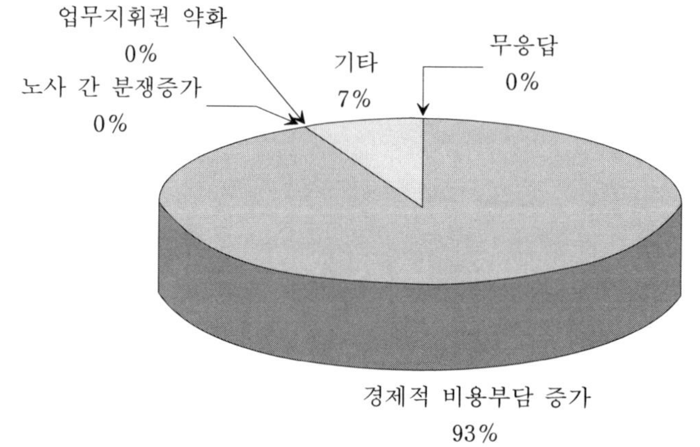

그림 7-10 노조법 적용의 우려사항 비중(보험업계)

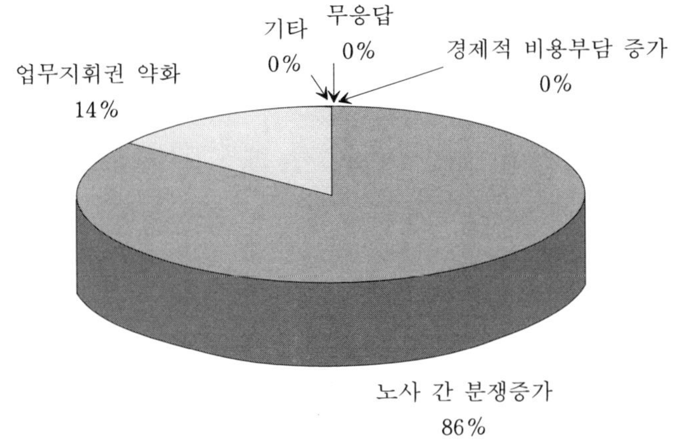

① 근기법과 노조법 적용시 우려사항

첫째, 업계의 우려사항으로 근로기준법의 경우 경제적 비용부담 증가가 92.9%로 타항목에 비해 압도적으로 높으며, 기타라는 응답이 7.1%가 나왔다. 즉, 근로기준법 적용은 업계의 연간 수당부담을 가중시킨다는 점을 강조하고 있다.

둘째, 노조법의 경우에는 노사 간 분쟁증가의 비중이 85.7%로 가장 높으며, 다음이 업무지휘권 약화와 경제적 비용부담이 14.3%이다. 즉, 노조법의 적용에서는 직접적인 경제적 비용부담이나 업무지휘권의 가중보다는 근로조건의 악화가능성을 우려하고 있는 것으로 조사되었다.

② 근로기준법과 노동조합법 적용시 보험설계사에 대한 조치

근로기준법과 노조법 적용시 보험설계사 수준을 어떻게 조정할 것인가에 대한 응답은 다음과 같다.

첫째, 근로기준법 적용시 보험설계사수를 '경영상황에 따라 조정하겠다'는 응답과 보험설계사수를 조정하겠다는 응답이 각각 50%이다. 현재 수준으로 유지하겠다는 응답은 0%이다. 즉, 근로기준법이 적용될 경우 회사의 경영상황과 관계없이 보험설계사수를 감축시키거나 경영상황에 따라 조정

표 7-10 보험설계사 근로기준법 및 노동조합법 적용에 따른 조치

	근로기준법 적용		노동조합법 적용	
	업 체 수	비 중	업 체 수	비 중
현재수준 유지	0	0.0	0	0.0
경영상황에 따라 판단	7	50.0	7	50.0
종사자수준 조정	7	50.0	7	50.0
무응답	0	0.0	0	0.0
계	14	100.0	14	100.0

그림 7-11 근기법 및 노조법 적용에 따른 조치(보험설계사)

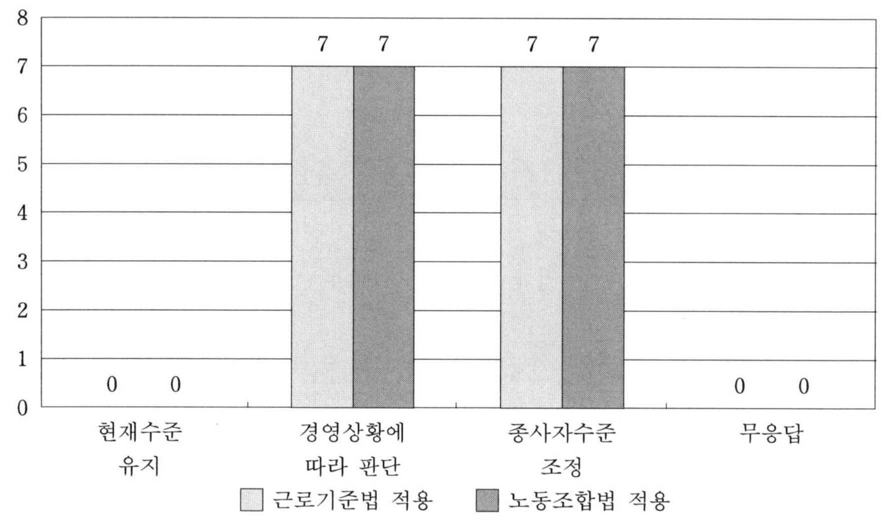

하겠다는 의견이 지배적이다.

둘째, 노동조합법을 적용할 경우 근로기준법 적용과 마찬가지로 보험설계사수를 경영상황에 따라 조정하겠다는 응답과 조정하겠다는 응답이 각각 50%이다. 현재 수준으로 유지하겠다는 응답은 0%이다.

결론적으로 기업측에서는 근로기준법이나 노동조합법을 적용할 경우,

보험설계사수를 감축 내지 조정하겠다는 의견이 지배적이다.

③ **근로기준법과 노동조합법 적용시 경영실적 예상**

근로기준법과 노동조합법을 적용할 경우, 보험회사의 경영상황에 대한 조사응답의 내용은 다음과 같다.

표 7-11 보험설계사의 제도적용시 적자가능성 예상

	근로기준법 적용시		노동조합법 적용시	
	업 체 수	비 중	업 체 수	비 중
적자가능성 희박	2	14.3	2	14.3
5% 이상~20% 미만	0	0.0	1	7.1
20% 이상~40% 미만	3	21.4	1	7.1
40% 이상~60% 미만	2	14.3	4	28.6
60% 이상~80% 미만	1	7.1	1	7.1
80% 이상	6	42.9	5	35.7
계	14	100.0	14	100.0

그림 7-12 제도적용시 적자가능성(보험업계)

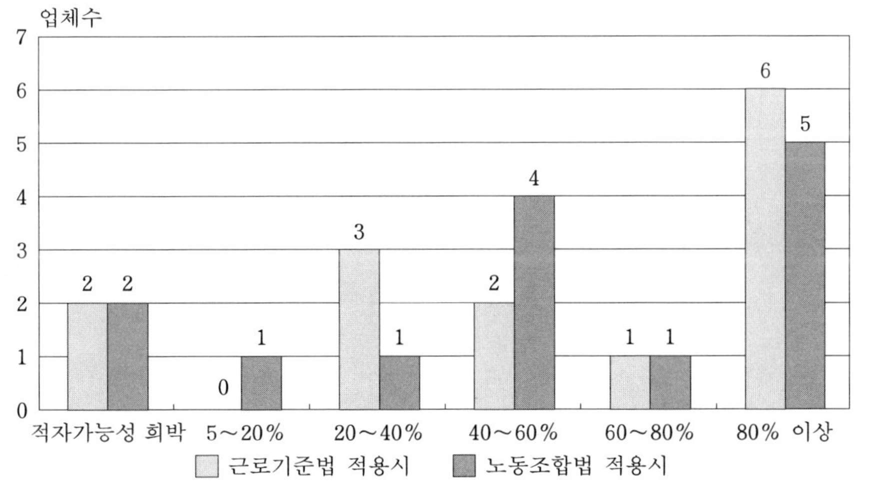

첫째, 근로기준법을 적용할 경우, 보험회사는 80% 이상의 적자가능성이 있다는 응답이 전체의 42.9%를 차지하고 있다. 다음으로 20% 이상~40% 미만의 적자가능성이 있다는 응답이 21.4%를 차지하였다. 또한 5% 이상~20% 미만, 40% 이상~60% 미만의 적자가능성이 있다는 응답이 각각 전체의 14.3%이고, 60% 이상~80% 미만이 7.1%이다.

둘째, 노조법을 적용할 경우, 80% 이상의 적자가능성을 주장한 업체가 전체의 35.7%를 차지하였다. 다음이 40% 이상~60% 미만이 28.6%, 5% 미만이 14.3%이고, 5% 이상~20% 미만, 20% 이상~40% 미만, 60% 이상~80% 미만이 각각 7.1%이다.

셋째, 근로기준법과 노조법 적용시 적자가능성에 대한 평균기대확률을 계산한 결과 각각 61.8%와 58.4%를 보였다.

(5) 보험설계사의 사회보장과 근로자성 인정에 대한 경제적 효과

보험설계사에 대해 4대 보험, 근로기준법, 노조법 등을 적용할 경우, 기업은 보험설계사 수당부담 상승, 관리비용 증가 및 이로 인한 이윤율 감소 등이 발생한다. 이에 따라 보험설계사 노동시장의 변화와 국민경제적 영향을 보면 다음과 같다.

1) 보험설계사에 대해 4대 보험을 적용할 경우

첫째, 노동시장의 변화를 보면 보험설계사 연간 소득에는 변화가 없으며, 보험설계사수는 3.71% 감소하는 것으로 추정되었다.

둘째, 국민경제적으로 보험설계사의 연간 소득변동은 없으며 보험설계사수가 감소하므로 보험설계사의 총소득은 1,482억 원 감소한다.

셋째, 보험산업에서의 비용증감을 보면, 보험설계사의 총연간소득 감소분인 1,482억 원만큼 기업의 총수당지출은 감소하고, 4대 보험 적용에 대한 기업의 추가적인 부담은 1,714억 원이 발생한다. 따라서 보험회사의 추가적인 부담은 총 232억 원이 발생한다.

표 7-12 보험설계사 제도적용시 경제적 효과

	보험설계사		단위	현행	제도적용시			
					4대 보험	4대 보험 근로기준법	4대 보험 노 조 법	4대 보험 근로기준법 노 조 법
노동시장	보험설계사수		명	130,140	125,311	88,664	121,466	84,819
	보험설계사수 감소량		명	0	−4,829	−41,476	−8,674	−45,321
	(고용변화율)		(%)	(0)	(−3.71)	(−31.87)	(−6.66)	(−34.82)
	사업조정 또는 퇴출시 설계사수 감소량		명	0	−11,279	−53,791	−51,188	−53,791
	(변화율)		(%)	(0)	(−8.67)	(−41.33)	(−39.33)	(−41.33)
	1인당 평균소득		천 원	30,686	30,686	54,081	33,748	80,499
	(평균소득 변화율)		(%)	(0)	(0)	(76.24)	(9.98)	(86.09)
국민경제	국민경제적 손실 (후생손실)		백만 원	0	0	−485,167	−13,281	−1,128,770
	기업 (산업) 부담	노동시장 변화에 의한 기업부담 증감(A)	백만 원	0	−148,185	801,555	105,828	2,834,360
		제도적용시 관리비용 부담(B)	백만 원	0	171,400	363,700	183,800	376,100
		기업부담 계 (C=A+B)	백만 원	0	23,215	1,165,255	289,628	3,210,460

주: 4대 보험을 적용할 경우 1인당 평균소득의 변화가 '0'인 것은 추정결과가 비유적이기 때문임.

2) 보험설계사에 대해 4대 보험과 근로기준법을 적용할 경우

첫째, 보험설계사수는 31.87% 감소하고, 연간 소득은 76.24% 증가하는 것으로 추정되었다.

둘째, 이를 산업 전체로 확대하면 보험설계사수의 감소와 연간 소득상승으로 인해 발생하는 노동수요측 경제적 손실은 4,852억 원이 발생한다.

셋째, 보험업계에서는 보험설계사에 대한 총수당지출이 증가하여 8,016억 원의 추가적 부담이 발생하며, 또한 제도적용에 의해 발생하는 관리비용

증가분 3,637억 원을 포함하여 총 1조 1,653억 원의 추가적 부담이 발생한다.

3) 보험설계사에 대해 4대 보험과 노조법을 적용할 경우

첫째, 보험설계사수는 6.66% 감소하고, 연간 소득은 9.98% 증가하는 것으로 추정되었다.

둘째, 이를 산업 전체로 확대하면 보험설계사수 감소와 연간 소득상승으로 인해 발생하는 노동수요측 후생손실은 133억 원이다.

셋째, 보험산업에서는 이러한 보험설계사에 대한 총수당지출 증가에 대한 부담 1,058억 원, 노조결성으로 발생하는 관리비용의 증가분 1,838억 원을 포함하여 총 2,896억 원의 추가적 부담이 발생한다.

4) 보험설계사에 대해 4대 보험과 근로기준법 및 노조법을 적용할 경우

첫째, 보험설계사수는 34.8% 감소하고, 연간 소득은 86.09% 증가하는 것으로 추정되었다.

둘째, 이를 산업 전체로 확대하면 고용감소와 연간 소득상승으로 인해 발생하는 노동수요측 후생손실은 1조 1,288억 원이다.

셋째, 보험산업에서는 보험실계사에 대한 총수당시출 증가에 따라 2조 8,343억 원의 부담과, 4대 보험, 근기법 노조결성 등으로 발생하는 관리비용의 증가분 3,761억 원을 포함하여 총 3조 2,105억 원의 추가적 부담이 발생한다.

5) 기업퇴출과 구조조정을 가정하면

조사에 의하면, 근로기준법과 노조법 적용시 적자가능성에 대한 평균기대확률은 각각 62.0%와 58.0%이다. 따라서 보험사에서 지속적인 적자가 발생할 때 생명보험시장에서 퇴출하거나 타사업으로 사업조정을 할 가능성이 높다. 이를 전제로 보험시장에서 평균적 기업이 4대 보험과 근로기준법 및 노동조합법을 동시에 적용할 경우에 2/3 정도의 기업이 퇴출 또는 사업조정을 단행한다면, 보험설계사수는 최대 41.3%까지 감소할 가능성이 있다.

이를 기준으로 보면, 4대 보험+근로기준법+노동조합법을 동시에 적용

할 경우 동 업종에서의 보험설계사수는 최대 5만 3,000명 정도 감소할 가능성도 배제할 수 없다.

본 연구의 추정에서는 4대 보험이나 근로기준법 적용시의 보험설계사수 및 연간 소득상승효과에 비해 노조법 적용시의 보험설계사수 및 소득상승효과는 비교적 미약한 것으로 나타났다. 현실적으로 생명보험 업종에는 현재 노동조합이 결성되어 있지 않으므로 노조활동이 설계사의 수당에 미치는 영향을 계량적으로 파악하기 힘들다는 한계가 있다. 따라서 동업종에서의 노동조합이 소득에 미치는 영향을 파악하기 위해 타업종(학습지교사)의 노조활동이 소득에 미치는 영향을 평균적으로 적용하였다. 이러한 결과는 현실성이 결여될 가능성이 있다. 따라서 4대 보험, 근로기준법 적용시의 소득상승 및 보험설계사수 감소효과와 노조법 적용시의 소득상승 및 보험설계사수 감소효과를 수평적으로 비교하기에는 한계가 있다.

현실적으로 보험업계에 노동조합이 결성되어 노조활동이 본격적으로 진행된다면, 노조활동의 적극성 여부에 따라 4대 보험+노조법 적용시의 보험설계사수 감소율이나 소득상승률은 4대 보험+근로기준법 적용시의 보험설계사수 감소율이나 소득상승률에 근접할 것으로 보인다.

본 추정결과는 일부 기업의 조사자료를 토대로 하였으며, 보험설계사의 노조결성에 대한 임금효과를 업체 평균을 사용하였다는 점에서 추정결과가 왜곡될 가능성이 있다. 이러한 분석의 한계는 차후 연구로 보완해야 할 것이다.

7.3.2. 학습지교사

(1) 조사현황

학습지교사수와 학습지교사 수수료, 관리비용 및 노조 유무의 효과를 추정하기 위한 자료는 학습지기업에 대한 실태조사를 통해 수집하였다. 대표적인 학습지회사 7개 사를 대상으로 하였다.

기초조사의 주요 조사내용은 종업원 및 학습지교사 인원현황, 학습지교사의 제 수수료(연간 수수료, 활동지원비, 은혜성 제도의 비용, 기타 지원비) 및

표 7-13 학습지교사의 조사업체 현황

	조사업체수(개)	학습지교사수(명)	학습지교사 총수수료(천 원)
2006년 현황	7	47,336	1,091,610

계약유지비용 현황, 학습지교사의 연령별·성별·학력별 인원구성, 노조가입 여부 및 4대 보험 가입 여부, 학습지회사의 대차대조표 및 손익계산서의 각 항목이다. 변수의 조사연도는 2001～2006년까지이다. 다음으로 필요한 변수는 경제활동인구 조사의 경제활동인구, 교육인적자원부의 대졸 취업자 및 실업자수 통계이다.

(2) 사용변수의 기초통계량

추정에 사용한 변수는 현재 학습지교사수(EMP), 연간 수수료($WAG1$), 연간 매출액($SAL01$), 연간 이자비용($PK01$), 서비스업종 연평균임금($WOT01$), 학습지교사 지원자수(EAP), 학습지교사 관리비용($MCD01$), 연간 1인당 판매관리비($CD01$), 노조더미($XEU01$) 등이다.[6] 서비스업종의 연평균임금은 유시업종의 연평균임금으로서 경제활동인구 조사에서 사무종사자·서비스종사자·판매종사자 3직종의 임금을 평균한 값을 사용하였다. 사용한 변수의 기초통계량은 다음과 같다.

(3) 학습지교사수 및 균형수수료방정식 추정

여기서는 연간 수수료, 관리비용 및 경상이윤이 균형학습지교사수와 균형수수료에 미치는 효과를 파악하기 위해 다음 3개의 방정식을 추정하였다.

1) 균형학습지교사수와 균형수수료방정식 추정

균형학습지교사수와 균형수수료방정식의 추정결과를 보면, 학습지회사의 연간 매출액이 높을수록, 학습지회사의 연간 이자지출비용이 적을수록,

[6] 변수명의 '0'은 $t-1$기를 의미한다.

표 7-14 학습지교사 추정방정식 사용변수의 기초통계량

변수명	변수명	단위	평균	표준편차	최소값	최대값	관측치수
EMP	학습지교사수	명	6,961.65	4,777.37	483	16,000	40
*WAG*1	연간 수수료	천 원	17,060.8	7,468.48	1,329.09	26,726.7	38
*SAL*01	연간 매출액	백만 원	347,971	253,498	242,68	839,291	39
*PK*01	연간 이자비용	백만 원	526.345	721.397	0	2,259	29
*WOT*01	서비스업종 연간 평균임금	천 원	1,401.38	187.585	1,101.67	1,679.33	41
EAP	학습지교사 지원자수	명	3,971.35	2,056.06	420	7,200	40
*MCD*01	학습지교사 관리비용	천 원	607.014	635.885	0	1,872.97	37
*CD*01	연간 판매관리비 (1인당)	백만 원	19.1388	15.6828	2.76353	55.34	39
*INTD*1	영업이익(1인당)	천 원	15,602.9	34,033.3	−756.522	105,884	40
*XEU*01	노조더미		0.282051	0.455881	0	1	39

표 7-15 학습지교사 균형취업자수 방정식의 추정결과

		Coeff.	*t*-ratio	*P*-value
연간 매출액(전기)	*SAL*01	0.007255	7.68014	1.60E-14
연간 이자비용(전기)	*PK*01	−0.087862	−1.26482	0.205936
서비스업종 연간 평균임금(전기)	*WOT*01	−0.761297	−3.8862	0.00010183
학습지교사 지원자수(전기)	*EAP*	0.499679	10.5412	2.89E-15
연간 수수료(전기)	*WAG*01	−0.058135	−2.4426	0.0145819
영업이익(1인당)(당기)	*INTDX*	0.003549	2.9598	0.00307838
상 수 항	*ONE*	4,118.61	9.22763	2.89E-15

여타 서비스업종의 연간 평균임금이 적을수록, 학습지교사의 지원자수가 많을수록, 학습지교사의 수수료가 낮을수록, 학습지교사수는 증가하는 것으로 추정되었다. 여기서 학습지교사 수수료의 추정계수는 −0.058로 비교적 낮

은 편이다. 이는 학습지교사의 수수료 변동이 타변수에 비해 학습지교사수에 큰 영향을 미치지 못함을 반영하는 것이다. 추정계수의 t검정통계량을 보면, 모든 설명변수가 5% 유의수준에서 설명력이 있음을 보여 주고 있다.

2) 취업자수-관리비용방정식 추정

학습지교사 1인당 관리비용이 학습지교사수에 미치는 영향을 파악하기 위해 학습지교사수-관리비용의 방정식을 추정하였다([표 7-16] 참조).

3) 수수료방정식 추정

학습지교사의 연간 수수료가 노조활동에 어떤 영향을 받는가를 추정하기 위해 수수료-노조방정식을 추정하였다. 여기서 노동조합의 가입 유무는

표 7-16 학습지교사 취업자수-관리비용방정식의 추정결과

		Coeff.	t-ratio	P-value
연간 매출액(전기)	$SAL01$	0.004118	5.85697	4.71E-09
연간 이자비용(전기)	$PK01$	−0.112519	−1.72833	0.0839288
서비스업종 연간 평균임금(전기)	$WOT01$	−1.000720	−5.67724	1.37E-08
학습지교사 지원자수(당기)	EAP	0.489650	10.4547	2.89E-15
학습지교사 관리비용(전기)	$MCD01$	−0.519975	−2.21139	0.0270088
상 수 항	ONE	4,955.27	10.1815	2.89E-15

표 7-17 학습지교사 수수료방정식의 추정결과

		Coeff.	t-ratio	P-value
연간 매출액(전기)	$SAL01$	0.0083711	4.69449	2.67E-06
서비스업종 연간 평균임금(전기)	$WOT01$	1.95221	1.58719	0.11247
학습지교사 지원자수(당기)	EAP	−1.25729	−4.14107	3.46E-05
1인당 연간 판매관리비(전기)	$CD01$	−30.4881	−1.46927	0.14176
노조더미(전기)	$EUX01$	2,421.32	2.59724	0.00939765
	ONE	16,886.4	5.14975	2.61E-07

학습지교사의 연간 수수료에 큰 영향을 미치는 것으로 나타났다.

(4) 학습지교사의 사회보장과 근로자성 인정에 대한 부담

기업에 대한 설문조사를 통해 학습지교사에 대한 4대 보험의 적용, 근로기준법 및 노조법 적용시 발생할 수 있는 학습지회사의 관리비용 및 추가적 임금부담을 조사하였다. 결과는 다음과 같다.

1) 제도적용에 대한 추가적 비용부담

① 4대 보험 적용시 추가적 비용부담

학습지교사에 대해 4대 보험을 적용할 경우, 업계의 추가부담액은 총 1조 7,000억 원인 것으로 추정되었다. 이 중에서 국민연금이 53.6%로 가장

표 7-18 학습지교사 4대 보험 적용시 추가부담액

		고용보험	의료보험	국민연금	산재보험	4대보험계
조사업체 보험료부담액	백만 원	9,559.4	22,520.0	43,460.9	5,608.9	81,149.1
조사업체 인원수	명	47,336	47,336	47,336	47,336	47,336
1인당 연간 부담액	천 원	201.9	475.7	918.1	118.5	1,714.3
산업계 부담액	백만 원	201,900	475,700	918,100	118,500	1,714,200

그림 7-13 4대 보험 적용시 추가부담액 비중(학습지교사)

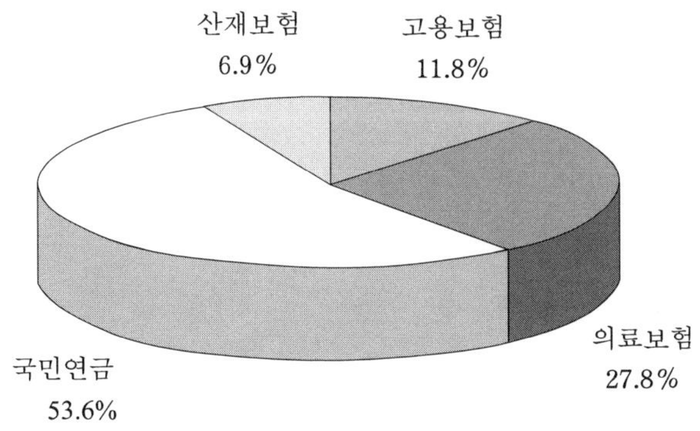

표 7-19 학습지교사 근로기준법 적용시 추가부담 수수료

내 용	실태조사			산업계 부담액 (백만 원)
	연간 추가부담금 합계 (백만 원)	학습지교사수 합계 (명)	1인당 연간 평균부담금 (천 원)	
연차수당	44,447.1	46,853	949	94,900
퇴 직 금	46,600.0	24,658	1,890	189,000
장애인고용분담금	28,887.6	16,493	1,752	175,200
시간외근로수당	1,615.2	6,756	239	23,900
현장수당	102.4	483	212	21,200
식대보조	197.0	483	408	40,800
교통비보조	55.2	483	114	11,400
산전후 휴가수당	400.0	6,273	64	6,400
합 계	122,304.5		5,628	562,800

큰 비중을 차지하며, 다음이 의료보험 27.8%, 고용보험 11.8% 및 산재보험 6.9%의 순이다.

② 근로기준법 적용시 추가적 비용부담

학습지교사에 대해 근로기준법을 적용할 경우 발생할 수 있는 임금성 비용항목은 연차수당, 퇴직금, 장애인고용분담금, 시간외근로수당, 현장수당, 식대보조, 교통비보조, 산전후 휴가수당 등이다. 이 중에서 가장 큰 부분은 퇴직금으로 전체의 33.6%를 차지하고 있다.

업계 전체적으로 발생할 수 있는 추가부담 수수료는 총 5,628억 원([표 7-19] 참조), 관리비 추가부담은 1,923억 원으로 총 7,551억 원의 추가부담이 발생하는 것으로 조사되었다([표 7-21] 참조).

다음으로 학습지교사에 대해 근로기준법을 적용할 경우 발생할 수 있는 사항 중 업계에서 가장 부담스러운 사항을 보면, '연장근로·야간근로·휴일근로시 50% 가산 지급'이 전체 응답자의 28.6%로 가장 높으며, 다음이 '1주 40시간 근로시간 규정'이 23.8%, '연차휴가(1년 개근시 10일, 9할 이

그림 7-14 근로기준법 적용시 추가부담 수수료 비중(학습지업계)

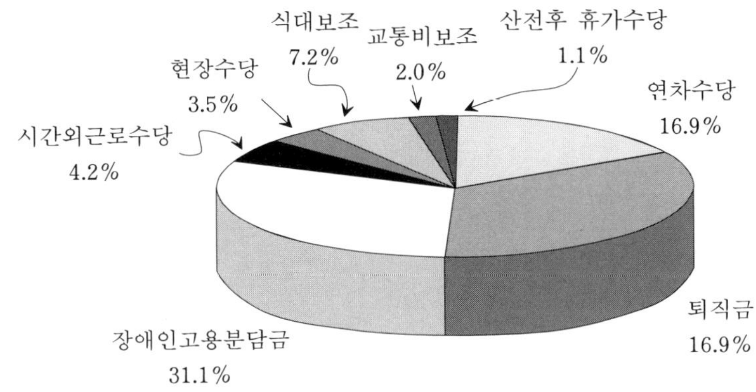

표 7-20 근로기준법 적용시 애로사항(학습지업계)

근로기준법 확대적용 예정사항	명	%
근로조건 위반시 노동위원회에 손해배상 청구	2	9.5
부당해고 금지 및 노동위원회에 부당해고 구제신청	1	4.8
1주 40시간 근로시간 규정	5	23.8
연장근로는 1주 12시간 한도 내에서만 가능	0	0.0
연장근로·야간근로·휴일근로시 50% 가산 지급	6	28.6
월차휴가(한 달 개근시 1일 부여)	0	0.0
연차휴가(1년 개근시 10일, 9할 이상 출근시 8일)	4	19.0
생리휴가(여성 종사자에게 월 1일 부여)	1	4.8
취업규칙(사규)의 작성 및 노동부 신고	0	0.0
무응답	2	9.5
계	21	100.0

상 출근시 8일)'가 19.0%의 순이다. 대부분의 응답기업이 노동생산성과 임금에 직결되는 근로규정에 부담이 큰 것으로 조사되었다.

③ 노조법 적용시 추가적 비용부담

추정결과에 의해, 학습지교사에 대한 노조법 적용시 연간 추가적으로

표 7-21 학습지교사 제도적용시 추가부담액 요약

	1인당 연간 추가비용(천 원)			산업계 부담액(백만 원)		
	관리비 부담액	임금 부담액	계	관리비 부담액	임금 부담액	계
4대 보험 적용에 대한 부담액	1,714	0	1,714	171,400	0	171,400
근로기준법 적용에 대한 부담액	1,923	5,628	7,551	192,300	562,800	755,100
노조법 적용에 대한 부담액	124	1,288	1,412	12,400	128,800	141,200

발생하는 비용부담은 1인당 관리비가 12만 4,000원, 1인당 수수료가 128만 8,000원으로 추정되었다.

④ **추가적 비용부담의 요약**

학습지교사에 대해 제도적용시 추가적 부담을 요약하면 다음과 같다. 여기서는 1인당의 추가부담을 학습지교사수 10만 명으로 확대하여 산업계의 총추가부담액을 산정하였다.

우선 4대 보험을 적용할 경우 업계의 부담은 관리비 증기요인에 의해 1,714억 원의 추가부담이 발생한다.

근로기준법을 적용할 경우, 연간 수수료부담과 관리비부담이 동시에 발생하고 이는 7,551억 원에 이른다.

노조법을 적용할 경우, 노조의 관리비용 부담 증가 및 노조의 임금협상 등에 의한 수수료 상승부담의 가중으로 총 1,412억 원의 추가부담이 발생한다.

2) 근로기준법과 노동조합법 적용에 대한 업계의 반응

다음으로 근로기준법과 노동조합법을 적용할 경우 업계의 반응은 다음과 같다.

① **근로기준법과 노동조합법 적용시 우려사항**

첫째, 업계의 우려사항으로 근로기준법의 경우 모든 응답자가 경제적

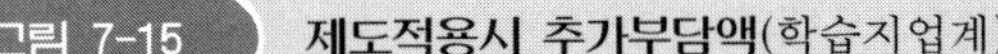

그림 7-15 제도적용시 추가부담액(학습지업계)

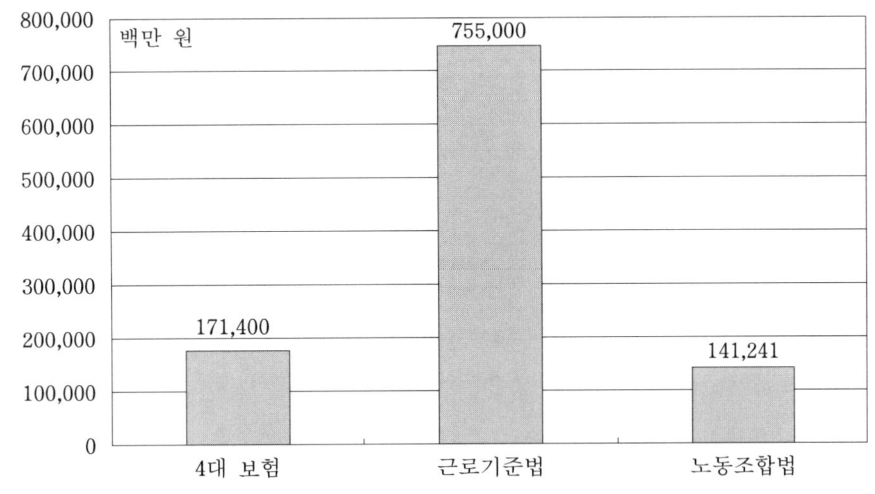

비용부담 증가를 선택하였다. 즉, 근로기준법 적용은 업계의 수수료부담을 가중시킨다는 점을 강조하고 있다.

둘째, 노조법의 경우에는 노사 간 분쟁증가의 비중이 85.7%로 가장 높으며, 다음이 업무지휘권 약화가 14.3%이다. 즉, 노조법의 적용에서는 직접적인 경제적 비용부담이나 업무지휘권의 가중보다는 근로조건의 약화가능성을 우려하고 있는 것으로 조사되었다.

표 7-22 근기법과 노조법 적용시 우려되는 사항(학습지업계)

	근로기준법 적용시 우려되는 사항		노동조합법 적용시 우려되는 사항	
경제적 비용부담 증가	7	100.0	0	0.0
노사 간 분쟁증가	0	0.0	6	85.7
업무지휘권 약화	0	0.0	1	14.3
기 타	0	0.0	0	0.0
계	7	100.0	7	100.0

그림 7-16 근로기준법 적용의 우려사항 비중(학습지업계)

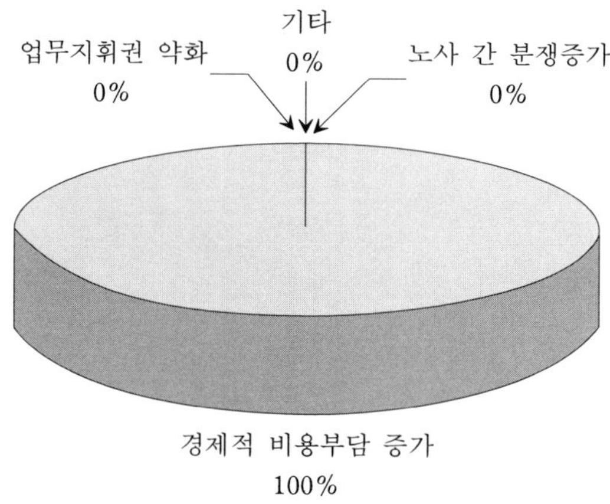

그림 7-17 노조법 적용의 우려사항 비중(학습지업계)

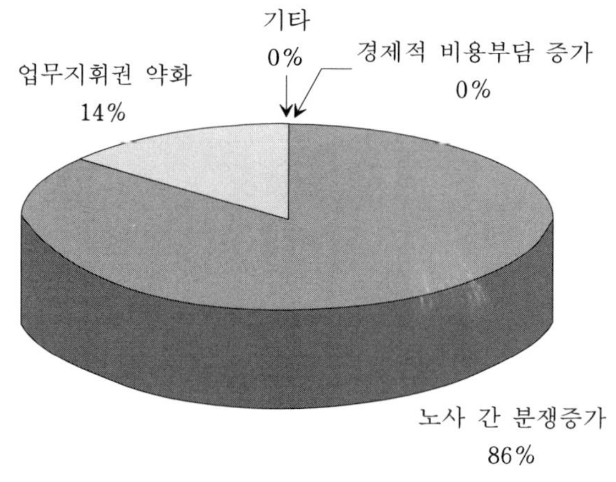

② 근로기준법과 노동조합법 적용시 종사자에 대한 조치

다음으로 근로기준법과 노조법 적용시 학습지교사 수준을 어떻게 조정할 것인가에 대한 응답은 다음과 같다.

첫째, 근로기준법 적용시 학습지교사수를 조정하겠다는 응답이 전체의

표 7-23 근로기준법, 노동조합법 적용에 따른 학습지교사의 조치의견(학습지회사)

	근로기준법 적용		노동조합법 적용	
	업 체 수	비 중	업 체 수	비 중
현재수준 유지	0	0.0	0	0.0
경영상황에 따라 판단	2	28.6	2	28.6
종사자수준 조정	5	71.4	5	71.4
계	7	100.0	7	100.0

그림 7-18 근기법 및 노조법 적용에 따른 종사자의 조치(학습지회사)

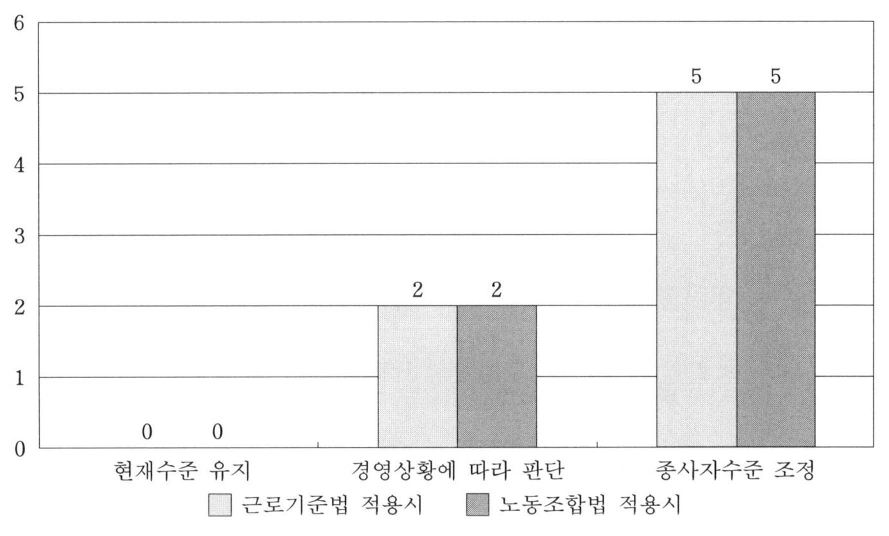

71.4%이고, 경영상황에 따라 조정하겠다는 응답이 28.6%이다. 학습지교사수를 현재수준으로 유지하겠다는 응답은 0%이다. 즉, 근로기준법이 적용될 경우 회사의 경영상황과 관계없이 학습지교사수를 감축시키거나 경영상황에 따라 학습지교사수를 조정하겠다는 의견이 지배적이다.

둘째, 노동조합법을 적용할 경우, 학습지교사수를 조정하겠다는 응답이 전체의 71.4%이고, 경영상황에 따라 조정하겠다는 응답이 28.6%이다. 학습지교사수를 현재수준으로 유지하겠다는 응답은 0%이다.

결론적으로 기업측에서는 근로기준법이나 노동조합법을 적용할 경우, 학습지교사수를 감축 내지 조정하겠다는 의견이 지배적이다.

③ 근로기준법과 노동조합법 적용시 경영실적 예상

근로기준법과 노동조합법을 적용할 경우, 학습지회사의 경영상황에 대한 조사응답의 내용은 다음과 같다.

첫째, 근로기준법을 적용할 경우, 학습지회사는 60% 이상~80% 미만의 적자가능성이 있다는 응답이 전체의 42.9%를 차지하고 있다. 다음으로 80% 이상 적자가능성이 있다는 응답이 28.6%를 차지한다. 또한 20% 이상~40% 미만과 40% 이상~60% 미만의 적자가능성이 있다는 응답이 각각 전체의 14.3%이다.

둘째, 노조법을 적용할 경우, 근로기준법을 적용할 경우와 마찬가지로 학습지회사는 60% 이상~80% 미만의 적자가능성이 있다는 응답이 전체의 42.9%를 차지하고 있다. 다음으로 80% 이상 적자가능성이 있다는 응답이 28.6%를 차지한다. 또한 20% 이상~40% 미만과 40% 이상~60% 미만의 적자가능성이 있다는 응답이 각각 전체의 14.3%이다.

셋째, 근로기준법과 노동조합법 적용시 적자가능성에 대한 평균기대확률을 계산한 결과 두 경우 모두 70.0%이다. 즉, 근로기준법을 적용할 경우

표 7-24 제도적용시 적자가능성 예상(학습지회사)

	근로기준법 적용시		노동조합법 적용시	
	업체수	비중	업체수	비중
적자가능성 희박	0	0.0	0	0.0
5% 이상~20% 미만	0	0.0	0	0.0
20% 이상~40% 미만	1	14.3	1	14.3
40% 이상~60% 미만	1	14.3	1	14.3
60% 이상~80% 미만	3	42.9	3	42.9
80% 이상	2	28.6	2	28.6
계	7	100.0	7	100.0

그림 7-19 제도적용시 적자가능성(학습지교사)

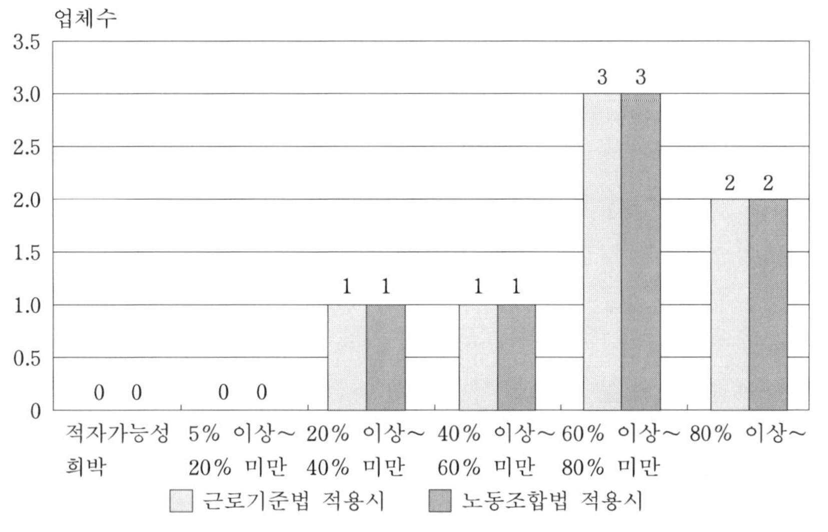

나 노동조합법을 적용할 경우, 학습지회사들은 각각 70.0% 정도 경영상황이 악화될 것으로 예상하였다.

(5) 학습지교사의 사회보장과 근로자성 인정에 대한 경제적 효과

학습지교사에 대해 4대 보험, 근로기준법 및 노동조합법을 적용할 경우, 기업은 임금지출 증가, 관리비용 증가 등을 수반하고, 이에 따라 이윤율에 변화를 가져온다. 이러한 제도를 적용할 경우, 학습지교사의 노동시장과 국민경제적 효과를 추정한 결과는 다음과 같다.

1) 학습지교사에 대해 4대 보험을 적용할 경우

먼저, 노동시장의 변화를 보면 연간 수수료에는 변화가 없으며, 학습지교사수는 6.21% 감소하는 것으로 추정되었다.

둘째, 학습지산업에서의 비용증감을 보면, 학습지교사의 총연간수수료 감소분인 1,428억 원만큼 기업의 총임금지출은 감소한다. 그러나 4대 보험

표 7-25 학습지교사 제도적용시 경제적 효과

	학습지교사		단위	현행	제도적용시			
					4대 보험	4대 보험 근로기준법	4대 보험 노 조 법	4대 보험 근로기준법 노 조 법
노동시장	학습지교사수		명	100,000	93,786	91,568	93,416	91,197
	학습지교사 감소량		명	0	−6,214	−8,432	−6,584	−8,803
	(변화율)		(%)	0	(−6.21)	(−8.43)	(−6.58)	(−8.80)
	사업조정 또는 퇴출시 학습지교사 감소량		명	0	−5,480	−46,667	−46,667	−46,667
	(변화율)		명	0	(−5.48)	(−46.67)	(−46.67)	(−46.67)
	1인당 연평균수수료		천 원	22,983	22,983	30,533	27,271	31,821
	(수수료 변화율)		(%)	(0.00)	(0.00)	(32.85)	(18.66)	(38.46)
국민경제	국민경제적 손실 (후생손실)		백만 원	0	0	−31,832	−14,116	−38,899
	기업 (산업) 부담	노동시장 변화에 의한 기업 부담 증감(A)	백만 원	0	−142,812	497,535	249,244	603,689
		제도적용시 관리 비용 부담(B)	백만 원	0	171,400	363,700	191,400	383,700
		기업부담 계 (C=A+B)	백만 원	0	28,588	861,235	440,644	987,389

주: 4대 보험의 수수료 변화는 추정결과가 비유적이라 '0'으로 처리됨.

적용에 대한 기업의 추가적인 부담은 1,714억 원이 발생한다. 따라서 학습지회사의 추가적인 부담은 총 286억 원이 발생한다.

2) 학습지교사에 대해 4대 보험과 근로기준법을 적용할 경우

첫째, 학습지교사수는 8.43% 감소하고, 연간 수수료는 32.85% 증가하는 것으로 추정되었다.

둘째, 이를 산업 전체로 확대하면 교사수 감소와 수수료 상승으로 인해

발생하는 노동수요측 경제적 손실은 318억 원이 된다.

셋째, 학습지업계에서는 학습지교사에 대한 수수료지출 부담이 추가적으로 2,492억 원 발생하고, 제도적용에 의해 발생하는 관리비용 증가분 1,914억 원을 포함하여 총 4,406억 원의 추가적 부담이 발생한다.

3) 학습지교사에 대해 4대 보험과 노조법을 적용할 경우

첫째, 학습지교사수는 6.58% 감소하고, 연간 수수료는 18.66% 증가하는 것으로 추정되었다.

둘째, 국민경제적으로 보면 학습지교사수 감소에 의해 발생하는 노동수요측 후생손실은 141억 원이다.

셋째, 학습지산업에서는 학습지교사의 수수료소득 상승폭인 2,492억 원의 부담과, 노조결성으로 발생하는 관리비용의 증가분 1,914억 원을 포함하여 총 4,406억 원의 추가적 부담이 발생한다.

4) 학습지교사에 대해 4대 보험과 근로기준법 및 노조법을 적용할 경우

첫째, 학습지교사수는 8.8% 감소하고, 수수료는 38.46% 증가하는 것으로 추정되었다.

둘째, 이를 산업 전체로 확대하면 학습지교사수 감소와 수수료 상승으로 인해 발생하는 노동수요측 후생손실은 389억 원이다.

셋째, 학습지산업에서는 학습지교사의 수수료소득 상승폭인 6,037억 원의 부담과, 노조결성으로 발생하는 관리비용의 증가분 3,837억 원을 포함하여 총 9,874억 원의 추가적 부담이 발생한다.

5) 사업조정과 기업퇴출을 고려하면

학습지업계에 대한 조사에 의하면, 학습지교사에 대하여 근로기준법과 노조법을 적용할 경우, 비용부담과 수수료 상승으로 인한 기대적자 가능성은 각각 70%로 나타났다. 학습지시장은 몇 개의 대규모 회사와 대부분의 중소업체가 경쟁관계를 이루고 있다. 중소업체에게 동 제도를 적용할 경우 경영적자를 감내하지 못하는 업체는 시장에서 퇴출을 당할 것이다. 또한 시

장에서 퇴출을 당할 것이다. 또한 시장퇴출을 당하지 않은 중소업체는 동 제도를 회피하는 다른 방법을 이용하여 영업을 지속할 가능성도 있다.

근로기준법과 노조법 적용시 적자가능성이 있는 기업의 2/3가 업종변경을 하거나 학습지시장에서 퇴출가능성이 있다고 가정하면, 학습지교사수의 최대 감소율은 46.7%에 이른다. 따라서 학습지교사에 대해 4대 보험+근로기준법+노조법을 동시에 적용할 경우에는 최소 8.8%에서 최대 46.7% 정도 학습지교사수 감소율이 예상된다. 이 규모는 최소 8,800명에서 최대 4만 6,700명 수준이다.

본 연구의 추정에서 사용한 자료는 일부 보험사를 대상으로 한 설문 및 경영자료에 근거하였으며, 추정방법에서도 정태분석을 시도하였다는 점에서 결과가 왜곡될 가능성이 있다. 이러한 한계는 추후 연구과제로 남겨 둔다.

7.3.3. 골프장경기보조원

(1) 조사현황

골프장경기보조원의 특수형태 근로종사자와 특수형태 근로종사자 연간 수입방정식을 추정하기 위한 자료는 대표기업에 대한 기초조사로 수집하였다. 조사는 23개의 골프장을 대상으로 2007년 2월 1~30일까지 이루어졌다. 전체 업계는 협회 자료를 인용하였다([표 7-1] 참조).

기초조사의 주요 조사내용은 종업원 및 골프장경기보조원 인원현황, 골프장경기보조원의 제 수당(캐디피, 교육 및 활동지원경비 등) 및 계약유지비용 현황, 골프장경기보조원의 연령별·성별·학력별 인원구성, 노조가입 여부 및 4대 보험 가입 여부, 회사의 대차대조표 및 손익계산서의 각 항목이다. 변수의 조사연도는 2001년부터 2006년까지이다. 다음으로 필요한 변수는

표 7-26 골프장경기보조원의 조사업체 현황

	조사업체		전체 업계	
	조사업체수(개)	경기보조원수(명)	업체수(개)	경기보조원수(명)
2006년 현황	23	2,429	159	14,743

표 7-27 골프장경기보조원 추정방정식 사용변수의 기초통계량

변수명	변수명	단위	평균	표준편차	최소값	최대값	관측치수
EMP	골프장 경기보조원수	명	125.957	70.6494	34	345	92
$WAG01$	연간 수당	천 원	16,553.8	8,679.93	150.704	32,500	90
$SAL01$	연간 매출액	백만 원	14,346.6	12,060.3	4,268.37	57,765.5	58
$COST101$	연간 이자비용	백만 원	8,102.09	9,710.82	1,143.54	45,748.2	58
$INTD101$	1인당 경상이익	백만 원	3.10291	2.44735	−0.7565	7.9406	40
$MCD01$	1인당 관리비용	천 원	193.27	584.996	0	3,440.36	89
$EAP01$	골프장 경기보조원 지원자수	명	73.8	79.8	0	311	96
$EUX01$	노조더미		16,737.5	8,551.2	150.7	32,500	89

경제활동인구조사의 경제활동인구, 교육인적자원부의 대졸 취업자 및 실업자수 통계이다.

(2) 사용변수의 기초통계량

사용한 변수의 기초통계량은 다음과 같다. 본 연구에서는 시차변수를 사용하였다. 즉, 현재의 골프장경기보조원수는 전기의 회사 보험수익, 이자비용, 설계사 1인당 관리비용 등과 함수관계를 가진다고 가정하였다.

여기서 골프장경기보조원수(EMP)는 업체조사에 의한 각 사의 연말기준 골프장경기보조원 캐디피 및 지원비로 구성된 수, 골프장경기보조원의 연간 수당(WAG), 해당 기업의 연간 매출액(SAL), 연간 이자비용($COST$), 골프장경기보조원의 1인당 관리비용(MCD), 골프장경기보조원의 지원자수(EAP), 노동조합 가입 여부(EUX) 등이다. 동 변수의 추출기간은 2001~2006년의 연별 자료이다. 변수들의 기초통계량은 다음과 같다.

(3) 균형골프장경기보조원수 및 균형연간수입방정식 추정

골프장경기보조원의 수, 연간수입, 관리비용, 1인당 경상이윤율 및 노조

표 7-28 균형골프장경기보조원수와 균형수입방정식의 추정결과

		Coeff.	*t*-ratio	*P*-value
매출액(전기)	*SAL*01	0.005259	4.99823	5.79E-07
1인당 판매관리비(전기)	*COSTD*101	−0.38656	−5.20093	1.98E-07
1인당 경상이익(전기)	*INTD*101	0.006009	4.9161	8.83E-07
지원자수(전기)	*EAP*01	0.342692	3.11146	0.0018616
경기보조원 연간 수입(전기)	*WAG*101	−0.00271	−2.96991	0.0029789
상 수 항	*ONE*	92.9075	3.9958	6.45E-05

표 7-29 골프장경기보조원수와 관리비용방정식의 추정결과

		Coeff.	*t*-ratio	*P*-value
매출액(전기)	*SAL*01	0.005389	2.5637	0.010356
판매관리비(전기)	*COST*101	−0.00761	−2.77388	0.005539
보조원 1인당 관리비용(전기)	*MCD*2301	−0.02992	−1.66744	0.095427
상 수 항	*ONE*	117.934	6.88309	5.86E-12

가 골프장경기보조원의 연간 수입에 미치는 영향 등을 알아보기 위해 다음의 추정방정식을 구성하였다.

방정식은 균형골프장경기보조원수 방정식, 골프장경기보조원수와 관리비용 방정식, 연간 수입-노조 여부 방정식으로 구성하였다. 각 방정식의 추정결과는 〔표 7-28〕, 〔표 7-29〕와 같다.

1) 균형골프장경기보조원수와 균형연간수입방정식 추정

골프장경기보조원수 방정식의 추정결과는 〔표 7-28〕, 〔표 7-29〕와 같다. 〔표 7-28〕의 추정결과를 보면, 골프장경기보조원의 수는 전기의 매출액, 판매관리비, 지원자수, 연간 수입 등에 영향을 받는 것으로 나타났다. 여기서 골프장경기보조원의 수와 연간 수입의 관계를 나타내는 연간 수입의 추정계수는 −0.00271로 지원자수나 매출액의 추정계수에 비해 낮은 편

이다. 즉, 골프장경기보조원의 연간 수입은 캐디피에서 결정된다. 그러나 이 캐디피는 골프회사에서 지급하는 것이 아니라 경기자가 골프장경기보조원에게 지급하는 수수료인 것이다. 따라서 골프장경기보조원의 연간 수입변화가 골프장과 계약관계를 가지고 취업하는 골프장경기보조원의 수에 미치는 영향은 미미한 편으로 추정되었다.

골프장 경상이익 및 판매관리비와 골프장경기보조원수는 관련성이 있는 것으로 나타났다. 즉, 관리비의 증가는 이윤감소를 유발할 수 있고 이는 골프장경기보조원수를 감축시킬 수 있음을 시사하는 것이다.

2) 골프장경기보조원수와 관리비용방정식 추정

골프장경기보조원의 1인당 관리비용이 골프장경기보조원수에 미치는 영향을 파악하기 위해 골프장경기보조원수-관리비용방정식을 추정하였다. 골프장경기보조원의 1인당 관리비용이 증가할수록 골프장경기보조원수는 감소하는 것으로 나타났다.

3) 연간수입방정식 추정

노동조합의 가입 여부가 골프장경기보조원의 연간 수입에 미치는 영향을 보기 위해 균형연간수입방정식을 추정하였다. 노조의 결성은 골프장경기보조원의 주요 수입원인 캐디피와 연간 출역횟수에 영향을 미칠 수 있다. 노조더미(*EUX*01)의 추정계수는 3,812.96으로 다른 독립변수에 비해 높은 것으로 나타났다. 즉, 골프장경기보조원의 노조는 골프장경기보조원의 연간 수입에 큰 영향을 미치는 것으로 나타났다.

표 7-30 골프장경기보조원 연가수입방정식의 추정결과

		Coeff.	*t*-ratio	*P*-value
매출액(당기)	*SAL*	0.190351	2.22215	0.026274
판매관리비(전기)	*COST*101	−0.32115	−1.33469	0.181978
노조더미(전기)	*EUX*01	3812.96	1.6025	0.109045
상 수 항	*ONE*	14431.8	5.95211	2.65E-09

(4) 골프장경기보조원의 사회보장과 근로자성 인정에 대한 부담

기업에 대한 설문조사를 통해 골프장경기보조원에 대한 4대 보험의 적용, 근로기준법 및 노조법 적용시 발생할 수 있는 기업의 관리비용 및 추가적 임금부담을 조사하였다. 결과는 다음과 같다.

1) 제도적용에 대한 추가적 비용부담

① 골프장경기보조원의 4대 보험 가입시 추가적 비용부담

골프장경기보조원에 대한 4대 보험을 가입할 경우, 기업 측면에서 발생하는 추가적인 비용은 업계 전체로 총 383억 8,000만 원으로 조사되었다. 이를 1인당으로 환산하면 연간 평균 260만 원이 된다.

표 7-31 골프장경기보조원 4대 보험 적용시 추가부담액

		고용보험	의료보험	국민연금	산재보험	4대 보험계
조사업체 보험료부담액	백만 원	485,562	1,125,066	2,024,007	653,102	4,287,737
1인당 연간 부담액	천 원	295	683	1,229	397	2,603
산업계 부담액	백만 원	4,346	10,071	18,118	5,846	38,381

주: 응답업체 인원수 1,647명, 산업 전체 인원수 1만 4,743명 기준임.

그림 7-20 4대 보험 적용시 추가부담액 비중(골프장업계)

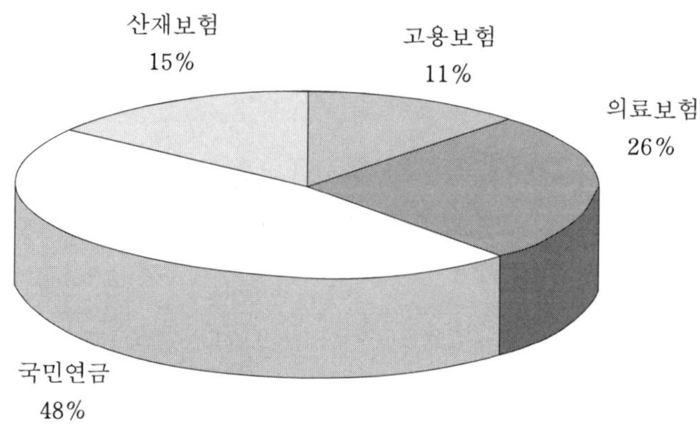

4대 보험 총부담액 중 보험종류별 부담액 비중을 보면 국민연금이 48%로 가장 큰 비중을 차지하고, 다음이 의료보험(26%), 산재보험(15%), 고용보험(11%)의 순이다.

② **근로기준법 적용시 추가적 비용부담**

골프장경기보조원에 대한 근로기준법을 적용할 경우 발생할 수 있는 임금성 비용항목은 연차수당, 퇴직금, 월차, 복리후생비, 시간외근무수당, 휴일근무수당, 생리수당 및 주휴·특휴수당 등이다. 추가부담 수당 중에서 가장 큰 비중을 차지하는 항목은 시간외수당으로 전체의 35.0%를 차지하고 있다.

업계 전체적으로 발생할 수 있는 추가부담 수당은 총 1,262억 원([표 7-32] 참조), 관리비 추가부담은 8억 5,630만 원으로 총 1,271억 원의 추가부담이 발생하는 것으로 조사되었다([표 7-34] 참조).

다음으로 골프장경기보조원에 대해 근로기준법을 적용할 경우 발생할 수 있는 사항 중 업계에서 가장 부담스러운 사항을 보면, '연장근로·야간근로·휴일근로시 50% 가산 지급'이 전체 응답자의 23.2%로 가장 높으며, '1주 40시간 근로시간 규정'이 20.3%, '근로조건 위반시 노동위원회에 손해배상 청구'가 15.9%의 순이다. 대부분의 응답기업이 골프장경기보조원의 연

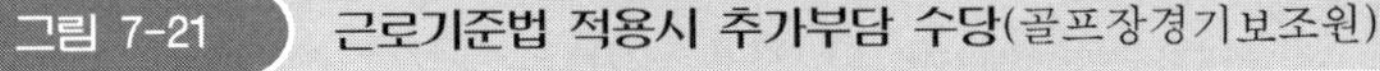

그림 7-21 근로기준법 적용시 추가부담 수당(골프장경기보조원)

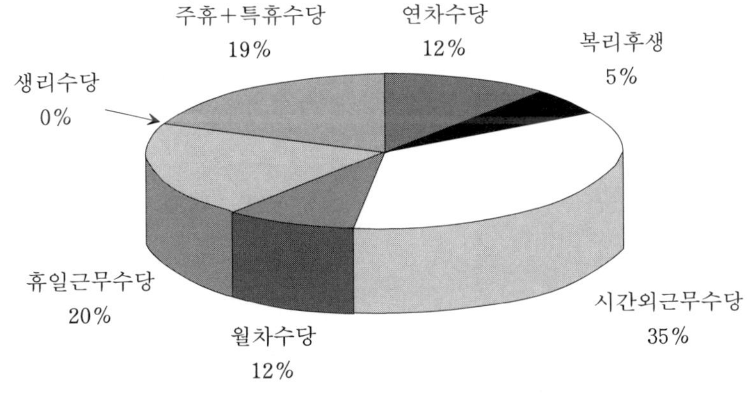

표 7-32 골프장경기보조원 근로기준법 적용시 추가부담액

내 용	조사업체			산업계 부담액 (백만 원)
	연간 추가부담금 합계 (천 원)	응답회사의 골프장 경기보조원수 (명)	1인당 연간 평균부담금 (천 원)	
연차수당	1,293,334	1,290	1,003	14,781
복리후생	120,000	275	436	6,433
시간외근로수당	544,000	180	3,022	44,557
월차수당	140,000	183	765	11,279
휴일근무수당	674,000	386	1,746	25,743
생리수당	64	83	1	11
주휴+특휴수당	31,962	83	1,590	23,440
합 계	—1)	—1)	8,563	126,244

주: 1) 항목별로 연간 추가부담액에 대한 응답회사수가 다르기 때문에 항목 전체에 대한 연간 추가부감액과 경기보조원수의 합계는 구할 수 없다.

간 수당과 노동생산성에 직결되는 근로규정에 부담이 큰 것으로 조사되었다.

③ 노조법 적용시 추가적 비용부담

추정결과에 의해 골프장경기보조원에 대해 노조법 적용시 추가적으로 발생하는 비용은 연간 1인당 관리비가 6만 2,000원으로 조사되었으며, 노조활동은 연간 1인당 평균임금을 293만 원 상승시키는 것으로 추정되었다.

④ 추가적 비용부담의 요약

골프장경기보조원에 대해 제도적용시 추가적 부담을 요약하면 다음과 같다. 여기서는 1인당의 추가부담을 골프장경기보조원수 1만 4,743명으로 확대하여 산업계의 총추가부담액을 산정하였다.

우선 4대 보험을 적용할 경우 업계의 부담은 관리비 증가요인에 의해 384억 원이 추가적으로 발생한다.

근로기준법을 적용할 경우, 연간 캐디피부담과 관리비부담이 동시에 발생하고 이는 1,271억 원에 이른다.

노조법을 적용할 경우, 노조의 관리비용 부담 증가 및 노조의 협상 등

표 7-33 근로기준법 적용시 애로사항(골프장업계)

근로기준법 확대적용 예정사항	명	%
근로조건 위반시 노동위원회에 손해배상 청구	11	15.9
부당해고 금지 및 노동위원회에 부당해고 구제신청	8	11.6
1주 40시간 근로시간 규정	14	20.3
연장근로는 1주 12시간 한도 내에서만 가능	5	7.2
연장근로·야간근로·휴일근로시 50% 가산 지급	16	23.2
월차휴가(한 달 개근시 1일 부여)	0	0.0
연차휴가(1년 개근시 10일, 9할 이상 출근시 8일)	8	11.6
생리휴가(여성 근로자에게 월 1일 부여)	1	1.4
취업규칙(사규)의 작성 및 노동부 신고	3	4.3
무응답	3	4.3
계	69	100.0

에 의한 캐디피 상승부담의 가중으로 총 442억 원의 추가부담이 발생한다.

2) 근로기준법과 노조법 적용에 대한 업계 반응

근로기준법과 노동조합법을 적용할 경우 업계의 반응은 다음과 같다.

① 근로기준법과 노동조합법 적용시 우려사항

첫째, 업계의 우려사항으로 근로기준법의 경우 경제적 비용부담 증가가 65.2%로 가장 높으며, 다음이 노사 간 분쟁증가 17.4%, 업무지휘권 약화 8.7%의 순이다. 즉, 근로기준법 적용은 업계의 임금부담을 가중시킨다는 점을 강조하고 있다.

둘째, 노조법의 경우에는 노사 간 분쟁증가의 비중이 78.3%로 가장 높으며, 다음이 업무지휘권 약화와 경제적 비용부담으로 4.3%이다. 즉, 노조법의 적용에서는 직접적인 경제적 비용부담이나 업무지휘권의 가중보다는 근로조건의 약화가능성을 우려하고 있는 것으로 조사되었다.

② 근로기준법과 노동조합법 적용시 골프장경기보조원에 대한 조치

다음으로 근로기준법과 노조법 적용시 골프장경기보조원 수준을 어떻

표 7-34 골프장경기보조원 제도적용시 추가부담액 요약

	1인당 연간 추가비용(천 원)			산업계 부담액(백만 원)		
	관리비 부담액	캐디피 등 부담액	계	관리비 부담액	캐디피 등 부담액	계
4대 보험 적용에 대한 부담액	2,603	0	2,603	38,376	0	38,376
근로기준법 적용에 대한 부담액	58	8,563	8,621	855	126,244	127,099
노조법 적용에 대한 부담액	62	2,934	2,996	919	43,257	44,176

그림 7-22 제도적용시 추가부담액(골프장업계)

(단위: 백만 원)

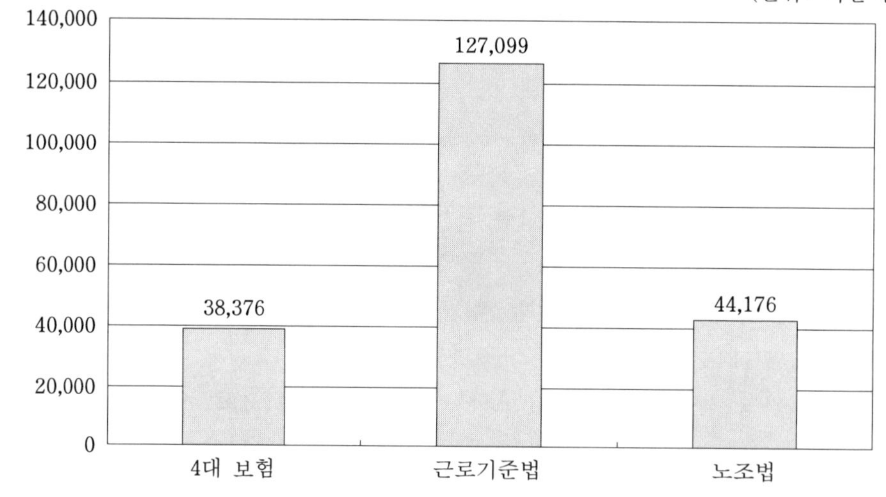

게 조정할 것인가에 대한 응답은 다음과 같다.

첫째, 근로기준법 적용시 골프장경기보조원 수준을 경영상황에 따라 조정하겠다는 응답이 43.5%로 가장 높고, 골프장경기보조원 수준을 조정하겠다는 응답이 39.1%, 현재수준으로 유지하겠다는 응답이 8.7%이다. 즉, 근로기준법이 적용될 경우 회사의 경영상황과 관계없이 골프장경기보조원 수

표 7-35 근기법과 노조법 적용시 우려되는 사항(골프장업계)

	근로기준법 적용시 우려되는 사항		노동조합법 적용시 우려되는 사항	
	업체수	비중	업체수	비중
경제적 비용부담 증가	15	65.2	1	4.3
노사 간 분쟁증가	4	17.4	18	78.3
업무지휘권 약화	1	8.7	1	4.3
기 타	0	0.0	0	0.0
무 응 답	1	8.7	3	13.0
계	23	100.0	23	100.0

그림 7-23 근로기준법 적용의 우려사항 비중(골프장업계)

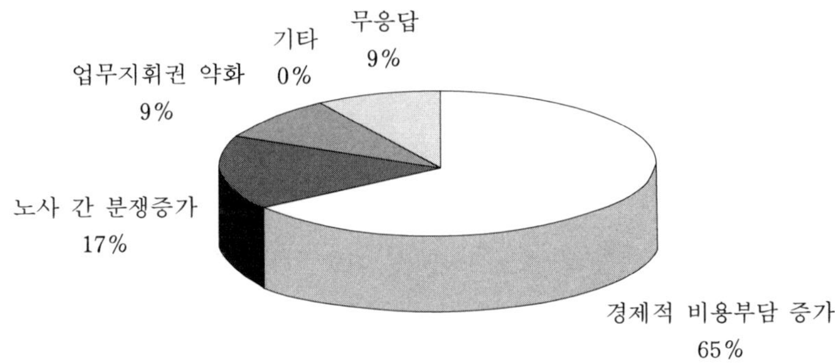

준을 감축시키거나 경영상황에 따라 조정하겠다는 의견이 지배적이다.

둘째, 노동조합법을 적용할 경우, '경영상황에 따라 판단'이 43.5%로 가장 높고, '골프장경기보조원 수준 조정'이 39.1%, 무응답이 13.0%, 현재 수준 유지가 4.3%이다.

결론적으로 기업측에서는 근로기준법이나 노동조합법을 적용할 경우, 골프장경기보조원수를 감축 내지는 조정해야 하는 실정이라는 것이다.

③ 근로기준법과 노동조합법 적용시 경영실적 예상

근로기준법과 노동조합법을 적용할 경우, 골프장의 경영상황에 대한 조

그림 7-24 노조법 적용의 우려사항 비중(골프장업계)

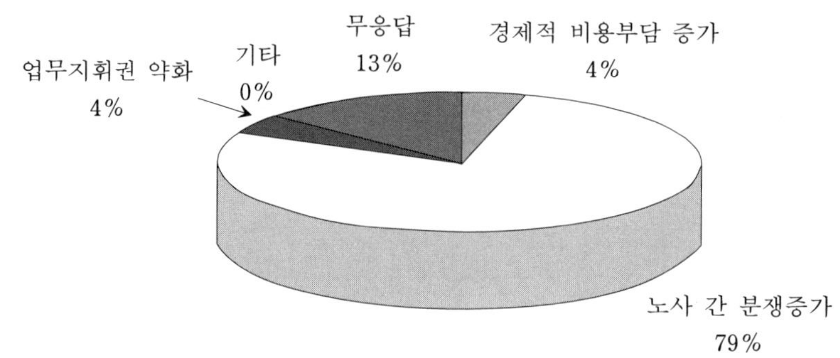

사응답의 내용은 다음과 같다.

첫째, 근로기준법을 적용할 경우 5% 이상~20% 미만의 적자가능성이 있다는 응답이 전체의 52.2%를 차지하고 있다. 무응답을 제외하면 다음으로 80% 이상의 적자가능성이 있다는 응답이 13.0%를 차지하였고, 40% 이상~60% 미만의 적자가능성이 있다는 응답이 전체의 8.7%를 차지하였다. 또한 5% 미만과 20% 이상~40% 미만이 각각 4.3%를 차지하였다.

둘째, 노조법을 적용할 경우 5% 이상~20% 미만의 적자가능성을 주장한 업체가 전체의 39.1%를 차지하였다. 무응답을 제외한 다음으로는 20% 이상~40% 미만과 80% 이상이라고 응답한 업체가 전체의 13.0%를 차지하였다. 또한 5% 미만은 8.7%, 40% 이상~60% 미만은 43%의 순이다.

표 7-36 근기법·노조법 적용에 따른 종사자의 조치의견(골프장업계)

	근로기준법 적용		노동조합법 적용	
	업 체 수	비 중	업 체 수	비 중
현재수준 유지	2	8.7	1	4.3
경영상황에 따라 판단	10	43.5	10	43.5
종사자수준 조정	9	39.1	9	39.1
무응답	2	8.7	3	13.0
계	23	100.0	23	100.0

그림 7-25 근기법·노조법 적용에 따른 종사자의 조치(골프장업계)

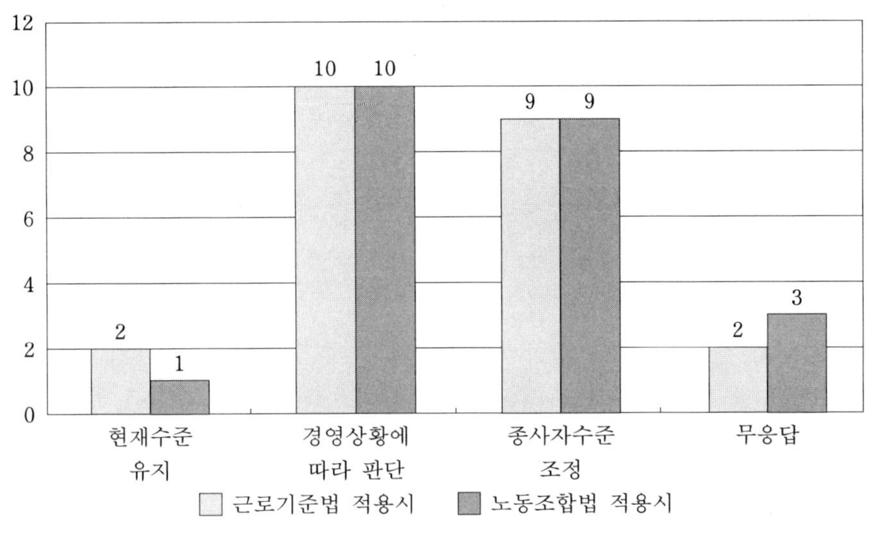

표 7-37 제도적용시 적자가능성 예상(골프장업계)

	근로기준법 적용시		노동조합법 적용시	
	업 체 수	비 중	업 체 수	비 중
적자가능성 희박	1	4.3	2	8.7
5% 이상~20% 미만	12	52.2	9	39.1
20% 이상~40% 미만	1	4.3	3	13.0
40% 이상~60% 미만	2	8.7	1	4.3
60% 이상~80% 미만	0	0.0	0	0.0
80% 이상	3	13.0	3	13.0
무응답	4	17.4	5	21.7
계	23	100.0	23	100.0

셋째, 근로기준법과 노조법 적용시 적자가능성에 대한 평균기대확률을 계산한 결과 각각 30.66%와 30.97%로 나타났다. 즉, 근로기준법을 적용할 경우 업계는 30.66% 정도 경영실적이 악화될 가능성이 있다고 예상하고 있

그림 7-26 제도적용시 적자가능성(골프장업계)

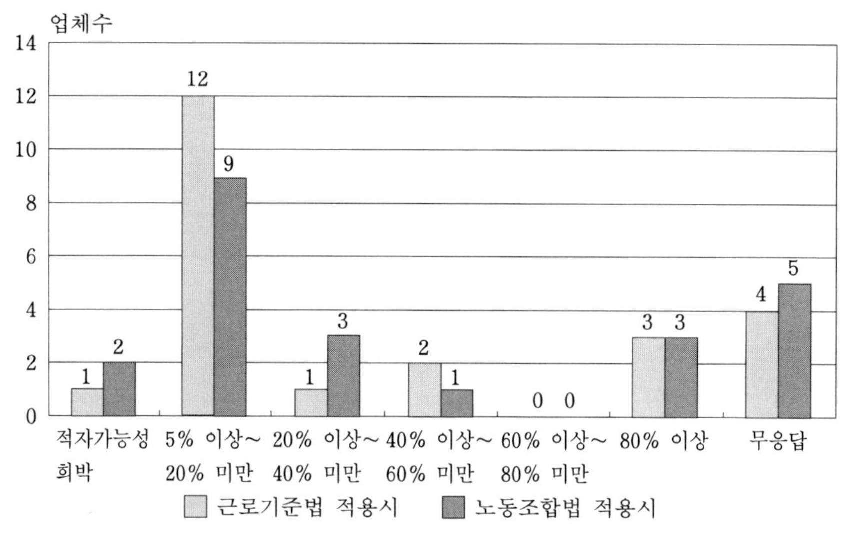

으며, 노동조합법을 적용할 경우에는 30.97% 정도 악화될 가능성이 있음을 예상하고 있다.

(5) 골프장경기보조원 사회보장과 근로자성 인정의 경제적 효과

추정결과를 이용하여 골프장경기보조원에 대해 각 제도를 적용할 경우 노동시장에 미치는 효과는 다음과 같다.

1) 골프장경기보조원에 대해 4대 보험을 적용할 경우

첫째, 골프장경기보조원의 연간 수입에는 변화가 없는 대신 일자리는 2.74% 감소하는 것으로 추정되었다.

둘째, 골프장업계에서는 골프장경기보조원의 총연간수입 감소분 82억 원만큼 부담이 줄어들지만 4대 보험 적용으로 발생하는 기업의 부담은 384억 원이 발생한다. 따라서 기업부담은 총 302억 원이 발생한다.

2) 골프장경기보조원에 대해 4대 보험과 근기법을 적용할 경우

첫째, 경기보조원의 일자리는 10.08% 감소하고, 연간 수입은 42.68% 증가하는 것으로 추정되었다.

둘째, 이를 산업 전체로 확대하면 일자리 감소와 연간 수입상승으로 인해 발생하는 노동수요측 후생손실은 64억 원이다.

셋째, 골프장업계에서는 골프장경기보조원에 대한 캐디피 등의 추가적 부담이 843억 원 발생한다. 또한 4대 보험과 근로기준법 적용으로 발생하는 추가적 부담은 392억 원이다. 따라서 노동시장에서 골프장경기보조원의 연간 수입상승에 의한 추가부담과 제도적용에 의한 추가부담을 합하면 기업에서 발생하는 추가부담은 모두 1,235억 원이 된다.

3) 골프장경기보조원에 대해 4대 보험과 노조법을 적용할 경우

첫째, 경기보조원의 일자리는 10.33% 감소하고, 연간 수입은 14.53% 증가한다.

둘째, 국민경제적으로 일자리 감소에 의해 경제적 후생손실은 22억 원 발생한다.

셋째, 기업에서는 노동시장 변화, 즉 캐디피 등 수당상승에 의한 추가적 부담이 80억 원, 제도적용에 의해 발생하는 추가적 부담이 393억 원으로 총 473억 원의 추가적 부담이 발생한다.

4) 골프장경기보조원에 대해 4대 보험과 근로기준법 및 노조법을 모두 적용할 경우

첫째, 일자리는 17.67% 감소하고, 연간 수입은 57.21% 증가하는 것으로 추정되었다.

둘째, 캐디피 등의 상승에 의한 경제적 후생감소는 151억 원이 발생한다.

산업 측면에서 발생할 수 있는 추가적 부담은 캐디피 등의 부담이 876억 원, 제도적용에 대한 추가적 부담이 402억 원으로 총 1,278억 원의 추가부담이 발생한다.

표 7-38 골프장경기보조원에 대한 제도적용시 경제적 효과

<table>
<tr><th rowspan="2" colspan="3">골프장경기보조원</th><th rowspan="2">단위</th><th rowspan="2">현행</th><th colspan="4">제도적용시</th></tr>
<tr><th>4대 보험</th><th>4대 보험
근로기준법</th><th>4대 보험
노 조 법</th><th>4대 보험
근로기준법
노 조 법</th></tr>
<tr><td rowspan="7">노동시장</td><td colspan="2">일자리수</td><td>명</td><td>14,743</td><td>14,339</td><td>13,257</td><td>13,221</td><td>12,137</td></tr>
<tr><td colspan="2">일자리 감소량</td><td>명</td><td>0</td><td>−404</td><td>−1,486</td><td>−1,522</td><td>−2,606</td></tr>
<tr><td colspan="2">(일자리수 변화율)</td><td>(%)</td><td>0</td><td>(−2.74)</td><td>(−10.08)</td><td>(−10.33)</td><td>(−17.67)</td></tr>
<tr><td colspan="2">사업조정 또는 퇴출시
일자리 감소량</td><td>명</td><td>0</td><td>−902</td><td>−3,037</td><td>−3,037</td><td>−3,037</td></tr>
<tr><td colspan="2">(변화율)</td><td>명</td><td>0</td><td>(−6.1)</td><td>(−20.6)</td><td>(−20.6)</td><td>(−20.6)</td></tr>
<tr><td colspan="2">1인당 연평균소득</td><td>천 원</td><td>20,199</td><td>20,199</td><td>28,820</td><td>23,133</td><td>31,754</td></tr>
<tr><td colspan="2">(변화율)</td><td>(%)</td><td>0</td><td>0</td><td>(42.68)</td><td>(14.53)</td><td>(57.21)</td></tr>
<tr><td rowspan="4">국민경제</td><td colspan="2">국민경제적 손실
(후생손실)</td><td>백만 원</td><td>0</td><td>0</td><td>−6,406</td><td>−2,233</td><td>−15,055</td></tr>
<tr><td rowspan="3">기업
(산업)
부담</td><td>노동시장 변화에
의한 기업 부담
증감(A)</td><td>백만 원</td><td>0</td><td>−8,167</td><td>84,266</td><td>8,039</td><td>87,611</td></tr>
<tr><td>제도 적용시
관리비용 부담(B)</td><td>백만 원</td><td>0</td><td>38,376</td><td>39,231</td><td>39,295</td><td>40,150</td></tr>
<tr><td>기업부담 계
(C=A+B)</td><td>백만 원</td><td>0</td><td>30,209</td><td>123,497</td><td>47,334</td><td>127,761</td></tr>
</table>

주: 4대 보험−1인당 연평균소득 변화는 비유적인 결과로 인해 '0'으로 처리됨.

5) 구조조정의 가능성을 고려하면

골프장업계에 대한 조사에 의하면, 골프장경기보조원에 대한 근로기준법과 노조법을 적용할 경우 비용부담과 캐디피 등의 상승으로 인한 기대적자 가능성은 근로기준법 적용시 30.7%, 노조법 적용시 31.0%로 나타났다. 현재 골프장업계에서는 골프장경기보조원에 대한 수요를 골프견인기 등 자동화 시설로 대체하고 있는 실정이다.

근로기준법과 노조법 적용시 적자가능성이 있는 골프장 기업의 2/3가

사업조정을 통해 골프장경기보조원을 자동화 시설로 대체하거나 시장퇴출을 시도한다면, 골프장경기보조원의 최대 일자리 감소율은 약 20.6%에 이른다. 따라서 골프장경기보조원에 대해 4대 보험+근로기준법+노조법을 동시에 적용할 경우에는 최소 17.7%에서 최대 20.6%의 일자리 감소율이 예상된다고 할 수 있다. 이 규모는 최소 2,606명에서 최대 3,037명 수준에 이른다.

본 연구의 추정에서 사용한 자료는 일부 골프장업계에 대한 기초자료를 모집단으로 확대하였으며, 추정방법에서도 성태분석을 시도하였다는 짐에서 추정결과로 나타난 수치의 정확성에 한계가 있다는 점을 밝혀 둔다. 이러한 한계는 추후 연구과제로 남겨 둔다.

7.3.4. 레미콘운송차주

(1) 조사현황

레미콘운송차주의 특수형태 근로종사자와 운송도급비 방정식을 추정하기 위한 자료는 전국 60개 업체에 대한 기초조사로 수집하였다. 조사시기는 2007년 2월 1~30일까지이다.

기초조사의 주요 조사내용은 종업원 및 레미콘운송차주 인원현황, 레미콘운송차주의 운송도급비 및 계약유지 비용, 레미콘운송차주의 연령별·성별·학력별 인원구성, 노조가입 여부 및 4대 보험 가입 여부, 대차대조표 및 손익계산서의 각 항목이다. 변수의 조사연도는 2001~2006년까지이다.

(2) 사용변수의 기초통계량

사용한 변수의 기초통계량은 〔표 7-40〕과 같다.

(3) 균형레미콘운송차주수 및 균형운송도급비방정식 추정

상기의 변수를 이용하여 레미콘운송차주에 대한 4대 보험 적용 및 근로자성 인정에 대한 노동시장의 변화에 대해 추정하였다.

먼저 레미콘운송차주 노동시장에서 운송도급비와 특수형태 근로종사자

표 7-39 레미콘운송차주의 조사업체 현황

	조 사		전체 업계	
	조사업체수 (개)	레미콘운송차주수 (명)	업체수 (개)	레미콘운송차주수 (명)
2006년	60	3,389	684	21,683

표 7-40 레미콘운송차주 추정방정식 사용변수의 기초통계량

변수명	변수명	단위	평균	표준편차	최소값	최대값	관측치수
EMP	레미콘 운송차주수	명	22.48	30.4979	3	190	175
WAG	연간 총운송도급비	천 원	42,080.5	20,524.2	1,943.53	184,31	161
M3	출하량	M3	25,434.7	57,188.9	287	335,726	158
EUX	노조더미		0.349112	0.478106	0	1	169
MCD	1인당 관리비	천 원	543.934	265.29	25.10	2,382.43	161
IMD	1인당 출하량의 경상이익	천 원	5,657.86	44,452.5	−249,280	232,430	130

그림 7-27 레미콘운송차주의 운반도급비와 특수형태 근로종사자수의 관계

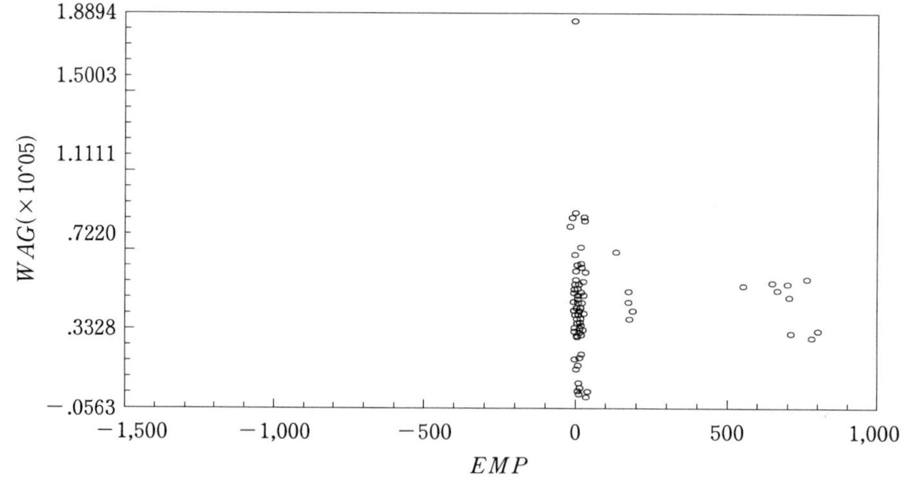

수의 관계를 알아보자. [그림 7-27]에서 보듯이 레미콘운송차주의 운송도급비와 특수형태 근로종사자수의 관계는 거의 수직에 가까운 모양을 가지고 있다. 즉, 레미콘운송차주와 레미콘회사는 계약에 의해 운송량에 따라 운송도급비가 결정되므로 운송도급비의 증감이 레미콘운송차주의 취업자수에 거의 영향을 미치지 못함을 의미한다.

균형레미콘운송차주수와 균형운송도급비, 관리비용 및 출하량 대비 경상이익과의 관계를 알아보기 위해 다음 3개의 방정식을 추정하였다. 추정방법은 균형레미콘운송차주수, 균형운송도급비 추정방정식, 레미콘운송차주수-관리비 추정방정식, 운송도급비 추정방정식으로 구분하였다.

1) 균형레미콘운송차주수와 균형운송도급비방정식

운송차주수를 추정한 결과는 [표 7-41]과 같다. 종속변수는 레미콘운송차주수이며, 독립변수는 출하량, 운송도급비 및 1인당 출하량 대비 경상이익이다.

2) 레미콘운송차주수와 관리비용방정식 추정

운송차주와 관리비용의 관계를 알아보기 위해, 레미콘운송차주수-관리비용추정방정식을 만들었다. 즉, 운송차주에 대한 기업의 관리비용이 증가하면 운송차주수는 감소할 것이다. 이의 추정결과는 [표 7-42]와 같다.

3) 운송도급비방정식 추정

운송차주의 노동조합 결성이 운송차주의 운송도급비에 미치는 영향을

표 7-41 균형레미콘운송차주 균형운송도급비 방정식의 추정결과

		Coeff.	t-ratio	P-value
출하량(전기)	$M301$	0.000058	0.000024	2.45042
운송도급비(전기)	WAG	−0.000143	0.000049	−2.93282
출하량당 경상이익(당기)	IMD	0.001200	0.000013	1.33886
상 수 항	ONE	26.843000	5.86694	4.57529

표 7-42 레미콘운송차주수 관리비용방정식의 추정결과

		Coeff.	t-ratio	P-value
출하량(전기)	$M301$	0.000047	2.066030	0.038826
1인당 관리비(당기)	MCD	−0.008207	−2.491160	0.012733
상 수 항	ONE	25.761300	4.500050	0.000007

표 7-43 운송도급비방정식의 추정결과

		Coeff.	t-ratio	P-value
연간 출하량(전기)	$M301$	0.0931974	2.85906	0.004249
노조더미(당기)	EUX	6,744.55	1.38166	0.167077
상 수 항	ONE	36,823.5	11.9157	2.89E-15

보기 위해 운송도급비 추정방정식을 구성하였다. 즉, 노동조합의 결성은 협상을 통해 운송도급비에 영향을 미칠 것이다. 그 추정결과는 〔표 7-43〕과 같다.

(4) 레미콘운송차주 사회보장과 근로자성 인정에 대한 부담

기업에 대한 설문조사를 통해 레미콘운송차주에 대한 4대 보험의 적용, 근로기준법 및 노조법 적용시 발생할 수 있는 기업의 관리비용 및 추가적 운송도급비 부담을 조사하였다. 결과는 다음과 같다.

1) 제도적용에 대한 추가적 비용부담

① 4대 보험 적용시 추가적 비용부담

레미콘운송차주에 대해 4대 보험을 적용할 경우, 업계의 추가부담액은 총 1,197억 원이 발생하는 것으로 조사되었다. 이 중에서 산재보험이 43.2%로 가장 큰 비중을 차지하며, 다음이 국민연금 33.9%, 의료보험 17.8% 및 고용보험 5.1%의 순이다.

표 7-44 레미콘운송차주 4대 보험 적용시 추가부담액(레미콘업체)

		고용보험	의료보험	국민연금	산재보험	4대보험계
조사업체 보험료부담액	천 원	676,946	2,350,697	4,473,226	5,715,495	13,216,364
조사업체 인원수	명	2,390	2,390	2,390	2,390	2,390
1인당 연간 부담액	천 원	283	984	1,872	2,391	5,530
(비중)	%	(5.1)	(17.8)	(33.9)	(43.2)	(100.0)
산업계 부담액	백만 원	6,129	21,282	40,499	51,746	119,655

그림 7-28 레미콘운송차주 4대 보험 적용시 비중

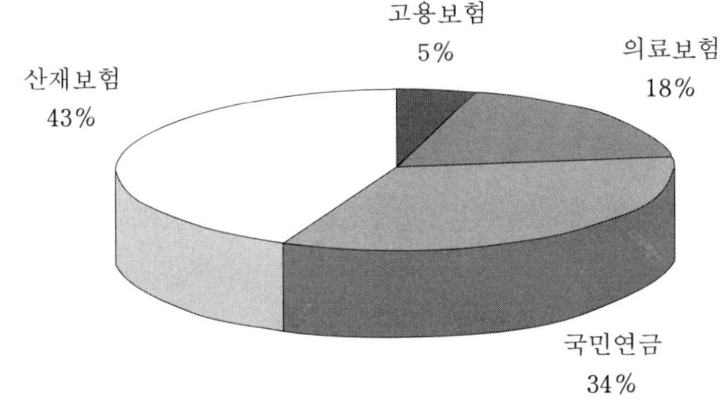

② 근로기준법 적용시 추가적 비용부담

레미콘운송차주에 대한 근로기준법을 적용할 경우 발생할 수 있는 임금성 비용항목은 연차수당, 퇴직금, 월차, 복리후생비, 시간외근무수당, 휴일근무수당, 야간근로수당 및 상여금 등이다. 업계 전체적으로 발생할 수 있는 추가부담은 총 8,096억 원으로 조사되었다. 이 중에서 가장 큰 부분은 상여금으로 전체의 58.0%를 차지하고 있다. 다음이 휴일근무수당(9.7%), 퇴직금(9.0%), 야간근로수당(8.1%)의 순이다.

다음으로 레미콘운송차주에 대해 근로기준법을 적용할 경우 발생할 수 있는 사항 중 업계에서 가장 부담스러운 사항을 보면, '1주 40시간 근로시간 규정'이 전체 응답자의 24.7%로 가장 높으며, 다음이 '연장근로·야간근

표 7-45 레미콘운송차주 근로기준법 적용시 추가부담액

연번	내 용	연간 추가부담금 합계 (백만 원)	응답회사의 레미콘 운송차주수 합계 (명)	1인당 연간 평균부담금 (천 원)		산업계 부담액 (백만 원)
0	연차수당	3,004.0	1,267	2,371	(6.4)	51,410
1	퇴 직 금	63.7	19	3,353	(9.0)	72,709
5	월 차	15.0	12	1,250	(3.3)	27,104
6	복리후생비	25.1	21	1,195	(3.2)	25,920
7	시간외근무수당	77.4	69	1,121	(3.0)	24,314
10	휴일근무수당	4,999.3	1,387	3,604	(9.7)	78,154
15	야간근로수당	36.1	12	3,012	(8.1)	65,309
16	상 여 금	300.0	14	21,429	(57.4)	464,636
	합 계			37,335	(100.0)	809,556

그림 7-29 근로기준법 적용시 추가발생 비용의 비중(레미콘업체)

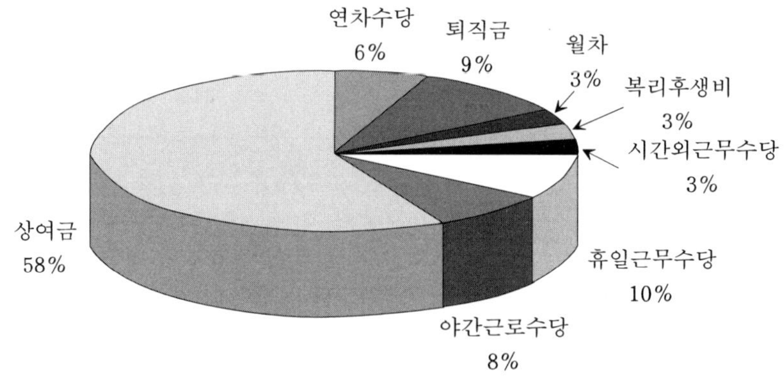

로·휴일근로시 50% 가산 지급' 규정으로 21.8%, '연장근로는 1주 12시간 한도 내에서만 가능'이 18.4%의 순이다. 대부분의 응답기업이 노동생산성과 임금에 직결되는 근로규정에 대해 부담을 크게 느끼는 것으로 조사되었다.

표 7-46 근로기준법 적용시 애로사항(레미콘업체)

근로기준법 확대적용 예정사항	응답기업수	%
근로조건 위반시 노동위원회에 손해배상 청구	22	12.6
부당해고 금시 및 노동위원회에 부당해고구제신청	20	11.5
1주 40시간 근로시간 규정	43	24.7
연장근로는 1주 12시간 한도 내에서만 가능	32	18.4
연장근로·야간근로·휴일근로시 50% 가산 지급	38	21.8
월차휴가(한 달 개근시 1일 부여)	1	0.6
연차휴가(1년 개근시 10일, 9할 이상 출근시 8일)	10	5.7
생리휴가(여성 종사자에게 월 1일 부여)	0	0.0
취업규칙(사규)의 작성 및 노동부 신고	4	2.3
무응답	4	2.3
계	174	100.0

③ 노조법 적용시 추가적 비용부담

추정결과에 의해 레미콘운송차주에 대한 노조법을 적용할 경우, 1인당 연간 추가발생 비용은 관리비 43만 원, 임금 439만 원으로 이를 합하면 총 482만 원이다.

④ 추가적 비용부담의 요약

레미콘운송차주에 대해 제도적용시 추가적 부담을 요약하면 〔표 7-47〕과 같다.

우선 4대 보험을 적용할 경우, 업계의 부담은 관리비 증가요인에 의해 1,197억 원이 추가적으로 발생한다.

근로기준법을 적용할 경우, 운송도급비 부담과 관리비부담이 동시에 발생하고 이는 8,168억 원에 이른다.

노조법을 적용할 경우, 노조의 관리비용 부담 증가 및 노조의 협상 등에 의한 운송도급비 상승부담의 가중으로 총 1,041억 원의 추가부담이 발생한다.

표 7-47 레미콘운송차주 제도적용시 추가부담액 요약

	1인당 연간 추가비용(천 원)			산업계 부담액(백만 원)		
	관리비 부담액	임금 부담액	계	관리비 부담액	임금 부담액	계
4대 보험 적용에 대한 부담액	5,530	0	5,530	119,658	0	119,658
근로기준법 적용에 대한 부담액	414	37,335	37,749	8,955	807,855	816,810
노조법 적용에 대한 부담액	425	4,390	4,815	9,192	95,001	104,193

그림 7-30 제도적용시 업계 추가부담액(레미콘업체)

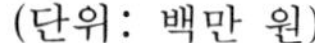

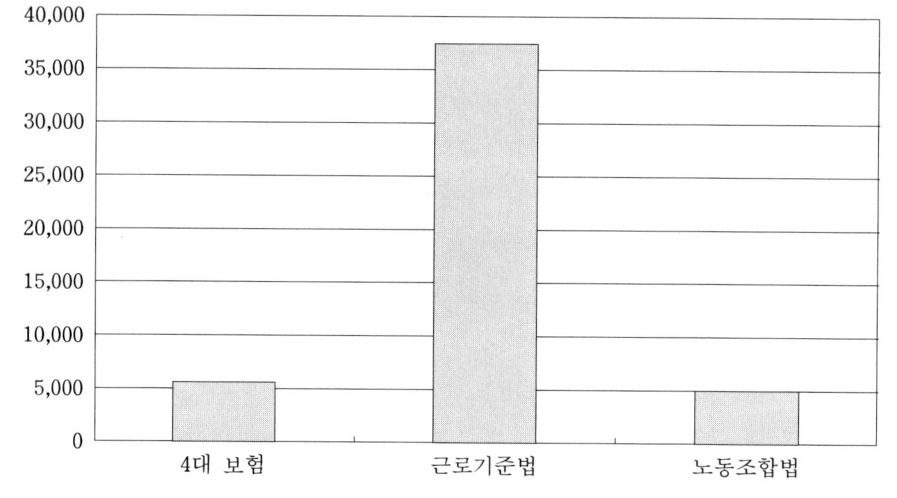

2) 근로기준법과 노조법 적용에 대한 반응

다음으로 근로기준법과 노동조합법을 적용할 경우 업계의 반응은 다음과 같다.

① 근기법과 노조법 적용시 우려사항

첫째, 업계의 우려사항으로 근로기준법의 경우 '경제적 비용부담 증가'

가 28.2%로 가장 높으며, 다음이 '노사 간 분쟁증가' 6.3%, '업무지휘권 약화' 4.6%의 순이다. 즉, 근로기준법 적용은 업계의 운송도급비 부담을 가중시킨다는 점을 강조하고 있다.

둘째, 노조법의 경우에는 '노사 간 분쟁증가의 비중'이 23.6%로 가장 높으며, 다음이 '업무지휘권 약화' 10.3%, '경제적 비용부담'이 6.3%의 순이다. 즉, 노조법의 적용에서는 직접적인 경제적 비용부담의 가중보다는 근로조건이나 업무지휘권의 약화 가능성을 우려하고 있는 것으로 조사되었다.

표 7-48 근기법과 노조법 적용시 우려되는 사항(레미콘업체)

	근로기준법 적용시 우려되는 사항		노동조합법 적용시 우려되는 사항	
	업체수	비중	업체수	비중
경제적 비용부담 증가	49	28.2	11	6.3
노사 간 분쟁증가	11	6.3	41	23.6
업무지휘권 약화	8	4.6	18	10.3
기 타	1	0.6	0	0.0
무 응 답	105	60.3	104	59.8
계	174	100.0	174	100.0

그림 7-31 근로기준법 적용의 우려사항 비중(레미콘업체)

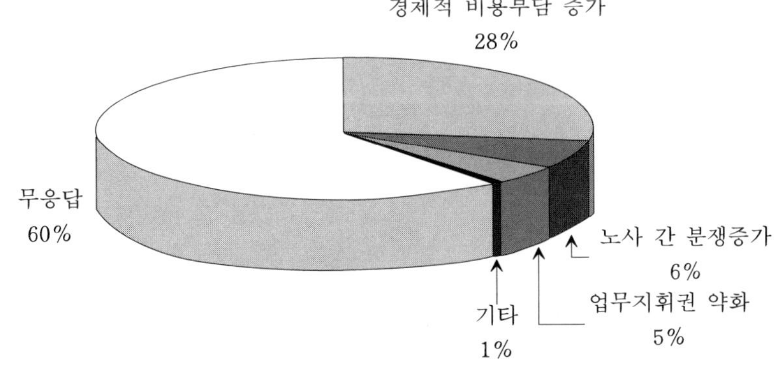

그림 7-32 노조법 적용의 우려사항 비중(레미콘업체)

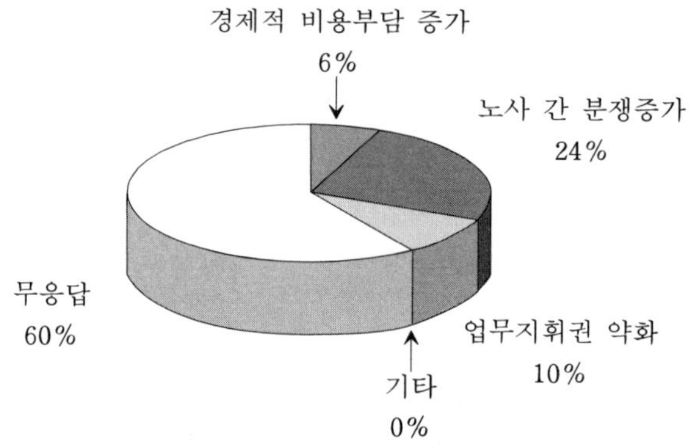

② 근로기준법과 노동조합법 적용시 종사자에 대한 조치

다음으로 근로기준법과 노조법 적용시 레미콘운송차주수를 어떻게 조정할 것인가에 대한 응답은 다음과 같다.

첫째, 근로기준법 적용시 레미콘운송차주수를 '경영상황에 따라 조정'하겠다는 응답이 60.3%로 가장 높고, '조정하겠다'는 응답이 22.4%, '현재 수준으로 유지'하겠다는 응답이 10.3%이다. 즉, 근로기준법이 적용될 경우 회사의 경영상황과 관계없이 레미콘운송차주수를 감축시키거나 경영상황에 따라 조정하겠다는 의견이 지배적이다.

둘째, 노동조합법을 적용할 경우 '경영상황에 따라 판단'이 51.4%로 가장 높고, 다음이 '레미콘운송차주수 조정'이 27.6%, '현재수준 유지'가 6.9%의 순이다.

결론적으로 기업측에서는 근로기준법이나 노동조합법을 적용할 경우, 레미콘운송차주수를 감축 내지는 조정하겠다는 의견이 지배적이다.

③ 근로기준법과 노동조합법 적용시 경영실적 예상

근로기준법과 노동조합법을 적용할 경우, 레미콘업체의 경영상황에 대한 조사응답의 내용은 다음과 같다.

첫째, 근로기준법을 적용할 경우 레미콘업체는 5% 이상~20% 미만의 적자가능성이 있다는 응답이 전체의 44.8%를 차지하고 있다. 다음 80% 이

표 7-49 근기법·노조법 적용에 따른 종사자의 조치의견(레미콘업체)

	근로기준법 적용		노동조합법 적용	
	업 체 수	비 중	업 체 수	비 중
현재수준 유지	6	10.3	4	6.9
경영상황에 따라 판단	35	60.3	30	51.4
종사자수준 조정	13	22.4	16	27.6
무응답	4	6.9	8	13.8
계	58	100.0	58	100.0

그림 7-33 근기법 및 노조법 적용에 따른 종사자의 조치(레미콘업체)

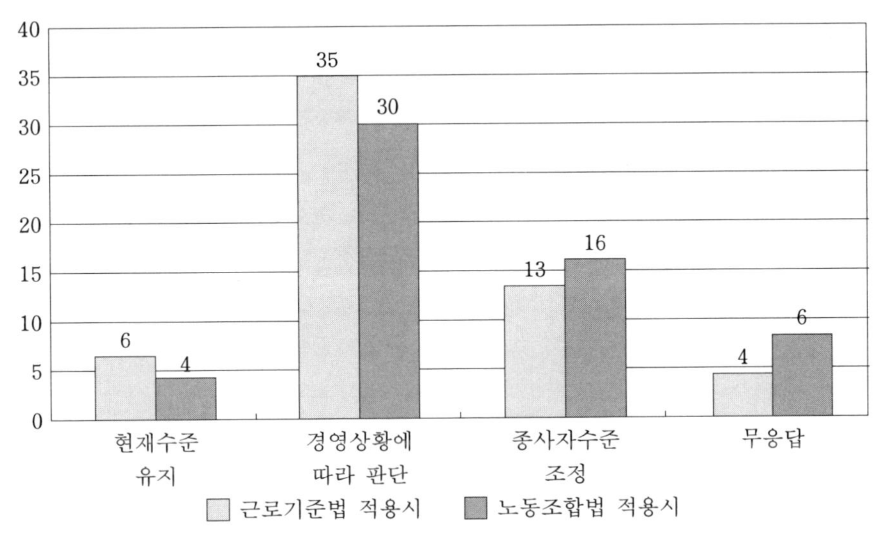

상의 적자가능성이 있다는 응답이 15.5%, 20% 이상~40% 미만의 적자가능성이 있다는 응답이 10.3%를 차지하였다.

둘째, 노조법을 적용할 경우, 5% 이상~20% 미만의 적자가능성을 주장한 업체가 전체의 34.5%를 차지하였다. 다음이 80% 이상이 15.5%, 20% 이상~40% 미만이 10.3%, 20% 이상~40% 미만이 10.3%의 순이다.

표 7-50 **제도적용시 적자가능성 예상**(레미콘업체)

	근로기준법 적용시		노동조합법 적용시	
	업체수	비중	업체수	비중
적자가능성 희박	4	6.9	4	6.9
5% 이상~20% 미만	26	44.8	20	34.5
20% 이상~40% 미만	6	10.3	6	10.3
40% 이상~60% 미만	5	8.6	5	8.6
60% 이상~80% 미만	4	6.9	6	10.3
80% 이상	9	15.5	9	15.5
무응답	4	6.9	8	13.8
계	58	100.0	58	100.0

그림 7-34 **제도적용시 적자가능성**(레미콘업체)

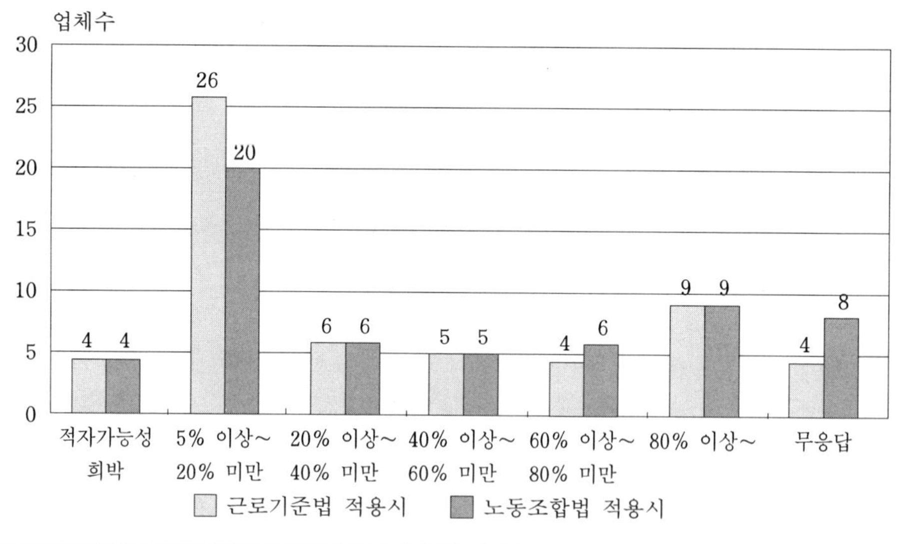

위의 결과를 이용하여 레미콘업체의 기대적자 가능성을 계산하면, 근로기준법 적용시 36.2%, 노조법 적용시 40.2%가 된다.

(5) 레미콘운송차주의 사회보장과 근로자성 인정에 대한 경제적 효과

레미콘운송차주에 대해 각 제도를 적용할 경우 노동시장의 효과를 시뮬레이션한 결과는 다음과 같다. 앞서 논의한 바와 같이 레미콘운송차주는 노동시장에서 운송도급비가 변동함에 따라 고용이 변동하지 않는 것이 특징이다. 즉, 노동시장의 유연성이 극히 적은 노동시장구조를 가지고 있다. 이를 반영하듯이 제도적용시 운송도급비가 상승하거나 관리비용이 증가할 때 레미콘운송차주수 변동이 매우 적은 것으로 나타났다.

1) 레미콘운송차주에 대해 4대 보험을 적용할 경우

먼저, 노동시장의 변화를 보면 운송도급비에는 변화가 없으며, 레미콘운송차주수는 1.39% 감소하는 것으로 추정되었다.

둘째, 레미콘산업에서의 비용증감을 보면, 전체 레미콘운송차주의 운송도급비 감소분인 125억 원만큼 기업부담은 줄어들지만 4대 보험 적용으로 기업의 부담은 1,197억 원이 발생한다. 따라서 기업부담은 총 1,072억 원이 발생한다.

2) 레미콘운송차주에 대해 4대 보험과 근로기준법을 적용할 경우

첫째, 레미콘운송차주수는 9.45% 감소하고, 운송도급비는 90.86% 증가하는 것으로 추정되었다.

둘째, 이를 산업 전체로 확대하면 레미콘운송차주수 감소와 운송도급비 상승으로 인해 발생하는 노동수요측 후생손실은 386억 원이다.

셋째, 레미콘운송산업에서는 레미콘운송차주의 운송도급비 상승폭인 6,546억 원의 추가적 부담과, 제도적용에 의해 발생하는 관리비용 증가분 1,286억 원을 포함하여 총 7,833억 원의 추가적 부담이 발생한다.

3) 레미콘운송차주에 대해 4대 보험과 노조법을 적용할 경우

첫째, 레미콘운송차주수는 10.36% 감소하고, 운송도급비는 10.57% 증가하는 것으로 추정되었다.

표 7-51 레미콘운송차주 제도적용시 경제적 효과

	레미콘운송차주		단위	현행	제도적용시			
					4대 보험	4대 보험 근로기준법	4대 보험 노 조 법	4대 보험 근로기준법 노 조 법
노동시장	레미콘운송차주수		명	21,638	21,338	19,593	19,395	17,652
	레미콘운송차주수 변화		(%)	0	−300	−2,045	−2,243	−3,986
	(변화율)		(%)	0	(−1.39)	(−9.45)	(−10.36)	(−18.42)
	사업조정시 레미콘 운송차주수 변화		명	0	−2,153	−5,214	−5,799	−5,799
	(변화율)		(%)	0	(−9.95)	(−24.1)	(−26.8)	(−26.8)
	1인당 평균운송비		천 원	41,548	41,548	79,297	45,938	83,687
	(운송비 변화율)		(%)	(0.0)	(0.0)	(90.86)	(10.57)	(101.42)
국민경제	국민경제적 손실 (후생손실)		백만 원	0	0	−38,600	−4,923	−83,978
	기업 (산업) 부담	노동시장 변화에 의한 기업 부담 증감(A)	백만 원	0	−12,458	654,645	−8,033	578,249
		제도적용시 관리비용 부담(B)	백만 원	0	119,658	128,613	128,850	137,805
		기업부담 계 (C=A+B)	백만 원	0	107,200	783,258	120,817	716,054

주: 1) 후생손실이 (−)이면 노동수요측, (+)이면 노동공급측에서 발생하는 국민경제적 손실임.
2) 4대 보험 적용시 운송비 변화는 비유적인 결과로 인해 '0'으로 처리함.

둘째, 이를 산업 전체로 확대하면 레미콘운송차주수 감소와 운송도급비 상승으로 인해 발생하는 노동수요측 후생손실은 49억 원이다.

셋째, 레미콘운송산업에서는 이윤율 저하에 따라 레미콘운송차주수가 감소하여 운송도급비 지출은 80억 원 감소하지만, 노조결성으로 관리비용은 1,289억 원이 증가한다. 따라서 총 1,208억 원의 추가적 부담이 발생한다.

4) 레미콘운송차주에 대해 4대 보험과 근로기준법 및 노조법을 적용할 경우

첫째, 레미콘운송차주수는 18.42% 감소하고, 운송도급비는 101.42% 증가하는 것으로 추정되었다.

둘째, 이를 산업 전체로 확대하면 레미콘운송차주수 감소와 운송도급비 상승으로 인해 발생하는 노동수요측 후생손실은 840억 원이다.

셋째, 레미콘운송산업에서는 레미콘운송차주에 대한 운송도급비의 추가적 부담이 5,782억 원, 관리비용이 1,378억 원 발생하여, 총 7,161억 원의 추가부담이 발생한다.

5) 구조조정과 시장퇴출을 감안하면

레미콘업계에 대한 조사에 의하면, 레미콘운송차주에 대해 각 제도를 적용할 경우, 비용부담과 운송도급비 상승 및 이윤율 저하로 적자가능성이 있는 것으로 나타났다. 즉, 기대적자 가능성을 보면 근로기준법 적용시 36.2%, 노조법 적용시 40.2%로 나타났다.

근로기준법과 노조법 적용시 적자가능성이 있는 레미콘업체의 2/3가 사업조정을 통해 시장퇴출을 시도한다면, 레미콘운송차주의 최대감소율은 26.8%에 이른다. 따라서 레미콘운송차주에 대해 4대 보험+근로기준법+노조법을 동시에 적용할 경우에는 최대 26.8%의 감소율이 예상된다고 할 수 있다. 이 규모는 최대 5,799명 수준에 이를 것으로 보인다.

상기와 같은 결론을 바탕으로 레미콘운송차주에 대한 제도적용이 산업에 미칠 영향을 보면 다음과 같다. 즉, 레미콘 운송차량은 산업의 특성 상 건설기계관리법에 의한 건설기계(2005년 등록대수 33만 2,000대)나 화물운송사업법에 의한 화물차량(2005년 등록대수 35만 8,000대)과 업종의 유사성이 매우 높으며 유사한 노동시장구조를 가지고 있다. 따라서 레미콘운송차주에 대한 4대 보험, 근로기준법 또는 노조법 등의 제도적용은 즉각적으로 건설기계 및 화물차량 운전자로 확대될 가능성이 큰 편이다. 이를 전제로 한다면 레미콘 운송차주에 대한 제도적용이 가져올 국민경제적 후생손실의 파급효과는 상대적으로 높을 것으로 예상된다.

본 연구의 추정에서 사용한 자료는 업계의 부분적인 조사자료에 근거하고 있으며, 추정방법에서도 정태분석을 시도하였다는 점에서 한계가 있다. 이러한 한계는 추후 연구과제로 남겨 둔다.

제 8 장

결　론

① 오늘날 자본주의의 노동시장은 새로운 비정규직의 범주가 나타나면서 노동력을 수급할 기회가 확대되고 있다. 그러한 범주의 하나로서 특수형태 근로종사자의 법적 보호문제는 노동법상의 근로자로 인정될 수 없는 객관적 판단을 거친 취업자에 대하여 그들의 사회적·경제적 보호의 필요성을 고려한 사회정책적 합의를 반영한 제도로 등장하였다. 여기에서는 이들에 대한 최소한의 사회적 보호 필요성에 대한 공감대가 확대되고 있다는 사실을 기초로 한다. 이러한 측면에서 고용·취업형태의 다양화를 촉진하고 사회적 불평등 의식과 경제적 곤란을 최소화함으로써 노동시장을 활력화시키는 것이 우리 나라 노동법의 과제 중 하나라고 할 수 있다.

비록 노사정위원회 등에서 특수형태 근로종사자의 보호방안이 논의되었지만, 이 문제는 비정규직 문제만큼 사회적 관심이 많지 않았고, 이는 그 해법이 어렵다는 반증이기도 하다. 노사정위원회의 특수형태 근로종사자 보호방안에 대하여, 위에서 살펴보았듯이 2003년부터 2006년까지 논의하였으나 성과 없이 2006년에 논의가 종결되었다. 이는 특수형태 근로종사자의 특별위원회가 역할을 제대로 못하였다고 판단되는데, 이에 대한 개선방안을 마련할 것이 요구된다.

특수형태 근로종사자의 조직실태에 대해서는 종래 학습지교사 등 특수형태 근로종사자의 노동조합 설립신고시 노동부는 해당 사업장에서의 사용종속성 등 구체적 사실관계에 따라 근로자성을 인정하여 신고증을 교부한 사례가 있었다. 예를 들면, 학습지교사(1999), 레미콘운송차주(2000), 골프장경기보조원(1999)은 노동조합의 설립 또는 가입을 인정하였고, 다만 보험설계사는 설립신고를 반려(2000)하였다. 그러나 위에서 살펴보았듯이, 최근 특수형태 근로종사자의 노조법상 근로자성을 부인하는 법원 판례의 경향 등을 고려할 때 이들을 포괄적으로 노조법상 근로자로 인정하기는 어려운 상황이다. 왜냐하면, 종래에는 특수형태 근로종사자에 대해 신고증 교부를 근거로 근로자로 보아 부당노동행위 등으로 사업주를 수사하였으나, 근로자성을 부인하는 법원 판결의 영향으로 검찰에서 근로자성을 부정함에 따라 근로자임을 전제로 사건을 처리하는 데 한계가 있기 때문이다.

그런데 특수형태 근로종사자인 골프장경기보조원, 보험설계사, 학습지교사 및 레미콘운송차주 등에 대한 우리 나라 법원의 판례동향을 보면, 먼저 대법원은 근로기준법·노동조합 및 노동관계조정법상 근로자 개념을 동일하게 파악하며, '사용종속관계' 아래에서 임금을 목적으로 근로를 제공하는지 여부로 근로자성을 판단하고 있다. 여기서 사용종속성은 구체적 지휘·감독 여부, 근무시간·장소의 구속성, 보수의 노무대가성 등을 기준으로 종합적·구체적·개별적으로 판단하고 있다. 특히, 4개 직군의 특수형태 근로종사자의 근로기준법상 근로자성을 일관되게 부정하고 있으며, 노동조합 및 노동관계조정법상 근로자성의 경우 1993년 골프장경기보조원에 대해 근로자성을 인정한 적이 있지만, 최근 학습지교사에 대해 부인 판결을 하였으며, 나머지 직군 종사자에 대해 하급심에서 대체로 부정하는 추세에 있다. 따라서 위에서 살펴본 직군별 판결사례를 요약해 보면, ① 학습지교사의 경우 대법원은 근로기준법상 근로자성 부정(1996), '노동조합 및 노동관계조정법상 근로자' 부정(2005. 12. 9), ② 레미콘운송차주의 경우 근로기준법상 근로자성은 일관되게 부정하고, 노동조합 및 노동관계조정법상 근로자성을 인정한 일부 하급심 판결(2001)이 있었으나 상급심에서 취소되었고, 2003년 대법원은 근로기준법·노동조합 및 노동관계조정법상 근로자성을 부인하는 취지로 판결하였다(그 외 2006). ③ 골프장경기보조원의 경우는 1993년 대법원이 노동조합 및 노동관계조정법상 근로자성 인정(2001년 하급심(행정법원)에서 부정하였으나, 2005년 인정(전주지방법원)), 1996년 대법원이 근로기준법상 근로자성을 부인한 이후로 일관되게 부정하였다. ④ 보험설계사의 경우 노동조합 및 노동관계조정법상 근로자성에 대해서는 하급심에서 부정한 바 있으며, 대법원은 일관되게 근로기준법상 근로자성을 부정하고 있다(2000).

2 국회에서 준비해 온 '특수형태 근로종사자의 법률적 보호대책 입법화'가 준비되고 있다. 국회 환경노동위원회의 열린우리당의 조성래·우원식 의원, 민주노동당의 단병호 의원이 노동조합 및 노동관계조정법(이하 노동관계법) 개정안과 근로기준법 개정안(단병호·조성래)을 발의한 바 있다.

또한 노동부는 입법을 통해 근로자의 개념을 확장하고, 근로 3권을 인정하는 것이 불가능한 이유에 대하여, 특수형태 근로종사자의 직종유형이 다양하고 동일한 직종이더라도 근로형태가 달라 일률적·통일적으로 개념을 정의하기 매우 어렵다는 점을 들고 있다. 물론 독일 등 선진외국의 경우에도 근로자 개념 자체를 확대하는 입법례는 찾아보기 어려우나, 다만 근로자와 사업자의 중간영역이 있음을 인정하고 유사근로자 개념을 도입하여 근로 3권을 인정하는 입법례가 있는 것은 사실이라고 한다. 그리고 최근인 2006년 11월 노동부는 노동부장관 자문위원회 형태로 '특수형태 근로종사자 보호법안 기초위원회'를 구성, 노동법적 보호방안 검토를 의뢰하였다. 동 기초위원회에서는 특수형태 근로종사자 보호입법 필요성을 논의하는 공개토론회, 워크숍 등을 통해 전문가 및 노사의견을 수렴하는 등 보호입법 방안을 다각도로 검토·논의하고, 현재 조문화 작업을 진행하고 있다. 향후적으로는 '특수형태 근로종사자 보호법안 기초위원회'의 조문화 작업이 완료되면, 이를 토대로 관련 정부 부처의 협의를 거치고, 노동계 및 경영계 등 이해관계자의 의견을 수렴하고, 공청회를 거쳐서 2007년 상반기 입법절차를 추진하려고 하고 있다.

③ 또한 산업구조의 변화 등으로 새로운 고용형태가 계속 나타나고 있어 이에 체계적으로 대응하기 위해서는 다양한 직군, 업종, 근로형태 중 공통분모를 추출하여 원칙을 정하고 다양한 직종에 적용하는 것도 필요할 것이다. 특수형태 근로종사자의 보호방안에 대해서는 여전히 공식적인 방안이 없다. 사용종속관계의 판단기준을 입법화함으로써 해석기준의 명확성을 담보할 수 있고, 특수형태 근로종사자의 '근로자성'과 '특수성'의 조화를 모색하려는 접근방법이다. 다만, 인적 종속성이 인정되는 특수형태 근로종사자의 근로자성 판단기준(적용대상자의 범위)에 대하여 해석론의 문제가 계속될 것이다(입법론적인 접근방법을 취하는 한 어떤 경우에도 불가피하다). 인적 종속성이 없는 특수형태 근로종사자에 대한 노동법 및 사회보장법의 적용제외 또는 특례를 설정하는 데 노사 간에 새로운 큰 논란을 일으킬 수 있다. 이에 그 논의에 대해서는 좀더 신중한 연구와 검토가 필요하다.

어떠한 형태로든 현재의 4대 영역 특수형태 근로종사자에 대한 입법조치는 여타 영역으로 입법조치를 확대하기 쉽다는 입법의 동학(動學)이 고려되어야 한다. 예컨대, 레미콘지입차주의 4대 보험, 근로기준법, 노조법 적용시 이와 유사한 건설기계관리법에 의한 건설기계 및 화물운송사업법에 의한 화물차량 등 60만 대 이상의 차량에 대해서도 형평성 차원에서의 보호가 불가피하고 나아가 퀵서비스 종사자들의 경우에도 장차 특별법적 보호를 요구할 것이 자명하여 1역 1특별법으로 뚜렷한 원칙 없이 특별법이 난립할 가능성을 배제할 수 없다.

우리 나라에 있어서 특수형태 근로종사자의 보호방안에 관한 그 동안의 논의들은 노동법적인 논의에만 치우쳐 노동법·제도의 변화가 고용과 임금 등 노동시장에 미치는 효과에 대한 실증적인 시뮬레이션 분석이 거의 없었다. 객관적·합리적·과학적인 분석자료에 의한 제도변화가 이루어지지 않고 오히려 지나치게 정치규범적 입장에 따라 주장되었거나 공익적인 차원의 논의보다는 노사 간의 힘겨루기(파워 게임)의 양상을 띠면서 논의되었다. 이러한 과정의 결과로서 특수형태 근로종사자의 관련 법·제도가 만들어지게 되는 우를 범할 수 있다.

④ 이번의 특수형태 근로종사자에 대한 연구는 기존에 구축된 공공 DB (데이터베이스) 현장의 서베이(조사)를 통하여 특수형태 근로종사자의 실태와 4대 보험(산업재해보상보험, 고용보험, 국민건강보험, 국민연금), 근로기준법의 개별 법조문, 노동조합 및 노동관계조정법 등이 적용될 경우 고용 및 임금소득의 변화, 사용자비용의 변화를 특수형태 근로종사자 직종별로 수치화하여 법제도 변화가 노동시장에 미칠 효과를 수량적으로 평가해 보았다.

이번 설문조사의 결과를 정리해 보면 다음과 같다. 첫째, 현행 근로기준법을 적용할 경우 관련업계에서 가장 부담스러워 하는 사항을 살펴보면, '연장근로·야간근로·휴일근로시 50% 가산임금의 지급'이며, 그 다음으로 '1주 40시간 근로시간 규정', '연차유급휴가(8할 이상 출근한 경우 15일 부여, 2년마다 1일 추가해 25일 상한)'의 순이었다. 대부분의 응답 기업이 노동생산성과 임금에 직결되는 근로관련 규정에 부담이 큰 것으로 조사되었다.

둘째, 노동조합 및 노동관계조정법을 적용할 경우에는 '노사 간에 갈등·분쟁'이 늘어나는 비중이 가장 높으며, 그 다음으로 '노무지휘권의 약화'를 들고 있다. 따라서 노동조합 및 노동관계조정법을 적용하게 되면 직접적인 경제적 비용부담이 가중되고 노무지휘권이 어려워지는 것보다는 노사 간 갈등·분쟁으로 노사관계의 비용이 폭증하는 것을 크게 우려하고 있는 것으로 조사되었다.

그리고 특수형태 근로종사자에 대해 추정한 결과를 종합적으로 정리·분석해 보면 다음과 같다.

첫째, 4대 보험(산업재해보상보험, 고용보험, 국민건강보험, 국민연금)과 근로기준법, 노동조합 및 노동관계조정법을 적용할 경우에 각각의 업종에서의 임금과 고용의 변화를 관찰해 보면, 모든 업종에서 임금은 상승하고 고용은 감소한다.

먼저 모든 관련 법·제도(4대 보험, 근로기준법, 노동조합 및 노동관계조정법)를 적용할 경우에, '고용감소율'은 보험설계사가 가장 높은 34.8%를 기록하고, 그 다음으로 레미콘운송차주가 18.4%, 골프장경기보조원(캐디)이 17.7%, 학습지교사가 8.8%의 순서였다.

균형고용량의 '임금탄력성'을 살펴보면, 레미콘운송차주가 가장 낮으며, 그 다음이 학습지교사, 골프장경기보조원, 보험설계사의 순서였다.

여기서 먼저 레미콘운송차주의 임금탄력성이 가장 낮은 것은 레미콘운송차주의 노동시장이 다른 노동시장과 비교해서 독점적 구조가 상대적으로 강한 수요독점의 형태를 지니고 있음을 반영하고 있다.

또한 학습지교사의 경우에는 학습지회사의 영세성과 난립성을 반영한다고 할 수 있다. 즉, 많은 영세 학습지회사와 5~6개의 대규모 학습지회사가 경쟁관계에 있는 시장에서 회사의 진입과 퇴출이 빈번히 발생하고 있는 편이다. 이러한 시장환경으로 인하여 학습지교사는 노동시장의 유연성도 상대적으로 크다고 할 수 있다.

둘째, 관련 법·제도 적용시 '업종별 종사자의 총임금소득'을 살펴보면, 4대 보험만을 적용할 경우에는 모든 업종에서 종사자의 총임금소득은 감소한다. 이는 기업의 비용이 증가함에 따라 '고용조정(구조조정)'을 통하여 종사자의 고용이 감소하기 때문인 것으로 이해할 수 있다.

4대 보험을 포함하여 근로기준법이나 노동조합 및 노동관계조정법을

표 8-1 법·제도 적용시 업종별 고용변화와 임금변화

		4대 보험[1)]		4대 보험+ 근로기준법		4대 보험+ 노 조 법		4대 보험+ 근로기준법+ 노 조 법	
		변동률	탄력성	변동률	탄력성	변동률	탄력성	변동률	탄력성
보험설계사	고용변동	−3.71	−	−31.87	−0.42	−6.66	−0.67	−34.82	−0.40
	임금변동	0		76.24		9.98		86.09	
학습지교사	고용변동	−6.21	−	−8.43	−0.26	−6.58	−0.35	−8.80	−0.23
	임금변동	0		32.85		18.66		38.46	
골프장 경기보조원	고용변동	−2.74	−	−10.08	−0.24	−10.33	−0.71	−17.67	−0.31
	임금변동	0		42.68		14.53		57.21	
레미콘 운송차주	고용변동	−1.39	−	−9.45	−0.10	−10.36	−0.98	−18.42	−0.18
	임금변동	0		90.86		10.57		101.42	

주: 1) 임금에 대한 추정결과가 비유적으로 변동률은 '0'으로 처리함.

적용할 경우에 고용이 감소하는 것과 비교해서 임금의 상승이 상대적으로 높게 일어나기 때문에 결국은 국민경제적으로 '근로자의 총임금소득'은 증가하게 된다.

관련 법제도의 적용에 따른 근로자의 총임금소득이 증감하는 것을 살펴보면, 먼저 ① 4대 보험+근로기준법+노동조합 및 노동관계조정법(노조법)을 적용할 경우가 근로자 총임금소득이 가장 높고, 그 다음으로 ② 4대 보험+근로기준법 적용, ③ 4대 보험+노조법 적용 및 ④ 4대 보험 적용의 순이다. 여기서 노조법을 적용할 때보다 근로기준법을 적용할 경우에 임금인상의 압력이 높기 때문에 '4대 보험+근로기준법'의 적용이 '4대 보험+노조법의 적용'보다 더 높은 근로자의 총임금소득을 가져온다. 이러한 근로자의 총임금소득이 증가하는 것은 대부분의 기업에서 근로자에게 '소득이전'이 되는 것으로 이해할 수 있다.

셋째, 관련 법·제도의 적용에 따른 기업측의 비용부담을 살펴보면, 먼저 기업측의 입장에서는 임금상승률이 고용감소율보다 상대적으로 높기 때문에 종사자의 총임금소득이 증가하는 폭만큼 부담이 커진다. 또한 각 관련

표 8-2 법·제도 적용시 업종별 종사자 총임금소득의 증감

(단위: 백만 원)

구 분	4대 보험	4대 보험 근로기준법	4대 보험 노 조 법	4대 보험 근로기준법 노 조 법
보험설계사	−148,185	801,555	105,828	2,834,360
학습지교사	−142,812	497,535	249,244	603,689
골프장경기보조원	−8,167	84,266	8,039	87,611
레미콘운송차주	−12,458	654,645	−8,033	578,249

표 8-3 법·제도 적용시 업종별 기업의 추가부담액

(단위: 백만 원)

구 분	4대 보험	4대 보험+ 근로기준법	4대 보험+ 노 조 법	4대 보험+ 근로기준법+ 노 조 법
보 험 업 종	23,215	1,165,255	289,628	3,210,460
학습지업종	28,588	861,235	440,644	987,389
골프장업종	30,209	123,497	47,334	127,761
레미콘업종	107,200	783,258	120,817	716,054

법제도의 적용에 따라 '관리비용'이 수반되기 때문에 종사자에게 '소득이전'이 된 것보다 많은 부담을 지게 된다. 업계의 규모에 따라 서로 다르지만 가장 부담이 가중되는 업계는 '보험업계'이며, 그 다음으로 '학습지업계', '레미콘업계' 및 '골프장업계'의 순서로 되어 있다. 각각의 법제도를 적용할 경우를 살펴보면, ① '4대 보험+근로기준법+노조법'을 적용할 경우에 비용부담이 가장 많아지며, 그 다음으로 ② '4대 보험+ 근로기준법', ③ '4대 보험+노조법', ④ '4대 보험'의 순서로 비용부담이 줄어들었다.

넷째, 특수형태 근로종사자의 사회보장 및 근로자성 인정에 따른 각각의 제도를 순차적으로 적용하게 되면 고용은 줄어들고, 임금은 상승한다. 이 경우에 국민경제적 차원에서 경제적 손실이 발생하게 된다. '고용감소에

표 8-4 **법·제도 적용시 업종별 경제적 후생손실**

(단위: 백만 원)

구 분	4대 보험	4대 보험+ 근로기준법	4대 보험+ 노 조 법	4대 보험+ 근로기준법+ 노 조 법
보험설계사	0	−485,167	−13,281	−1,128,770
학습지교사	0	−31,832	−14,116	−38,899
골프장경기보조원	0	−6,406	−2,233	−15,055
레미콘운송차주	0	−38,600	−4,923	−83,978

의한 경제적 손실의 크기'는 '4대 보험+근로기준법+노조법'의 경우가 가장 높은 것으로 나타났다. 업종별로 살펴보면, 보험설계사의 경제적 손실이 가장 많으며, 그 다음으로 레미콘운송차주, 학습지교사, 골프장경기보조원의 순서로 되어 있다.

이상과 같이 이번 연구를 분석한 결과를 토대로 살펴볼 때, 4대 보험, 노조법 또는 근로기준법의 일괄적인 적용을 하면, 사용자에게서 종사자에게로 '부(富)의 이전'을 초래할 것이고, 그 크기는 '보험업계가 가장 많고, 다음이 학습지업계, 레미콘업계, 골프장업계'의 순이다. 특히, 이 가운에서 '보험업계'는 4대 보험+근로기준법+노조법을 함께 묶어서 적용할 경우 총 '2조 8,343억 원'의 부의 이전이 발생하는 것으로 나타난다([표 8-2] 참조).

이러한 부의 이전과 동시에 '고용의 감소'가 발생하는 것으로 나타난다. 고용감소율을 보면, '보험업계가 가장 높으며, 다음이 레미콘업계, 골프장업계, 학습지업계'의 순서로 고용이 많이 파괴되는 것으로 나타난다([표 8-1] 참조).

⑤ 마지막으로 이번 연구의 실증분석 결과 및 해당 업계의 현황과 실태를 토대로 현재 특수형태 근로종사자의 보호대책으로 거론되고 있는 방안 등을 검토해 보고자 한다.

2006. 10. 25 특수형태 근로종사자 1차 보호대책을 포함하여 그 동안 정

부의 특수형태 근로종사자에 대한 보호방안은 ① 4대 사회보험의 적용 여부, ② 집단적 보호방안, ③ 개별적 보호방안 등으로 대별되어 논의되는 것으로 보인다.

첫째, '4대 사회보험 적용 여부'의 경우에 있어, 보험에 가입하는 것을 '강제화할 내역'과 '임의화할 내역'으로 구분할 것인지, 보험료 부담주체를 누구로 할 것인지, 부담의사 여부를 어떻게 반영할 것인지 등에 대한 충분한 검토를 거쳐 사각지대가 없는 보편적인 사회보장제도를 구축함과 아울러 특수형태 근로종사자의 니즈(욕구) 및 그들이 속한 산업상황에 걸맞는 '맞춤형 보장제도'가 되도록 장기적 관점에서 검토되어야 할 것이다.[1]

예를 들면, '고용보험'에 있어서 특수형태 근로종사자에게 그대로 적용할 경우에 사용자와 종사자가 함께 부담하는 '실업급여'는 특례를 두어 특수형태 근로종사자에 임의가입하도록 하는 데 문제가 없지만,[2] '직업훈련'과 '고용안정사업'의 경우에는 소수의 사업체에 의해서만 활용되고 나머지 대다수의 사업체는 세금을 인상하는 것과 동일한 효과를 초래하고 있는 상황이므로, 이것은 중소기업에게 세금을 걷어서 대기업에 지원하는 고용보험의 구조를 근본적으로 개혁하지 않는 한 특수형태 근로종사자가 고용보험에 가입하는 것을 강제화할 명분을 더욱더 약화시키는 것이 된다. '직업훈련'과 '고용안정사업'의 사업에 임의가입을 한다고 하여도 가입률이 저조할 것으로 예상된다. 또한 세 가지 사업의 통합징수방식을 고수하는 현재 상황에서 실업급여만을 특수형태 근로종사자에 적용하는 방식에도 문제가 있다고 판단된다. 또한 경험료율, 탄력료율 도입과 같은 고용보험제도의 유연화 개혁이 이루어지지 않은 상태에서 고용보험의 특수형태 근로종사자 적용확대는 고용보험제도와 적용하려는 직종 간의 미스매치 문제를 야기할 수 있다. 따

[1] 이와 관련 정부의 산재보험 입법안과 관련업계의 입장은 '산재보험'에 대해 특수형태 근로종사자들의 의사에 따른 사실상의 임의가입형태로 수익자부담방식에 따라야 한다는 입장인 만큼, 4대 보험은 산재보험의 적용에 따른 성과의 유·불리가 충분히 검증된 이후에 논의하는 것이 합리적일 것이다.

[2] 또한 고용보험과 관련하여 계절적 요인이 일자리 증감에 많은 영향을 미치는 레미콘운송차주나 골프장경기보조원의 경우 실업급여를 그대로 적용하기에는 현재로서는 무리가 따를 것으로 예상된다. 더구나 특수형태 근로종사자의 이직률이 일반근로자에 비해 높은 점도 고려할 문제라 생각된다.

라서 선제도개선·후적용 여부를 판단해 가는 것이 적절한 논의방향이라 판단된다.

그런데 이번 실증분석을 통해 특수형태 근로종사자에게 4대 사회보험을 적용할 경우, 관련업계의 추가적 비용부담 증가는 이윤의 감소로 이어져 결국 고용조정(구조조정)을 통한 특수형태 근로종사자의 일자리 감소로 이어질 수 있음을 실증적으로 확인하였다.

따라서 특수형태 근로종사자 보호방안으로 4대 사회보험의 어떠한 내용을 어떻게 적용할 것인가에 관해서는 앞으로 보다 심도 있는 논의가 뒤따라야만 할 것이다.

둘째, '집단적인 보호방안'에 관해서는 특수형태 근로종사자에게 노동조합이 아닌 별도의 '직업단체'를 설립하여 직업단체에 대해 '협의권'을 부여하는 방안이 논의되고 있다. 이는 일응 우리 나라의 실정에 맞게 '결사의 자유'를 확대해 가는 방식이 될 수 있으리라 판단될 수도 있다.[3] 그러나 이러한 집단법적 협의권 명문화가 노동법적 편법보호를 하는 것으로 당사자들에게 착시를 일으킬 수 있다는 점이 간과되어서는 안 될 것이다.

그런데 특수형태 근로종사자에게 헌법상 보장된 '결사의 자유'를 보다 강하게 보장해 주기 위하여 현행 노동조합 및 노동관계조정법(노조법)의 적용을 주장할 수 있다. 그러나 현재의 노조법이 사용자를 규제적으로 설계하고 있어 하나 이상의 사용자를 가진 특수형태 근로종사자에게 단순하게 적용하기는 어려운 점이 있다. 또한 대립적인 노사관계가 팽배한 우리 나라의 현실에서 노조법을 적용할 경우에 노사관계의 불안정이 심화되는 것에 대한 국민들의 우려가 있는 것도 사실이다. 혹자는 하나의 대안으로 근로 3권(단결권, 단체교섭권, 단체행동권)을 전면적으로 허용해 주기보다는 근로 2권

3 정부에서 단결권과 협의권을 부여하는 방안을 검토하는 것에 대해 관련업계는 수용하기가 어렵다는 입장을 표명할 것이다. 또한 이미 대법원 판례(대법원 1996.7.30 선고 95누13432 판결)에 의해 근로자성 인정과 관련한 11단계의 기준을 제시하여, 근로기준법상 근로자는 물론이고, 노조법상 근로자성도 일관되게 부인하고 있음을 고려할 때 헌법상 보장된 결사의 자유에 따른 것이야 이미 보장되어 있음이 명확하고, 단체교섭권, 단체행동권 또는 이와 유사한 형태의 권리를 보장하는 것은 결국 산업현장에서는 근로 3권의 보장으로 오해 또는 왜곡될 여지가 있다는 주장도 현재 우리 나라 노사관계를 고려할 때 설득력이 있다고 할 수 있다.

(단결권, 단체교섭권)을 허용하자는 주장을 할 수도 있다. 그러나 '필수공익사업'이나 '공무원' 및 '교사'와 같이 공익과 직접적으로 연관되어 있지 않은 특수형태 근로종사자가 일하고 있는 산업에서 단체행동권(파업권)만을 제한하는 노조법을 통과하자는 의견은 논리를 박약한 채 너무나도 정치적이라는 비판에서 자유로울 수 없을 것이다.

대한민국의 노사문화상 그것이 일반협의권이든 노조법상 교섭권이든 권리로 명문화한다는 것은 이미 교섭권의 확보라는 인식 속에서 대립적 노사관계가 확대재생산될 가능성도 있다. 집단법적 권리의 부분보호 명문화라 할지라도 현장 노사는 법의 취지와 관계없이 완전보호로 인식하는 착시현상을 일으켜 추가적인 노사갈등요인이 될 수 있다. 앞서 본 실증분석에 의하더라도 설령 근로기준법을 적용하지 않고 노조법을 적용하는 경우에도 산업현장에서는 노조법 적용이 근로기준법 적용이라는 부담도 사실상 동반할 수밖에 없을 것으로 예측된다. 따라서 특수형태 근로종사자에 대한 집단법적 보호는 현행 경제법적 영역 내에서 특수형태 근로종사자유의 원칙을 최대한 존중하면서, 이에 따라 나타나는 제 문제를 적극적으로 다루는 것이 적절하다고 판단된다.

셋째, '개별적인 보호방안'에 관해서는 기존의 근로기준법을 그대로 적용하는 것은 일자리만들기과 산업의 동태적인 변화를 저해하여 비효율성이 커질 수 있다. 이에 개인의 권리보호 및 구제가 보호의 목적이므로 공정한 약관에 따른 서면계약 및 사후구제에 약관법 및 공정거래법 등에 특수고용형태 종사자보호 특례를 신설하여 보호하면 될 것이다.

앞의 실증분석에서 알 수 있듯이 특수형태 근로종사자들에 대해 근로기준법을 적용할 경우 일반근로자와 같은 방식의 통제가 이루어질 가능성이 높아지고, 특히 보험설계사, 학습지교사, 골프장경기보조원의 경우 여성인력이 많이 종사하고 있는데, 이들은 일과 가정을 병행하고 있어 원하는 시간과 장소에서 자유롭게 업무를 진행하기를 원하는 자들이므로, 자발적 계약해지가 증가하게 될 것이고, 이는 실업률이 증가하는 측면도 있음이 고려되어야 한다.

다만, 고객의 '성희롱'에 대한 예방·구제, 서면계약서 작성의 의무화,

고충처리 등과 같은 보편적인 권리는 별도의 법을 고려하여 노동시장의 효율성과 공정한 계약기준을 마련해 갈 수 있을 것이다.[4] 이에 성희롱에 대한 문제 또한 남녀고용평등법에 특례를 두어 이들이 비록 근로자는 아니지만 특정한 직군에도 동일하게 적용한다는 규정을 두는 방안을 모색할 수도 있을 것이다.

이상과 같이 이번 연구를 통하여 이러한 특수형태 근로종사자의 보호 가이드라인을 설정하는 기준은 '경제의 효율성'과 '노동시장의 공정성'[5]이라는 두 가지 잣대를 충분히 고려한 결과이며, 경제의 효율성만을 강조하거나 노동시장의 공정성만을 강조한다면 이는 노사관계의 건강성을 해칠 것이며 노동시장의 성과도 떨어뜨릴 것이 자명하다.

끝으로 본고의 분석결과는 노사정 간 협상의 정치적 거래를 통해 입법을 추진하는 방식에 문제제기를 하는 취지도 담고 있다. 앞으로의 입법은 고용과 같은 경제사회에 미치는 입법효과 시뮬레이션 분석을 전제로 함을 재차 강조하고자 한다. 이러한 시뮬레이션 결과는 입법 타이밍을 조절하고 입법 후 중·장기 중화효과가 어떻게 발생하는가를 판단하는 데 매우 중요한 기초자료가 될 것이다. 과학적인 입법노력이 절대 필요한 시점이다.

또한 실증분석은 일부 기업을 대상으로 추출한 자료를 사용하였으며, 고용 및 임금효과에 대해서는 정태분석 방법론을 사용하였다는 점에서 분석의 한계가 있다. 향후 좀더 폭넓은 기초조사를 통해 정치화된 자료를 확보하고 실증분석 방법론을 개선할 필요가 있다.

---

[4] 예를 들어, 골프장경기보조원의 경우에 있어서 이들의 소득원인 캐디피는 골프장사업자가 지급하는 것이 아니라 전적으로 내장객이 골프장경기보조원에게 직접 지불하는 금원으로, 계약의 당사자는 바로 내장객과 골프장경기보조원이 되어야 할 것이다. 다만, 골프장사업자는 내장객의 편의를 위하여 골프장경기보조원을 알선하는 것에 불과하기에 골프장사업자와 골프장경기보조원 간의 서면계약서를 작성하는 의미가 무엇이며, 또한 어떠한 내용을 담아야 하는 것인지에 대한 의문을 가지며, 이러한 계약형태에 대해 "경기보조원의 골프장 시설이용에 대한 표준약관"을 준비하고 있어 이로써 갈음될 것으로도 생각해 볼 수 있을 것이다.

[5] 노직(Norzick)은 공정성을 효율성과 동일시하고 마르크스(Marx)는 공정성과 공평성을 동일시한다. 사람마다 공정성의 개념이 다르지만 효율성과 괴리되어 사용되는 공정성의 개념은 결국 공평성에 귀결된다.

참고문헌

Bibliography

강성태, 『'누가 근로자인가'—근로기준법상 근로자의 개념—』, 대구대학교 출판부, 2000.

______, 「특수고용관계와 근로기준법상 근로자성의 판단: 1990년대 대법원 판결의 검토를 중심으로」, 『노동법학』 제11호, 한국노동법학회, 2002.

강희원·김영문, 『근로자개념과 계약의 자유(자영인과 근로자의 구별을 중심으로)』, (주)중앙경제, 2001.

금재호 외, 『자영업 노동시장의 현상과 과제』, 한국노동연구원, 2003.

김소영·김태홍, 『근로자로 보기 어려운 여성취업자의 실태 및 개선방안』, 노동부 여성정책자료 3, 1999. 12.

김영두, 「특수고용직 종사자 실태조사 결과분석」, 『노동사회』 119호, 한국노동사회연구소, 2007.

김영문, 「특수고용직 종사자의 집단적 보호에 관한 입법론적 검토」, 『노사정위원회 특수형태근로종사자 관련 자료집』, 노사정위원회, 2003.

______, 「특수형태 근로종사자의 산재보호방안」, 한국사법학회 정기학술대회 발표논문, 2007.

김일중, 「중소기업정책이론: 법경제학적 접근」, 『경제학연구』 제45집 제2호, 한국경제학회, 1998, pp. 231～268.

김일중·조준모, 「노동계약에 관한 법경제학적 분석: 한국의 해고판례를 중심으로」, 『노동경제논집』 제23권 제2호, 한국노동경제학회, 2000, pp. 1～37.

______, 「21세기 시장인프라로서 노사분쟁조정제도의 개선방향에 관한 연구」, 『성곡논총』, 2001.

김형배, 「노동법과 사법질서」, 『헌법과 현대법학의 제 문제』(현민 유진오박사 고희기념 논문집), 일조각, 1975.

______, 『노동법』(신판, 제2판), 박영사, 2005.

김형배·박지순, 『근로자개념의 변천과 관련법의 적용(유사근로자에 관한 비교법적 고찰)』, 한국노동연구원, 2004.

남우근, 「전환기 비정규노조의 대응과 노동자 연대; 2006년 특수고용 노동자 투쟁의 쟁점과 전망」, 『노동사회』, 한국노동사회연구소, 2006.

단병호, 「정부의 운수업 특수고용노동자 보호대책의 문제점과 개선방안—산재보험 적용을 중심으로—」, 『2006년도 국정감사 정책자료집 2006-04』, 2006.

단병호·원진노동환경건강연구소, 「정부의 운수업 특수고용노동자 보호대책의 문제점과 개선방안—산재보험 적용을 중심으로—」, 『2006년도 국정감사 정책자료집 2006-04』, 2006.

박세일, 『법경제학』, 박영사, 2000.

박수근, 「레미콘운송기사와 경기보조원의 근로자성에 관한 검토」, 『노동법학』 제14호, 한국노동법학회, 2002.

______, 「특수형태근로종사자에 대한 노조법상 근로자성 인정 여부에 내한 논의」, 『노사정위원회 특수형태근로종사자 관련 자료집』, 2003.

박종희, 「근로기준법상 근로자 개념(근로기준법의 적용확대와 선별적용과 관련하여)」, 『노동법학』 제16호, 한국노동법학회, 2003.

박지순, 「유사근로자(특수형태고용종사자)의 법적 지위 및 보호방안에 관한 연구」, 『특수형태근로종사자 특위 워크샵 자료』, 노사정위원회, 2005.

______, 「특수형태근로종사자에 대한 노동법의 적용가능성과 그 범위」, 『노동법학』 제23호, 2006.

박찬임, 『산재보험 적용확대방안 연구(자영업자, 특수형태근로종사자를 중심으로)』, 한국노동연구원, 2002. 4.

박형준, 「유흥업 종사자의 노동조합 설립에 관한 법적 검토」, 『노동법률』 185호, 2006.

백두주·윤영삼, 「특수고용직 노동자의 조직화에 관한 연구」, 『산업노동연구』 제9권 제2호, 한국산업노동학회, 2003.
신영수, 「특수형태근로종사자에 대한 경제법적 보호」, 『법제연구』 제31호, 한국법제연구원, 2006.
신은종, 「비정규노동의 자발성에 관한 경험적 연구」, 『인사·조직연구』 제13권 제3호, 인사조직학회, 2005.
안주엽, 『특수고용관계 종사자 실태조사』, 한국노동연구원, 2002.
오문완, 「특수고용형태 취업의 법리」, 『법과 사회』, 법과사회이론학회, 2002.
유성재, 「레미콘 운송차주의 노동조합법상의 근로자성(대법원 2006.6.30, 결정 2004두4888)」, 『(계간) 조정과 심판』 26호, 2006 여름.
윤애림, 「특수고용 노동자의 근로자성과 입법의 방향」, 『민주법학』, 민주주의법학연구회, 2003.
______, 「ILO의 "고용관계" 논의가 한국 비정규직 입법논의에 주는 시사점」, 『민주법학』 제28호, 민주주의법학연구회, 2005.
______, 「ILO 고용관계 권고와 한국의 특수고용 입법논의」, 『노동법학』 제23호, 2006.
윤정향 외, 『한국의 비정규직 노동자—산업별 심층 사례연구』, 2002.
윤조덕 외 8인, 『비정규직 근로자 산재보험 적용실태와 특수형태근로종사자에 대한 적용확대』, 한국노동연구원, 2003.10.
윤진호, 「고용조정과 노동조합의 대응」, 『산업노동연구 2』, 한국산업노동학회, 1996.
______, 「비정규 노동자의 조직화방안」, 『비정규 노동자와 노동조합』, 민주노총, 2001.
이병태, 『최신노동법』(제7전정판), (주)중앙경제, 2007.
이상희·배규식·조준모, 「자동차운수업 근로자의 근로시간 개념 및 그 개선에 관한 연구—방안 모색의 기초」, 『노동정책연구』, 한국노동연구원, 2004.
이승욱, 「특수형태근로종사에 대한 노동법적 보호방안의 모색」, 『노동법학』 제23호, 2006.
이시균, 「비정규 근로에 대한 선행연구」, 『비정규근로실태와 정책과제(Ⅲ)』,

한국노동연구원, 2003.
이종원·이상돈, 「결합방식을 이용한 예측모형의 효율성 분석」, 『응용경제』 제1권 1호, 한국응용경제학회, 1999, pp. 3～32.
이주희·이성균, 『비정규직 노사관계』, 한국노동연구원, 2002.
이해춘·이상돈, 『한국 자동차 수요 중장기 예측모형』, 성균관대학교 산업연구소·한국자동차공업협회, 2003.
이호근, 「특수고용노동자 보호를 위한 외국경험과 법제도 개선방안」, 『특수고용 노동자 보호를 위한 법제도 개선방안 토론회 자료집』, 한국여성단체연합, 2003.
______, 『특수형태 근로종사자 특별위원회 활동보고』, 2006.
이호철, 「특수 고용직 종사자의 노동관계법상 근로자성 여부」, 『형평과 정의』 제21집, 대구지방변호사회, 2006. 11.
임종률, 『노동법』(제5판), 박영사, 2005.
______, 『노동법』(제6판), 박영사, 2007.
장의성, 「우리나라 특수형태근로종사자의 산재보험 적용방안에 관한 입법정책적 연구」, 『노동정책연구』 제4권 제3호, 2004.
______, 「우리나라 특수형태근로종사자의 노동법적 보호방안에 관한 연구」, 고려대학교 박사학위논문, 2006a.
______, 「특수형태근로종사자의 법적 보호를 위한 헌법적 근거」, 『사회법연구』 제7호, 2006b. 12.
정인수·이승길 등, 『특수형태근로 및 관련 업종의 실태·쟁점·정책과제』, 한국노동연구원, 2006. 11. 30.
정희정, 「유럽연합의 유연안정성 전략—노동법의 근대화를 위한 녹서」, 『국제노동브리프』, 2007. 3, pp. 56～61.
조경배, 「비정규근로자의 법리에 관한 새로운 모색: 부당노동행위의 주체로서 사용자 개념—간접고용을 중심으로—」, 『노동법연구』, 서울대학교 노동법연구회, 2001.
______, 「복수노조와 단체교섭: 독립노동(특수형태근로)의 법적 규율에 관한 연구」, 『노동법연구』, 서울대학교 노동법연구회, 2005.

조임영, 「근로계약의 본질과 근로자개념」, 『노동법연구』, 서울대학교 노동법연구회, 2003.
조준모, 「우리나라 노동제도 결정에 관한 비판적 소고: 공공선택적 관점에서」, 『노동정책연구』 제2호, 한국노동연구원, 2001a.
______, 「비정규직 노동계약과 고용보호의 딜레마」, 『노동정책연구』 창간호, 한국노동연구원, 2001b.
______, 「동태적 경제효율성 제고를 여성정책 방향에 관한 연구」, 『경제와 사회』, 2002.
______, 「특수형태근로 보호에 관한 법경제학적 소고: 보험설계인, 골프경기보조원 및 학습지교사에 관한 실증분석」, 『노동정책연구』 제3권 제1호, 2003.
______, 「교육산업종사자 효율적 보호방안—학습지교사 중심으로」, (주)중앙경제, 2004. 3. 16.
최경수, 「고용구조 파악을 위한 고용형태의 분류와 규모추정」, 『노동경제논집』, 한국노동경제학회, 2001.
최영호, 「계약근로형 노무공급자의 근로자성」, 『노동법연구』 제13호, 서울대 노동법연구회 편, 2002.
하갑래, 『근로기준법』(개정증보 제17판), (주)중앙경제, 2007.
한광수, 「특수고용관계근로자에 대한 노동보호법적 고찰」, 『강원법학』 22권, 2006.
현천욱, 「노동판례동향; 근로기준법상 근로자의 개념 및 퇴직금의 지급방식과 관련된 판례」, 『월간 경영계』, 한국경영자총협회, 2002.

공정거래위원회, 『주요 업무보고』, 2005.
관계부처합동, 『특수형태근로종사자 보호대책』, 2006. 10. 25.
국회 환경노동위원회 수석전문위원실, 『환경노동정책현안—2003년도 국정감사 관련자료집』, 2003.
노동부, 『노동백서』, 각 연도.
______, 「특수고용관계 종사자 실태조사」, 한국노동연구원 연구자료, 2002.

11.
______,「산업, 직업별 고용구조 조사」, 2003.
______,『2006년도 업무추진계획』, 2006a. 1.
______,『2006년도 국정감사결과보고서』, 2006b. 12.
______,『2007년도 업무보고』, 2007. 3. 8.
노동부 비정규직대책팀,「특수형태근로종사자 보호대책: 보험설계사, 골프장 경기보조원, 학습지교사, 레미콘 기사 등 특수형태근로종사자 보호길 열렸다」,『노동』 제40권 제12호(통권 제382호), 한국산업훈련협회, 2006. 12.
노사정위원회,『특수고용직 4대 직종 검토 보고서』, 노사정위원회 특수형태근로종사자특별위원회, 2004.
______,『2003년도 연차보고서』, 2006a. 2.
______,『2004년도 연차보고서』, 2006b. 2.
______,『2005년도 연차보고서』, 2006c. 3.
산업자원부,『산업자원백서』, 각 연도.
삼성경제연구소,『새로운 10년을 위한 인사·노사 7대과제』, CEO Information 제591호, 2007. 2. 14.
성균관대학교 산학협력단,「특수형태근로종사자 관련 거래상지위 남용행위 심사지침 재정에 관한 연구」, 2006. 10. 19.
전경련,「2007년 주요 기업의 고용동향 및 채용계획 조사결과」, CER-2007-04, 2007. 2.
중앙고용정보원,「한국고용 직업분류」, 2005.
통계청,「경제활동인구조사」, 1986~2005.
______,「경제활동인구조사 부가조사 원자료」, 2005. 8.
______,「경제활동인구 부가조사 결과」(2005년 8월 실시), 보도자료, 2005. 10.
한국경영자총협회,『특수업무종사자의 정규직 전환시 경제사회적 영향분석』, 한국경총, 2001a.
______,「비전형근로의 법률문제: 학습지 교사의 근로자성을 중심으로」, 정

책조사자료 2001-01-03, 2001b.
______, 「레미콘 운송차주의 근로자성 인정시 경제·사회적 영향분석」, 정책조사자료, 2001-09-20, 2001c.
______, 『2004년 사업보고서』, 2005. 2.
______, 「국회 계류 노동관련 주요 법안에 대한 경영계 의견」, 제265회 국회(임시회), 2007. 2.

皆川宏之, 「ドイツにおける被用者概念と勞働契約」, 『日本勞働法學會誌』 102호, 2003.
鎌田耕一, 「特殊雇用形態と勞働者概念」, 『日本勞働法學會誌』 42, 1973.
______, 「いわゆる傭車運轉手の勞災保險上の勞働者性が否定された事例」, 『勞旬』 1422호, 1997.
______, 『契約勞働の硏究』, 多賀出版, 2001.
______, 「契約勞働者の契約概念と法的課題」, 『日本勞働法學會誌』 102호, 2003.
______, 「委託勞働者·請負勞働者の法的地位と保護」, 『日本勞働硏究雜誌』 526호, 2004.
古井隆史, 「産業構造の變化と多樣化する雇用形態」, 『日本勞働硏究雜誌』 447호, 1997.
菅野和夫, 『勞働法』(第7版), 弘文堂, 2003.
______, 「批判批評」, 『法學協會雜誌』 95권 5호, 1978.
菅野和夫·諏訪康雄, 「勞働市場の變化と勞働法の課題」, 『日本勞働硏究雜誌』 418호, 1994.
橋本陽子, 「勞働法·社會保障法の適用對象者(1)」, 『法學協會雜誌』 119권 4호, 2002.
______, 「勞働法·社會保障法の適用對象者(2)」, 『法學協會雜誌』 120권 8호, 2003a.
______, 「勞働法·社會保障法の適用對象者(3)」, 『法學協會雜誌』 120권 10호, 2003b.

______,「勞働法·社會保障法の適用對象者(4·完)」,『法學協會雜誌』120권 11호, 2003c.
國武輝久,「特殊雇用形態と勞働者概念」,『日本勞働法學會誌』42, 1973.
鳩山秀夫,『增訂 日本再建法各論』, 岩波書店, 1926.
幾代通,「序說」, 幾代通 편,『注釋民法(16)債權(7)』, 有斐閣, 1967.
幾代通·廣中俊雄 편,『新版注釋民法(16)債權(7)』, 有斐閣, 1989.
吉田美喜夫,「雇用·就業形態の多樣化と勞働者概念ー勞基法上の'勞働者'の判斷基準を中心として」,『日本勞働法學會誌』68호, 1986.
______,「'勞働者'とは誰のことか」,『日本勞働研究雜誌』525호, 2004.
勞働省勞働基準局,『勞働基準法の問題と對策の方向』, 日本勞働協會, 1986.
大內伸哉,「從屬勞働者と自營勞働者の均衡を求めて」,『勞働關係法の現代的展望』, 中嶋士元也先生還曆記念論集, 信山社, 2004.
______,『勞働關係法の現代的展望』, 中嶋士元也先生還曆記念論集, 信山社, 2004.
島田陽一,「雇用類似の勞務供給契約と勞働法に關する覺書」,『新時代の勞働契約理論』, 新山社, 2003.
東京大學勞働法硏究會 편,『注釋勞働組合法』, 有斐閣, 1980.
______,『注釋勞働基準法』(上), 有斐閣, 2003.
藤原稔弘,「車持ち込み運轉手の勞災保險法上の勞働者性」,『日本勞働法學會誌』91호, 1998.
柳屋孝安,「社會構造の變化と勞働者概念」, 日本勞働研究機構 편,『勞働市場の變化と勞働法の課題』, 資料シリーズ 57호, 1995.
______,「非勞働者と勞働者概念」,『講座21世紀の勞働法』1卷, 有斐閣, 2000.
______,「雇用關係法における勞働者判斷と當事者意思」, 下井隆史先生古稀記念『新時代の勞働契約法理論』, 信山社, 2003.
______,「日本における雇用形態の多樣化と法政策」, 日獨勞働法協會 편,『日獨勞働法協會會報』5호, 2004.
馬渡淳一郞,「非直用勞働と法規制」,『日本勞働研究雜誌』505호, 2002.
萬井隆令,『勞働契約締結の法理』, 有斐閣, 1997.

青多淳亮,『労働契約・就業規則論』, 一粒社, 1981.
山口浩一郎,「契約就業の法政策的課題」, 日本労働研究會 편,『契約就業者問題についての調査研究報告書』, 1999.
______,「NPO活動のための法的環境整備」,『日本労働研究雜誌』515호, 2003.
山本吉人,『雇用形態と労働法』, 總合労働研究所, 1970.
蓼沼謙一,「労働法の對象」,『現代労働法講座 I』, 總合労働研究所, 1981.
西谷敏,「労働者概念」,『労働法の争點』(第3版), 有斐閣, 2004.
石田眞,「企業組織の變動と雇用形態の多様化」,『法律時報』75권 5호, 2003.
盛誠吾,「企業組織の變容と労働法學の課題」,『日本労働研究雜誌』97호, 2001.
小俣勝治,「仲介型並びに下請け型委託就業による契約労働者保護の課題」,『労働法學會誌』102호, 2003.
我妻榮,『債權各論・中卷二』(民法講義V3), 岩波書店, 1962.
______,「労基法上の労働者と使用者」, 沼田稻次郎也 편,『シンポジウム・労働保護法』, 青森書院, 1984.
______,『労働法における個人と集團』, 有斐閣, 1992.
______,「労働者概念」,『労働法の争點』(第3版), 有斐閣, 2004.
安西愈,「'労働者概念'の多義性とその差異をめぐって」,『季労』145호, 1987.
永野秀雄,「'契約労働者'保護の立法的課題」,『労働法學會誌』102호, 2003.
岸井貞男,「労働基準上の労働契約の意義」, 青木宗也先生還暦記念論文集『労働基準法の課題と展望』, 日本評論社, 1984.
______,「労働契約の本質」, 本多淳亮先生還暦記念,『労働契約の研究』, 法律文化社, 1986.
五妻光俊,『労働法の基本問題』, 有斐閣, 1948.
有泉亨,「労働者概念の相對性」,『中労時報』486호, 1969.
伊藤博義,「社會保險と労働關係」,『社會保障判例百選』(第2版), 有斐閣, 1991.
竹中康之,「社會保險と労働關係」,『社會保障判例百選』(第3版), 有斐閣, 2000.
______,「社會保險における被用者概念」,『修道法學』, 1998.
川口美貴,『労働者概念の再構成」,『季刊労働法』2009호, 2005.
淺倉むつ子,「就労形態の多様化と労働者概念」,『市民法學の課題と展望』, 日本評論社, 2000.
青木宗也,「労働者·使用者概念と事業場」,『季刊労働法』別冊 1호, 1977.
______,「労働者·使用者概念と事業場」,『労働基準法』(『季刊労働法』 別冊 1호), 總合労働研究所, 1980.
______,「特殊勤務者の労働者性」,『ジュリスト』619호, 1976.
村中孝史, 「労働契約概念について」, 『東京大學法學創立百周年記念論文集』, 有斐閣, 1999.
湯淺道男, 「混合契約および非典型契約の解釋にあたっては, どういう点に留意すべきか」, 椿壽夫 편, 『現代契約と現代債權の展望5』, 日本評論社, 1990.
土田道夫,『労務指揮權の現代的展開』, 信山社, 1999.
片岡昇,『團結と労働契約の研究』, 有斐閣, 1959.
______,「映畵俳優は'労働者か'」,『季刊労働法』57호, 1965.
______,「労働契約論の課題」,『季刊労働法』別冊 1호, 1977.
______,『現代労働法の展開』, 岩波書店, 1983.
______,『新版労働法(1)』, 有斐閣, 1983.
下井隆史,「雇用·請負·委任と労働契約」,『労働契約法の理論』, 有斐閣, 1985.
______,『労働契約法の理論』, 有斐閣, 1985.
______,『雇用關係法』, 有斐閣, 1988.
______,『労働契約法』(三版), 有斐閣, 2001.
厚生労働省,『在宅ワークの適正な實施のためのガイドライン』, 2000.
厚生労働省労働基準局, 『労災保險特別加入制度の解說』(改訂版), 労働基準調査會, 2003.

Abraham, Katharine G. and Susan K. Taylor, "Firms' Use of Outside Contractor: Theory and Evidence," *Journal of Labor Economic*, 1996.
Atkinson, John, "Flexibility or Fragmentation? The United Kingdom Labour Market in the Eighties," *Labour and Society*, 1987.
Barzel, Yoram, *Economic Analysis of Property Rights*, Cambridge University

Press, 1989.

Beck, Matthias, "The Law and Economics of Dismissal Regulation: a Comparative Analysis of the US and UK System," in Gerrit De Geest, Jacqes Siegers, and Roger Van den Bergh(eds.), *Law and Economics and the Labor Market*, Edward Elgar Publishing, 1999.

Cheung, Steven, "A Theory of Price Control," *Journal of Law and Economics*, vol. 17, 1974, pp. 53~71.

Coase, Ronald, "Law and Economics at Chicago," *Journal of Law and Economics*, vol. 36, 1993, pp. 239~254.

Collins, Hugh, "The Meaning of Job Security," *Industrial Law Journal*, vol. 20, 1991, pp. 227~239.

Epstein, Richard, "In Defense of the Contract at Will," *University of Chicago Law Review*, vol. 51, 1984, pp. 947~1011.

______, *Takings: Private Property and the Power of Eminent Domain*, Cambridge: Harvard University Press, 1985.

______, *Simple Rules for a Complex World*, Cambridge: Harvard University Press, 1986.

Freeman and Medoff, *What do Unions do?*, 1984.

Granger, C. W. J. and R. Ramanathan, "Improved methods of combining forecasts," *Journal of Forecasting*, 1984, pp. 197~201.

Green, William H., *Econometric Modeling Guide*, Econometric Software, Inc., 2002, pp. E8~14.

Kaplow, Louis and Steven Shavell, "Property Rules versus Liability Rules," *Harvard Law Review*, vol. 109, 1996, pp. 728~741.

Kobayashi, H. Bruce and Larry E. Ribstein, "Contract and Jurisdictional Freedom," in F. H. Buckley(eds.), *The Rise and Fall of Freedom of Contract*, Durham and London: Duke University Press, 1999.

Milgrom, Paul and John Roberts, *Economics, Organization and Management*, New Jersey: Prentice Hall, 1992.

Ministero del lavoro e delle politiche sociali, Libro bianco sul mercato del lavoro in Itlia, Roma, 2001.

Morin, Marie-Laure, "Labor law and new forms of corporate organization," *International Labour Review*, Vol. 144, No. 1.

Pfeffer, Jeffery and James N. Baron, "Taking the Workers Back Out: Recent Trends in the Structuring of Employment," *Research in Organizational Behavior*, 1988.

Posner, Richard, *Economic Analysis of Law*, 4th ed., Boston: Little Brown and Company, 1992.

Radin, Magaret, "Market Inalienability," *Harvard Law Review*, vol. 100, 1989, pp. 1849~1937.

Reinhard, Richard, "Arbeitsrecht und Zivilrecht," in ZfA 5. Jg., pp. 3~27, 1974 Ruther, 1988.

Simitis, Spiros, "11 diritto del lavoro ha ancora un futuro?," *Giornale di diritto del lavoro e di relazioni industriali*, no. 76, 1997. 4.

Supoit, Alan, *Beyond Employment*, Oxford, 2001.

Tiebout, M. Charles, "A Pure Theory of Local Expenditure," *Journal of Political Economy*, vol. 64, 1956.

Trebilcock, Michael, "The Doctrine of Inequality of Bargaining Power: Post-Benthamite Economics in the House of Lords," *University of Toronto Law Journal*, vol. 26, 1976, pp. 359~385.

Tullock, Gordon, "The Welfare Costs of Tariffs, Monopolies and Theft," *Western Economic Journal*, vol. 5, 1967, pp. 224~232.

저자약력

조준모

- University of Chicago, Ph.D. in Economics
- University of Oklahoma, 경제학 조교수
- 숭실대학교 노사관계 대학원장
- 노사정위원회 공익위원(현)
- 중앙노동위원회 공익위원(현)
- 성균관대학교 경제학과 교수(현)
- 성균관대학교 HRD 센터장(현)

이해춘

- 성균관대학교 경제학 박사
- 일본 게이오대학 상학부 방문강사
- 미국 Utah State University Visiting Scholar
- 지속가능발전위원회 전문위원
- 성균관대학교 경제학부 연구부교수(현)

안경애

- 성균관대학교 경제학 박사
- 성균관대학교 경제학과 BK21 박사후연구원(현)
- 성균관대학교 경제연구소 연구조정실장(현)
- 성균관대학교, 순천향대학교, 덕성여자대학교 강사(현)

안준기

- 성균관대학교 경제학과 박사과정(현)
- 성균관대학교 경제연구소 HRD센터 연구원(현)

특수형태 근로종사자 보호에 관한 경제학적 이해

2007년 5월 8일 초판인쇄
2007년 5월 14일 초판발행
저 자 조준모 외
발행인 노 현 철
발행처 도서출판 해남
서울특별시 종로구 교남동 45-1(202호)
전화 739-4822 팩스 720-4823
e-mail haenam30@dreamwiz.com
homepage www.hpub.co.kr
등록 1995. 5. 10 제1-1885호
정 가 20,000원 ISBN 978-89-86703-93-1

저자와 협의하에 인지생략